KB268175

이 책은 20세기 네덜란드의 신학자 바빙크의 방대한 저작『개혁파 교의학』과 더불어 그의 대표작으로 손꼽히는 매우 우수한 책이다. 이 책에서 저자는 미래가 보이지 않는 현대 세계의 암울한 분위기 속에서 기독교 신앙을 회의하는 많은 젊은이가 하나님의 구원 역사의 완성에 대한 확신을 회복하도록 돕고자 한다. 이 책은 삶과 분리된 추상적·교리적 지식을 말하는 대신 삶과 신앙과 영성이 통합된 지식을 제시한다. 독자로 하여금 삼위일체 하나님을 더 깊이 이해하고 찬양하도록 이끌며 신앙의 기쁨과 확신을 누리게 하는 것을 목표로 한다. 내일이 어떻게 될지 알 수 없는 오늘의 세계 속에서 교회에 대한 불신과 하나님의 구원 역사에 대한 회의로 번민하는 우리 시대의 많은 그리스도인에게 큰 도움이 될 만한 책이다.

김균진 연세대학교 명예교수

그리스도교 신앙은 단지 이론적인 교리가 아니라 하나님의 존재와 사역을 이해하고 그것을 실제 삶에 적용하는 과정까지 포함한다. 이런 관점에서 볼 때, 헤르만 바빙크는 개혁주의 전통에 따라 시대적 맥락 가운데서 신앙의 본질을 탁월하게 제시한 신학자라 할 수 있다. 하지만 그의 대표작『개혁파 교의학』은 신학적 탁월성에도 불구하고 방대한 분량과 세밀한 논증 때문에 일반 독자나 신학생들이 읽고 이해하기에는 적잖은 부담을 주었다. 이런 이유로 지난 백여 년 동안 해외 신학계에서는『하나님의 위대한 사역』이 그리스도교의 핵심 진리를 알려주는 신뢰할 만한 안내서이자, 바빙크 신학의 정수를 맛볼 수 있는 입문서로 널리 사용되어왔다. 이 책은 신앙의 근본 진리를 과거와 현재와 미래를 아우르는 하나님의 구원 계획이라는 큰 틀 안에서 간결하면서도 체계적으로 설명함으로써 교의학 혹은 조직신학 교재로도 많은 사랑을 받았다. 이제『하나님의 위대한 사역』이 우리말로 번역된 만큼 한국의 독자들도 각 교리적 주제에 따라 그리스도교 진리를 배워가는 데 그치지 않고, 그 진리가 오늘도 살아 역사하며 우리 삶을 이끄시는 하나님의 능력임을 깊이 깨닫게 되기를 기대한다.

김진혁 횃불트리니티신학대학원대학교 조직신학 교수

헤르만 바빙크의 『하나님의 위대한 사역』이 우리말로 출간된 것을 기쁘게 환영한다. 부제가 말하듯 이 책은 "개혁파 신앙고백에 따른 그리스도교 신앙 해설"이지만, 단순한 설명서를 넘어 신앙의 중심 진리가 하나님의 큰 일들(*Magnalia Dei*, 행 2:11) 위에 어떻게 서 있는지를 보여주는 깊이 있는 저술이다.

바빙크는 기독교 신앙을 인간 사변이나 철학 체계로 축소하지 않고 창조와 섭리, 성육신과 구속, 그리고 종말적 성취에 이르기까지 하나님께서 실제로 행하신 일들에 대한 교회의 고백으로 이해한다. 이를 통해 그는 교리 해설을 넘어 하나님 행위의 통일성과 연속성을 조명하는 개혁파 신학의 통전적 시야를 제시하며 20세기를 넘어 개혁파 신학의 방향을 보여주는 신학적 이정표가 된다.

특히 이 책은 개혁 신학의 큰 틀인 창조-섭리-구속-성취의 흐름을 선명히 드러내며 기독교 진리가 "살아 있는 사실의 체계"임을 일깨운다. 신학은 하나님의 자기 계시를 해석하고 응답하는 지적 순종이며, 신앙은 하나님의 구속사적 활동에 대한 교회의 응답적 언어임을 강조하는 그의 통찰은 오늘에도 여전히 유효하다. 따라서 이 책은 개혁 신학의 지적 유산을 회복하고자 하는 이들에게 필수적이며, 신학의 본질이 하나님의 계시를 바르게 해석하는 데 있음을 다시 확인시켜준다. 읽을 때마다 개혁 신학의 중심축을 바로 세우는 힘을 지닌 고전이다.

나 역시 40여 년 전 이 책의 영어판을 읽으며 깊이 감동을 받았는데, 이제 네덜란드어 원전(1909년 판본)에서 직접 번역한 이동영 박사의 정밀하고 아름다운 한국어판을 다시 읽게 되어 큰 은혜로 느껴진다. 한국어판에는 각 장 끝에 "토론을 위한 질문"이 실려 있어 진지한 공부 모임에 특히 유익하리라 생각한다. 하나님의 위대한 일을 촘촘한 논리와 고전적 문장으로 풀어낸 바빙크 박사와 그 깊이를 충실하게 옮긴 번역자에게 감사드리며, 이 책이 많은 이들의 신앙과 신학을 올바른 길로 이끄는 확실한 길잡이가 되기를 바란다.

류호준 백석대학교 신학대학원 은퇴교수, 현 다니엘의 샘 원장

오순절에 성령으로 충만한 제자들이 거기 모인 모든 족속이 알아들을 수 있는 언어로 "하나님의 큰일"을 선포했듯이, 바빙크 역시 복음의 열정에 사로잡혀 기독교 신앙에 대한 도전과 회의가 팽배한 시대에 누구나 알아들을 수 있는 쉬운 언어로 하나님의 위대한 사역을 전했다. 창조에서 새 창조까지 이어지는 구원 역사에서 하나님이 행하

신 큰일들을 단순히 밋밋하고 건조한 교리적 언어가 아니라 그 놀랍고 위대한 사역 앞에서 감사와 찬미를 불러일으키는 고백의 언어로 수놓은 송영의 신학을 펼쳐 보였다. 4권으로 된 그의 『개혁파 교의학』은 내용이 방대하고 복잡하여 일반 교인들이 소화하기 쉽지 않지만, 이 책에서는 전문적이고 사변적인 논의를 과감히 덜어내고, 교인들이 꼭 알아야 할 핵심만 담백하게 정리하여 이해하기 쉽도록 했다. 매끄럽고 자연스러운 네덜란드어 문장은 번역에서도 잘 살아나 독자의 가독성을 한층 높여준다. 하나님과 기독교 신앙에 관한 언어가 처참하게 왜곡되고 더럽혀진 오늘의 시대에 하나님의 아름다우심과 위대하심을 새롭게 음미하며 찬양하게 하는 이 책이 널리 읽히기를 바란다.

박영돈 고려신학대학원 은퇴교수

바빙크는 『개혁파 교의학』(2011년 한역) 4권을 완간한 뒤에 더 많은 독자들과 만나기를 원했다. 이 책은 이 대작의 요약이라는 측면이 있지만, 겨냥한 독자층이 다르기 때문에 구조와 서술 방식에서도 상당한 차이를 보인다. 예를 들어 이 책은 『개혁파 교의학』과는 달리 구원론을 다루기에 앞서 성령론을 별도의 장으로 제시해 삼위일체론적 구조를 더욱 선명하게 드러낸다. 이 책은 논쟁적인 논의를 최소화하고 성경의 진리를 평이하면서도 힘 있게 전달하는 20세기 네덜란드 신학의 정수라 할 수 있다. 『하나님의 위대한 사역』은 독자들이 성경 전체를 관통하는 하나님의 구원 역사를 조망하도록 도와줄 뿐 아니라 성경을 읽고 묵상하는 기쁨을 한층 깊게 해줄 것이다. 성경을 사랑하고 신앙고백과 요리문답을 중시하면서 모든 회중이 하나님을 아는 지식에서 자라기를 염원한 바빙크의 열정과 목회적 배려가 이 땅의 모든 기독교 신자들에게도 잘 전해지기를 바란다. 역자의 세심하고 정확한 번역 또한 각 장의 내용을 충실하게 전달해준다.

유해무 고려신학대학원 은퇴교수

헤르만 바빙크의 『하나님의 위대한 사역』이 다시 우리말로 출간되는 것은 우리에게 큰 복이다. 오래전 김영규 교수가 감당했던 번역 작업을, 이번에는 이동영 교수가 네덜란드어 원전에서 다시 정성스럽게 옮겨주었다는 사실이 얼마나 귀한 일인지 모른다.

무엇보다 이 책은 "모든 나라와 시대에 걸쳐서 개혁교회가 고백해온 그리스도교 신앙"을, 특히 젊은이들을 염두에 두고 간략하게 정리한 문서라는 점에서 큰 의미가 있다. 이 책은 본래 젊은 독자들을 위한 책이며, 우리나라의 젊은이들이 이 책을 통해 보편적 개혁 신앙을 자기 입으로 고백하는 데 실제적인 도움을 얻기를 바란다.

둘째로 당시에 청년이었던 박윤선 목사는 이 책을 네덜란드어로 읽으며 "바빙크의 글은 참으로 오묘하다"고 표현했는데, 이는 성경의 어구들과 밀도 있게 어우러진 이 책의 독특한 진술 방식 때문이었다고 회고했다. 그만큼 이 책은 깊이 있는 동시에 성경적인 책이다. 우리도 성경을 깊이 읽어 우리의 신학적 진술 하나하나가 가능한 한 성경의 언어와 정신을 충실히 드러내는 방향으로 나아가길 소망한다.

마지막으로 헤르만 바빙크가 20세기 초 이 책을 세상에 내놓을 때 가졌던 그 마음을 이어 21세기 초를 살아가는 우리 역시 우리 시대의 바빙크 역할을 감당해 오늘의 언어로 하나님의 위대한 사역(*Magnalia Dei*)을 증언할 수 있기를 바란다. 초기 교회 오순절 사건처럼 오늘의 사람들도 그 복음의 말씀을 잘 알아 들을 수 있으려면, 우리 모두가 이 책을 부지런히 읽고 그 내용에 응답하여 말하고 살아내야 할 것이다. 이 귀한 작업을 감당한 이동영 교수와 새물결플러스 출판사에 깊이 감사드린다.

이승구 합동신학대학원대학교 남송 석좌 교수

이 책의 번역서가 이미 한두 종 출간되어 있지만, 더 가독성이 높은 새 번역이 나오게 된 것을 매우 기쁘게 환영한다. 오늘의 한국교회가 개혁 신학의 뿌리를 디디고 보다 성숙한 발전을 이루어온 배경에는 소위 "바빙크 신학의 르네상스"라 부를 만한 흐름이 자리하고 있다고 본다. 현재도 많은 다음 세대 신학자들이 바빙크를 지속적으로 연구하고 있지만, 이 책은 학계에만 머무르지 않고 보다 폭 넓게 성도들에게 가까이 다가가 개혁 신앙의 전반적 교리들을 올바르게 접하도록 돕는 귀한 역할을 하게 되리라 믿어 의심치 않는다.

한상화 아신대학교 조직신학 교수

Magnalia Dei

Onderwijzing in de christelijke religie naar Gereformeerde Belijdenis

Herman Bavinck

하나님의 위대한 사역 상

Magnalia Dei

네덜란드어
완역본

개혁파
신앙고백에 따른
그리스도교
신앙 해설

헤르만 바빙크 지음 | 이동영 옮김

새물결플러스

1. 번역에 사용한 네덜란드어 판본: 이 책 번역에 사용한 네덜란드어 판본은 초판(初版)인 1909년 판, Herman Bavinck, *Magnalia Dei. Onderwijzing in de Christlijke Religie naar Gereformeerde Belijndenis*(Kampen: J. H. KOK, 1909)임을 밝힌다.

2. 1909년 초판(제1판)을 번역 텍스트로 삼은 이유: 헤르만 바빙크의 *Magnalia Dei*는 1909년 초판 이후, 1931년에 편집자 서문이 덧붙여진 개정판(제2판)이 동일한 출판사에서 간행되었다. 그러나 이 두 판본은 단순한 초판과 개정판의 관계가 아니다. 초판이 원저자가 의도한 본래의 판본이고 개정판은 후대 편집자의 개입(editorial intervention)이 반영된 판본이라는 점에서 양자 사이에는 분명한 성격 차이가 있다. 1909년 초판은 헤르만 바빙크가 직접 집필하고 구성한 최초이자 유일한 저자 판본으로서 문장 표현은 물론 전체 구성과 논의의 전개, 신학적 강조점에 이르기까지 후대 편집자의 해석이나 판단이 전혀 개입되지 않은 생생한 원전이다. 그러므로 이 초판은 바빙크의 신학적 의도와 사유의 구조가 가장 온전히 보존된 텍스트라고 할 수 있으며 학문적으로도 원전의 권위를 지닌다. 이에 비해 1931년 개정판은 바빙크 사후에 그의 동생 C. B. 바빙크(C. B. Bavinck)에 의해 편집·보완된 판본으로 은혜의 방편, 말씀과 성례, 교회의 직분 등 교회론적 주제가 보다 상세하고 실천적인 방향으로 확장되었고, 본문 일부에는 독자의 이해를 돕기 위한 편집자의 보

완적 진술이 덧붙여졌다. 이 개정판은 교회의 교리 교육과 목회적 활용을 위한 해설판으로 유익한 장점을 지니고 있는 것은 사실이지만, 동시에―편집자가 원본의 형식을 최대한 존중하여 편집하고자 했음에도 불구하고―바빙크 자신이 직접 구성한 저술의 원형에는 일정한 변형이 가해졌다는 점 또한 부인할 수 없다. 이러한 이유에서 역자는 1909년 초판을 번역의 기준 텍스트로 삼았음을 밝힌다. 그리고 1931년 개정판은 초판의 이해를 돕는 보조적 해설 자료로 활용하는 것이 학문적으로 타당하고 유익할 것으로 사료된다.

3. 번역의 원칙: 네덜란드어는 한국어와 구문 구조(syntax)가 전혀 다른 언어다. 따라서 직역의 틀에 갇혀 "구조의 일치성"(consistency of structure)을 따르는 방식으로 번역할 경우, 자연스러운 우리말 표현과 가독성을 확보하기 어렵다. 이에 옮긴이는 원문의 의미에 충실하되 독자들이 보다 쉽게 이해할 수 있는 가독성 높은 번역을 제공하기 위해 네덜란드어 문장을 한국어 문장 구조에 억지로 맞추기보다, 20세기의 탁월한 성경 번역학자 유진 나이다(Eugene A. Nida, 1914-2011)가 그리스어 성경을 영어 및 여러 선교지 언어로 옮길 때 사용한 "역동적 동등성 이론"(Theory of Dynamic Equivalence)에 따라, 구조의 일치성보다 "의미의 상응성"(equivalence of meaning)을 우선시하는 번역을 지향했다.

4. 번역에 사용한 한국어 성경: 바빙크가 네덜란드어 원서에서 인용한 성경 본문은 문맥상 큰 어색함이 없는 한 대한성서공회가 간행한 개역개정 제4판의 번역을 기준으로 삼아 옮겼음을 밝힌다.

5. 성경 장과 절 인용의 수정에 대해: 바빙크의 성경 인용 가운데 간혹 절

표기가 한국어 성경과 일치하지 않는 경우, 대한성서공회 개역개정 제4 판을 기준으로 이를 바로 잡았다. 다만 수정한 구체적인 부분은 일일이 따로 표기하지는 않았다.

6. 전문용어 표기 원칙: 독자의 가독성을 높이기 위해 신학 전문용어 (*terminus technicus*)의 네덜란드어 표기는 가급적 지양했다. 다만 꼭 필요한 경우에는 괄호 안에 병기하되 한자어를 먼저 표기하고 네덜란드어와 라틴어 순으로 표기하는 것을 가능한 한 원칙으로 삼았다(단, 항상 이 원칙에 따르지는 않았다). 이때 라틴어는 이탤릭체로 표기하여 독자들이 식별할 수 있도록 했다. 예: "일반계시"(一般啓示, algemeene openbaring, *revelatio generalis*). 드물게는 용어의 중요성이나 문맥에 따라 독일어 또는 그리스어를 병기한 경우도 있다. 예를 들어 "자의식"(自意識, zelfbewustzijn, Selbstbewusstsein)과 같이 독일어를 추가하거나 특정 용어에 대해 한자-네덜란드어-그리스어 순으로 표기한 경우도 있다. 이는 신학을 전문적으로 공부하는 학생들과 연구자들이 이 책을 읽으며 주요 신학 용어들을 함께 익히는 데 도움이 되고자 한 옮긴이의 의도다. 따라서 신학 전공자가 아닌 일반 독자께서는 네덜란드어, 라틴어, 독일어 표기에 특별히 주목하실 필요가 없으며 우리말 번역만으로 그 내용을 충분히 이해하실 수 있다.

7. "gratie"의 번역과 관련해: 바빙크의 원서에 나오는 네덜란드어 gratie는 일반적으로 "은혜" 또는 "은총"으로 번역될 수 있는 용어다. 이 책에서는 대부분 "은혜"로 옮겼지만, algemeene gratie와 bijzondere gratie는 예외적으로 "일반은총"과 "특별은총"으로 번역했다. 이는 해당 표현들이 우리나라 신학계에서 이미 널리 사용되고 있는 번역 방식이기 때문이다.

8. "kerk"와 "gemeente"의 번역과 관련해: 바빙크의 원서에는 "교회"를 뜻하는 두 개의 네덜란드어 단어 kerk와 gemeente가 등장한다. kerk는 독일어의 Kirche, 영어의 church에 해당하는 말로서, 주로 교파나 교단 전체를 지칭할 때 사용된다(예: Gereformeerde Kerk[개혁교회]; Luthersche Kerk[루터교회] 등). 반면 gemeente는 독일어의 Gemeinde에 해당하며, 영어로는 community 또는 congregation 정도로 번역될 수 있는 표현으로서 주로 개별 교회나 지역 교회를 가리킬 때 사용된다. 이러한 용법의 차이를 고려해 본 번역에서는 kerk를 대체로 "교회"로 옮겼으며, gemeente는 대체로 "공동체"로 번역했다. 다만 문맥에 따라 gemeente를 "회중", "회합", "모임", "교회", "교회 공동체" 등으로도 번역하여 원문이 지닌 의미를 최대한 충실하게 전달하고자 했다.

9. "bekeering"의 번역과 관련해: 네덜란드어 bekeering은 독일어 Bekehrung, 라틴어 *conversio*에 해당하는 용어로서 우리말로는 "회개" 또는 "회심"으로 번역할 수 있다. 이 두 번역어 중 어느 쪽이 더 적절한지에 대해서는 견해 차이가 있을 수 있다. 그러나 bekeering이 문자적으로 "돌이킴"을 뜻한다는 점에서 "마음을 돌이킨다"라는 의미의 "회심"(回心)이 "잘못을 뉘우쳐 고친다"라는 의미의 "회개"(悔改)보다 이 단어의 본래 의미를 좀 더 정확하게 반영하는 것으로 판단된다. 이에 따라 이 책에서는 bekeering을 거의 대부분 "회심"으로 번역했다.

10. 이탤릭체 강조와 관련해: 네덜란드어 원서에서 바빙크는 특정 단어나 구절을 강조할 때 이탤릭체를 사용했다. 본 번역서에서도 이러한 강조를 반영하여 해당 표현을 굵은 글씨로 표기했고, 이 경우 원문의 해당 라틴어 또한 괄호 안에 이탤릭체로 표기했다. 예: **계시**(啓示, *openbaring*,

revelatio).

11. 역자 주와 관련해: 네덜란드어 원서에 간혹 등장하는 인명이나 지명의 경우 본문의 이해와 관련해 필요한 경우에 옮긴이가 역자 주를 달아서 설명했다.

12. 토론을 위한 질문: 각 장 말미에 실린 토론을 위한 질문은 이 책을 읽고 함께 토론하는 이들에게 유익을 주고자 옮긴이의 제자인 허성 목사가 각 장을 정독한 후 제안한 질문 중에서 선별하여 수록한 것이다. 이 책을 함께 읽고 공부하는 스터디모임에서 이 질문들을 활용하면 도움이 될 것이다.

이 역서는 헤르만 바빙크의 『하나님의 위대한 사역』(*Magnalia Dei*, 1909)의 네덜란드어 완역본이다. 이 책은 바빙크의 방대한 저작인 『개혁파 교의학』(*Gereformeerde Dogmatiek*, vols 4, 1895-1901)과 더불어 그의 대표적인 작품으로 손꼽힌다.

바빙크는 이 책의 서문에서 세속화된 사회 분위기 속에서 그리스도교 신앙에 대한 거센 비판으로 인해 믿음을 지키기 어려웠던 자기 시대의 젊은이들—특히 성만찬에 참여하기 위해 준비하는 이들과 그리스도교 신앙에 관심을 가진 이들—에게 신앙의 기쁨과 확신을 회복하는 데 도움을 주고자 이 책을 집필하게 되었다고 밝히고 있다.

이 책에서 바빙크는 그리스도교 신앙을 창조(*creatio*), 타락(*corruptio*), 구속(*redemptio*), 완성(*perfectio*)에 이르는 구원사(救援史, *historia salutis*)의 진전 과정을 따라 설명한다. 그는 그리스도교 신앙을 "하나님의 위대한 사역"(*Magnalia Dei*)에 대한 성찰이자 인식이며 동시에 그 사역에 대한 고백이고 찬송이라고 정의한다. 하나님의 사역은 과거로부터 시작되어 현재에도 여전히 진행 중이며 장차 미래에 완성될 것이다.

바빙크는 신학이 신자의 삶과 분리된 추상적 지식이 아니라 신자의 삶과 밀접히 연관된 지식이며 신앙과 삶의 통합을 지향하는 지식임을 강조한다. 그렇게 함으로써 그는 독자들이 신학을 통해 삼위 하나님을 더 깊이 이해하고 사랑하며 찬양하고 신앙의 기쁨과 확신을 회복할 수 있기를 희망한다. 삼위 하나님을 아는 지식을 사모하고 그분을 사랑하며 경배하고 찬송

하는 것이야말로 신학이 지향해야 할 궁극적 목표다. 왜냐하면 성부 하나
님께서 우리와 온 세상을 사랑하시어 성령의 능력 안에서 그분의 독생자를
세상에 보내주시지 않으셨다면, 그리스도교 신학은 애초부터 존재할 수 없
었기 때문이다.[1]

그러므로 바빙크가 묘파했듯이 신학은 메마른 학문이 아니다. 신학은
하나님의 모든 미덕과 완전하심에 대한 찬송이고 경배이며 감사다.[2] 따라
서 우리는 우리가 "믿을 수 있었음"에 앞서 "믿도록 허락되었음"에 감사드
리고, 마음과 뜻과 정성을 다해 기쁨으로 하나님의 위대한 사역을 위해 자
발적으로 헌신할 수 있기를 바라마지 않는다. 아울러 이 번역서가 널리 읽
혀서 바빙크 신학의 정신과 내용을 더 깊이 이해하고, 오늘날의 교회와 시
대를 위해 그의 신학을 동시대적으로 아름답게 해석하고 적용하는 일에 기
여할 수 있기를 진심으로 희망한다.

약 천 쪽에 이르는 방대한 저서의 출간을 기꺼이 허락해주신 새물결플
러스 대표 김요한 목사님께 이 지면을 빌려 깊은 감사와 경외의 마음을 전
한다. 한국교회를 향해 그동안 김 목사님께서 던져온 여러 고언(苦言)은 모
두 교회를 향한 깊은 사랑과 충정에서 비롯된 것이다. 이 책의 출간을 통해
서도 그와 같은 목사님의 진심이 독자들에게 온전히 전해지기를 바란다.

끝으로 암스테르담 자유 대학교(Vrije Univ. Amsterdam)에서 수학하던
시절, 바빙크 신학의 아름다움과 공정함, 그리고 온화함을 일깨워주신 바
빙크 교의학의 직계 계승자인 옮긴이의 스승 코르넬리스 판 더 꼬이 교수
님(Emeritus Prof. Dr. Cornelis van der Kooi)께 깊이 감사드린다.

---

1 Dong-Young Lee, *Der dreieinige Gott und seine Gesellschaft* (Kamen: Hartmut Spenner Verlag, 2013), 549.

2 Herman Bavinck, *Gereformeerde Dogmatiek* (Kampen: Kok, 1906), vol. 1, [35].

이는 만물이 주에게서 나오고, 주로 말미암고, 주에게로 돌아감이라.

그에게 영광이 세세토록 있을지어다. 아멘(롬 11:36).

(*Quoniam ex ipso et per ipsem et in ipsem omnia.*

Ipsi gloria in saecula. Amen!)

2026년 2월

학교 연구실에서

옮긴이 이동영

이러한 적당한 크기의 책에서 나는 『하나님의 위대한 사역』이라는 제목으로 모든 나라와 시대에 걸쳐서 개혁교회가 고백해온 그리스도교 신앙에 관하여 간략하게 설명해보고자 합니다.

이러한 제목은 사도행전 2:11에 근거합니다. 거기에는 예수의 제자들이 성령이 부어지자마자 모든 사람이 이해할 수 있는 언어로 하나님의 위대한 사역을 선포하기 시작했다고 기록되어 있습니다. 이러한 하나님의 위대한 사역은 다른 곳에서도 종종 그렇지만, 그리스도의 부활과 같은 하나의 특정 사건을 가리키지 않고 하나님께서 그리스도를 통해서 이루신 하나님의 구원 경륜 전체를 가리킵니다. 그리고 이것을 위해 성령이 부어졌습니다. 이는 교회가 하나님의 위대한 사역을 깨닫고 그로 인하여 하나님께 영광과 감사와 찬양을 드리도록 하기 위함입니다.

여기서 그리스도교는 단지 말씀이나 교리에만 머무르지 않고, 말씀과 실제 가운데서 하나님의 사역으로 과거에 성취되었고, 현재에도 진행 중이며, 미래에 완성될 것이라는 사상을 담고 있습니다. 그리스도교 신앙의 내용은 엄밀한 과학적 이론이나 세계를 설명하기 위한 철학적 공리가 아니라 온 세상을 아우르고, 시대를 통해서 이루어지며, 정의가 거하는 새 하늘과 새 땅에서 완성되는 하나님의 위대한 사역에 대한 인식이고 고백입니다.

그러나 이러한 하나님의 위대한 사역이 더 이상 일반적으로 충분히 인식되지 않고 있습니다. 경건으로 이끄는 진리에 대한 지식은 지속적으로 감소해가고 있습니다. 하나님 나라의 신비에 대한 관심은 외부뿐만 아니라 그리스도교 내부에서도 나날이 줄어들고 있습니다. 그리고 온 마음과 영혼을 다해 진리 안에서 살아가고, 날마다 진리로 자신을 먹이며, 그것을 먹음으로써 성장하는 사람들의 수가 점차 줄어들고 있습니다. 진리를 받아들이는 사람들은 여전히 진리 안에서 믿을 만한 가치가 있지만, 삶과는 관련이 없고, 현재와는 거의 또는 전혀 관련이 없는 일련의 가르침만을 바라볼 뿐입니다.

이러한 슬픈 상황에는 몇 가지 이유가 있습니다.

요즘에는 한 가지 직업을 준비하거나 다른 직업에서 일하는 모든 사람에게 너무 많은 요구가 있기 때문에 다른 일을 할 수 있는 의욕이나 시간이 없습니다. 삶이 모든 면에서 너무 풍요롭고 광범위해져서 삶 전체를 파악하려면 엄청난 노력을 기울여야만 합니다. 정치적·사회적·박애주의적 관심사는 매일 더 많은 시간과 에너지를 우리에게 요구합니다. 주간지와 저널과 팸플릿을 읽는 것은 우리의 여가를 날려버리는 일입니다. 그래서 우리에게는 성경이나 신학적인 고전을 공부할 즐거움이나 기회가 없습니다.

게다가 오래된 저작들은 더 이상 우리 시대의 저작이 아닙니다. 언어와 문체의 차이, 사고와 표현 방식의 차이로 인해 옛 저작들은 우리에게 낯설게 느껴지기만 합니다. 한때 대단히 중요하다고 여겨졌던 이슈들은 우리에게 그 중요성의 전부 또는 대부분을 잃어버렸습니다. 이제 그것들이 언급하지 않았던 다른 관심사가 전면에 등장하고 있습니다. 그것들이 싸우던 적들은 더 이상 존재하지 않거나, 다른 적들로 대체되었거나, 어떤 경우든 완전히 다르게 무장하고 우리에게 다가오고 있습니다.

우리는 새로운 시대의 자녀들이며 이전과는 다른 세기를 살아가고 있습니다. 낡았다고 해서 낡은 형태를 유지하려고 하고 낡은 것을 고수하려는 것은 헛된 노력일 뿐입니다.

그리스도교 신앙은 태초에 시작되어 금세기에도 계속되는 하나님의 사역에 관한 인식이기 때문에 그 본질은 시간의 열매이지만, 그 형식은 오늘의 시대에 속하는 것입니다. 프랑켄의 케른(Frankens Kern)과 마르크의 메르크(Marcks Merg)와 브라켈(Brakel)의 합리적인 종교가 초기에 아무리 훌륭한 일을 담당했다고 하더라도, 오늘날 그것들은 새로운 삶을 가져올 수 없고 젊은 세대를 설득시킬 수 없으며 무의식적으로 그리스도교가 더 이상 이 세기에 적합하지 않다는 생각을 불러일으키고 있을 뿐입니다. 그렇기에 선대의 저작들을 대체하고 우리 시대의 요구에 맞는 형식으로 오래된 옛 진리를 제시할 수 있는 새로운 저작들이 절실히 요청되고 있습니다.

이러한 방향에서 우리는 이미 아주 많은 성과를 거두었습니다. 지난 세기에 개혁교회와 신학이 부흥하고 번영한 이래, 옛 신앙고백을 현대의 정신에 적용하려는 시도가 계속되고 있습니다. 특히 아브라함 카이퍼 박사(Dr. Abraham Kuyper)가 자신의 많은 저작을 통해서, 그리고 특별히 자신의 풍요로운 교리문답 해설을 통해서 이 일에 중요한 기여를 했습니다. 그러나 그리스도교 신앙의 내용을 대중들을 위해 일반적인 순서를 따라 설명하고 적당한 분량과 가격으로 대중들의 손에 도달할 수 있는 저작이 지금까지 없었습니다.

이 책에서 교회에 제공하고자 하는 그리스도교의 가르침은 이러한 결함을 메우고자 하는 노력의 일환입니다. 이러한 시도는 개혁파 신앙 교리에 관한 이 핸드북의 저자인 본인이 염두에 둔 이상에 도달하지는 못할 수도 있습니다. 그러나 자신의 부족함에 대한 인식은 낙담과 타성으로 이어져서는 안 되고, 오히려 온 힘을 다해 노력하게 하며, 연약함 속에서 강함을 이루시는 하나님의 도우심을 신뢰하도록 격려해야만 합니다.

나는 개혁 신학에서 정립된 성경의 풍부하고 심오한 사상에 익숙할 수 있는 학식 있는 사람들을 대상으로 이 책을 집필한 것이 아닙니다. 나는 이 저서를 집필하면서 교리문답을 통해 성만찬에 참여하기 위해 자신을 준비하거나, 그 후에도 진리에 대한 지식에 지속적인 관심을 가지는 일반 교인들에게 초점을 맞추었습니다. 그리고 그들 중에서 나는 비교적 어린 나이에 작업장이나 공장, 상점이나 사무실, 중등학교 또는 고등학교에서 미래의 직업을 위해 교육받고 있으며, 현재 그리스도교가 노출되어 있는 빈번한 논쟁들이 무엇인지를 알고자 하는 모든 젊은 남녀들을 염두에 두면서 이 책을 썼습니다.

그들 중에는 여전히 믿기를 열망하지만 그들이 생활하고 있는 환경과 그들이 듣는 반대와 의심으로 인해 믿음을 가지기에는 극도로 어려운 사람들이 많이 있습니다. 어쨌든 그들의 고백에는 기쁨과 열정이 없습니다. 그러나 진리가 올바르게 이해된다면 그러한 고백은 반드시 다시 세워져야만 하고 또한 세워지게 될 것입니다. 하나님의 사역들이 그것들 자체의 빛 가운데 고려될 때 그것들은 저절로 우리를 찬양과 경배로 나아가게 해줄 것입니다. 그러면 우리는 그리스도교 신앙이 추천할 만한 많은 가치를 가지고 있을 뿐만 아니라 그 내면의 아름다움과 더불어 빛나고 있으며 그 내면의 진리와 영광으로 인하여 사람들의 양심에서 호감을 얻고 있다는 사실을 알게 될 것입니다. 그렇게 되었을 때 우리는 반드시 믿어야만 하는 것이 아니라 우리가 믿을 수 있도록 허락해주신 하나님께 감사하게 될 것입니다. 그러면 우리는 우리의 믿음이 우리의 생각과 삶에 어떤 의미가 있는지 어느 정도 깨달을 수 있게 될 것입니다. 그리고 우리 각자는 자신의 말로 하나님의 위대한 사역을 다시 선포하기 시작할 것입니다.

1907년 5월

암스테르담에서

헤르만 바빙크

제1장

인간의 최고선

하나님, 오직 하나님만이 우리 인간의 **최고선**(最高善, het hoogste goed, *summum bonum*)이 되십니다.

우리는 일반적인 의미에서 하나님께서 자신이 지으신 모든 피조물의 최고선이 되신다고 말할 수 있습니다. 왜냐하면 하나님은 **창조주**(創造主, Schepper, *Creator*)이시고, 모든 만물의 **보존자**(保存者, onderhouder, *Conservator*)이시며, 모든 존재와 모든 생명의 **원천**(源泉, oorsrong, *fons*)이시고, 모든 선한 것들의 굳건하고 풍요로운 기초가 되는 분이시기 때문입니다. 모든 피조물은 매 순간 오직 유일하시고, 영원하시며, 편재하시는 하나님께 그들의 존재를 의존합니다.

그러나 최고선이라는 개념 속에는 일반적으로 피조물 자신이 이러한 최고선을 인식하고 즐거워한다는 사상이 내포되어 있습니다. 물론 이러한 생각은 무생물들과 이성이 없는 피조물들의 경우에는 해당하지 않습니다. 무생물은 존재만 있을 뿐 어떤 생명의 원리도 가지고 있지 않습니다. 피조물 가운데 무생물이 아닌 식물은 생명의 원리는 있지만, 대상이나 사물을 인식할 수 있는 능력이 전혀 없습니다. 동물들은 그들의 존재와 생명에 더하여 사물을 인식할 수 있는 능력을 부여받았습니다. 그러나 동물들의 인식 능력은 그들 주변의 가시적이고 감각적인 대상들에만 주목할 수 있을 뿐입니다. 동물들은 땅의 것들은 지각할 수 있지만, 하늘의 것들은 지각할 수 없습니다. 동물들은 실제적인 것, 즐거운 것, 유용한 것은 알지만, 참된 것, 선한 것, 아름다운 것에 대한 관념은 전혀 가지고 있지 못합니다. 동물들은 감각적 인식과 감각적 욕망을 소유하고 있지만, 감각적인 것에 만족할 뿐 정신적인 질서(규칙)를 꿰뚫어 통찰할 수 있는 능력이 없습니다.

그러나 인간의 경우에는 상황이 크게 다릅니다. 인간은 처음부터 하나님의 형상과 모양을 따라서 창조된 피조물입니다. 인간이 가지고 있는 이러한 신적인 기원과 신적인 유대감은 결코 지워지거나 파괴될 수 없습니다. 비록 인간이 자신의 죄로 인해 하나님의 형상 속에 포함되어 있었던 영광스러운 속성들, 즉 참된 지식과 의와 거룩함을 잃어버렸음에도 불구하고, 창조 때에 인간에게 부여된 그러한 신적 속성들의 작은 잔재가 인간 속에 여전히 남아 있습니다.

그리고 이러한 신적 속성들의 작은 잔재들은 인간의 죄책을 구성하는데 충분할 뿐만 아니라, 인간이 타락하기 전 과거의 위엄을 입증하고 인간의 거룩한 소명과 하늘로부터 부여받은 운명을 계속해서 상기시키기에 충분합니다. 인간은 모든 생각과 모든 일, 인간의 전체 삶과 활동에 있어서 육체적이고 물질적인 세계가 제공하는 것만으로는 만족할 수 없는 피조물입니다. 그는 실제로 육체적이고 물리적인 질서에 속한 시민이지만, 또한 이러한 질서를 초월하여 초자연적인 질서에 도달하고자 하는 존재입니다. 그는 자신의 발을 땅에 단단히 붙인 채 머리를 높이 들어 하늘을 향해 자신의 시선을 수직으로 응시하는 존재입니다. 인간은 눈에 보이는 일시적인 사물에 대한 지식을 갖고 있지만, 보이지 않는 영원한 사물에 대해서도 인식하고 있습니다. 그는 세속적이고, 감각적이며, 일시적인 것에 대한 욕망을 지향하지만, 또한 초월적이고, 영적이며, 영원한 선에 대한 갈망을 가집니다.

인간은 동물들처럼 감각적 지각과 감각적 의식을 소유하고 있습니다. 그러나 그것들에 덧붙여서 그는 감각적인 이미지 세계 밖으로 자신을 끌어올려 비물질적인 개념들의 세계, 즉 영원한 관념들(ideeën)의 영역들을 바라보며 그 관념들을 향해 사유할 수 있는 이해력과 이성을 부여받았습니다. 인간의 생각과 지식은 비록 두뇌에 묶여 있기는 하지만, 그럼에도 그 본질에 있어서 전적으로 영적인 활동입니다. 그래서 인간의 생각과 지식은 눈으로 보고 손으로 만지는 사물들을 훨씬 초월해 있습니다. 인간은 그러한 사고를 통해 눈으로 보고 손으로 만질 수는 없지만, 대단히 실제적인 세계, 즉 땅의 물질성보다 더 본질적인 실재의 세계와 자기 자신 사이를 연결합니다. 그가 진정으로 추구하는 것은 눈에 보이는 현실이 아니라 영적인 진리, 즉 하나이고 영원하며 불멸하는 진리입니다. 인간의 이성은 이와 같은 절대적인 신적 진리 안에서만 평안과 안식을 얻을 수 있습니다.

마찬가지로 인간 또한 동물처럼 감각적 욕망을 소유하고 있습니다. 따라서 그는 음식과 음료, 빛과 공기, 일과 휴식의 필요성을 느낍니다. 그리고 인간은 자신의 육체적인 존립을 위하여 땅 전체에 의존하고 있습니다. 그러나 인간은 이러한 욕망의 수준을 훨씬 넘어서서 이성과 양심의 인도함을 받아 보다 높은 선(善)에 도달하고자 하는 의지를 부여받았습니다. 유쾌하고 유용한 것들이 어떤 특정한 장소와 시대에 가치가 있었다고 할지라도 인간을 만족스럽게 하지는 못합니다. 인간은 상황 때문에 어쩔 수 없이 선하게 행동하는 그러한 선을 구하거나 추구하지 않습니다. 그는 그 자체로 변하지 않고 영적이며 영원한 선을 추구합니다. 그리고 인간의 의지는 오직 그처럼 숭고하고 절대적이며 신성한 선 안에서만 안식을 얻을 수 있습니다.

성경의 표현에 따르면 이성과 의지, 이 양자는 모두 인간의 마음속에 그것들의 뿌리를 두고 있습니다. 잠언의 저자는 마음에 대해 말하기를 마음으로부터 생명의 근원이 흘러나오기 때문에 근면하고 성실하게 마음을 지켜야만 한다고 권면합니다(잠 4:23). 육체적인 의미에서 심장이 혈액 순환의 근원이자 추진체인 것처럼 마음 역시 영적으로나 윤리적으로 인간 내면에 있는 숭고한 생명의 근원이자 원천입니다. 마음은 우리 자의식의 자리이고 하나님에 대한 우리 관계의 자리이며 하나님의 율법에 대한 우리 복종의 자리입니다. 간단히 말해서 마음은 우리의 영적이고 도덕적인 본성 전체의 자리입니다. 그러므로 우리의 이성적이고 의지적인 생명은 그 근원이 모두 마음에서 시작되며 마음의 지배를 받습니다.

우리는 전도서 3:11을 통해서 하나님께서 세상을 인간의 마음속에 두셨음을 배우게 됩니다. 하나님께서는 자신의 시간 속에서 모든 것을 아름답게 지으십니다. 그분은 모든 일이 적절한 순간, 곧 자신이 정하신 순간에 일어나게 하십니다. 그렇게 함으로써 역사의 전체와 부분이 자신의 계획에 부합되게 하시고, 그 계획 속에 담겨 있는 자신의 영광을 드러나게 하십니다. 그리하여 하나님께서는 이 세상 전체의 한가운데 인간을 두시고, 인간이 외적이고 눈에 보이는 현상에 안주하지 않으며 자연과 역사의 흐름 속에서 하나님의 영원한 생각을 찾아 알아가도록 인간의 마음속에 때를 정하셨습니다.

하나님이 인간의 마음속, 곧 인간 존재의 가장 깊은 곳, 인간 인격의 핵심 속에 심어놓으신 이러한 영원에 대한 갈망(*desiderium aeternitatis*) 내지는 영원한 질서에 대한 갈망이야말로 왜 시간의 질서에 속해 있는 그 모든 유한한 것들이 인간을 만족시킬 수 없는지에 대한 명백한 이유입니다. 인간은 감각적이고 세속적이며 유한하고 소멸할 수밖에 없는 존재이지만, 영원한 것에 매력을 느끼고 영원을 향하도록 운명 지어진 존재입니다. 사람이 아내와 자녀, 집과 밭, 보물과 재산, 아니 온 세상을 얻는다고 할지라도 자신의 영혼을 잃는다면 그에게 아무런 유익이 없습니다(마 16:26). 왜냐하면 전 세계와 한 인간의 가치, 이 양자를 저울에 달면 인간의 가치가 더 무겁기 때문입니다. 이렇듯 한 인간의 가치는 천하보다도 귀합니다. 자기 형제의 영혼을 어떤 수단이라도 사용해서 구할 만큼 부유한 사람은 이 세상에 아무도 없습니다. 그러기에 아무리 부자라도 자신의 형제를 구원하기 위해 하나님께 충분한 속전을 바칠 수 없습니다. 영혼을 구원하는 것은 너무나 귀중한 일이지만, 그 어떤 피조물도 그것을 성취해낼 수 없습니다(시 49:7-9).

• • •

이제 사람들은 감각적인 쾌락과 세속적인 보화에 관한 것이라면 다음과 같은 것들에 흔쾌히 동의할 것 입니다. 즉 그들은 감각적인 쾌락과 세속적인 보화들이 인간을 만족시킬 수 없고, 인간의 높은 운명에 부합하지 않음을 기꺼이 인정할 것입니다. 그러나 소위 이상적인 가치, 즉 과학과 예술, 문화, 참되고(진[眞]), 선하며(선[善]), 아름다운 것(미[美])에 대한 봉사, 타자를 위한 삶, 인류를 섬기려는 열망 등이 중요한 것으로 부각 될 때, 사람들은 전혀 다른 판단을 내립니다. 그러나 이런 것들도 세상에 속한 것입니다. 성경이 말하는 바 감각적 쾌락이든 세속적으로 값비싼 보화이든 아니면 이상적인 가치이든, 이것들이 세상에 속해 있는 한 그것들은 세상과 세상의 정욕들과 더불어 모두 다 지나가 버리는 것들입니다(요일 2:17).

과학과 지식과 학문은 빛의 아버지로부터 주어진 좋은 선물이라는 것이 확실합니다. 그러므로 그것들은 높이 평가되어야 마땅합니다.

바울이 세상의 지혜를 하나님 앞에서 어리석은 것이라고 불렀을 때(참조. 고전 3:19), 그리고 그가 다른 곳에서 철학에 대해 경고했을 때(골 2:8), 그는 **일반계시**(一般啓示, algemeene openbaring, *revelatio generalis*)와 **특별계시**(特別啓示, bijsondere openbaring, *revelatio specialis*)에 나타난 하나님의 지혜를 인정하지 아니하고(고전 1:21), 그 모든 상상 가운데서 헛된 것이 되어버린(롬 1:21) 거짓되고 허망하게 상상된 지혜를 심중에 두고 있습니다. 그러나 그러한 경우를 제외하고는 바울과 성경 전체가 지식과 지혜를 매우 중요한 차원으로 높이 평가하고 있습니다. 그렇지 않다면 성경 전체가 하나님만이 지혜로우시고, 자신과 모든 것에 대한 완전한 지식을 소유하고 계시며, 지혜로 세상을 세우셨고, 자신의 지혜의 온갖 풍성함을 교회에 알리셨으며, 모든 **보화**가 그리스도 안에 감춰져 있고, 성령께서는 하나님의 깊은 것을 통찰하시는 지혜와 지식의 영이라고 단언할 수 없었을 것입니다(잠 3:19; 롬 11:33; 고전 2:10; 엡 3:10; 골 2:3). 성경이 이와 같은 사상을 전개하는 책이라면, 우리는 지식에 대해 낮게 평가할 수 없으며 철학을 경멸할 수도 없습니다. 반대로 지혜는 보석들보다 낫고 인간이 욕망하는 모든 것도 지혜와 비교할 수 없습니다(잠 13:11). 지혜는 지식의 주인이신 하나님의 선물입니다(잠 2:6; 삼상 2:3).

그러나 성경이 요구하는 지식은 하나님을 경외하는 것을 근본으로 삼는 지식입니다(잠 1:7). 지혜가 자신의 원리가 되시는 하나님과의 관계를 끊게 되는 경우, 그 지혜는 자신을 거짓으로 가장하여 여전히 지식이라는 이름을 유지할 수는 있을지 몰라도, 그러한 지혜는 하나님 앞에서 가면 갈수록 어리석은 세상의 지혜로 변질되고 말 것입니다. 어떤 과학이나 철학이나 지식이 그것들 자체의 주장을 바탕으로 세워질 수 있으며 하나님을 그 전제로부터 제외해도 된다고 생각하는 경우, 그러한 생각들은 의도한 것과는 정반대의 결과를 초래하게 되는바, 그렇게 생각하고 기대하는 모든 이들을 환멸에 빠뜨리고 마는 것입니다.

이러한 사실을 제대로 이해한다는 것은 쉬운 일입니다. 우선 첫째로, 과학이나 철학은 항상 특별한 성격을 갖고 있어서 소수만의 전유물이기 십상입니다. 그렇지만 평생을 배움의 훈련에 헌신할 수 있는 소수의 선택된 사람들이라도 자신의 전문 분야에 있어서 작은 부분에만 전문적인 지식을 갖고 있을 뿐입니다. 이들도 그 외의 다른 분야에서는 여전히 문외한으로 남아 있습니다. 그러므로 지식이 줄 수 있는 만족이 그 무엇이라 할지라도,

지식은 자신의 이러한 특별하고 제한된 특성으로 인해 창조 당시 인간 본성에 심겨서 모든 사람 안에 존재하는 깊은 욕구를 결코 만족스럽게 할 수 없습니다.

둘째로, 철학은 쇠퇴의 시기가 지나가면 언제라도 또다시 부흥의 시기를 맞이합니다. 그러나 철학은 부흥의 시기가 도래했을 때 항상 비상하고 과장된 기대와 함께 시작합니다. 철학은 자신의 부흥기에 진지한 탐구를 지속해서 수행하여 세상의 수수께끼를 마침내 풀게 될 것이라는 희망 안에서 살아갑니다. 그러나 이러한 젊은 시절의 과도한 의욕 이후에 항상 노년기의 환멸이 찾아옵니다. 그러므로 연구가 진행되면 될수록 문제가 줄어들지 않고 오히려 해결해야만 하는 문제가 더욱더 늘어나게 됩니다. 지금까지 자명하게 보이던 것이 새로운 수수께끼로 입증되고, 모든 지식의 종착점에서 인간은 지상에서 수수께끼에 둘러싸여 살아가며, 인생과 운명이 죄다 풀 수 없는 미스터리로 가득 차 있다는 슬프고도 절망적인 고백을 하지 않을 수 없습니다.

셋째로, 철학이나 과학이 심지어 지금 성취할 수 있는 것보다 장차 훨씬 더 확실한 성취의 상태에 도달할 수 있다고 할지라도, 그것은 여전히 인간의 마음에 만족을 주지 못한다는 점을 명심할 필요가 있습니다. 덕과 도덕의 기초가 결핍된 지식은 죄의 손아귀 안에서 죄의 도구가 되어 보다 큰 악을 조장하고, 그 악을 행하는 방향으로 작용하게 됩니다. 그리고 그다음 결과는 지식으로 가득 찬 머리가 부패한 마음을 섬기는 사태를 초래하게 됩니다. 이러한 의미에서 사도께서는 다음과 같이 말씀하셨습니다. "내가 예언하는 능력이 있어, 모든 비밀과 모든 지식을 알고 또 산을 옮길 만한 모든 믿음이 있을지라도 사랑이 없으면 내가 아무것도 아닙니다"(고전 13:2). 이 말씀은 예술에 대해서도 마찬가지로 적용되는 말씀입니다. 예술 또한 하나님의 선물입니다. 주님 자신이 진리와 거룩함뿐만 아니라 영광 그 자체이시며, 그분의 이름의 아름다움을 자신이 창조한 모든 작품 위에 펼치시는 분이십니다. 그러므로 자신의 영으로서 예술가들의 모든 재능과 솜씨에 지혜와 총명과 지식을 갖게 해주시는 분도 주님이십니다(출 31:3; 35:31). 그러므로 인간이 행동하고 창작할 수 있는 능력이 있다는 사실을 첫 번째로 증명하는 영역은 다름 아닌 예술입니다. 행동하고 창작하는 인간의 능력은 영적인 성격을 지니며, 인간의 깊은 열망, 높은 이상, 그리고 조화를 향한 지칠 줄 모르는 갈망을 표현합니다. 게다가 예술은 그 모든 작업과 방식에서 우리 앞에 이상적인 세계에 대한 이미지를 불러일으킵니다. 그리고 예술이 펼치는 이상적인 세계 속에서 우리가 땅에서 겪는 불화는 만족스러운 조화로 승화됩니다. 그리하여 타락한 이 세상에서 지혜로운 자들에게는 감추어지지만, 예술가의 단순한 눈에는 발견되는 아름다움이 드러납니다. 예술은 우리를 위해 다른 더 높은 실재에 대한 그림을 그려주기 때문에 우리 삶에 위안을 주고, 우리 영혼을 고양시키며, 우리 마음을 희망과 기쁨으로 채워줍니다.

그러나 비록 예술이 이러한 일들을 성취할 수 있다고 할지라도 우리가 예술이 드러내는 아름다움을 즐길 수 있는 곳은 오직 우리의 상상 속에서입니다. 예술은 이상과 현실 사이에 벌어져 있는 틈을 메울 수 없습니다. 예술은 비전의 "저편"을 현재의 "여기"로 만들 수 없습니다. 예술은 우리에게 가나안의 영광을 멀리서 보여주지만 우리를 더 나은 나라로 인도하지 못하며 그 나라의 시민이 되게 하지도 못합니다. 예술은 위대한 것이기는 하지만 그렇다고 해서 모든 것은 아닙니다. 그것은 한때 그 분야의 저명한 사람이 그렇게 불렀던 것처럼 가장 거룩한 것도, 가장 고귀한 것도 아니며, 인간에게 하나의 유일한 종교도, 유일한 구원도 아닙니다. 예술은 죄로부터 우리를 구원할 수 없습니다. 그것은 우리의 오염을 깨끗게 할 수 없습니다. 그리고 예술은 삶의 슬픔 속에서 흘리는 우리의 눈물을 닦아줄 수도 없습니다.

　문화, 문명, 인도주의, 사회생활 등, 우리가 무엇이라고 부르든, 그것들 역시 인간의 최고선이라고 명명될 수 없습니다. 의심할 바 없이 우리는 과거보다 인도주의가 진일보했고 박애주의적인 자선 활동이 발전했음을 정당하게 말해야만 합니다. 가난한 사람과 병든 사람, 불행한 사람과 궁핍한 사람, 과부와 고아, 정신병자와 감방에 갇힌 사람이 과거에 흔히 받았던 대우와 오늘날 그들이 일반적으로 받는 대우를 비교해보면 여기서 우리는 분명히 행복해하고 감사해만 하는 이유를 발견하게 됩니다. 잃어버린 자를 찾아내고 억압받는 자를 불쌍히 여기는 온유하고 자비로운 정신이 지속해서 고양되어온 측면이 있습니다. 그러나 우리의 현실에는 맘몬주의, 즉 배금주의(拜金主義)와 매춘과 알코올 중독 등과 같은 가증스러운 짓들과 소름 끼치는 악행들의 무서운 사태들이 엄존하고 있어서 우리가 발전하고 있는지 퇴보하고 있는지의 질문에 명확하게 답변하는 것을 어렵게 만듭니다. 어느 순간에는 우리가 낙관적이다가도 그다음 순간에는 다시 깊은 비관주의에 빠지게 되고 맙니다. 그러나 인류를 위한 봉사의 삶, 이웃에 대한 사랑의 삶이 하나님의 율법에 뿌리를 두지 않는다면 그 힘과 성격을 상실하고 말 것이라는 사실은 확실합니다. 결국 이웃에 대한 사랑은 인간의 마음에서 자발적이고 자연스럽게 일어나는 자기 자신의 정의와 정당성을 변증하는 행위가 아닙니다. 오히려 이웃에 대한 사랑은 우리에게 엄청난 의지력을 요구하고 우리의 이기심과 사리사욕이라는 가공할 힘에 맞서서 계속해서 유지되어야만 하는 감정이고 느낌이며 헌신입니다. 게다가 그와 같은 이웃 사랑은 종종 이웃으로부터 거의 지지를 받지 못합니다. 일반적으로 우리가 노력이나 분투 없이 자연스럽게 인간들을 우리 자신처럼 소중히 여기고 사랑해야 할 만큼 그 정도로 인간들은 사랑스럽지 못합니다. 실제로 이웃에 대한 사랑은 한편으로는 하나님의 율법에 근거하여 우리에게 그 사랑이 주어질 때만, 그리고 다른 한편으로는 하나님께서 자신의 모든 계명을 따라서 우리에게 올바르게 살고자 하는 갈망을 허락해주실 때만 그 자체를 유지할 수 있습니다,

• • •

그러므로 우리는 아우구스티누스(Augustinus)와 같은 결론에 도달하게 됩니다. 아우구스티누스에 따르면 인간의 마음은 하나님을 위해 창조되었으므로 하나님의 마음 안에서 안식할 때까지 결코 안식을 발견할 수 없습니다. "당신은 당신 자신을 위해 우리를 창조하셨습니다. 그러므로 우리의 마음은 당신 안에서 안식을 얻기까지 불안하기만 합니다."[1] 그러므로 아우구스티누스가 선포한 것처럼 모든 인간은 진정으로 하나님을 찾고 있지만, 그들은 결코 옳은 방법으로, 옳은 장소에서 하나님을 발견하지 못합니다. 그들은 아래서 하나님을 찾고자 하나 하나님은 위에 계십니다. 그들은 하나님을 이 땅에서 찾고자 하나 하나님은 하늘에 계십니다. 그들은 하나님을 멀리서 찾고자 하나 하나님은 가까이에 계십니다. 그들은 하나님을 재물과 번영과 명성과 권력과 열정에서 찾고자 하나 하나님은 높고 거룩한 곳에 계시며 뉘우치고 겸손한 마음을 가진 사람들과 함께 계십니다(사 57:15). 모든 인간은 하나님을 찾고 있습니다. 그들은 혹시라도 더듬어 하나님을 찾아 결국 그분을 발견할 수 있습니다(행 17:27). 그들은 하나님을 찾고자 하지만 동시에 그분에게서 달아나려고 합니다. 그들은 하나님의 길을 아는 데는 관심이 없지만 그래도 하나님 없이는 살아갈 수 없습니다. 그들

---

[1] 역자 주. *Tu nos fcisti ad te, et cor nostrum inquietum est, donec requiescat in te* (Augustinus, *Confessiones*, I,1,1).

은 하나님께 매력을 느끼는 동시에 하나님께 혐오를 느낍니다.

파스칼(Blaise Pascal, 1623-1662)이 심오하게 지적한 것처럼 바로 여기에 인간의 위대함과 비참함이 함께 공존합니다. 인간은 진리를 갈망하지만 본성적으로 거짓됩니다. 인간은 휴식을 희구하여 여러 가지 오락에 자신의 몸을 던집니다. 인간은 영속적이고 영원한 행복을 갈구하면서 순간의 즐거움에 탐닉하고자 합니다. 인간은 하나님을 찾고자 하지만 피조물 안에서 자기 자신을 잃어버립니다. 인간은 아버지의 집에서 태어난 아들이지만, 낯선 땅에서 돼지의 먹이를 먹고 허기진 배를 채우고 있습니다. 인간은 생수의 근원을 버리고 물을 담을 수 없는 구멍 뚫린 웅덩이를 파고 있습니다(렘 2:13). 인간은 마치 먹는 꿈을 꾸는 배고픈 사람과 같습니다. 그는 마치 꿈에서 물을 마시고 있다가 깨어났을 때 여전히 피곤해 자신의 영혼에 갈증을 느끼고 있는 목마른 사람과 같습니다(사 29:8).

과학은 인간의 이러한 모순을 설명할 수 없습니다. 과학은 인간의 위대함만을 평가하고 인간의 비참함을 평가하지 않거나 인간의 비참함만을 평가하고 인간의 위대함을 평가하지 않습니다. 과학은 인간을 지나치게 높이거나 지나치게 낮추어 평가합니다. 왜냐하면 과학은 인간의 신적 기원에 대해서도 인간의 심각한 타락에 대해서도 전혀 알지 못하기 때문입니다. 그러나 성경은 이 두 가지 사실, 즉 인간의 신적 기원과 심각한 타락을 모두 알고 있습니다. 그래서 성경은 인간과 인류에게 그 빛을 비추어줍니다. 그리고 성경에서 인간과 인류 속에 있는 모순이 화해되고 안개가 걷히며 숨겨진 것이 드러납니다. 인간은 오직 하나님 안에서만 그 해결책을 찾을 수 있는 한편의 수수께끼와 같은 존재입니다.

1. 하나님이 인간의 최고선이라는 말은 무엇을 의미합니까?

2. 인간이 하나님의 형상으로 지음을 받았다는 것은 무슨 뜻이며, 이것이 하나님이 최고선이라는 사실과 어떻게 연결됩니까?

3. 물질적 가치를 최우선시하는 소비주의의 시대에 인간의 최고선을 하나님이 아닌 자기 만족이나 자기 실현으로 대체하려는 경향에 대해 교회는 어떻게 대응할 수 있을까요?

4. 인공 지능과 기술 발전으로 인간의 능력이 확장되는 시대에 하나님을 최고선으로 고백하는 것이 인간의 윤리적 삶에 어떤 의미를 줄 수 있을까요?

5. 종교가 다양화된 오늘날 사회에서 "하나님만이 최고선"이라는 배타적 주장은 타 종교와의 대화에서 어떻게 다루어질 수 있을까요?

6. 하나님의 형상 개념이 인간관계에 어떤 실천적인 영향을 줄 수 있을까요?

7. 고도로 발달한 자본주의 사회에서 인간을 하나님의 형상으로 고백하는 그리스도교 인간학이 우리에게 제공하는 윤리적 실천 이론은 무엇입니까?

8. 모든 인간이 하나님의 형상이라면, 외국인 노동자나 장애인, 그리고 우리 사회에서 소외된 계층에 대해 우리는 어떤 태도를 가져야 할까요?

9. 하나님의 형상 개념이 교육, 정치, 경제 등 사회 제도 속에서 어떤 방향으로
   적용되어야만 할까요?

10. 죽음 이후의 삶을 회피하거나 무시하는 문화 속에서 "하나님이 인간의 최
    종 목적이자 복된 미래"라는 신앙고백은 어떤 미래에 대한 희망으로 작용
    할 수 있을까요?

제2장

하나님을 아는 지식

하나님은 **인간의 최고선**(人間의 最高善, het hoogste goed van den mensch, *summum bonum hominis*)이십니다. 성경 전체가 이 사실을 우리에게 증언하고 있습니다.

성경은 하나님께서 인간에게 자신의 창조주이신 하나님을 알고, 온 마음을 다하여 하나님을 사랑하며, 하나님과 더불어 영원한 축복 가운데 살도록 하려고 자신의 **형상**(形像, beeld, *imago*)과 **모양**(模樣, gelijkenis, *similitudo*)을 따라 인간을 창조하셨다는 진술과 더불어 이야기를 시작합니다. 또한 성경은 백성들이 하나님을 얼굴과 얼굴을 마주하여 뵙고, 그들의 이마에 그분의 이름을 새기게 될 "새 예루살렘"에 대한 묘사와 더불어 이야기를 끝냅니다.

그리고 인간 창조와 새 예루살렘 사이에서 하나님의 계시가 너무나 장구하고 광막하게 펼쳐져 있습니다. 이러한 계시의 내용은 **은혜언약**(恩惠言約, genadeverbond, *foedus gratiae*)에 대한 유일하고 위대하며 포괄적인 약속을 담고 있습니다. "나는 너희의 하나님이 되고, 너희는 내 백성이 될 것이다." 그리고 이러한 계시의 중심이자 정점은 임마누엘(Immanuel), 곧 하나님이 우리와 함께 계심(God-met-ons)입니다. 왜냐하면 약속과 성취는 함께 손을 잡고, 포옹하며, 입 맞추고 나아가기 때문입니다. 하나님의 말씀은 계시의 시작이고 계시의 원리이며 계시의 씨앗입니다. 계시의 씨앗이 충만하게 실현되는 것은 하나님의 계시 행위를 통해서입니다. 태초에 하나님이 자신의 말씀으로 만물을 무로부터 존재로 부르신 것과 같이 시간의 과정 안에서 하나님께서는 자신의 말씀으로 "새 하늘"과 "새 땅"을 존재케 하실 것입니다. 그리고 새 하늘과 새 땅에는 하나님의 장막이 사람들 가운데 서 있게 될 것입니다.

그래서 사도 요한은 말씀이 육신이 되신 그리스도를 은혜와 진리가 충만한 분이라고 말할 수 있었습니다(요 1:14).

예수 그리스도는 태초에 하나님과 함께 계셨던 말씀이시며 그 자신이 하나님이셨습니다. 그래서 그리스도께서는 사람들의 생명이고 빛이셨습니다. 성부께서는 자신의 생명을 그리스도와 공유하시고 그리스도 안에서 자기 자신이 가지고 계신 생각을 표현하시기 때문입니다. 그러므로 성부께서는 그리스도 안에서 자신의 충만한 존재를 계시하십니다. 그리스도께서는 성부를 우리에게 선포하시고 성부의 이름을 나타내실 뿐만 아니라, 그 자신 안에서 우리에게 성부를 보여주시고 성부를 주시기까지 하시는 분이십니다. 그리스도는 하나님의 자기계시이십니다. 그리스도는 우리에게 표현되는 하나님이시며 우리에게 주어지는 하나님이십니다. 하나님께서는 그리스도 안에서 우리에게 자신을 표현하시며 그리스도 안에서 우리에게 자신을 주시는 분이십니다. 그러므로 그리스도께서는 은혜와 진리로 충만한 분이십니다. "나는 너희의 하나님이 되리라"라는 약속의 말씀은 그 말씀이 선포되는 바로 그 순간부터 그 말씀 자체 속에 이미 그 성취를 담고 있습니다. 하나님께서는 자신의 백성이 자신들을 그분 자신에게 드릴 수 있도록 하시려고 자기 자신을 자기 백성에게 내어주십니다.

성경에서 우리는 하나님께서 다음과 같은 선포를 끊임없이 반복하고 계심을 발견하게 됩니다. "나는 너희 하나님이 되리라." 창세기 3:15의 모약속(母 約束, moederbelofte: "원[原] 약속"으로도 번역 가능함)으로부터 모든 축복과 모든 구원을 포괄하는 이러한 풍성한 증거가 족장들의 삶에서나 이스라엘 백성의 역사에서나 신약 교회의 역사 속에 존재하고 있으며 나타나고 있습니다. 그리고 이에 대한 응답으로 각 시대를 거쳐 오면서 교회는 끝없이 다양한 신앙의 언어를 통해 감사와 찬양으로 다음과 같이 고백했습니다. "당신은 우리의 하나님이시고 우리는 당신의 백성이며 당신 목장의 양이옵니다."

교회의 이러한 신앙에 대한 선포는 한편의 과학적인 교리도 아니고 그렇다고 해서 반복되는 신앙고백의 일치된 형태도 아닙니다. 오히려 인생에서 생생하게 경험되는 현실로부터 우러나오는 확신에 찬 고백입니다. 구약과 신약에 등장하는 예언자들과 사도들, 그리고 후에 그리스도의 교회에 일반적으로 등장하는 성도들은 가만히 제자리에 앉아서 추상적인 개념으로 하나님에 대해 철학적으로 사변한 사람들이 아닙니다. 오히려 그들은 하나님이 자신들에게 무엇을 의미하는지, 그리고 삶의 모든 상황 속에서 그들이 하나님께 입은 은혜가 무엇인지에 대해서 고백하고 있습니다. 그들에게 있어서 하나님은 결코 이성적으로 분석하여 도출될 수 있는 얼음과 같이 차디찬 개념이 아닙니다. 그들에게 하나님은 살아서 역사하시는 인격적인 능력이셨으며 그들 주변의 세계를 훌쩍 뛰어넘는 무한하고 실재하는 현실이셨습니다. 정말로 하나님은 그들에게 유일하시고 영원하시며 경배할 만한 존재이십니다. 그들은 자신들의 삶 속에서 하나님을 의식했고 하나님의 장막에서 살았으며 항상 하나님의 존전에서 행하는 것처럼 행했고 하나님의 뜰에서 하나님을 섬겼으며 하나님의 성소에서 하나님을 경배했습니다.

예언자들과 사도들과 옛 성도들이 경험한 그 경험의 진실성과 깊이는 하나님께서 그들에게 어떤 분이시며 무엇을 의미하는가를 표현하기 위해 그들이 사용한 언어에서 잘 드러나 있습니다. 그들은 말하려고 열심히 애쓸 필요가 없었습니다. 이는 그들의 마음속에서 우러나온 것이 그들의 입술에 넘쳐흘렀기 때문이며 인간과 자연 세계는 그들에게 언어의 형상들(표상들)을 제공해주었기 때문입니다. 그들에게 하나님은 왕이시고, 주님이시며, 용사이시고, 지도자이시며, 목자이시고, 구원자이시며, 구속자이시고, 조력자이시며, 의사이시고, 사람이시며, 아버지이십니다. 그들의 복락과 행복, 그들의 진리와 의, 그들의 생명과 자비, 그들의 힘과 능력, 그들의 평화와 안식, 이 모든 것을 그들은 하나님 안에서 찾았습니다. 하나님은 그들에게 태양이시고, 방패이시며, 빛이시고 불이시며, 샘이시고 우물이시며, 바위이시고 피난처이시며, 높고 견고한 피난처이시고 탑이시며, 상급이시고 그림자이시며, 성읍이시고 성전이 되셨습니다. 세상이 구체적이고 세분화해서 제공하는 모든 사물에는 하나님께서 자신의 백성을 위해 제공해주시는 측량할 수 없이 충만한 구원의 형상과 모양이 들어 있습니다. 따라서 시편 16:2에서 다윗은 야웨께 다음과 같이 아뢰고 있습니다. "당신은 나의 주님, 당신만이 나의 행복이십니다." 또한 아삽은 시편 73편에서 다음과 같이 노래합니다. "하늘에서는 주 외에 누가 내게 있으리요. 땅에서는 주 밖에 내가 사모할 이 없나이다. 내 육체와 마음은 쇠약하나 하나님은 내 마음의 반석이시요 영원한 분깃이시라"(시 73:25-26). 성도들에게 하늘은 그 모든 축복과 영광에도 불구하고 하나님이 없으면 공허하고 황폐할 뿐입니다. 그리고 성도들이 하나님과 교제하며 살 때 그들은 이 땅에 있는 어떤 것에도 관심을 가지지 않습니다. 하나님의 사랑은 다른 모든 선을 훨씬 초월하기 때문입니다.

이것이 바로 하나님 자녀들의 경험입니다. 하나님의 자녀들이 이러한 경험을 할 수 있었던 것은 하나님께서 그들을 사랑하는 아들 안에서 기뻐하시며 그 기쁨을 위해 자녀들에게 자신을 드러내 보이셨기 때문입니다. 이런 의미에서 그리스도께서는 영생의 요체, 즉 구원의 요체는 사람이 유일하신 참 하나님과 그분이 보내신 분 예수 그리스도를 아는 데 있다고 말씀하셨습니다(요 17:3).

그리스도께서 이러한 말씀을 하셨을 때 그분은 겟세마네 동산으로 들어가 그곳에서 자신의 마지막 영혼의 투쟁을 겪으시기 위해서 기드론 시내를 건너려는 지점에 서 계셨습니다. 그러나 그 지점에 이르시기 전에 그리스도께서는 자신의 수난과 죽음을 위해 우리의 대제사장으로서 자신을 준비하셨고, 아버지께서 아들의 고난 속에서도 아들을 영화롭게 하실 수 있도록 기도하시며, 그 고난 후에는 아들도 아버지께 영광을 돌리게 되기를 아버지께 기도하셨습니다. 그래서 아들은 아버지께 죽기까지 순종하심으로써 모든 축복을 성취하셨습니다. 그리고 아들이 이렇게 기도할 때 그분은 아버지의 뜻과 선하신 기쁨 외에는 아무것도 바라지 않으셨습니다. 아버지께서 아들에게 모든 육체를 다스리는 권세를 주셨음은 아들이 아버지께서 자신에게 주신 수많은 자에게 영생을 주도록 하기 위함입니다. 그러한 영생은 바로 유일하신 참 하나님과 그분을 계시하기 위해 보내심을 받은 예수 그리스도를 아는 지식으로만 가능케 됩니다(요 17:1-3).

• • •

여기서 예수께서 말씀하신 지식은 그 자체가 명백하게 특별한 성격을 지니고 있습니다. 그 지식은 사람이 얻을 수 있는 여느 다른 지식과는 다릅니다. 예수께서 말씀하신 지식과 사람이 얻을 수 있는 지식, 그 양자의 차이점은 정도의 차이가 아니라 원리와 본질의 차이입니다. 이러한 점은 우리가 두 종류의 지식을 서로 비교하기 시작했을 때 즉각적으로 드러납니다. 예수께서 말씀하신 "하나님을 아는 지식"은 그 기원과 대상 그리고 본질과 효과에 있어서 창조된 피조물들을 아는 지식과는 전혀 다른 차원의 지식입니다.

첫째로, 무엇보다도 하나님을 아는 지식은 그 기원에 있어서 세상의 여느 다른 지식과는 다릅니다. 하나님을 아는 지식은 전적으로 그리스도에게 달려 있기 때문입니다. 어떤 의미에서 다른 모든 지식은 우리 자신의 통찰과 판단 그리고 노력과 연구로 얻어지는 지식이라고 말할 수 있습니다. 그러나 유일하신 참 하나님을 아는 지식에 관해서는 우리가 어린아이와 같이 그리스도께서 그 지식을 우리에게 주실 것을 기도로써 간구해야만 하는 것입니다. 유일하신 참 하나님을 아는 지식은 그리스도 외에 그 누구에게서도, 그 어디서도 발견될 수 없습니다. 학교 공부에서도, 탁월한 철학자들에게서도 하나님에 관한 참된 지식을 얻을 수 없습니다. 오직 그리스도만이 아버지를 아십니다. 그분은 태초에 하나님과 함께 계셨습니다. 그리스도께서는 아버지의 품에 안겨 있으셨고 아버지를 얼굴과 얼굴을 마주하여 보셨습니다. 그리스도께서는 또한 그 자신이 하나님이셨습니다. 그분은 하나님의 영광의 광채시며 그 본체의 형상이셨습니다. 그리스도께서는 아버지의 독생자이시며 아버지께서 온전히 기뻐하시는 사랑받는 아들이십니다(마 3:17; 요 1:14; 히 1:3). 아버지의 존재 안에 있는 그 어떤 것도 아들에게는 감추어져 있지 않습니다. 아들 역시 동일한 본성과 동일한 속성들, 그리고 동일한 지식을 아버지와 더불어 공유하고 계시기 때문입니다. 아들 외에는 그 누구도 아버지를 아는 자가 없습니다(마 11:27).

이 아들이 또한 우리에게 오셔서 아버지를 선포하셨습니다. 아들은 자기 아버지의 이름을 사람들에게 계시하셨습니다. 이를 위해 종국적으로 아들은 육신이 되시어 이 땅에 나타나셨습니다. 그리하여 우리에게 참되신 하나님을 알게 해주셨습니다(요일 5:20). 우리는 하나님을 알지 못했고 하나님의 길을 아는 것에 아무런 관심이 없었습니다. 그러나 그리스도께서는 우리에게 아버지를 알게 해주셨습니다. 그분은 철학자도, 학자도, 예술가도 아니셨습니다. 그분의 사역은 우리에게 아버지의 이름을 계시하는 것이었습니다. 그리스도께서는 이러한 일을 자신의 일생을 통해 온전히 성취하셨습니다. 그리스도께서는 자신의 말씀과 사역과 삶과 죽음과 인격 안에서, 그리고 자신이 존재하고 행했던 모든 것들을 통해서 하나님을 나타내 보이셨습니다. 그분은 아버지께서 행하시는 일을 보이시는 것 외에는 그 어떤 것도 결코 말씀하거나 행하시지 않으셨습니다. 아버지의 뜻을 행하는 것이야말로 그리스도께서 취하신 마음의 양식입니다. 누구든지 그분을 본 자는 아버지를 본 것입니다(요 4:34; 8:26-28; 12:50; 14:9).

하나님에 관한 예수 그리스도의 계시는 신뢰할 만합니다. 그리스도는 하나님으로부터 보내심을 받은 분이시기 때문입니다. 그분은 예수라는 이름을 친히 하나님으로부터 받으셨습니다. 그분은 자신의 백성들을 그들의 죄로부터 구원하실 분이시기 때문입니다(마 1:21). 그리고 예수께서 그리스도라고 불리는 이유는 그분이 아버지로부터 기름 부음을 받은 분이시고 하나님에 의하여 선택되어서 모든 직무를 수행할 수 있는 자격이 부여된 분이시기 때문입니다(사 42:1; 마 3:16). 그분이 보내심을 받은 분이신 이유는, 그분은 많은 거짓 예언자들과 제사장들처럼 자기 자신의 이름으로 오거나, 자기 스스로 높이거나, 자신의 공로를 취하려고 하지 않으셨기 때문입니다. 정말 예수께서는 그런 분이 아니셨습니다. 하나님이 세상을 이처럼 사랑하사 독생자를 주셨으니 누구든지 그를 믿는 자마다 멸망치 않고 영원한 생명을 얻게 될 것입니다. 그렇게 하고자 그분은 아버지로부터 보내심을 받았습니다(요 3:16).

그러므로 그분을 받아들여 그분을 믿는 사람들에게는 하나님의 자녀라는 이름을 가질 수 있는 권세와 자격이 주어졌습니다(요 1:12). 그들은 하나님으로부터 난 사람들입니다. 그러기에 그들은 신적인 본성을 공유하고 하나님의 아들 그리스도를 봄으로써 하나님을 아는 사람들입니다. 아버지 외에는 아들을 아는 자가 없고 아들과 또 아들의 소원대로 계시를 받는 자 외에는 아버지를 아는 자가 없습니다(마 11:27).

둘째로, 하나님을 아는 지식은 그 대상에 있어서 다른 모든 지식과 구별됩니다. 다른 지식의 경우, 특히 우리 시대에는 그 지식의 범위가 매우 넓을 수 있지만 여전히 그 지식은 피조물 주변을 맴돌 뿐이며, 시간 속에서 덧없이 지나가 버리는 일시적인 것들에 국한된 지식이어서 그러한 지식으로는 영원에 속한 것들을 결코 발견할 수 없습니다. 자연이라는 작품 속에서도 하나님의 영원하신 능력과 신성이 계시되는 것은 사실입니다. 그러나 자연으로부터 산출되는 하나님에 관한 지식은 미약하고 희미하며 오류까지 뒤섞여 있어서 높은 가치를 지니고 있지 못합니다. 왜냐하면 사람들이 자연으로부터 얻은 하나님에 대한 지식은 하나님을 하나님으로 영화롭게 하거나 찬양하지 않을 뿐만 아니라 오히려 그 생각이 허망하여져서 썩지 않는 하나님의 영광을 인간이나 새나 짐승이나 뱀 따위의 우상으로 바꾸어 피조물처럼 만들어버렸기 때문입니다. 그러기에 세계는 하나님을 계시하기도 하지만 하나님을 은폐하기도 합니다(롬 1:20-23). 세계는 하나님의 계시이기도 하지만 하나님의 은폐, 곧 숨겨짐이기도 합니다.

그런데 요한복음에 나타나는 "대제사장 기도"(요 17장)에서 상기와 같은 이 세상의 지식을 제쳐두고 하나님을 아는 지식을 말씀하시는 분이 전면에 등장합니다. 하나님을 인간 지식의 대상으로 삼는다는 것이 도대체 가당키나 한 것입니까? 그 누가 하나님에 관한 지식을 헤아릴 수 있다는 말입니까? 무한하고 불가해하고, 시간으로도 영원으로도 측량할 수 없으며, 그분의 현존 앞에서 천사들조차도 자신들의 날개로 얼굴을 가리고, 가까이 다가갈 수 없는 빛 가운데 거하시며, 지금까지 아무도 본 사람이 없고 볼 수도 없는 그런 하나님을 어떻게 사람들이 알 수 있다는 말입니까? 코로 숨을 쉬고 무의 허무함보다 더 작고 미약하여 허무한 것들 가운데서도 더욱 허무한 인간이 어떻게 하나님을 알 수 있다는 말입니까? 자신의 최고의 지식이 파편이나 헝겊 조각에 불과한 인간이 어떻게 하나님을 알 수 있겠습니까? 인간이 알고 있는 모든 지식에도 불구하고 인간이 알고 있는 것이 무엇입니까? 사물의 기원과 본질과 목적에 대해서 인간이 알고 있는 것이 있습니까? 인간의 주변은 온통 불명료하고 알 수 없는 수수께끼로 가득 차 있지 않습니까? 인간은 항상 미지의 영역의 경계선에 서 있는 존재가 아닙니까? 그렇다면 가난하고, 연약하며, 실수하고, 어리석은 인간이 하나님, 곧 높으시고, 거룩하시며, 홀로 지혜로우시고, 전능하신 하나님을 알 수 있다는 것은 상상조차 할 수 없는 생각이 아닙니까?

하나님을 아는 참된 지식은 우리의 이해를 넘어서서 존재하는 지식입니다. 아버지를 보셨고 아버지를 우리에게 선포하신 그리스도께서 하나님에 대한 참된 지식을 우리에게 말씀하십니다. 우리는 그리스도를 의지할 수 있고, 그분의 증거는 진실되며 전적으로 받아들일 만한 가치가 있습니다. "'오, 사람아, 그대가 하나님이 누구인지 진정 알고 싶다면, 지혜로운 자들, 학자들, 이 시대의 논쟁자들에게 묻지 말고, 그리스도를 바라보고 그분의 말씀을 들어라! 그대 마음에 이르기를 누가 하늘에까지 올라가겠느냐? 누가 깊은 곳까지 내려가겠느냐?'라고 하지 말지어다. 그 말씀, 곧 그리스도께서 선포하신 바로 그 말씀이 너희 곁에 있기 때문이다." 그리스도 자신이 하나님의 말씀이고, 아버지의 온전한 계시입니다. 아버지 역시 그리스도와 마찬가지로 의롭고 거룩하시며, 은혜와 진리로 충만하십니다. 그리스도의 십자가에서 구약 신앙의 온전한 내용이 펼쳐졌습니다. "주 하나님은 은혜로우시고, 자비로우시며, 노하기를 더디 하시고, 인자하심이 풍성하시도다. 그분은 우리 죄를 따라 우리를 대하지 않으시고, 우리의 죄악을 따라 우리에게 갚지 않으셨으니, 이는 하늘이 땅에서 높음같이 그를 경외하는 자에게 그의 인자하심이 크심이로다. 동이 서에서 먼 것같이 그분께서 우리의 죄과를 우리에게서 멀리 옮기셨느니라. 아버지가 자녀를 불쌍히 여기듯이 주님께서는 당신을 경외하는 자를 불쌍히 여기셨음이라"(시

103:8-13). 그리고 우리는 하나님 말씀의 거울에 비친 그리스도의 영광을 보면서 기쁨으로 부르짖습니다. 하나님께서 먼저 우리를 아셨기에 우리도 하나님을 압니다. 하나님께서 먼저 우리를 사랑하셨기에 우리도 하나님을 사랑합니다(요일 4:19).

하나님에 대한 지식은 그 기원과 내용으로 인해 그 지식의 독특한 본질이 결정됩니다. 앞서 언급한 대제사장의 기도 구절에서 예수께서는 단순히 정보가 되는 지식이 아니라 참된 앎이 되는 지식에 관해서 말씀하십니다. 양자의 지식 사이에는 큰 차이가 있습니다. 식물, 동물, 사람, 국가 또는 민족에 대해 우리가 책에서 정보를 얻는다고 해서 아직 그와 같은 주제들에 대해 직접적이고 개인적인 지식을 가졌다고 볼 수는 없습니다. 그와 같은 정보는 단지 하나의 문제에 대한 어떤 다른 사람의 묘사에 기반을 두고 있을 뿐입니다. 이러한 의미에서 정보는 단지 머리(이성)만의 일입니다. 그러나 참된 앎이란 인격적인 관심의 요소와 참여와 마음의 활동을 포함하는 것입니다.

그리스도께서 주신 하나님을 아는 지식에서 하나님에 관한 참된 지식이 아니라 한편의 묘사 내지는 정보로서의 지식이 발견되는 것도 사실입니다. 따라서 예수께서 의미하신 하나님에 대한 참된 지식과는 본질상 다른 하나님에 관한 정보를 우리가 가지는 것 역시 가능합니다. 그러므로 주님의 뜻을 행하려는 마음의 준비 없이도 주님의 뜻을 아는 것은 가능합니다(눅 12:47-48). 사람들이 "주여! 주여!"하며 외친다고 해서 천국에 들어가는 것이 아닙니다(마 7:21). 사랑에 길을 내어주는 믿음이 아니라 오히려 두려움과 떨림에 길을 내어주는 마귀의 믿음과 같은 그러한 믿음도 있습니다(약 2:19). 말씀을 듣는 자 중에 그 말씀을 따라 행하기를 원치 아니하여 채찍을 두 배로 맞을 자들도 있습니다(약 1:22).

하나님에 대한 지식과 관련하여 말씀하실 때 예수께서는 자신이 소유하고 있는 지식과 종류가 비슷한 지식을 염두에 두셨습니다. 그분은 전문적인 신학자가 아니셨고, 그렇다고 해서 신학 박사나 신학 교수도 아니셨습니다. 그러나 그분은 직접적이고 인격적인 통찰 가운데서 하나님을 아셨습니다. 예수께서는 자연 가운데, 말씀 가운데, 섬김 가운데 그리고 그 어느 곳에서나 하나님을 보셨습니다. 그분은 무엇보다도 하나님을 사랑하셨고 모든 일에서, 심지어 십자가에서 죽으실 때까지 하나님께 순종하셨습니다. 예수에게 진리를 아는 것과 진리를 행하는 것은 완전히 일치합니다. 그분에게는 지식과 사랑이 함께 있었습니다.

사실 하나님을 아는 지식은 하나님에 대해 많은 것을 아는 지식이 아닙니다. 오히려 하나님을 아는 지식은 우리가 그리스도의 인격 안에서 하나님을 보았고, 우리 삶의 길에서 하나님을 만났으며, 우리 영혼의 경험 안에서 하나님의 미덕, 그분의 의와 거룩함, 그분의 긍휼과 은혜를 알게 된 것으로 구성된 그러한 지식입니다.

바로 이러한 점이야말로 하나님을 아는 지식이 다른 모든 지식과 구별되어 "믿음으로 말미암은 지식"이라고 불리는 이유입니다. 하나님을 아는 지식은 학문적인 연구와 사색의 산물이 아니라 어린아이와 같은 순수한 믿음의 산물입니다. 이러한 믿음은 다른 사람에게뿐만 아니라 나에게도 죄 사함과 영원한 의와 구원이 오직 그리스도의 공로로 말미암아 하나님으로부터 인간에게 은혜로 값없이 주어진다는 사실에 대한 확실한 지식을 의미할 뿐만 아니라 확고한 확신을 의미하기도 합니다. 자기 생각을 바꾸어 어린아이와 같이 된 사람들만이 천국에 들어가게 될 것입니다(마 18:3). 오직 마음이 청결한 자만이 하나님을 볼 것입니다(마 5:8). 오직 물과 성령으로 난 자만이 천국에 들어가게 될 것입니다(요 3:5). 하나님의 이름을 아는 자들은 그분을 신뢰할 것입니다(시 9:10). 우리가 하나님을 사랑하는 정도만큼 하나님을 알게 됩니다. 하나님을 적게 사랑하면 하나님을 적게 알게 될 것이고, 하나님을 많이 사랑하면 하나님을 많이 알게 될 것입니다.

우리가 하나님에 관한 지식을 이러한 방식으로 이해하면 그 지식의 작용과 효력이 다름 아닌 영생이라는 사실은 놀라운 일이 아닙니다. 사실 지식과 생명(삶) 사이에는 거의 아무런 연관 관계가 없는 것처럼 보입니다. 그래서 전도서 저자의 다음과 같은 말씀은 참된 것입니다. "지혜가 많으면 번뇌도 많으니 지식을 더하는 자는 근심을 더하느니라"(전 1:18). "많은 책들을 짓는 것은 끝이 없고, 많이 공부하는 것은 몸을 피곤하게 하느니라"(전 12:12).

지식이 힘이라는 사실은 어느 정도 이해가 갑니다. 모든 지식은 물질에 대한 정신의 승리이고 인간이 자신의 주권으로 땅을 복종시키는 것입니다. 그러나 그러한 지식은 생명 내지는 삶이 되어야만 합니다. 누가 이러한 사실을 이해할 수 있을까요? 심지어 자연 질서 속에서도 생명(삶)의 깊이와 풍요로움은 지식에 의해서 증대됩니다. 인식이 포괄적일수록 삶은 더욱더 강렬해지는 법입니다. 무생물은 인식 능력이 없으며 살아 있지 않습니다. 동물의 경우에는 의식이 발전하면 삶에서도 그 내용과 범위가 넓어집니다. 인간들 가운데서 가장 부유한 삶이란 가장 많이 아는 사람의 삶입니다. 정신이상자나 무지한 자, 무식한 자나 발육장애자의 삶은 대체 어떤 삶일까요? 사상가와 시인의 삶과 비교해볼 때 그들의 삶은 빈곤하고 제한적일 수밖에 없습니다. 그러나 여기서 주목되는 차이점이 그 무엇이라고 할지라도 그러한 차이점은 단지 정도의 차이에 불과할 뿐입니다. 삶 자체는 지식으로 인해 변화되지 않습니다. 그리고 가장 탁월한 학자의 삶이나 가장 단순한 노동자의 삶이나, 그 어떤 삶이라 할지라도 죽음으로 끝나는 것은 필연적입니다. 삶은 세상의 제한된 원천에 의해서만 자신을 위한 양식을 제공받기 때문입니다.

그러나 그리스도께서 말씀하신 지식은 피조물을 아는 지식이 아니라 유일하신 참 하나님을 아는 지식입니다.

보이는 것들에 대한 지식이 삶을 풍요롭게 할 수 있다면, 하나님에 대한 지식은 얼마나 더 삶을 유익하게 하겠습니까? 하나님은 죽음의 하나님도, 죽은 자의 하나님도 아니십니다. 그분은 생명의 하나님이시고 살아 있는 자의 하나님이시기 때문입니다. 하나님께서 자신의 형상을 따라 다시 창조(재창조)하시고 자신과의 교제를 회복시키신 모든 사람은 그와 같은 사실로 인해 죽음과 죽을 수밖에 없는 단계를 뛰어넘어서 위를 향해 고양됩니다. 예수께서 말씀하셨습니다. "나는 부활이요 생명이니 나를 믿는 자는 죽어도 살겠고 무릇 살아서 믿는 자는 영원히 죽지 아니하리라"(요 11:25-26). 그리스도 안에서 하나님을 아는 지식은 우리에게 영원한 생명과 흔들리지 않는 기쁨과 하늘의 복락을 가져다줍니다. 영원한 생명, 흔들리지 않는 기쁨, 하늘의 복락, 이러한 것들은 하나님을 아는 지식이 우리에게 가져다주는 효력일뿐만 아니라 하나님을 아는 지식 그 자체가 곧 우리에게 새롭고 영원하며 축복된 삶입니다.

성경의 이러한 가르침에 따라서 그리스도교회는 옛날부터 신학이라 불렸던 지식이나 학문 체계의 성격을 결정했습니다. 신학은 하나님의 계시로부터 하나님을 아는 지식을 이끌어내는 학문입니다. 그래서 신학은 성령의 인도하심을 따라 연구하고 사유하며, 그 내용을 하나님께 영광이 되도록 묘사하고자 노력합니다. 그리고 신학자, 곧 참된 신학자는 하나님으로부터 말하는 자이고, 하나님을 통해 말하는 자이며, 하나님에 대해 말하는 자이고, 항상 하나님의 이름을 영화롭게 하기 위해 행하는 자입니다. 학식 있는 사람과 그렇지 못한 사람 사이에는 단지 정도의 차이가 있을 뿐입니다. 두 부류의 사람들 모두에게 주님은 한 분이시고, 믿음도 하나이며, 세례도 하나이고, 하나님도 한 분이십니다. 그분은 곧 만유의 아버지이시고, 만유 위에 계시며, 만유를 통일하시고, 만유 가운데 계십니다(엡 4:5-7).

　　이러한 정신 속에서 칼뱅(J. Calvijn)은 "인간의 제일 되는 목적이 무엇입니까?"라는 질문과 더불어 제네바 교리문답서(*Catéchismus van Genève*, 1542)를 시작합니다. 그리고 그는 명백하고 분명하게 답변합니다. "자신을 창조하신 하나님을 아는 것입니다." 이와 동일한 방식으로 웨스트민스터 교리문답서(*Catechismus van Westminster*, 1641) 역시 다음과 같은 질문과 더불어 시작합니다. "사람의 가장 높고 우선되는 목적은 무엇입니까?" 그리고 간략하고도 부요하게 답변합니다. "하나님께 영광을 돌리고, 영원토록 그분을 온전히 즐거워하는 것입니다."

1. 하나님이 인간의 최고선이라는 주장은 우리의 일상에 어떤 의미를 부여합니까?

2. 왜 하나님을 아는 지식이 다른 지식과 본질적으로 다른지, 그리고 이 지식이 철학이나 다른 학문이 아닌 그리스도를 통해서만 얻을 수 있다는 말은 무슨 의미입니까?

3. "나는 너희의 하나님이 되고 너희는 내 백성이 될 것이다"라는 언약의 공식이 신자의 정체성과 공동체성에 어떤 영향을 미칠까요?

4. 예수 그리스도가 하나님의 자기계시라는 말은 무엇을 뜻하며, "말씀이 육신이 되었다"는 성육신 교리가 우리의 구원과 예배, 기도 생활에 어떤 의미를 갖습니까?

5. 하나님을 아는 지식이 인간의 윤리적 삶과 사회 정의 실현에 실질적으로 어떤 영향을 미칠 수 있을까요?

6. 특별계시 개념이 세속화된 서구 사회와 비서구 사회에서 여전히 유효하고 필수 불가결하다는 사실은 어떻게 설명할 수 있을까요?

제3장

일반계시

인간이 하나님을 아는 지식을 소유할 수 있다는 것이 진실이라면, 이것은 하나님께서 어떤 방식으로든지 인간에게 자신을 알리시기로 자발적으로 결정하시어 선택하셨다는 사실을 전제합니다.

우리는 하나님을 아는 지식을 소유할 수 있습니다. 그러나 하나님을 아는 지식은 우리 자신으로부터, 즉 우리 자신의 발견과 탐구와 성찰에서 기인했다고 말할 수 없습니다. 하나님을 아는 지식이 하나님의 전적인 호의로 우리에게 값없이 주어지지 않는다면 우리 자신의 노력으로 그 지식을 얻을 수 있는 가능성은 전무합니다.

피조물에 대한 지식과 관련해서는 상황이 다소 다를 수 있습니다. 피조물에 대한 지식을 얻는 것과 관련해서도 우리는 절대적으로 하나님께 의존하고 있음은 사실입니다. 그러나 하나님께서 이 세계를 창조할 당시, 그분은 인간에게 온 땅을 정복하고 다스리는 임무를 맡기셨고 이러한 임무를 위해 인간을 준비시키시며 인간에게 그 임무를 수행할 수 있도록 이 세상에 대한 관심을 주셨습니다. 인간은 자연 위에 서 있는 존재입니다. 인간은 자연 현상들을 측량할 수 있고 연구할 수 있으며 일정한 범위 안에서는 예술적인 방식으로 자연에 속한 사물들을 구체적인 존재가 되게 할 수도 있습니다. 말하자면 인간은 자연이 스스로 드러내고 그 자신의 비밀을 드러내도록 할 수 있습니다.

하지만 이러한 능력 역시 모든 방식과 모든 면에서 제한적입니다. 과학이 현상을 점점 더 깊이 파고들어서 사물의 본질에 접근하면 할수록 불가해한 신비가 더욱더 증가하게 되어 사물의 본질 자체가 알 수 없는 수수께끼에 휩싸이게 됩니다. 우리가 인간 지식의 한계를 너무나 깊이 확신하기 때문에 "우리는 알지 못한다"라고 말하거나 때로는 "그리고 우리는 결코 알 수 없을 것이다"라고 말하고 싶어 하는 사람들이 적지 않습니다.

무생물에 관한 연구에서 이미 그와 같은 인간 지식의 한계가 명백하게 드러난다면, 생명이 있고 살아 있으며 이성적인 피조물들에 관한 연구에서 그와 같은 한계가 더욱더 두드러지게 나타나는 것은 너무도 당연한 일입니다.

이성적인 피조물들을 연구하는 영역에서 우리는 독단적으로 마음대로 할 수 없는 실재들과 접촉하게 되기 때문입니다. 그 실재들은 객관적으로 우리 앞에 서 있습니다. 그리고 우리는 어느 정도 우리 자신 안에서 발견하는 것들에 일치하는 한에서 그 실체들을 파악할 수 있습니다. 생명과 의식, 느낌과 지각, 이해력과 이성, 욕망과 의지, 이러한 것들은 분해하거나 재조립할 수 없습니다. 그것들은 본성에 있어서 기계적으로 병립되어 있지 않고 유기적으로 결합되어 있기 때문입니다. 그래서 우리는 그것들을 존재하는 방식 그대로 받아들여야만 합니다. 그리고 우리는 그것들이 소유하고 있는 불가해한 본성 그대로를 따라 존중해야만 합니다. 생명을 분해하여 해체하는 것은 생명을 죽이는 짓입니다.

이러한 사실은 인간 자신의 본성에 대해서도 진실입니다. 비록 인간이 물리적인 존재로서 육체를 가지고 있고 그만큼 우리의 지각이나 인식을 벗어날 수 없다는 것 또한 사실이지만, 우리가 지각하거나 인식하는 것은 인간 내면 밖으로 표출된 외적인 표현들이기 때문입니다. 그러한 인간의 외적인 표현 내지는 표출의 배후에는 외면적인 모양이나 형태로는 매우 불완전하고 부적절하게 표현될 수밖에 없는 인간 생명의 신비가 도사리고 있습니다. 또한 인간은 어느 정도까지는 자신의 내면을 다른 사람에게 숨길 수 있는 능력도 소유하고 있습니다. 그는 자기 내면의 상태를 일절 드러내지 않을 정도로 얼굴의 표정을 철저히 통제할 수 있습니다. 그는 자신의 생각을 감추기 위해 언어를 사용할 수 있습니다. 인간은 자신의 행동에서 자신의 내면과 충돌하는 태도를 취할 수도 있습니다. 그리고 비록 우리가 그러한 모든 교묘한 위장술을 경멸하는 정직한 사람과 관계를 맺는다고 할지라도 우리가 그를 알기 위해서는 그가 자신에 대해 스스로 공개하기로 선택한 부분에 크게 의존하지 않을 수 없습니다. 사실 인간은 때때로 자신도 모르게 그렇게 행동합니다. 그는 자신을 완전하게 통제할 수 없기 때문에 의도한 것은 아니지만 종종 자신을 무심결에 드러내는 경우가 있습니다. 그럼에도 우리가 인간을 있는 그대로 어느 정도 알고자 한다면 인간은 자신의 의지가 있든 없든 자신의 삶과 말과 행동으로 자신을 밖으로 표현하여 알려서 자신의 인격의 신비를 표현해야만 합니다. 우리가 한 사람에 대한 지식을 소유하는 것이 가능할 수 있으려면 그 사람이 무의식적으로든 의식적으로든 고의적으로든 그 자신을 우리에게 드러내어야만 합니다.

그와 같은 고찰은 오직 인간만이 하나님에 대한 지식을 가지고 있다고 말할 수 있는 조건들을 올바르게 이해하도록 우리를 이끌어줍니다. 하나님은 절대적으로 독립적인 분이시며 완전한 주권을 가진 분이십니다. 그분은 그 어떤 점에서도 우리에게 의존하는 분이 아니시고 우리는 본성적으로나 이성적으로나 도덕적으로 그분에게 전적으로 의존합니다. 그러므로 우리는 결코 그분을 통제할 수 없으며 그분에 대한 어떤 권한도 가지고 있지 않습니다. 그분을 우리의 연구와 사색의 대상으로 삼을 수 있는 어떤 방법도 우리에게는 없습니다. 하나님께서 자신을 우리에게 알리시지 않는 한 우리는 그분을 찾을 수 없습니다. 하나님께서 자신을 우리에게 주시지 않는 한 우리는 그분을 받아들일 수 없습니다. 게다가 하나님은 우리 눈에 보이지 않습니다. 그분은 가까이 갈 수 없는 빛 가운데 거하시기 때문에, 그 누구도 그분을 보지 못했으며 볼 수도 없습니다. 그분이 자신을 감추거나 숨기시면 우리는 우리의 육체적이거나 영적인 지각의 경계 안으로 그분을 불러올 수 없습니다. 그래서 우리가 그분에 대한 어떤 지각도 가질 수 없다면 당연히 그분에 대한 어떤 지식도 불가능합니다. 마지막으로 한 가지 더 언급한다면, 하나님은 전능한 분이십니다. 그분은 자신의 피조물뿐만 아니라 자기 자신마저도 완전하게 통제하고 계십니다. 우리 인간은 고의든 의도적이든 거의 항상 자신을 드러내지만 하나님은 자신이 원하실 때 자신이 원하는 곳에서 자신이 원하는 정도까지만 자신을 드러내십니다. 말하자면 하나님께서 자신의 의식과 자유의 영역 밖에서 자신을 드러내실 때 하나님께서 자신의 본의가 아니라 타의에 의해서 자신을 드러내는 일은 있을 수가 없습니다. 하나님은 자기 자신을 완벽하게 통제하시고 자신이 기뻐하시는 정도까지만 그 자신을 계시하십니다.

그러므로 하나님을 아는 지식은 오직 하나님 편에서 발현되는 계시를 근거로 해서만 가능합니다. 하나님께서 자유롭게 자기 자신을 계시하기로 결의하시는 경우에만 인간은 하나님을 아는 지식을 소유할 수 있습니다.

• • •

이렇게 하나님께서 자신을 드러내시는 행위를 일반적으로 **계시**(啓示, openbaring, *revelatio*)라는 용어로 지칭합니다. 성경은 이를 표현하기 위해 "나타내시다", "말씀하시다", "명령하시다", "일하시다", "창조하시다" 등의 다양한 동사들을 사용합니다. 이러한 동사들은 계시가 항상 동일한 방식으로 발생하는 것이 아니라 다양한 방식으로 발생한다는 사실을 우리에게 보여 줍니다. 사실 말씀이든 행동이든 하나님의 모든 사역은 하나님에 대한 하나의 위대하고 포괄적이며 지속적으로 계시를 구성하는 부분들이자 요소들입니다. 만물을 창조하시고, 유지하시며, 통치하시고, 이스라엘을 부르시고, 인도하시며, 그리스도를 보내시고, 성령을 부어주시며, 하나님의 말씀을 성경으로 기록하게 하시고, 교회를 보존하시며 전파하시는 이 모든 하나님의 사역들은 우리에게 하나님의 계시가 임하는 방법이며 형식들입니다. 그리고 하나님께서는 이러한 각각의 사역들을 통해서 자신에 대한 지식을 우리에게 알려주십니다. 이러한 의미에서 존재하는 모든 것과 발생하는 모든 것이 하나님에 관한 지식으로 우리를 인도해줄 수 있고 인도해주어야만 합니다. 그리고 하나님을 아는 사람은 영원한 생명을 얻습니다.

계시는 일반적이든(일반계시) 특별하든(특별계시) 다음과 같은 특징을 가집니다.

첫째로, 계시는 항상 하나님의 자유로운 행동 안에서 하나님 자신으로부터 나오는 것입니다. 다른 모든 경우에서도 그렇듯이 이러한 경우에도 하나님은 절대적으로 주권을 갖고 계시고 완전한 자유와 사유 속에서 행동하는 분이십니다. 그런데 하나님의 인격성과 자의식에 대해서 고백하는 것을 거부하면서도 여전히 하나님의 계시에 대해서 말하려고 하는 사람들이 있습니다. 그러나 이러한 사람들은 계시라는 용어에 일반적인 의미와 상충되는 의미를 부여하는 오류를 저지릅니다. 신성이 비인격적이고 무의식적이며 전능한 힘일 뿐이라고 생각하는 사람들의 관점에서 보면 그 힘의 비자발적인 발현에 대해서 말하는 것은 가능할 수 있겠지만 실제적인 계시에 대해서는 말할 수 없습니다. 실제적인 계시란 하나님의 완전한 의식과 자유를 전제로 하는 사상이기 때문입니다. 모든 계시가 계시라는 값진 이름을 가지고 있는 한 이것은 하나님께서 인격적으로 존재하시고 자신을 의식하시며 피조물들에게 자신을 알리실 수 있다는 사상에서 비롯된 것입니다. 하나님을 아는 우리 인간의 지식은 하나님이 자기 자신에 대해 가지고 있는 지식에 그 기원과 기초를 두고 있습니다. 하나님께서는 "자의식"(自意識,

zelfbewustheid)과 "자기 지식"(自己 知識, zelfkennis)을 가지고 있다는 사실을 전제하지 않으면 인간이 하나님을 아는 지식을 소유한다는 것은 불가능한 일입니다. 이러한 사실을 부정하는 사람은 두 가지 불합리한 결론에 도달하게 됩니다. 그것은 ① 하나님을 아는 지식이 전혀 불가능하다고 보게 되거나, 아니면 ② 하나님이 오직 사람 안에서만 자신의 자의식을 성취하신다고 보게 됩니다. 후자의 입장을 취하는 경우 심각한 사태가 발생하는데, 인간을 하나님의 자리에 올려놓는 우를 범하게 됩니다.

그러나 성경은 전혀 다른 사상을 우리에게 가르칩니다. 비록 하나님은 우리가 가까이 접근할 수 없는 분일지라도 빛 가운데 거하시는 분이십니다(딤전 6:16). 하나님은 자기 자신을 완전하게 하시며 그렇기 때문에 자기 자신을 우리에게 계시하실 수 있는 분이십니다. "아버지 외에는 아들을 아는 자가 없고 아들과 또 아들의 소원대로 계시를 받은 자 외에는 아버지를 아는 자가" 없습니다(마 11:27).

둘째로, 하나님으로부터 흘러나오는 모든 계시는 하나님의 **"자기계시"**(自己啓示, zelfopenbaring, Selbstoffenbarung)입니다. 하나님은 그 계시의 "기원"이시고, 또한 그 계시의 "내용"이 되십니다. 그리스도 안에서 우리에게 주어진 최고의 계시에 대해서도 이러한 사상은 진실입니다. 예수께서 자신이 사람들에게 아버지의 이름을 나타내 보였다고 말씀하셨기 때문입니다(요 17:6). 오직 아버지의 품으로부터 출생하신 아들만이 하나님을 우리에게 나타내 보이셨습니다(요 1:18). 하나님께서 자신에 관해 알려주신 다른 모든 계시에 있어서도 이 말씀은 동일하게 진실입니다. 자연과 은혜, 창조와 중생, 말씀과 역사 속에서 하나님의 모든 사역은 하나님이시라는 불가해하고 경배받기에 마땅한 존재의 일면을 우리에게 가르치고 있습니다. 물론 그것들이 모두 동일한 방법 안에서 동일한 범위만큼 우리에게 하나님에 대해 가르쳐주지는 않습니다. 그것들 사이에는 셀 수 없는 다양성이 있습니다. 어떤 사역은 하나님의 의로우심에 대해 말하고 또 다른 어떤 사역은 하나님의 자비하심에 대해 말합니다. 어떤 사역으로부터는 하나님의 전능하신 능력이 찬란하게 빛나며 또 다른 어떤 사역으로부터는 그분의 거룩하신 지혜가 눈부시게 현시됩니다.

그러나 하나님의 모든 사역은 각 사역의 정도에 따라 하나님의 전능하신 일들을 우리에게 선포할 뿐만 아니라 그분의 미덕과 완전함, 그분의 존재와 자기 구별, 그분의 생각과 말씀, 그리고 그분의 의지와 선함을 기꺼이 우리에게 알려줍니다.

이와 관련하여 우리는 하나님의 계시가 아무리 그 내용이 풍부하다고 할지라도 하나님의 자기 지식과 동일한 것이 아니라는 사실을 결코 잊어서는 안 됩니다. 하나님의 자기 지식 내지는 자의식은 그분의 존재만큼이나 무한하며 그 본성에 있어서 어떤 피조물에 대한 이해에도 의존하지 않습니다. 하나님이 창조하신 피조물들 안에 나타나는 그분의 계시는 그분의 손으로 하신 사역들 안에서 객관적으로 나타나는 것이든 아니면 이성적인 피조물들의 의식 속에서 주관적으로 나타나는 것이든 하나님께서 항상 자기 자신에 대해서 가지고 있는 그 무한한 지식의 아주 작은 부분을 구성할 수 있을 뿐입니다. 그리고 땅에 있는 우리 인간들뿐만 아니라 하늘에 있는 성도들과 천사들, 그리고 심지어 인간의 본성을 지니신 하나님의 아들조차도 하나님의 자기 지식으로부터 기인하는 원리와 본질 속에 존재하는 하나님의 자기 이해로서의 지식과는 다른 하나님에 대한 지식을 가지고 있습니다. 그럼에도 하나님께서 계시를 통해 이성적인 피조물인 인간과 공유하신 지식, 즉 인간이 계시를 통해서 얻을 수 있는 지식은 현재로서는 제한되고 유한한 지식이기는 하지만 실제적이고 건전한 지식입니다. 하나님께서는 자신의 존재 그대로 자신의 사역 안에서 자신을 계시하십니다. 우리는 그분의 계시로부터 그분을 알게 됩니다. 그러므로 우리가 피조물의 경계를 넘어 높이 올라가 하나님 자신에게 도달할 때까지 우리에게는 안식이 없습니다. 계시를 연구함에 있어서 우리의 관심사는 하나님을 아는 것임에 틀림없습니다. 계시의 목적은 우리에게 특정한 소리를 가르치고 특정한 말을 하는 데 있지 않습니다. 계시의 주된 목적은 피조물들을 통과하여 우리를 창조주에게로 인도하는 것이고, 우리를 아버지의 품속에서 안식하도록 하는 데 있습니다.

셋째로, 하나님께로부터 기원하고 하나님을 그 내용으로 하는 계시는 또한 하나님을 그 목적으로 가집니다. 그러기에 계시는 하나님께 속한 것이고, 하나님에 관한 것이며, 하나님을 통한 것이고, 또한 하나님을 향한 것입니다. 하나님은 모든 만물을 자기 자신을 위해 지으셨습니다(롬 11:36; 잠 16:4). 하나님을 아는 지식이 하나님의 계시에서 공유된다고 할지라도 그 지식은 하나님께서 자기 자신에 대해 생각하는 지식과는 본질적으로 다릅니다. 그럼에도 계시를 통해서 우리에게 알려지는 하나님을 아는 지식은 너무나 부요하고 넓으며 깊이가 있기 때문에 어떤 이성적인 피조물들의 의식 안에서도 결코 완전하게 받아들여질 수 없습니다. 천사들은 이해력에 있어서 인간을 훨씬 능가하며 하늘에 계신 아버지의 얼굴을 항상 바라보고 있습니다(마 18:10). 그럼에도 천사들은 복음을 전파하는 자들이 우리에게 전하는 것들을 주의 깊게 살펴보기를 열망합니다(벧전 1:12). 그리고 사람들이 하나님의 계시를 깊이 생각하면 생각할수록 바울과 함께 다음과 같이 외치지 않을 수 없습니다. 오, 하나님의 지혜와 지식의 풍성함은 너무나 깊습니다. 어떻게 그분의 판단을 헤아릴 수 있으며, 그분의 길을 찾을 수 있겠습니까!(롬 11:33) 그러므로 계시는 그 최종 목적이 사람에게 있을 수 없습니다. 단지 부분적으로 계시는 사람을 통과해 지나가고 사람을 넘어서 높이 날아오릅니다.

사람이 계시에서 중요한 위치를 차지하는 것은 사실입니다. 계시는 인류가 주님을 찾거나 혹은 주님을 더듬어 발견하게 하려는 목적으로 인류를 향해 주어진 것입니다(행 17:27). 그리고 복음은 사람들이 영생을 믿음으로 얻도록 하기 위해 모든 피조물에 선포되어야만 합니다(막 16:15-16; 요 3:16, 36). 그러나 이러한 것이 계시의 최종적이고 가장 높은 목적은 아닙니다. 하나님은 인간 안에 머물러 계실 수 없습니다. 오히려 하나님을 알고 하나님을 섬기는 일은 인간에게 속한 일입니다. 그렇게 함으로써 하나님은 모든 피조물과 함께 그들의 정점에서 자신이 행하신 모든 일로 인해 합당한 영광을 받으셔야만 합니다. 하나님의 계시가 인간을 통과해서 지나가든 인간 곁에 머물러 있든 하나님은 자신의 계시 속에서 스스로 그 자신에 대한 찬송을 준비하고 계시고 그 자신의 이름을 영화롭게 하시며 또한 자신이 창조하신 피조세계 속에서 그 자신의 눈앞에서 자신의 탁월함과 완전함을 펼쳐 보이십니다. 계시는 하나님에게서 나오며 하나님을 통해 주어지는 것이기 때문에 계시의 목표와 목적 역시 하나님을 영화롭게 하는 데 있습니다.

하나님에게서 나오며 하나님을 통하고 하나님께로 돌아가는 이 모든 계시는 그리스도의 인격 안에 그 중심을 두고 있을 뿐만 아니라 동시에 그리스도의 인격 안에서 그 정점에 이릅니다. 하나님의 가장 높은 계시는 아름다운 궁창이나 위대한 자연도 아니고, 그렇다고 해서 지상의 왕자나 천재도 아니고, 철학자나 예술가도 아니며, 다름 아닌 "사람의 아들"(de Zoon des menschen)이십니다. 그리스도는 태초에 하나님과 함께 계셨던 말씀이시고, 하나님 자신과 함께 계셨으며, 아버지의 독생자이시고, 하나님의 형상이시며, 하나님의 영광의 광채시고, 그분의 본체의 형상이십니다. 예수 그리스도를 본 사람은 아버지를 본 것입니다(요 14:9). 그리스도인은 이러한 믿음 위에 서 있습니다. 그리스도인은 하나님이 보내신 예수 그리스도 안에서 하나님을 아는 지식을 배운 사람입니다. "어두운 가운데 빛이 비취리라 말씀하셨던 그 하나님께서 예수 그리스도의 얼굴에 있는 하나님의 영광을 아는 빛을 그의 마음에 비춰셨습니다"(고후 4:6).

• • •

그러나 이러한 높은 지점에 서서 그리스도인은 자기 주변을 앞뒤로, 그리고 모든 방향으로 돌아봅니다. 그리고 하나님을 아는 지식의 빛 속에서—이 지식은 그리스도께 빚지고 있는 지식인데—자연과 역사, 하늘과 땅을 바라볼 때 그리스도인은 세상 어디에서나 그리스도 안에서 그 자신이 아버지로서 알고 예배하는 것을 배웠던 그 동일하신 하나님의 흔적들을 발견하게 됩니다. 의의 태양은 놀라운 전망을 땅끝까지 그에게 열어 보여줍니다. 그리스도인은 그 빛으로 과거의 밤을 되돌아보고 그 빛을 통해 만물의 미래를 꿰뚫어 봅니다. 하늘이 종종 어두운 구름으로 덮여 있을지라도 그의 앞과 뒤에는 지평선이 밝게 드러나 보입니다.

하나님의 말씀의 빛으로 모든 것을 바라보는 그리스도인은 어떠한 경우에도 편협한 시각을 가지지 않습니다. 그는 넓은 마음과 높은 정신을 갖고 있습니다. 그는 온 땅을 관찰하며 모든 것을 자기 것으로 삼습니다. 그는 그리스도의 것이며 그리스도는 하나님의 것이기 때문입니다(고전 3:21-23). 그리스도인은 자신의 생명과 구원의 원천이 되시는 그리스도 안에 나타난 하나님의 계시가 특별한 성격을 가지고 있다는 믿음을 포기할 수 없습니다. 그러나 이 믿음은 그를 세상으로부터 격리하는 것이 아니라 오히려 자연과 역사 속에서 하나님의 계시를 인식할 수 있게 하고, 그에게 모든 곳에서 참되고 선하며 아름다운 것을 인식할 수 있게 해주며, 모든 거짓되고 죄악된 사람들의 혼합된 공동체로부터 자신을 구분할 수 있는 수단을 제공해줍니다.

그러므로 그리스도인은 하나님의 계시를 "일반계시"와 "특별계시"로 구분하게 됩니다. 일반계시에서 하나님은 이 세상의 현상들과 사건들의 일반적인 과정을 사용하십니다. 특별계시에서 하나님은 사람들에게 자신을 알리시기 위해서 종종 특이한 수단, 즉 "신현"과 "예언"과 "기적"을 사용하셨습니다. 일반계시는 특히 하나님의 전능하심과 지혜와 선하심과 모든 미덕을 드러내 보여줍니다. 특별계시는 무엇보다도 하나님의 거룩함과 공의와 자비와 은총을 드러내 보여줍니다. 일반계시는 모든 사람에게 주어진 것이며, **"일반은총"**(一般恩寵, algemeene genade, *gratia generalis*)으로 죄의 폭발력을 억제하는 것입니다. 특별계시는 복음 아래 사는 사람들에게만 주어지는 것이며, **"특별은총"**(特別恩寵, bijzondere genade, *gratia specialis*)에 의해서 그들은 죄 용서와 새로운 삶을 그 영광으로 받아 누리게 됩니다.

일반계시와 특별계시, 이 양자는 구분되는 것이지만 또한 서로 밀접하게 연결되어 있습니다. 양자는 모두 하나님과 그분의 주권, 그리고 그분의 선하심과 호의에 그 기원을 두고 있습니다. 일반계시는 태초에 하나님과 함께 계셨고, 만물을 지으시며, 어둠 속에서 빛으로 빛나셨고, 세상에 오는 모든 사람에게 빛을 비추신 그 말씀으로 인한 것입니다(요 1:1-9). 특별계시는 또한 같은 말씀으로 말미암았으니, 그리스도 안에서 육신이 되시어 은혜와 진리가 충만한 그 말씀으로 말미암았던 것입니다(요 1:14). 일반계시든 특별계시든 양자 모두 그 내용은 "은총"입니다. 물론 일반계시는 일반은총이 그 내용이고 특별계시는 특별은총이 그 내용이기는 합니다만 양자는 서로 불가분리의 관계에 놓여 있습니다. 특별한 사역들을 가능케 하고 준비시키며 그 사역들의 지속성에 기여하는 것이 "일반은총"입니다. "특별은총"은 "일반은총"을 그 자체에서 최고 수준까지 끌어올려 지속적으로 사용합니다. 마지막으로 일반계시와 특별계시는 모두 인류의 보존을 그 목표로 합니다. 그러나 양자가 모두 인류의 보존을 목표로 한다고 할지라도 특별계시만의 목표는 인류를 구원하는 데 있습니다. 일반계시와 특별계시는 이러한 방식으로 하나님의 모든 미덕과 영광에 봉사하게 됩니다.

• • •

두 가지 계시, 즉 일반계시와 특별계시의 내용은 성경에 담겨 있습니다. 일반계시는 자연으로부터 산출되는 것이지만 그럼에도 성경 속에서 가르쳐지고 있습니다. 성경이 없이는 우리 인류의 지성에 드리워진 어두운 그림자로 인해 자연으로부터 결코 일반계시를 읽어낼 수가 없습니다. 그러나 성경은 세상을 살아가는 우리의 길에 빛을 비추어주고 자연과 역사에 대한 참된 견해를 우리에게 제시해줍니다. 성경은 우리가 다른 방법으로는 하나님을 인식할 수 없는 곳에서 하나님을 인식할 수 있게 해줍니다. 하나님의 탁월한 모습이 그분의 손으로 행하신 모든 사역 속에 편만하게 아로새겨져 있습니다.

성경이 우리에게 가르치고 있는 창조는 자연 속에 나타난 하나님의 계시를 우리에게 드러내 보여줍니다. 창조 그 자체가 하나님의 계시 행위이며 이후의 모든 계시의 시작이자 계시의 첫 번째 원리이기 때문입니다. 만약 세상이 영원히 홀로 존재했거나 영원히 하나님 곁에 존재했다면 세상은 하나님의 계시가 될 수 없었을 것이고 하나님이 자신을 계시하시는 데 영원한 장애물이 되었을 것입니다. 그러나 성경에 근거해 하나님께서 세상을 창조하셨다는 사실을 주장하는 사람은 하나님께서 세상에 자신을 드러내어 계시하신다는 사실도 고백합니다. 모든 작품은 그 작품의 제작자를 드러내고 증언하는데, 더욱이 이러한 작품들은 그 제작자의 생산물이라고 부르는 것이 적절합니다.

세상은 절대적인 의미에서 하나님의 작품이며, 그 존재뿐만 아니라 존재 자체도 처음부터 항상 하나님께만 의존하고 있기에 모든 피조물은 하나님의 미덕(美德)과 완전성(完全性)을 드러냅니다. 반면에 자연에 나타난 하나님의 계시를 거부하거나 혹은 예를 들어 계시를 인간의 마음이나 감정에만 한정시키게 되면 하나님의 창조를 부인하는 결과를 초래하게 되고 사람의 마음속을 지배하는 것과는 다른 힘에 의해서 자연이 지배받는다고 말하게 되며, 이렇게 되면 공개적으로든 은밀하게든 "다신론"(多神論)을 인간의 사고 속으로 다시 끌어들이는 위험에 직면하게 되고 맙니다. 성경은 창조에 대해 가르침으로써 하나님의 계시를 주장하는 동시에 하나님의 통일성과 세상의 통일성을 주장합니다.

게다가 성경은 태초에 하나님께서 세계를 무로부터 존재로 부르셨다는 사실을 가르칠 뿐만 아니라 이 세계는 순간순간마다 그 동일하신 하나님에 의하여 유지되고 보존되며 지배받는다는 사실을 가르칩니다. 그분은 세계 위에 무한히 높이 계실 뿐만 아니라 자신의 전능과 편재의 능력으로 자신의 피조물 속에 내주하십니다. "그는 우리 각 사람에게서 멀리 계시지 아니하니, 우리는 그를 힘입어 살며 기동하며 존재"합니다(행 17:27-28). 그러므로 세계로부터 우리에게 주어지는 계시는 하나님께서 지나간 과거의 오랜 세월 속에서 성취하신 사역을 우리에게 생각나게 할 뿐만 아니라 하나님께서 지금 우리의 시대에 뜻하시고 행하시고자 하는 사역이 무엇인지를 증거합니다.

우리가 눈을 높이 들어 주변을 살펴보면 누가 이 모든 자연 만물을 창조했고 그 자연 만물을 존재로 불러왔는지를 알 수 있습니다. 그뿐만 아니라 하나님이 자신의 위대한 권능으로 자연 만물의 이름들을 호명하셨다는 것 또한 깨닫게 됩니다. 그분은 강한 권세를 갖고 계시고 그분이 창조하신 어떤 피조물들도 잃어버리지 않으시기 때문입니다(사 40:25). 하늘은 하나님의 영광을 선포하고 궁창은 그 손으로 하신 일을 보여줍니다(시 19:1). 그분은 옷을 입듯이 빛으로 자신을 덮으시고, 하늘을 휘장처럼 펴시며, 물속에 자기 누각의 들보를 세우시고, 구름을 자기 수레로 삼으시며, 바람 날개로 다니십니다(시 104:8, 13). 그분은 자신의 사역의 열매와 더불어 땅을 만족시키시고, 들짐승을 위해 풀이 자라게 하시며, 사람을 위해 채소가 자라게 하시고, 땅에서 빵과 포도주가 나게 하시어 사람의 마음을 기쁘게 하십니다(시 104:13-15). 그분은 자신의 능력으로 산을 세우시고 바다의 설렘과 물결의 흔들림을 잠잠케 하십니다(시 65:6-7). 아침이 되는 것과 저녁이 되는 것을 즐거워하게 하시고, 땅을 돌보시어 물을 대어 기름지게 하시며, 그 자손에게 복을 주시고 좋은 해를 관장하게 하십니다(시 65:8). 그분은 공중의 새를 먹이시고 들풀들을 영광으로 입히십니다(마 6:26-30). 그분은 해를 악인과 선인에게 모두 비추어주시고 비를 의로운 자와 불의한 자에게 모두 내려주십니다(마 5:45). 그분은 사람을 천사보다 조금 못하게 하시고 영화와 존귀로 관을 씌우시며 자신의 손으로 지으신 모든 것들을 다스리게 하십니다(시 8:5-6). 참으로 그분의 이름이 온 땅에서 어찌 이리도 크십니까!(시 8:9) 그리고 자연뿐만 아니라 역사 속에서도 하나님은 자신의 뜻을 이루시고 자신의 사역을 성취하십니다. 하나님은 하나의 혈통으로 모든 인류를 만들어 온 땅에 거하게 하셨습니다(행 17:26). 그분은 첫 인류를 홍수로 멸하시면서 동시에 노아의 가족을 통해서 인류를 보존하셨습니다(창 6:6-9). 그분은 바벨탑에서 인간들의 언어를 혼잡게 하시어 그들을 땅의 지면에 흩어버리셨습니다(창 11:7-8). 지극히 높으신 이가 민족들에게 기업을 나누어주시고 아담의 자손들을 구별하실 때 이스라엘 자손의 수효를 따라 그들의 거처의 규례와 경계를 정하셨습니다(신 32:8; 행 17:26). 비록 그분은 이스라엘 백성을 자신의 특별한 계시의 전달자로 선택하셨고 이방인들은 그들 자신의 길을 걷도록 방임하셨지만(행 14:16), 그들을 외면하거나 그들이 운명을 따라 살도록 내버려두지 않으셨습니다. 오히려 그분은 선한 일을 행하기를 아끼지 않으셨고, 하늘에서 우리에게 비를 내려주시며, 풍요로운 때를 주시고, 음식과 기쁨으로 우리 마음을 채워주십니다(행 14:17). 하나님을 알 만한 것이 그들 속에 나타났으니, 하나님께서 이를 그들에게 보이셨습니다(롬 1:19). 그렇게 하신 이유는 그들로 혹 하나님을 더듬어 찾아 발견할 수 있도록 하시고자 함입니다(행 17:27).

하나님은 이러한 일반계시를 통해 자신의 백성들을 보존하시고 그들을 때가 찬 경륜의 시대로 인도하시어 하늘과 땅의 모든 것을 그리스도 안에서 통일하시는 것을 기뻐하셨습니다(엡 1:10). 하나님께서는 모든 나라와 족속과 백성과 방언으로부터 자신의 교회를 모으시고(롬 11:25; 엡 2:14 이하; 계 7:9), 구원받을 이들이 하나님 도성의 빛 가운데 거하는 완성된 세상을 예비하십니다. 그리고 땅의 모든 왕과 백성들은 그들의 모든 영광과 존귀를 하나님의 도성으로 가져올 것입니다(계 21:24-26).

신학에서는 "자연"과 "역사"가 하나님의 존재에 대해 제시하는 그 모든 증거를 정리하고 특정 그룹으로 나누어 분류하려는 시도가 있었습니다. 그래서 사람들은 점차 하나님의 존재에 대해 여섯 가지 증명으로 이야기하게 되었습니다.

첫째, 세계가 아무리 위대하고 강력하다 할지라도 이 세계는 공간과 시간의 형태로 존재하고 있으며 유한하고 우연적이며 의존적인 성격을 갖고 있습니다. 그래서 세계는 영원한 것을 가리키고 있다는 증거를 그 자체 안에 함의하고 있습니다. 그러므로 세계는 만물의 최종 원인으로서 필연적이고 본질적이며 독립적인 존재를 요구합니다. 이것이 곧 하나님의 존재에 대한 "우주론적 증명"입니다.

둘째, 세계의 법칙과 질서, 통일과 조화, 그리고 모든 생물의 조직에는 우연에 기초한 모든 설명을 조롱할 뿐만 아니라 우리를 깨달음으로 인도하는 목적이 존재합니다. 그리고 세계에는 또한 무한한 마음으로 그 목적을 확립하고자 하며 전능하고 편재하는 능력으로 그것을 성취하고자 노력하는 전지전능한 존재를 가리키고자 하는 목적이 존재합니다. 이것이 곧 하나님의 존재에 대한 "목적론적 증명"입니다.

셋째, 모든 인간 존재의 의식 속에는 "최고의 존재"에 대한 인식이 포함되어 있습니다. 최고의 존재란 그 이상으로 더 높은 존재를 상정할 수 없는 존재를 의미합니다. 그리고 동시에 모든 인간은 이러한 최고의 존재가 필연적으로 존재한다고 생각합니다. 만약 그와 같은 존재가 존재하지 않는다면 가장 높고, 가장 완벽하며, 가장 필연적인 관념은 한편의 환영(幻影, illusie, *illusio*)에 불과한 것이며, 인간은 자기 의식의 타당성에 대해 자신감을 잃게 될 것입니다. 이것이 곧 하나님의 존재에 대한 "존재론적 증명"입니다.

넷째, 인간은 이성적 존재일 뿐만 아니라 또한 도덕적 존재이기도 합니다. 인간은 양심적으로 자기보다 높이 위치해 무조건적인 순종을 요구하는 하나의 법에 자신이 매여 있다고 느낍니다. 그리고 인간이 가진 이러한 법의식은 이 세상을 보존할 수도 있고 파괴할 수도 있는 한 명의 거룩하고 공정한 입법자를 가리키고 있습니다. 이것이 곧 하나님의 존재에 대한 "도덕론적 증명"입니다.

상기의 네 가지 증명에 두 가지 증명이 더 추가될 수 있습니다. 하나는 민족들 간의 일치성 내지는 합의로부터 파생되는 증명이고, 또 다른 하나는 인류의 역사로부터 파생되는 증명입니다. 이 세상에 종교 없는 민족이 존재하지 않는다는 것은 정말이지 놀라운 현상입니다. 일부 학자들은 이 사실에 대해서 반론을 제기했지만 역사적 연구를 통해서 그들의 견해가 잘못되었다는 것이 더욱더 명백하게 입증되었습니다. 이 세상에 무신론적인 부족이나 민족은 존재하지 않습니다. 이러한 현상은 대단히 중요합니다. 왜냐하면 종교 없는 민족은 존재하지 않으며 무신론적인 부족이나 민족이 이 세계 속에는 존재하지 않는다는 절대적인 일반성 내지는 일치성은 우리에게 필연적으로 다음 두 가지 결론 중 하나를 선택하지 않을 수 없게 만들기 때문입니다. 즉 ① 종교로 인해 모든 인류는 어리석은 상상 내지는 미신으로 인해 고통을 겪고 있다고 보던가, 아니면 ② 비록 모든 민족 가운데 부패한 형태로 존재하기는 하지만 하나님에 관한 지식과 그분을 섬기는 행위가 하나님의 존재에 기초하고 있다고 보던가…우리는 이 두 가지 가운데 하나를 선택해야만 합니다.

마찬가지로 성경의 빛 아래에서 인류의 역사를 바라볼 때 인류의 역사는 한 분 최고의 존재에 의해 만물이 통치되고 있다는 사실을 보여주는 하나의 계획과 일정한 형태(pattern)를 드러냅니다. 이러한 사상은 개인과 민족들의 삶에서 온갖 반대와 난관에 직면하고 있는 것 또한 사실입니다. 그러나 역사를 진지하게 연구하는 사람은 누구나 역사 속에서 사상과 계획이 명백하게 드러난다는 것을 가정하여 연구를 진행하며, 따라서 역사에서 드러나는 사상과 계획을 발견하고 제시하는 것을 자신의 임무로 삼는 것은 더욱 주목할 만한 사실입니다. 역사와 역사 서술은 모두 하나님의 **섭리**(攝理, voorzienigheid, *providentia*)에 대한 신앙에 기초하고 있습니다.

소위 신 존재 증명이라고 불리는 이 모든 증명은 한 사람에게 믿음을 갖게 하는 데 아무런 힘이 없습니다. 게다가 과학이 사람에게 믿음을 가져다줄 수 있다는 것도 대단히 회의적입니다. 수학과 논리학 같은 이론 과학에서는 이것이 가능할지도 모르겠습니다. 그러나 우리가 자연의 실제 현상이나, 특히 역사 속에 등장하는 실제 현상과 접촉하자마자 하나의 일반적인 법칙에 근거하여 주장되는 논증과 결론들이 온갖 의혹과 의심과 반대와 이의에 봉착하게 합니다. 종교와 윤리, 법과 미학의 경우에 있어 그것들에 대해서 확신을 가질지 말지의 여부는 연구자의 태도에 달려 있는 경우가 많습니다. 어리석은 자는 수많은 증거에도 불구하고 여전히 마음속으로 하나님이 없다고 말할 수 있고(시 14:1), 이방인들은 하나님을 알면서도 하나님께 영광을 돌리지 않으며 감사하지도 않습니다(롬 1:21). 앞서 언급한 하나님의 존재에 대한 증명들은 단순히 논리적으로 추론할 수 있는 능력을 지닌 피조물로서의 인간을 대상으로 하는 것만이 아니라 이성적이면서 동시에 도덕적인 존재로서의 인간을 대상으로도 하는 것입니다. 그 증명들은 분석하고 추론하는 정신에만 호소하지 않고 인간의 마음과 생각, 이성과 양심에도 호소합니다. 그러한 증명들은 나름 가치를 가지고 있고, 신앙을 강화해주며, 인간 **"외부에 있는"**(buiten) 하나님의 계시와 인간 **"내면 안에 있는"**(in) 하나님의 계시 사이를 연결하여 결합해줍니다.

• • •

결국 자연과 역사 속에 나타나는 하나님의 계시는 만약 인간 자신 속에 계시에 반응하는 그 어떤 것이 없다면 인간에게 아무런 효력을 발휘할 수 없습니다. 만약 인간이 자신의 마음속에 아름다움에 대한 감각을 지니고 있지 않다면 자연과 예술의 아름다움은 인간에게 어떤 기쁨도 줄 수 없습니다. 만약 인간이 자신의 내면에서 울려 퍼지는 **양심**(良心, conscientie, *conscientia*)의 소리를 듣지 못한다면 **도덕법**(道德法, zedewet, *lex morlais*)은 인간에게 어떤 공명도 불러 일으킬 수 없습니다. 만약 인간이 생각하는 존재가 아니라면 하나님께서 자신의 말씀으로 구체화시킨 사상들을 인간은 이해하지 못하게 되고 말 것입니다. 그리고 만약 하나님이 인간의 영혼 속에 자신의 실존과 존재에 대한 지울 수 없는 감각을 심어놓지 않으셨다면 하나님께서 자신의 손으로 행하신 모든 사역 안에서 드러나는 그분의 계시가 인간에게 전혀 알 수 없는 것이 되어버리고 말 것입니다. 그러나 하나님께서 자연의 **"외적 계시"**(外的 啓示, uitwendige openbaring, *revelatio externa*)에 인간 자신의 **"내적 계시"**(內的 啓示, inwendige openbaring, *revelatio interna*)를 더하셨다는 것은 부인할 수 없는 사실입니다. 종교에 대한 역사적·심리학적 탐구는 인간의 내면에 있는 "선험적인 의식"(ingeschapen besef)을 근거로 하지 않고서는 종교를 설명할 수 없다는 사실을 반복적으로 우리에게 입증해 보여 주고 있습니다. 결국 연구자들은 연구의 마지막에 가서 처음에는 종종 거부했던 명제, 즉 항상 인간이 근원적으로 종교적인 존재라는 입장으로 되돌아오게 됩니다.

성경은 이러한 사실에 대해 어떠한 의심의 여지도 없다고 말합니다. 하나님께서는 만물을 창조하신 후에 인간을 창조하셨는데, 그분은 자신의 "형상"(形像, beeld, *imago*)과 "모양"(模樣, gelijkenis, *similitudo*)을 따라서 인간을 창조하셨습니다(창 1:26). 그러기에 인간은 하나님의 자녀입니다(행 17:28). 비록 인간은 비유에 등장하는 잃어버린 아들과 같이 자기 아버지의 집을 버리고 멀리 도망쳐 나왔지만, 여전히 기나긴 방황 속에서도 자신의 기원과 목적지에 대한 기억을 간직하고 있습니다. 인간이 아무리 깊이 타락했다고 하더라도 그는 자신이 타락한 이후에도 여전히 하나님의 형상의 작은 잔재들을 가지고 있습니다. 하나님은 인간의 **외부에서** 자신을 계시하시며, 인간의 **내면에서도** 자신을 계시하십니다. 하나님은 인간의 마음과 양심에 자신에 대한 증거를 주지 않으신 채로 자기 자신을 그냥 방치하는 분이 아닙니다.

그러나 인간 내면에 있는 하나님의 계시는 첫 번째 계시, 즉 인간 외부에 있는 계시에 추가되는 완전히 새로운 두 번째 계시가 아닙니다. 그렇다고 해서 첫 번째 계시 옆에 나란히 놓여 있는 독립적인 지식의 원천도 아닙니다. 그러나 인간 내면에 있는 하나님의 계시는 하나님의 일하심에 주목하고 자기 외부의 계시를 이해하려는 능력이고 감수성이며 충동입니다. 눈이 빛과 색깔을 볼 수 있게 해주고, 귀가 소리를 지각할 수 있게 해주는 것과 마찬가지로, 우리 내면에 있는 하나님의 계시는 우리 안에 있는 신성에 대한 인식으로서, 우리의 외부에 존재하는 신성 또한 인식할 수 있게 해줍니다. 인간 내면에 있는 하나님의 계시는 칼뱅이 말한 것처럼 신성(神性, Godheid, *natura divina*)에 대한 감각을 의미합니다. 또는 바울이 설명한 것처럼 피조물로부터 하나님의 보이지 않는 것들을 끌어내는 능력들인바, 하나님의 영원하신 능력과 신성을 꿰뚫어 보는 능력입니다(롬 1:20).

우리 내면에 있는 이러한 "선험(선천)적인 신성에 대한 감각"(느낌)[ingeschapen gevoel der Godheid]을 분석해보면, 이러한 신성에 대한 감각은 두 가지 요소로 구성되어 있다는 사실을 발견하게 됩니다. 첫 번째 요소는 "한편의 절대적인 의존 감정에 대한 의식"(een besef van volstrekte afhankelijkheid[sgevoel])입니다. 모든 이해와 의지 이전에, 모든 추론과 행동 이전에, 우리 안에는 "자의식"이 존재합니다. 이러한 "자의식"은 우리의 "자아"(zelf-zijn)와 밀접하게 연관되어 있을 뿐만 아니라 우리의 자아와 일치합니다. 우리의 생각 이전에, 우리의 의지 이전에, 우리는 지금 여기에 있으며 존재합니다. 우리는 특정한 방식으로 존재합니다. 우리는 지금 여기에 존재하고 있으며, 있는 그대로의 자신의 존재와 분리될 수 없는 "의식"(besef)을 가지고 있습니다. 이렇게 우리의 의식은 우리의 존재와 불가분의 통일성 내지는 연합 속에 있습니다. 그리고 우리의 "자아"와 거의 동일한 것으로 여겨지는 "자의식"의 핵심은 "의존 감정"입니다. 우리 인간은 가장 깊은 존재의 내면에서 즉각적으로 모든 추론에 있어서 의식적이고, 피조적이며, 제한적이고, 의존적인 존재입니다. 우리는 우리 주변의 모든 것, 즉 모든 영적이고 물질적인 세계에 의존합니다. 인간은 "우주에 의존하는 자"입니다. 더 나아가 인간은 다른 피조물들과 더불어 절대적인 의미에서 유일하시고, 영원하시며, 참된 존재이신 하나님께 의존하는 자입니다.

이러한 신성에 대한 감각에는 그것을 구성하는 두 번째 요소가 있습니다. 신성에 대한 감각이 단순한 의존 감정에 지나지 않으며 인간이 의존하고 있는 힘의 본질이 불확실하고 모호하다면, 이러한 감정은 인간을 무력한 반항이나 어리석고 고통스러운 체념으로 내몰 뿐입니다. 그러나 이러한 신성에 대한 감각에는 인간이 의존하고 있다고 느끼는 [신적인] 존재의 본성에 대한 의식이 포함되어 있습니다. 바로 이러한 신적 존재의 본성에 대한 의식 내지는 지각이야말로 신성에 대한 감각을 구성하는 두 번째 요소입니다. 인간이 스스로 의존하고 있다고 느끼는 존재의 본성에 대한 의식으로서의 의존 감정은 더 높고 절대적인 힘에 대한 의식이지만, 운명과 같은 맹목적이고 의식이 없으며 움직이지 않고 어떤 것에도 영향을 받지 않는 무감각적인 힘에 대한 의식(지각)이 아니라 완전하게 정의롭고 현명하며 선한 최고의 힘에 대한 의식(지각)입니다. 인간 내면에 있는 절대적인 의존 감정은 "영원한 힘"(eeuwige kracht)에 대한 감각(느낌)일 뿐만 아니라 "신성"(Goddelijkheid), 즉 하나님의 절대적인 완전성에 대한 감각(느낌)이기도 합니다. 그러므로 이러한 의존 감정은 인간을 낙담과 절망으로 이끄는 것이 아니라 오히려 인간에게 종교를 갖게 하고, 신성을 섬기게 하며, 신성을 공경하도록 고무시킵니다. 인간이 인식하는 신적 존재에 대한 의존 감정은 매우 특별한 종류의 감정(느낌)입니다. 이러한 의존 감정은 "자유"(vrijheid)를 포함하고 있으며, 자유로운 행동을 지향하고 장려합니다. 인간이 인식하는 신에 대한 의존 감정은 노예의 의존 감정이 아니라 아들, 즉 아버지의 집을 멀리 떠난 잃어버린 아들의 의존 감정입니다. 그러므로 칼뱅의 설명에 따르면 인간 내면 안에 있는 "신성에 대한 감각"은 동시에 "종교의 씨앗"(zaad der religie, *semen religionis*)입니다.

토론을 위한 질문

1. 계시란 무엇입니까?

2. 계시가 하나님의 인격성과 자유를 전제로 한다는 점에서, 계시를 "비인격적 힘의 발현"으로 보는 관점에는 어떤 문제가 있습니까?

3. 일반계시의 한계는 무엇입니까?

4. 일반계시와 특별계시의 본질적 차이는 무엇이며, 이 둘은 어떤 방식으로 연결될 수 있습니까?

5. 종교가 다원화된 사회에서 일반계시는 타 종교 전통과 어떤 대화의 접촉점을 가지며, 그 한계는 무엇입니까?

6. 인간의 윤리적 양심과 이성의 역할이 타락한 인간의 본성에서 어떤 한계를 가집니까?

7. 현대인의 종교적 무관심과 세속화 속에서 일반계시는 여전히 인식 가능하고 유효합니까?

제4장

일반계시의 가치

일반계시의 가치를 결정해야 할 경우, 우리는 일반계시를 과대평가하거나 과소평가하는 큰 위험에 직면하기도 합니다. 하나님께서 **특별계시**를 통해 우리에게 주신 은총의 부요함에 지나치게 주의를 기울이게 되면 우리는 특별계시에 때때로 너무 매혹된 나머지 우리를 위한 일반계시의 중요성과 가치를 잃어버릴 수가 있습니다. 그리고 또 다른 경우는 자연과 인간 세계 안에서 하나님의 일반계시의 미덕에 의해 발견되는 선과 진리와 아름다움을 우리가 묵상하는 경우인데, [이러한 경우에 일반계시의 눈부신 광휘로 인하여] 그리스도의 인격과 사역에서 우리에게 드러나는 특별은총이 우리의 눈앞에서 그 영광과 호소력을 잃어버리는 사태가 발생할 수도 있습니다.

이렇게 좌로나 우로 치우칠 수 있는 그와 같은 위험이 그리스도교회 내부에 언제나 도사리고 있었고, 그때마다 일반계시와 특별계시는 무시되거나 거부되었습니다. 이론상으로든 삶의 실천에서든 일반계시가 강력하게 거부되거나 특별계시가 거부되는 일들이 발생하곤 했습니다. 오늘날에는 일반계시를 무시하려는 유혹이 더 이상 이전 세기만큼 강력하지는 않습니다. 그러나 오늘날에는 특별계시를 더욱 좁은 범위로 제한하려는 유혹이 있습니다. 예를 들면 특별계시를 그리스도의 인격으로만 제한시키거나, 아니면 보다 더 나쁘게는 특별계시를 전적으로 부인하여 특별계시를 일반계시의 일부로 만들려는 유혹이 사방에서 우리에게 공세를 취하고 있습니다.

우리는 상기의 이러한 두 가지 방향의 일방적인 태도를 모두 경계해야만 합니다. 그리고 우리는 성경의 빛에 비추어 인류의 역사를 살펴보고, 사람들이 일반계시로부터 어떤 빛을 지고 있는지를 배워야만 합니다. 이렇게 하는 것이야말로 우리가 계시에 대해서 일방적인 오류에 빠지지 않을 수 있는 가장 좋은 길이 될 것입니다. 일반계시의 빛에 비추어볼 때 인간들은 어떤 방면에서는 위대한 성취를 이루었지만 다른 어떤 방면에서는 그들의 지식과 능력이 피할 수 없는 한계들에 부닥쳐 제한되어왔다는 사실 또한 명백하게 드러나게 될 것입니다.

첫 번째의 인류, 즉 아담과 하와가 낙원에서 하나님의 명령을 어겼을 때 그들에게 형벌이 즉각적으로나 전면적으로 주어지지는 않았습니다. 그들이 죄를 범했던 그날에 그들은 곧장 죽지 않았으며 여전히 그들의 삶은 유지되고 있었습니다. 그들은 지옥으로 보내지지 않았고, 그 대신에 지상에서 임무를 맡게 되었습니다. 그들의 혈통은 멸망하지 않았습니다. 그들은 "한 여자의 씨에 대한 약속"(de belofte van een vrouwenzaad)을 받았습니다. 이제 하나님께서 아시고 정하셨으나 인간이 예측할 수 없고 계산할 수 없는 상황이 발생합니다. 이것은 진노와 긍휼, 형벌과 축복, 심판과 오래 참음이 서로 연결되어 있는 완전히 특별한 성격을 지닌 상황입니다. 이러한 상황들은 여전히 지속되고 있고, 인간과 자연 만물들 속에서 가장 날카로운 대조들을 하나로 묶는 조건이 됩니다. 우리는 놀라운 세상, 즉 가장 큰 모순을 안고 있는 세상에서 살고 있습니다. 이 세상 속에는 높은 것과 낮은 것, 큰 것과 작은 것, 숭고한 것과 우스꽝스러운 것, 희극과 비극, 진실과 거짓이 이해할 수 없는 방식으로 뒤섞여 있습니다. 삶의 진지함과 허영심이 차례대로 우리를 사로잡습니다. 때때로 우리는 비관주의에 빠지기도 하고, 때로는 낙관주의에 빠지기도 합니다. 우는 사람과 웃는 사람이 매 순간 번갈아 나타납니다. 전 세계는 유머가 지배하고 있습니다만, 유머는 눈물 속에 있는 웃음으로 묘파되어야만 합니다.

현재 세상의 상태가 이렇게 유지되는 가장 깊은 이유는 인간의 죄로 인해서 하나님께서는 계속해서 진노를 드러내셨으나 또한 그분은 자신의 기쁘신 뜻을 따라 은혜를 항상 드러내시고 있다는 사실에 있습니다. 우리는 그분의 진노로 인해 소멸되지만 아침에는 그분의 인자하심으로 만족하게 됩니다(시 90:7, 14). 그분의 진노는 잠깐이고 그분의 은혜(은총)는 영원합니다. 저녁에는 울음이 깃들일지라도 아침에는 기쁨이 올 것입니다(시 30:5). 저주와 축복은 너무나 놀랍게 연결되어 있고 뒤섞여 있어서 종종 서로 합쳐져 있는 것처럼 보입니다. 이마에 땀을 흘리는 노동은 인간에게 저주이면서 동시에 축복입니다. 저주와 축복은 함께 가장 혹독한 심판이자 가장 부요한 은혜(은총)인 십자가를 가리킵니다. 그러기에 십자가는 역사의 중심이며 모든 모순의 화해입니다.

이러한 상황은 타락 직후부터 시작되었으며 초기에, 즉 아브라함이 부르심을 받았던 기간에는 매우 특별한 성격을 띠고 있었습니다. 창세기의 처음 1장부터 11장까지는 대단히 중요한 내용을 담고 있습니다. 그 장들은 세계사 전체의 출발점이자 기초를 구성하고 있기 때문입니다.

• • •

여기서 우리가 즉각적으로 주목해야 할 점이 있습니다. 그것은 일반계시와 특별계시가 구별되기는 하지만 양자는 서로 고립된 것이 아니라는 점입니다. 양자의 계시는 서로 고립되어 있기는커녕 오히려 끊임없는 상호 연관성 속에 놓여 있으며 이 두 계시는 모두 동일한 사람들, 즉 당시 존재하던 인류 전체에게 주어졌습니다. 그때 특별계시는 소수의 개인에게만 주어지거나 한 민족에게만 국한되지 않고 당시 살아 있는 모든 사람에게 주어졌습니다. 세상의 창조, 인간의 형성, 낙원의 역사와 타락, 죄에 대한 형벌과 하나님의 은혜에 대한 첫 번째 선포(창 3:15), 공적인 예배(창 4:26)와 문화의 시작(창 4:17), 대홍수와 바벨탑의 건축 등, 이 모든 것은 인류가 세상을 여행하면서 얻은 모든 선함의 부분들입니다. 그러므로 전승된 이 모든 사건이 매우 부패한 형태이기는 하지만 지구상의 모든 민족 사이에서 발생한다는 것은 전혀 놀라운 일이 아닙니다. 인류의 역사는 동일한 기원과 시작을 가지고 있으며 넓고 공통된 기반 위에 세워져 있습니다.

인류의 "통일성"(統一性, eenheid, Einheit)과 "공동체성"(共同體性, gemeenschap, Gemeinschaft)에도 불구하고 곧장 사람들 사이에 분열이 발생했습니다. 그리고 그러한 분열은 종교, 즉 사람들이 하나님과 맺는 관계에 그 원인이 있었습니다. 주님을 섬기는 일은 여전히 매우 단순했습니다. 인류가 단순하게 소수의 가족으로 구성되어 있었다면 우리가 알고 있는 것과 같은 공공 예배의 가능성은 없었을 것입니다. 그럼에도 하나님을 섬기는 일은 제사와 기도와 예물과 가장 좋은 것을 하나님께 드리는 형태로 처음부터 존재했습니다(창 4:3-4). 성경은 사람들이 어떻게 그러한 희생제물을 하나님께 드리게 되었는지 알려주지 않습니다. 그리고 우리 시대에 희생제물의 기원에 대한 학자들의 다양한 견해가 존재합니다. 그러나 분명한 것은 그 첫 번째 희생제사가 하나님에 대한 의존 감정과 그분을 향한 감사의 마음에서 나왔다는 점입니다. 따라서 그러한 희생제사의 성격은 상징적인 것입니다. 그것은 하나님에 대한 인간의 헌신과 항복의 표현으로 의도되었습니다. 중요한 것은 예물 자체가 아니라 예물로 표현되는 사람의 성품이었습니다. 아벨은 성품과 예물 모두에서 가인보다 더 나은 제사를 드렸으므로(히 11:4), 주님께서 아벨의 제사를 기쁘게 받으셨습니다. 그러므로 처음부터 아담의 자손들 사이에, 즉 의인들과 경건치 못한 자들, 순교자들과 살인자들, 교회와 세상 사이가 갈라져 있었습니다. 그리고 가인이 살인을 저지른 후에도 하나님께서는 여전히 그를 보살피시고 그를 방문하시며 그에게 회개할 것을 권면하시고, 심지어 심판 대신 그에게 호의를 베풀어주셨습니다(창 4:9-16). 그러나 갈라진 틈은 치유되지 않았습니다. 분열은 계속 진행되었고 잠정적으로 가인의 자손들과 셋 자손들 사이의 분열로 정점에 이르게 되었습니다.

• • •

가인의 후손들 가운데서 불신과 배도의 행위는 세대를 거듭할수록 비약적으로 증가해갔습니다. 물론 그들이 불신과 배도를 자행했던 곳에서 우상숭배와 형상숭배가 행해졌던 것은 아닙니다. 성경은 홍수 이전 인류 사이에서 우상숭배가 있었는지에 대해 언급하고 있지 않습니다. 우상숭배 형태의 거짓 종교는 독창적인 것이 아니고 후대에 발전한 것입니다. 그러한 거짓 종교는 아마도 가인의 후손들이 자신들의 마음속에서 억압했던 종교적 감각의 결과일 것입니다. 가인의 후손들은 단순히 불신앙에 빠진 것이 아니었습니다. 그들은 이론적으로는 아니더라도 적어도 하나님의 존재와 계시에 대한 실질적인 부정에 이르렀습니다. 그들은 마치 하나님이 존재하시지 않는 것처럼 행동했습니다. 그들은 인자가 임할 때처럼 먹고 마시며 장가들고 시집갔습니다(마 24:37-38). 그리고 그들은 자신들의 에너지를 문화에 쏟았고 그러한 문화 속에서 자신들의 구원을 갈구했습니다(창 4:17-24). 장수를 누리고 때로는 수백 년을 살기도 하면서(창 5:3 이하) 풍부한 은사와 엄청난 체력을 가지고(창 4:23, 6; 6:4) 칼의 위력을 자랑하면서(창 4:23, 24) 그들은 자신들의 팔로(능력으로) 자기 스스로 구원할 수 있다고 생각했습니다.

셋(Seth)의 세대에 하나님에 대한 지식과 예배가 오랫동안 순수하게 보존되었던 것은 사실입니다. 셋의 아들 에노스의 시대에 와서 사람들은 심지어 주님의 이름을 부르기 시작했습니다(창 4:26). 그러나 그것은 사람들이 그때에서야 비로소 기도와 희생제사로서 하나님께 예배드리기 시작했음을 의미하지 않습니다. 그와 같은 일이 이미 그 이전에 일어났었기 때문입니다. 희생제사에 대해서는 가인과 아벨에게서 이미 언급되었으며, 기도에 대해서는 명시적으로 언급되지는 않고 있지만 기도는 처음부터 하나님을 섬기는 일에 분명히 포함되어 있었을 것입니다. 기도가 없이는 어떤 종교도 생각할 수 없기 때문입니다. 실제로 희생제사 자체가 구체화된 기도입니다. 그리고 언제 어디서나 항상 기도가 수반됩니다. 창세기 4:26의 내용은 이때부터 또한 사람들이 처음으로 야웨라는 이름으로 하나님을 부르기 시작했다는 뜻이 아닙니다. 그 당시에 야웨의 이름이 이미 알려졌는지에 대한 질문과는 별도로, 야웨라는 이름으로 표현된 하나님의 본성은 후대에 하나님께서 그 이름으로 자신의 본성을 모세에게 계시하실 때까지 알려지지 않았기 때문입니다(출 3:14). 주님의 이름을 부른다는 것은 아마도 이 시기에 셋의 후손들이 가인의 후손으로부터 자신들을 구별하여 하나의 공동체로 나와서 주님의 이름을 고백하고자 공적인 모임을 개최했음을 의미합니다, 그렇게 함으로써 셋의 후손은 가인의 후손과 구별되어 공적이고 공동체적으로 하나님을 예배하는 일에 대한 자신들의 충성심을 증명했습니다. 셋의 후손에게 기도와 제사는 더 이상 자신들만을 위해서 개별적으로 바쳐진 것이 아니라 그들이 하나의 연합된 공동체를 이루고 있다는 증거이며 증언이었습니다. 가인의 후손들이 세상을 섬기는 일에 자신을 굴복시키고 세상 속에서 자신들의 구원을 추구했을 때, 셋의 후손들은 악한 세대 가운데서 하나님과 교제하며 기도와 감사, 설교와 신앙고백으로 그분의 이름을 선포했습니다.

이러한 셋의 후손들의 공적인 설교를 통해 회개의 부르심이 가인의 후손들에게 계속해서 전해졌습니다. 그리고 셋의 후손들 가운데서 종교와 도덕이 쇠퇴하여 그들이 세상과 섞이기 시작한 후에도 그러한 회개의 부르심은 계속되었습니다. 에노스의 손자의 이름은 마할랄렐이었는데 이 이름은 "하나님을 찬양함"이라는 뜻입니다(창 5:15). 에녹은 하나님과 더불어 동행했습니다(창 5:25). 라멕은 아들 노아를 낳으면서 하나님께서 땅을 저주하셨다는 사실을 기억하며 이 아들이 사람들의 노동과 수고를 위로해 줄 것이라는 희망을 표현했습니다(창 5:29). 그리고 노아 자신도 의의 설교자로 와서(벧후 2:5) 그리스도의 영을 통해(door) 자신의 동시대 사람들에게 구원의 복음을 마침내 선포했습니다(벧전 3:19-20).

그러나 이들과 같은 성도들은 갈수록 점점 그 숫자가 줄어들어 예외에 속한 사람들이 되었습니다. 셋의 후손과 가인의 후손이 서로 결혼하여 자녀를 낳았는데, 그 육체적 용맹함은 이전 세대보다 훨씬 더 뛰어났습니다(창 6:4). 사람들의 부패가 만연했고, 그들의 마음의 계획이 어려서부터 악하여 땅이 그들로 말미암아 폭력으로 가득 차게 되었습니다(창 6:5; 12-13; 8:21). 비록 하나님께서 오래 참으심으로 여전히 심판을 120년이나 연기하셨고(창 6:3; 벧전 3:20), 노아의 설교를 통해서 피할 길을 제시하셨음에도 불구하고 고대의 인류는 멸망을 향해 나아갔고 마침내 대홍수로 멸망하게 되고 말았습니다.

• • •

이 무서운 심판 이후에 홍수 전과는 여러 면에서 다른 세대(시대)가 시작되었습니다. 성경에 따르면 "대홍수"는 인류 역사상 유일무이한 사건이었으며, 마지막 날에 있을 세계 "대화재"와 전적으로 유사한 사건입니다(창 8:21 이하). 이 홍수는 세상을 정죄하고 믿는 자들을 구원하는 세례에 비유됩니다(벧전 3:19-20).

하나님의 새로운 경륜은 하나님이 노아를 통해 피조물과 맺으신 한 언약의 체결과 더불어 시작되었습니다. 홍수 후에 노아가 제단을 쌓고 그 제단 위에서 하나님께 제사를 드리며 마음으로 감사와 기도를 드렸을 때, 하나님께서는 이러한 심판이 땅에 다시는 임하지 않게 하겠다고 친히 말씀하시며 자연의 과정 안에 고정된 질서를 부여할 것이라고 말씀하셨습니다. 하나님께서 이렇게 말씀하신 이유는 사람이 가진 마음의 생각이 어려서부터 악하다는 것을 아셨기 때문입니다(창 8:21). 이 말씀은 사람이 자신의 마음으로 생각하는 모든 계획이 항상 악할 뿐이라고 언급하고 있는 창세기 6:5의 말씀과 매우 유사하면서도 상당히 다릅니다. 창세기 6:5의 말씀은 하나님께서 땅을 **"멸절"**(滅絕, *verdelging, exstinctio*) 시키실 것을 고려한 표현이라면, 창세기 8:21의 말씀은 하나님께서 땅을 **"보존"**(保存, *behoudenis, conservatio*)[1] 하실 것을 고려한 표현입니다. 전자의 표현은 옛 인류의 타락한 마음을 드러내 보여주는 인류의 무자비한 악행을 강조하고 있습니다. 반면에 후자는 홍수 이후에도 여전히 사람 안에 계속해서 지속적인 영향력을 행사하고 있는 죄의 본성을 강조하고 있습니다.

그러므로 후자의 말씀, 즉 창세기 8:21의 말씀은 하나님께서 자신의 피조물들을 그들의 방식대로 그냥 방치해놓으실 경우 그 결과가 어떻게 될지를 알고 계신다는 의미를 담고 있는 것으로 보입니다. 하나님께서 자신의 피조물들을 그냥 내버려두시면, 늘 변함없이 타락하고 부패한 사람의 마음이 또다시 온갖 끔찍한 죄악들을 일삼아서 하나님의 진노를 끊임없이 불러일으키게 될 것이고, 그리하여 또다시 하나님께서는 세상을 멸하고자 결심하게 될 것입니다. 그러나 하나님께서는 그렇게 되기를 원하지 않으십니다. 그러므로 하나님께서는 이제 인간과 자연에 대해 일관되고 고정된 항구적인 법칙을 정하시고 인간과 자연, 이 양자가 나아갈 경로(과정)를

---

1   강조체는 원저자의 것이다.

정하시어 그것을 통해 인간과 자연을 제한하셨습니다. 이 모든 것은 하나님께서 홍수 이후에 피조물들과 맺으신 "언약"(계약) 안에서 이루어졌는데, 우리는 이 언약을 **"자연언약"**(自然言約, natuurverbond, *foedus naturae*)이라고 부릅니다.

넓은 의미에서 볼 때 이 언약 역시 하나님의 은혜로부터 비롯된 것이 분명합니다. 그럼에도 자연언약은 하나님께서 그리스도 안에서 교회와 맺으신 언약, 즉 일반적으로 **"은혜언약"**(恩惠言約, genadeverbond, *foedus gratiae*)이라 불리는 언약과는 원리적으로 다른 언약입니다. 자연언약은 인간의 마음이 악하며 어려서부터 악하다는 생각에 기초를 두고 있기 때문입니다. 자연언약의 내용은 하나님께서 창조 시에 인간에게 주신 축복, 즉 생육하고 번성하며 동물에 대한 지배권, 즉 동물을 다스리는 축복을 회복하는 것입니다(창 9:1-3, 7). 그리고 이를 위해 생명을 빼앗는 것을 금하는 계명이 수반됩니다(창 9:5-6). 이 언약은 하나님께서 인류의 둘째 조상인 노아와 맺으신 것이며 노아 안에서 온 인류, 곧 생물과 무생물을 막론하고 모든 피조물과 맺은 언약입니다(창 9:9 이하). 이 언약은 자연의 나타남인 무지개로 보증되었으며 그 보증의 목적은 홍수와 같은 두 번째 심판이 다시 있지 않도록 그러한 심판을 피함으로써 인류와 세계의 존속을 보장하기 위한 것입니다(창 8:21-22; 9:14-16).

• • •

그러므로 인간과 세상의 생명과 존재는 이전과는 다르게 더욱 확고한 기초 위에 놓이게 됩니다. 그 기초는 더 이상 창조 행위나 창조 법칙이 아닙니다. 그 기초는 오히려 하나님의 자비와 오래 참으심으로 인한 하나의 새롭고 특별한 행위입니다. 하나님께서 사람에게 생명과 존재를 허락하실 의무를 지신 것은 결국 인간이 범한 창조 질서 때문이 아닙니다. 오히려 이 언약으로 인해 하나님께서는 창조세계의 타락과 반역에도 불구하고 자신의 창조세계를 보존할 의무를 지셨습니다. 이때부터 세계의 유지와 통치는 더 이상 하나님의 단순한 의지의 결정에 의존하지 않고 언약을 지켜야만 하는 하나님의 "**의무**"(義務, bondsplicht, *officium*)에 의존하게 되었습니다. 하나님께서는 이 언약을 통해 세상을 존재하게 하고 유지하는 의무를 자신에게 지우셨습니다. 그 언약에서 하나님께서는 피조물이 존재할 수 있도록 자신의 이름과 명예, 진리와 신실하심, 말씀과 약속을 주셨습니다. 그리하여 인간과 세상을 다스리는 규례는 자연 전체와 맺으신 하나님의 은혜로운 언약 안에서 흔들리지 않게 확증되었습니다(창 8:21-22; 욥 14:5-6; 26:19; 시 119:90-91; 148:6; 사 28:24 이하; 렘 5:24; 31:35-36; 33:20, 25).

이 언약은 홍수 이전에 존재했던 것과는 완전히 다른 질서를 창조세계에 가져다주었습니다. 과거에 작용했었고 홍수 때도 작용했던 그 엄청난 자연의 힘이 억제되었습니다. 한때 지상에 살았던 그 무시무시하고 끔찍한 괴물들이 사라졌습니다. 한때 우주 전체에 영향을 주었던 엄청난 재앙들이 사라지고, 현상들과 사건들의 과정이 일정하고 규칙적으로 진행되게 되었습니다. 인간은 수명이 단축되고, 힘이 약해지며, 본성이 온화해졌고, 사회에 질서를 부여받고, 정부의 다스림을 받게 되었습니다. 자연과 인간 세계는 언약으로 인해 제한을 받게 되었습니다. 어디서나 법과 규정이 편만하게 나타나게 되었습니다. 죄악의 흐름을 억제하기 위해 곳곳에 법과 규정이라는 댐과 제방이 건설되었습니다. 질서와 척도와 숫자는 창조세계의 특징이 되었습니다. 하나님께서는 인간 안에 있는 야수성을 억제하시고 인간에게 직업과 활동을 통해서 자신의 재능을 개발하며 발휘할 수 있도록 기회를 주셨습니다. 그렇게 함으로써 그분은 "**역사**"(歷史, geschiedenis, Geschichte)의 형성을 가능케 하는 조건들을 성취하셨습니다.

• • •

그러나 더욱이 이러한 역사는 바벨탑 사건에서 인간 언어에 문법적인 혼란이 급격히 발생함으로써 다시 한번 중단되었습니다. 홍수 이후에 인간은 처음에 아르메니아의 고산 지대인 아라랏(Ararat) 땅에서 살았고, 그곳에서 노아는 농사짓는 사람이 되었습니다(창 9:20). 사람들의 인구가 증가하면서 그중에 일부는 티그리스강과 유프라테스강 유역을 따라 동쪽으로 퍼져 나갔으며, 시날 평야 혹은 메소포타미아(Mesopotamië)에 이르게 되었습니다(창 11:2). 그들은 시날 평야, 곧 메소포타미아에 정착하여 살았는데, 그곳에서 부와 권력을 얻게 되자 자기들의 이름을 더 높이고 지상에서 자신들의 흩어짐을 막고자 높은 탑을 세울 계획을 세웠습니다. 그들은 생육하고 번성하여 온 땅에 충만하고 그 땅을 통치하라는 하나님의 명령에 대항하여 자신들의 외부에 구심체를 세워 자신들의 연합을 유지하고자 했습니다. 그렇게 함으로써 그들은 인간의 권력과 영광을 과시하는 세계 제국을 건설하여 모든 인류를 하나로 묶어 총화 단결시키고자 하는 자신들의 이상을 추구했습니다. 역사상 처음으로 모든 권력과 지혜, 모든 예술과 과학, 모든 문화를 통해 전체 인류를 단결시키고 조직하려는 [전체주의적] 이념이 여기서 등장하고 있습니다. 하나님과 그분의 나라에 대항하는 이러한 사상은 그 후에 역사 속에서 반복하여 등장하는 사상이었습니다. 그리고 이러한 사상을 자신의 시대에 다시 반복하여 실현시키는 것이야말로 역사에서 소위 위대한 인물들이라고 불리는 온갖 종류의 인간들이 수 세기에 걸쳐 노력했던 목표였습니다.

그러므로 하나님께서 개입하셔서 세계 제국을 건설하려는 이러한 시도를 영원히 불가능하게 만드는 것이 필요했습니다. 그분께서는 지금까지 하나였던 언어를 혼잡하게 하심으로써 그 일을 수행하셨습니다. 이러한 언어의 혼란이 어떻게, 언제 발생했는지 더 이상 설명되어 있지는 않습니다. 그러나 어쨌든 사람들 사이에 생리학적으로나 심리학적으로 서로 구별이 발생하게 되고, 사람들은 사물을 다르게 보고 부르기 시작했으며, 결과적으로 사람들은 국가와 민족으로 분열되어 온 땅으로 흩어졌다는 것은 분명합니다. 이러한 언어의 혼란은 노아 아들들의 후손이 지파와 가족으로 분열됨으로 인해(창 10:1 이하) 아르메니아에서 시날로 이주하게 됨으로써(창 11:2) 이미 준비되고 있었다는 사실을 기억해야만 합니다. 지면에 흩어지는 것에 대한 위험과 두려움이 오랫동안 심각하게 대두되지 않았더라면, "바벨탑"을 건설하겠다는 발상 자체가 생겨나지 않았을 것입니다.

성경은 이런 방식으로 국가들과 민족들, 방언들과 언어들의 기원을 설명합니다. 그리고 실제로 인류의 엄청난 분열은 한편의 경악스럽고 해명할 수 없는 사실이며 사건입니다. 모두가 아담과 하와라는 부부의 동일한 후손으로서 같은 정신과 같은 영혼, 같은 살과 피를 공유한 사람들이 서로가 서로에게 이방인으로 마주 서 있게 되었습니다. 서로 이해하지 못하고 서로 의사소통을 할 수 없게 되었습니다. 그뿐만이 아닙니다. 그들은 여러 종족으로 나뉘어 서로의 존재에 대항하여 논쟁을 벌이고, 서로를 파괴하려고 골몰하며, 시대를 초월하여 서로 은밀하거나 공개적인 전쟁을 벌이고 살아가게 되었습니다. 종족 본능, 민족의식, 적대감, 그리고 증오 등은 사람들 사이를 분열시키는 힘입니다. 이러한 분열은 그 어떤 세계 시민주의(kosmopolitisme)나 평화 동맹(vredebonden), 볼라퓌크(volapük)와 파실라리아(pasilalie)[2]와 같은 국제 공용(보편) 언어, 그리고 그 어떤 세계 제국이나 세계

---

2   역자 주. 볼라퓌크는 1880년 독일의 로마 가톨릭 주교 요한 마르틴 슐라이어(Johann Martin Schleyer)가 국제 공용(보편) 언어로 사용하기 위해 만든 언어다. 파실라리아는 1805년에 만들어진 국제 공용어. "파실라리아"라는 말은 "모두"(all)를 의미하는 그리스어 "파스"(πᾶς)와 "언어"(speech) 또는 "방언"(dialect)을 의미하는 "랄리아"(λαλιά)의 합성어로서 "모두를 위한 언어", 즉 보편 언어(universal language)라는 뜻이다. 국제 공용어로

문화로도 무효화시킬 수 없는 끔찍한 형벌이자 심판입니다.

인류 사이에 "통일"이 다시 이루어진다면, 그러한 통일은 바벨탑 주변의 외부적이고 기계적인 연결(결합)에 의해서 달성되지 않을 것입니다. 인류의 재통일은 내부로부터 하나의 동일한 머리, 즉 그리스도의 머리 아래에 인류가 함께 모임으로써 성취될 것입니다(엡 1:10). 모든 민족을 새로운 인간으로 창조하여 평화를 이룸으로써(엡 2:15), 성령으로 말미암은 **중생**(重生, wedergeboorte, *regeneratio*)과 **갱신**(更新, vernieuwing, *renovatio*)을 통해서(행 2:6), 그리고 모든 민족이 하나이고 동일한 빛 가운데 행함으로써(엡 2:15) 인류 사이의 새로운 통일은 이루어질 것입니다(계 21:24). 그러므로 통일은 인류 안에서 내부로부터만 회복될 수 있습니다. 그러나 내부의 중심으로부터 발생하여 흘러나오는 언어의 혼잡으로 인해 인류의 통일은 거듭 방해를 받았습니다. 참된 통일을 위해 거짓된 통일은 폭력적으로 무참하게 깨지고 말았습니다. 세계 제국이 무너진 것은 이 땅 위에 하나님 나라가 세워지게 하기 위함입니다. 그러므로 이때부터 지상의 민족들은 갈라져 지면에 흩어졌습니다. 그리고 이스라엘은 모든 민족 가운데서 하나님의 계시를 전달하는 민족으로 선택되었습니다. 이제까지 서로 하나로 묶여 있었던 "일반계시"와 "특별계시"가 십자가 아래서 다시 만날 때까지 한동안 서로 분리되었습니다. 이스라엘은 하나님의 길과 규례를 따르기 위해 다른 민족들로부터 분리되었습니다. 하지만 하나님께서는 다른 민족들에게는 그들 자신의 길을 가도록 허용하셨습니다(행 14:16).

서의 보편 언어를 만들고자 하는 시도는 그 이후에도 계속되었다. 1887년 폴란드의 유대계 안과 의사였던 루드비코 라자로 자멘호프(Ludviko Lazaro Zamenhof, 1859-1917)가 창제한 에스페란토(Esperanto)가 그 대표적인 예다.

• • •

물론 이스라엘을 제외한 여러 다른 민족에게 그들 자신의 길을 가도록 하나님께서 허용하신 것과 관련해 우리는 하나님께서 이러한 민족들에게 관여하지 않으시고 그들 스스로 알아서 하도록 내버려두셨다는 식으로 해석해서는 안 됩니다. 그러한 생각은 그 자체로 비합리적인 것입니다. 하나님은 만물의 창조자(창조자, Schepper, *Creator*)이시고, 보존자(保存者, Onderhouder, *Conservator*)이시며, 통치자(통치자, Regeerder, *Regantor*)이시고, 그분의 전능하시고 편재하시는 능력이 없이는 아무것도 존재하지 못하거나 어떤 일도 발생할 수 없기 때문입니다.

게다가 성경은 하나님께서 다른 민족들을 무시하셨다는 사상과는 정반대의 사상을 거듭 언급하고 있습니다. 지극히 높으신 분께서 민족들에게 유업(상속)을 분배하시고 아담의 자손들을 구별하셨을 때 이스라엘 자손의 수에 따라 민족들의 영토를 정하셨습니다(신 32:8). 하나님께서는 땅을 나누셨을 때에도 이스라엘과 함께 그 땅을 계측하시고 자기 백성의 수효대로 자기 백성을 위해 땅의 경계를 정하여 나누어주셨습니다. 그러나 하나님께서는 또한 다른 민족들에게도 유업(상속)을 주시고 그들의 경계를 정하셨습니다. 인류 전체를 한 혈통으로 지으셨고 인류가 한곳에만 머물러 살지 않고 온 땅에 흩어져 살게 하셨습니다. 하나님께서는 땅을 헛되이 창조하지 않으시고 사람이 거주할 수 있도록 지으셨기 때문입니다(사 45:18). 따라서 그분은 모든 민족의 삶을 위해 미리 정해진 기한과 그들의 거처의 경계(grenzen)도 정해놓으셨습니다. 모든 민족의 기한과 거주지는 그분의 작정(raad)에 따라 결정되고, 그분의 섭리(攝理, voorzienigheid, *providentia*)에 의해 정해집니다(행 17:26).

과거에 하나님께서는 모든 이방 민족으로 하여금 제각각 자신들의 길을 가게 방임하셨음에도 불구하고, 그들에게 그분 자신을 드러내시어 하늘에서 비를 내리시고, 결실을 주시며, 음식과 즐거움으로 그들의 마음을 만족하게 해주심으로써 선을 베푸셨습니다(행 14:16-17). 그분은 악한 자와 선한 자에게 해를 비추셨고 의로운 자와 불의한 자에게 비를 내려주셨습니다(마 5:45). 그분은 자연과 역사 속에서 자신을 계시하심으로로써 모든 사람의 마음과 양심에 자신의 음성을 들려주셨습니다(시 19:1). 이 세계가 창조된 이래로 하나님은 자신의 보이지 않는 것들, 즉 자신의 영원하신 능력과 신성을 자신이 지으신 만물을 통해 드러내 보여주셨습니다(롬 1:19-20). 비록 이방 민족들이 이스라엘 민족처럼 하나님께 율법을 받지 못해 구체적인 의미에서 율법을 소유하고 있지 못하다고 할지라도 그들은 때때로 그들의 도덕적 본성 속에서 자기 스스로가 자기 자신에게 율법이 되어 율법이 명하는 것을 행함으로써 그들의 마음속에 율법이 기록되어 있음을 보여줍니다. 그리고 이것은 그들의 행위를 뒤따르는 양심의 소리와 그들의 행위 가운데서 일어나는 생각들이 그들을 고발하거나 변명한다는 사실을 고려할 때 확실하게 입증됩니다(롬 2:14-15).

그러므로 이방인들에게 종교적이고 도덕적인 감각이 있다는 사실이야말로 하나님께서 그들을 계속 돌보아오셨음을 증명합니다. 태초에 하나님과 함께 계셨고 그 자체가 하나님이셨던 "말씀"으로 만물이 창조되었으며, 특히 그 말씀 안에 인간의 생명과 빛이 있었고, 그들의 존재와 의식, 실존과 이해는 그 말씀으로부터 기인합니다. 그리고 이러한 사실은 만물의 원리와 기원이 하나님의 말씀이라는 의미일 뿐만 아니라 만물이 매 순간 말씀에 의해 유지된다는 의미이기도 합니다. 그 말씀은 만물을 지으신 분이실 뿐만 아니라 만물을 지탱하고 다스리는 분으로서 세상에 머무르셨기 때문입니다. 따라서 말씀은 모든 사람에게 생명을 주었을 뿐만 아니라 세상에 태어난 모든 인간에게 의식과 이성과 지성도 깨우쳐주었습니다(요

1:3-10).

• • •

역사는 이러한 성경의 증언에 보증의 도장을 찍습니다. 가인의 후손들의 영역에서 타락 직후부터 온갖 종류의 발명품과 갖가지 산업들이 번성하기 시작했고(창 4:17 이하), 홍수 이후 시날 평야에 정착한 사람들은 곧 높은 수준의 문화를 이룩했습니다. 창세기 10:8-12에 따르면, 함의 손자이며 구스의 아들인 니므롯은 바빌론 왕국의 건국자였습니다. 성경은 그를 주님 앞에서 뛰어난 사냥꾼으로 묘사하는데, 이는 그가 남다른 육체적 힘으로 맹수들을 사냥하고 시날 평야를 사람이 거주하기에 안전한 지역으로 만들었으며 사람들을 움직이고 설득하여 이곳을 거처로 삼게 했기 때문입니다. 이런 식으로 그는 시날 평야에 바빌론, 에렉, 아카드, 칼네 등 다양한 도시(성읍)들을 건설했습니다. 그리고 그곳을 거점으로 하여 그는 아시리아 땅까지 영역을 확장하여 그곳에 니느웨, 르호봇, 갈라, 레센 등의 도시들을 위한 기초를 놓았습니다.

　성경에 따르면 시날 평야에서 가장 오래된 거주민은 셈족이 아니라 함족이었으며, 아시리아에서 발굴된 설형 문자 명문의 번역과 해석을 연구하는 오늘날의 새로운 아시리아학(Assyriologie)은 시날 땅에는 원래 셈족으로 분류될 수 없는 수메르족이 거주했다는 사실을 확인해줍니다. 하지만 고대 시날 땅에서 수메르족의 인구는 후에 셈족의 이주로 인해서 급격히 감소하게 되었습니다. 셈족은 시날 땅에 이주하여 그곳에서 자신들의 고유 언어를 유지하면서 살았지만, 얼마 지나지 않아서 수메르인의 문화를 받아들이게 되었고, 그 후에 갈대아인으로 동화되었습니다. 특히 바빌론 도시(성읍)의 왕 함무라비(Hammurabi)가—아마도 그는 창세기 14:1에 등장하는 아므

라벨과 동일인으로 추정되는데—바빌론을 수도로 세우고 시날 땅 전체를 자신에게 복속시켰을 때, 그 지역에서 셈족적인 요소는 지배적인 것이 되었습니다. 창세기 10:11에서 함족 니므롯이 아시리아 땅으로 가서 그곳에서 도시(성읍)들을 세웠다고 말하지만, 22절에서는 앗수르 즉 아시리아에 살던 사람들이 엘람, 아르박삿, 룻, 아람과 혈연관계에 있었으며, 따라서 그들은 셈의 후손으로 보아야만 한다고 말합니다.

우리가 시날 땅에서 발견하는 문명, 즉 과학과 예술, 도덕과 법학, 상업과 산업은 너무나 높은 수준에 도달해 있었기에 우리가 발굴을 통해 그 문명을 알면 알수록 더욱더 놀라움을 금치 못하게 됩니다. 그와 같은 문명이 언제 어떻게 발생하게 되었는지에 대해서 정확히 알 수는 없습니다. 그러나 우리가 과거로 거슬러 올라가면 갈수록 우리가 만나는 사람들이 더 거칠고 더 야만적일 것이라는 일반적이고 단순한 생각이 정당한 생각이 아니라는 사실을 고대 시날 문명을 접하게 될 때 깨닫게 될 것입니다. 우리가 소위 원시 민족들의 미개한 상태에 대한 수많은 황당한 개념들을 버리고 **역사**에 의거해서 과거를 형량해보려고 노력한다면, 우리는 노아 시대 가장 오래된 인류의 문화가 니므롯과 같은 사람들의 주도로 매우 높은 수준을 유지하고 있었다는 사실을 성경을 통해 확인하게 됩니다.

게다가 이러한 문명은 시날 땅에만 국한된 것이 아닙니다. 언어의 혼잡 이후 인류는 점점 더 사방으로 퍼져나갔고 땅의 곳곳으로 널리 분산하여 정착하게 되었습니다. 따라서 일부 부족은 문화와 문명의 중심지에서 멀리 떨어진 아시아, 유럽 그리고 아프리카의 황량하고 척박한 땅에서 자신들의 거주지를 찾게 되었습니다. 다른 국가와의 모든 교역이 단절된 채 고립된 삶을 살아가면서 항상 거칠고 맹폭한 자연과 씨름하는 이러한 부족과 민족의 경우 그들은 자신들이 시작한 애초의 문화 수준에 머물거나 심지어는 문화 수준이 그 이하로 떨어진 것은 당연한 일입니다. 오늘날 우리는 이러한 민족을 보통 "원시 민족"이라는 이름으로 요약합니다. 그러나 이러한 이름은 모호하고 부정확하며 오해의 소지가 많습니다. 이러한 민족들에게서 예외 없이 우리는 문명의 기본 요소들에 해당하는 특징들과 요건들을 발견할 수 있기 때문입니다. 그들은 모두 인간이며, 단순히 자연적인 (원시적인) 존재가 아닙니다. 그들은 모두 의식과 의지, 정신과 이성, 마음과 양심을 가지고 있으며, 언어와 종교, 법과 도덕, 가족과 사회, 도구와 장신구를 가지고 있습니다.

또한 이러한 민족들 사이에는 대단히 큰 차이가 존재해서 원시 민족과 문화 민족 사이의 경계를 지적하는 것이 불가능할 정도입니다. 남아프리카의 부시족(Boschjesmannen), 폴리네시아(Polynesië)의 주민들, 그리고 흑인 종족들 사이에는 문화적으로 현저한 차이가 있습니다. 그들 상호 간에 문화적으로 차이가 있음에도 불구하고 그들은 공통된 생각의 토대, 즉 홍수에 대한 전통과 기억과 기대 등을 함께 공유하고 있습니다. 이러한 것들은 그들이 동일한 기원으로부터 유래했음을 보여줍니다.

이 모든 것은 소위 문화 민족이라고 할 수 있는 인도인과 중국인, 페니키아인과 이집트인 사이에서 훨씬 더 강하게 드러납니다. 모든 민족 사이에서 발견되는 세계관(世界觀, wereldbeschouwing, Weltanschauung)의 기초는 시날 땅에 대한 고고학적인 발굴을 통해 우리가 알게 된 것과 동일한 것입니다. 그래서 시날 땅은 모든 문화의 발상지이고, 인류의 요람이며 고향입니다. 중앙아시아에서 인류는 전 세계로 퍼져나갔고, 모든 문명 민족에게 공통으로 발견되는 문화 요소들을 이 중심지로부터 가져가서 각각의 민족은 독자적으로 그 민족의 성향에 따라 그 공통의 문화 요소들을 자기 민족만의 독특한 형식으로 더욱더 발전시켰습니다. 문자, 천문학, 수학, 달력 등 고대 바빌로니아의 문화와 [문명은] 오늘날에도 여전히 우리의 문화와 [문명을] 구축하는 토대가 되고 있습니다.

그럼에도 우리가 종교적·도덕적 관점에서 문명사 전체를 돌아보았을 때, 그것으로부터 깊은 불만과 환멸을 느끼게 됩니다. 사도 바울에 따르면 이방인들이 일반계시를 통해 하나님을 알면서도 하나님을 하나님으로 영화롭게도 하지 아니하고 감사하지도 아니하며 오히려 그 생각이 허망하여져서 미련한 마음으로 어두워졌습니다. 그들은 스스로 지혜롭다고 자처했으나 어리석은 자가 되어 썩지 않는 하나님의 영광을 썩을 사람과 새들과 네 발 달린 짐승들과 벌레들 따위의 형상으로 바꾸어놓았습니다(롬 1:21-23). 우리는 다양한 민족의 종교들에 대한 공정한 역사적 연구를 통해 바울의 견해와 동일한 결론에 도달할 수 있습니다. 옳지 못한 철학의 도움으로 여러 형태의 종교들을 연구하게 되면, 인류의 감정 속에 있는 종교성의 본질에 대해 불명확한 결론에 도달할 수 있으므로 사도 바울의 심각한 결론에 눈을 감아버릴 수도 있습니다. 그러나 분명한 사실은 문명화의 긴 여정 속에서 인류는 하나님께 영광을 돌리지도, 감사하지도 않았다는 것입니다.

시날 평야에 살던 초창기의 거주민들 가운데서 우리는 창조주 대신에 피조물에 대한 예배와 만나게 됩니다. 어떤 사람들에 따르면 바빌론 사람들이 믿던 종교의 기저에는 다른 종교들과 마찬가지로 여전히 하나님의 유일성에 대한 관념이 자리 잡고 있었으며, 의심할 여지 없이 그와 같은 신 개념은 피조물들에게 그러한 신 개념이 적용되기 이전부터 존재하고 있었음에 틀림이 없습니다. 그렇지만 실제로 바빌론 사람들 사이에서 종교는 모든 종류의 피조물들을 영화롭게 하는 것이었습니다. 피조물들이 신들로 간주되었습니다. 어떻게 참되고 유일하신 하나님에 대한 예배로부터 피조물들을 영화롭게 하는 데로 변천해 갔는지에 대해서는 역사적인 자료의 부재로 인해 우리가 확인할 수 없습니다.

그러나 종교가 정령숭배(精靈崇拜, polydaemonisme[온갖 종류의 영혼과 영들을 숭배하는 것]; 물신숭배, 토테미즘)에서 다신론(多神論, polythéisme[다양한 종류의 신들을 숭배하는 것])을 거쳐 유일신론(唯一神論, monothéisme[한 신만을 숭배하는 것])으로 발전했다는 것을 주장하는 이론은 증명되지 못한 자의적 가설일 뿐입니다. 우리는 신론에서 이러한 발전이 일어났음을 그 어디에서도 확인할 수 없습니다. 이스라엘은 하나의 독특한 예외입니다. 그러나 역사가 거듭 가르치는 것은 인간이 한 유일하신 하나님에 대한 신앙고백으로부터 수많은 신들을 영화롭게 하는 것으로 타락할 수 있다는 사실입니다. 우리는 이스라엘의 역사 안에서, 많은 그리스도교 교회들의 역사 안에서, 그리고 우리 자신이 살아가고 있는 시대 속에서 이러한 타락을 목격합니다. 한 하나님을 믿는 신앙이 포기될 때 모든 종류의 다신론적인 관념들과 미신적인 행위들이 곧장 꼬리를 물고 발생하게 됩니다.

게다가 종교를 일반적으로 소위 문명화된 사람들의 "고등 종교들"과 미개한 사람들의 "저등 종교들"로 구분하지만, 양자 사이에 큰 차이는 없습니다. 동일한 사상과 관행들이 변형된 형태이긴 하지만 모든 이교도 사이에서 반복되어 나타나고 있으며, 이러한 사상과 관행들은 그리스도교 국가들 사이에서도 다양한 형태로 지속되고 있습니다. 심지어 이러한 사상과 관행들은 그리스도교 국가들 사이에서는 온갖 미신으로 남아 있다가 그리스도교가 쇠퇴한 현대 사회의 여러 영역에서 다시 흥기하고 있습니다.

첫째로, 우리는 모든 나라에서 우상숭배와 형상숭배를 발견할 수 있습니다. 이러한 종교 행위들은 민족들 사이에서 예외 없이 존재합니다. 우상숭배란 유일하시고 참되신 하나님의 자리 또는 그 하나님의 옆자리에 다른 어떤 대상을 나란히 놓아두고 그것을 섬기는 행위입니다. 때로는 이러한 하나님의 대체물들은 피조물들인데, 예를 들면 바빌론 종교의 경우 궁창(하늘)에 있는 해와 달과 별들이 이에 속합니다. 따라서 이러한 종교는 "별의 종교"(sterren-religie)라고 불립니다. 때로는 그리스인들 사이에서 신과 인간의 중간에서 양자를 매개하는 중간 존재들이 숭배되었습니다. 예를 들면 영웅들과 천재들과 위인들이 바로 그들입니다. 때로는 우리가 중국인들의 종교에서 보는 것처럼 조상들이 죽은 후에 더 높은 존재의 상태가 된다고 여기고 조상들을 숭배의 주요 대상으로 삼기도 합니다. 때로는 신을 대신하는 우상숭배의 대상은 이집트 종교에서처럼 수송아지들과 악어들 같은 동물들이기도 하고, 한 가지 유형을 더 지정하자면 모든 종류의 생물들 또는 무생물들에 일시적 또는 영구적으로 내주하는 것으로 생각되는 영혼들과 영들입니다. 이러한 것들은 문명화된 민족이나 미개한 민족의 종교들에서 모두 숭배의 대상입니다.

그러나 우상숭배의 형태가 무엇이든 간에 우상숭배는 항상 창조주가 아닌 피조물에 대한 숭배로 나타납니다. 이렇게 하여 하나님과 세계 사이의 구별이 사라집니다. 하나님의 거룩하심, 즉 모든 피조물과의 구별과 그분의 절대적 초월성은 이방인들이 잃어버린 것입니다.

둘째로, 그와 같은 우상숭배에 인간과 세계에 관한 온갖 잘못된 생각들이 뒤따릅니다. 이방인들 사이에서 종교는 독립적이거나 그 자체로 존재하지 않고, 삶의 모든 부분과 국가와 사회, 예술과 과학과 밀접하게 연관되어 있습니다. 태도와 감정의 상태로만 구성된 종교는 그 어디에서도 발견되지 않습니다. 종교란 하나님과 인간의 관계로서 모든 다른 관계를 지배합니다. 따라서 그것은 인간과 세계, 그리고 만물의 기원과 본질과 목적에 대한 명확한 견해를 포함합니다. 또한 신들에 대한 믿음을 수반하는 종교적인 사상은 항상 과거와 미래에 대한 의미를 내포하고 있습니다. 모든 종교에는 "낙원에 대한 회상"(Paradijsherinneringen)과 미래에 대한 기대가 있으며, 인간과 세계의 기원과 미래에 대한 관념들이 있습니다. 태초에 존재했던 황금 시대에 이어 은, 철, 진흙의 시대가 있었고, 인간의 불멸, 죽음 이후의 삶, 그리고 결국 모든 사람에게 주어질 심판에 대한 관념이 있으며, 심판의 때에 의로운 자와 불의한 자의 지위가 달라질 것이라는 관념이 있습니다. 여러 종교에는 이러한 사상들이 다양한 방식으로 강조되고 있습니다. 중국 종교는 과거를 돌아보며 조상숭배에 참여합니다. 이집트 종교는 미래를 바라보며 죽은 자를 매장하는 죽은 자들을 위한 종교입니다. 그러나 모든 종교에는 정도의 차이는 있을 수 있어도 어느 정도까지는 이러한 요소들이 포함되어 있습니다.

그리고 이 모든 종교적인 표상들은 진리의 요소와 온갖 종류의 오류와 어리석음이 혼합되어 있다는 점에서 일치합니다. 창조주와 피조물 사이의 경계가 사라져버렸기 때문에 세계와 인간 사이, 영혼과 육체 사이, 이 땅 위에서의 삶과 죽음 이후의 삶 사이, 하늘과 지옥 사이의 경계가 그 어디에서도 올바르게 그어지지 않았습니다. 오히려 육체적인 것과 도덕적인 것, 물질적인 것과 영적인 것, 땅의 것과 하늘의 것이 서로 섞여 혼합되어 있습니다. 하나님의 거룩함에 대한 인식이 없다는 것은 죄에 대한 인식이 없다는 것을 의미합니다. 이교도의 세계는 하나님을 알지 못하고 세상과 인간을 알지 못하며 죄와 비참함을 알지 못합니다.

셋째로, 세상의 민족들에게서 발견되는 모든 종교의 특징은 인간이 스스로의 힘으로 구원을 얻고자 노력한다는 점에 있습니다. 우상숭배는 자연스럽게 인간을 자의적인 종교로 인도합니다. 인간이 참되신 하나님을 섬기는 것을 포기하고 더 이상 객관성에 근거한 참된 역사적 계시가 부재하게 될 때, 인간은 자신이 만들어낸 신들이나 영적 존재들에게 계시를 강요하려고 합니다. 우상숭배에는 항상 미신, 주술(점술), 마술(마법)이 수반됩니다. 주술은 스스로 또는 점쟁이, 사제, 신탁 등의 도움을 받아 별자리 관찰, 꿈 해석, 조류 관찰 등을 통해 신의 뜻을 알아내려는 노력입니다. 그리고 마술은 형식적인 기도, 자발적인 희생, 자기 고행 등을 통해 신들의 뜻을 자신과 자신의 행복에 적용하려는 시도입니다.

여기에도 수많은 종류의 형태들이 존재합니다. 점술과 마법은 다양한 종교에서 각기 다른 성격과 의미를 지니고 있습니다. 하지만 점술과 마법은 어디에서나 존재하며, 이방 종교의 필수적인 구성 요소입니다. 어디에서나 전면에 나서서 자신의 구원을 추구하는 것은 인간입니다. 구원(화해)과 은혜의 본질은 어디에서도 알려져 있지 않습니다.

• • •

그러나 이러한 특징이 이방 종교의 일반적인 특징을 설명한다고 할지라도, 일부 종교에서는 개혁이 일어났기 때문에 우리의 신중한 관심과 별도의 논의가 필요합니다. 한편으로는 사람들 사이에서 종교가 온갖 종류의 조야하고 조잡한 형태의 미신과 마술로 타락했고, 다른 한편으로는 문명이 발전함에 따라 수많은 곳에서 갈등이 발생했습니다. 그리고 이러한 갈등 속에서 의심할 여지 없이 하나님의 섭리 아래 화해를 위해 노력하고 종교를 깊은 쇠퇴에서 벗어나게 하려는 인물들이 탄생했습니다. 특히 기원전 7세기 이전에 페르시아에 살았던 **자라투스트라**(Zarathushtra), 기원전 6세기 중국의 **공자**(孔子, Confucius), 기원전 5세기 인도의 **붓다**(Buddha), 기원후 6세기 아라비아의 **무함마드**(Mohammed), 그 외에도 알려진 인물과 알려지지 않은 수많은 인물이 있었습니다.

이 사람들이 창시한 종교가 그들이 살던 시대의 민족 종교들보다 여러 면에서 우월하다는 데는 사람들 사이에 이견이 없습니다. 발전과 쇠퇴의 가설은 종교뿐만 아니라 다른 문화 분야에서도 매우 일방적인 주장이며, 이 세상에서 일어나는 다양한 현상을 하나의 공식으로 요약할 수 없는 노릇입니다. 번영과 쇠퇴, 부흥과 침체의 시기는 모든 민족과 모든 분야의 역사에서 시종일관 번갈아 나타납니다. 우리 역시 이 사람들이 고의적인 사기꾼들이나 사탄의 도구나 하수인들이라 말할 수 없습니다. 그들은 대중적인 신앙과 그들 자신이 깨달은 종교적 의식 사이에서 발생하는 갈등으로 인해 영혼의 씨름을 감내했던 사람들이었고, 그들에게 주어진 빛을 통해서 진정한 행복을 얻을 수 있는 더 나은 방법을 모색하고자 했던 진지한 사람들이었습니다.

그러나 이 모든 개혁 종교는 대중들의 우상숭배와 정도의 차이가 있을 뿐 근본적으로 다르지 않다는 사실을 인정하지 않을 수 없습니다. 그들은 거짓 종교의 거친 가지를 잘라냈을지 모르지만 그 뿌리를 근절하지는 못했습니다. 자라투스트라는 자신의 설교에서 선과 악의 대립을 자기 사상의 기반으로 삼았지만 그러한 이원론적인 대립을 윤리적으로만 이해한 것이 아니라 애초에 물질적인 성격을 띠는 것으로 이해했습니다. 따라서 그는 한 명의 선한 신과 한 명의 악한 신을 구별해야만 했고, 양자의 이원론적인 투쟁을 가르쳐야만 했습니다. 그리하여 이러한 이원론이 온 세상과 자연, 인간과 동물에 스며들게 되어 실제로 생명을 훼손하고 절단하는 결과를 초래했습니다. 유교는 다른 여러 종교적 요소와 자연 신들과 조상숭배를 결합하여 형성된 국가 종교였습니다. 불교는 처음에 고통을 악의 근원으로 보고 존재를 고통의 근원으로 제시하며 금욕과 무념무상(無念無想), 존재의 진멸(眞滅)을 구원의 길로 권장하는 한편의 철학이었습니다. 그리고 유대교와 그리스도교를 알고 있었고 다가오는 심판에 대한 열렬한 믿음으로 유일신을 믿고 고백하게 된 무함마드는 물질만능주의에 빠진 동시대 사람들에게 종교적이고 도덕적인 개혁을 불러일으켰습니다. 그러나 그의 개인적인 삶에서 종교 설교자의 모습은 점점 정치가와 법 제정자의 모습 뒤로 후퇴했습니다. 그가 설립한 종교는 신에 대한 인간의 노예적인 복종을 강조했고 그러한 인간의 노예적 복종 속에서 신에게 무한한 전능함과 절대적인 자의성을 부여했습니다. 이 종교에서는 하나님과 인간 사이가 서로 분리되게 된 원인에 대해서도, 양자가 화목하게 되는 길에 대해서도 전혀 이해가 없었기 때문에 하나님과 인간 사이에 교제가 있을 수 없었습니다. 그리하여 이슬람교에서는 감각적인 욕망을 전적으로 만족시키는 것을 하늘의 구원으로 간주했습니다.

• • •

그러므로 일반계시의 전 영역을 살펴보면, 한편으로는 일반계시가 큰 가치가 있고 풍성한 열매를 맺었지만 다른 한편으로는 인류가 일반계시의 빛을 통해서 하나님을 찾지 못했음을 발견하게 됩니다. 일반계시 덕분에 사람들은 여전히 종교적이고 도덕적인 개념들을 가지고 있고, 여전히 진리와 거짓, 선과 악, 정의와 불의, 아름다움과 추함에 대한 의식을 소유하고 있으며, 결혼과 가족, 사회와 국가의 관계 속에서 살아가고 있습니다. 이러한 모든 외부 및 내부적 연대에 의해 인류는 억제되고 견제되어 짐승으로 전락되지 않도록 자신의 인간성을 유지하며, 이러한 일반은총의 한계 내에서 온갖 종류의 정신적이고 물질적인 재화들을 생산하고 분배하며 향유합니다. 즉 인류는 일반계시에 의해서 그 존재가 유지되고 그 통일성이 보존되며 그 역사를 지속시키고 발전시킬 수 있었습니다.

그러나 이 모든 사실에도 불구하고 사도 바울은 "세상이 자기 지혜로 하나님을 알지 못한다"(고전 1:21)라고 말했습니다. 바울이 세상의 지혜를 말할 때 그는 진지하게 그 말을 하고 있습니다. 일반계시의 빛 아래에서 세상을 바라볼 때 세상은 지혜의 보고입니다. 즉 우리가 이 세상을 살아감에 있어서 필요한 지혜의 보화들을 세상은 축적해왔습니다. 그러나 이러한 세상의 지혜는 인간을 변명하지 못하게 만듭니다. 이 세상의 지혜는 하나님의 은사(선물), 곧 오성(이해력)과 이성, 사고력과 의지력이 인간에게 부족하지 않다는 것을 보여주기 때문입니다. 그러나 인간의 마음은 어두워지고 완악해져서 자신에게 주어진 은사를 제대로 활용하지 못했음을 보여줍니다.

그래서 빛이 어둠에 비쳤으나 어둠이 그것을 깨닫지 못했던 것입니다(요 1:5). 로고스, 즉 말씀이 육신이 되어 세상에 있었지만, 세상은 그(로고스)를 알지 못했습니다(요 1:10). 세상은 자신의 모든 지혜를 가지고도 하나님을 알지 못했습니다(고전 1:21).

1. 왜 우리는 일반계시와 특별계시 중 어느 한쪽으로 치우치기 쉽습니까? 그리고 두 계시 사이의 건강한 균형을 유지하는 것이 왜 중요합니까?

2. 무신론자들이 많은 오늘날 일반계시의 가치는 무엇입니까?

3. 일반계시와 특별계시는 구분할 수는 있어도 분리해서는 안 되는 이유는 무엇입니까?

4. 자연과 우주에 대한 현대 과학의 설명과 일반계시를 갈등과 충돌의 관계로 보아야만 할까요, 아니면 상호 보완적인 관계로 봐야 할까요?

5. 양심을 하나님의 일반계시로 보는 견해가 인간의 보편적인 인권 개념에 의미를 부여할 수 있습니까?

6. 공공신학 담론에서 자연과 인간의 양심과 이성을 통한 일반계시의 개념이 사회 윤리와 공적 정의의 논의에 어떤 기여를 할 수 있을까요?

7. 고등 종교와 저등 종교를 구분하는 것은 타당한가요?

8. 낙원, 죽음 이후의 삶, 심판 등의 개념이 거의 모든 종교에서 공통적으로 나타나는데, 이런 보편적인 요소들을 일반계시의 증거로 봐야 할까요, 아니면 인간 타락의 산물로 봐야 할까요?

9. 종교의 본질은 인간의 자기 구원의 시도인가요, 아니면 하나님의 은혜에 대
한 응답인가요?

제5장

특별계시
(계시의 방식)

일반계시의 불충분성은 특별계시의 필연성을 드러내고 강조합니다. 그러나 특별계시의 이러한 필연성은 올바로 이해되어야만 합니다.

특별계시의 필연성 내지 불가피성은 하나님께서 내적으로는 그분의 본질에 의해, 또는 외적으로는 상황에 의해 특별한 방식으로 자신을 계시해야 할 의무와 강박성이 있음을 암시하거나 의미하지 않습니다. 모든 계시, 특히 그리스도 안에서 그리고 성경을 통해 우리에게 주어지는 계시는 하나님의 은혜의 행위이고, 그분의 의지의 자유로운 처사이며, 그분의 과분하고도 가없는 은혜의 증거이기 때문입니다. 하나님 자신이 자신의 창조를 위해 설정하신 목적과 분리할 수 없다는 의미에서만 특별계시의 필연성 내지 불가피성을 말할 수 있을 뿐입니다. 바로 여기에 특별계시의 필연성에 대해서 말할 수 있는 한계가 설정됩니다. 죄로 인해 파괴된 창조세계를 회복하고 하나님의 형상을 따라 인간을 재창조하여 하늘의 복락 속에서 그분과 함께 영원히 살도록 하는 것이 하나님의 뜻이라면, 바로 이러한 목적을 위해서 특별계시가 필요합니다. 그 목적을 위해서 일반계시만으로는 불충분하기 때문입니다.

그리고 특별계시가 필요한 것은 단지 이러한 목적 때문만은 아닙니다. 우리가 일반계시가 이 세상과 인간의 운명을 충분히 설명하지 못한다는 것을 인식하고 인정하게 될 때 우리는 이 사실의 확신조차도 특별계시 덕분이라는 것을 알게 되기 때문입니다. 본성상 우리는 우리 자신과 우리의 능력, 세상과 그 보화들이 우리의 구원에 충분하다고 생각합니다. 이교도들의 종교도 여기서 예외가 아니라 이러한 원칙을 확인해줍니다. 이교도들은 모두 사제, 점쟁이, 신탁 등을 통해 자신에게 임한 특별계시에 대해 언급하고 있습니다. 그리고 이러한 사실은 일반계시의 불충분성과 더불어 모든 사람이 자연과 역사가 제공하는 계시 이외에 하나님에게서 오는 추가적인 계시에 대한 필요성을 마음속에 느끼고 있다는 논지에 대한 강력한 증거를 제공해주고 있습니다. 그러나 이교도들이 언급하는 이러한 특별계시는 하나님과의 친교를 상실한 인간은 자연 속에서 그분의 계시를 올바르게 이해하지 못하며, 사람들은 자기 자신의 방식으로 하나님을 찾고 더듬으면서 자신의 길을 가기 때문에 진리의 지식에서 점점 더 멀어지게 되어 우상숭배와 불의에 더 깊이 빠져들게 된다는 것을 분명히 보여줍니다(롬 1:20-32).

그러므로 하나님의 특별계시는 자연과 역사, 마음과 양심에 주어지는 그분의 일반계시를 올바르게 이해하고, 일반계시의 순수한 내용에서 모든 종류의 인간적인 오류를 제거하며, 따라서 일반계시를 올바른 가치대로 파악하기 위해 필요합니다. 성경에 비추어볼 때 우리는 먼저 일반계시가 인간의 삶 전체에 풍부한 의미를 지니고 있지만 그 모든 풍부함에도 불구하고 인간이 자신의 진정한 운명에 도달하기 위해서는 일반계시만으로는 불충분하고 부적절하다는 것을 알 수 있습니다.

따라서 명확한 이해와 올바른 순서를 따른 논지 전개를 위해 먼저 일반계시를 논하면서 일반계시의 불충분성을 강조했고, 이제부터 특별계시의 필연성을 논구하게 되었습니다. 하지만 일반계시를 논구했던 이전의 장에서 특별계시는 완전히 배제하고 전혀 그 내용을 고려하지 않았던 것은 아닙니다. 오히려 일반계시를 논구할 때부터 이미 특별계시가 우리를 인도해주었고 우리의 탐구에 빛을 비춰주고 있었습니다.

그러기에 우리는 지금 우리가 발견한 특별계시가 무엇이며 그 계시를 어디에서 찾을 수 있는지에 대해 소위 전제 없는 탐구를 하려는 것이 아닙니다. 우리는 우리 시대의 회의주의자들과 함께 모든 다른 종교를 조사하여 이러한 종교들이 우리 마음에 필요하다고 여겨지는 그러한 하나님의 특별계시를 제공해주는지를 묻지도 않습니다. 우리가 거짓 종교를 거짓으로 알게 된 사실, 우상숭배와 형상 숭배, 점술과 주술, 불신앙과 미신 등이 더 조잡한 형태를 취하든 더 세련된 형태를 취하든 죄와 오류와 거짓이라는 사실을 알게 된 것 자체가 그리스도 안에서 우리에게 주어진 특별계시 덕분입니다. 그러므로 우리가 특별계시를 제쳐두거나 일시적이고 계획적으로 무시한다고 하더라도, 이는 우리를 비추는 빛을 고의로 소멸시키는 우를 범하는 것이며, 그렇게 함으로써 우리는 실제로 우리가 빛보다 어둠을 더 사랑하고 우리의 생각과 계획들이 밝히 드러나는 것을 꺼리고 있음을 스스로 증명하는 셈입니다(요 3:19-21).

게다가 일반계시는 어느 정도 특별계시의 필연성과 당위성을 깨닫게 해줍니다. 또한 일반계시는 그러한 특별계시의 가능성에 대한 많은 강력한 근거를 제공해줄 수 있습니다. 유물론과 범신론에 동의하지 않고 사실상 모든 계시를 부정하더라도 세상을 창조하시고 인간에게 불멸의 영혼을 주시며 영원한 구원을 예정하시고 나아가 섭리를 통해 만물을 유지하고 다스리시는 인격적인 하나님의 존재를 진정으로 믿는다면, 특별계시의 가능성에 대해 반대할 근본적인 이유가 더 이상 남아 있지 않기 때문입니다. 창조는 전적으로 특별하고 전적으로 초자연적이며 경이로운 계시이고, 그것을 받아들이는 사람은 원칙적으로 모든 후속 계시의 가능성, 심지어 **성육신**(聖肉身, vleeschwording, *incarnatio*)을 통한 계시의 가능성까지도 인식하고 인정합니다. 그러나 일반계시가 특별계시의 **필연성**(必然性, noorzakelijkheid, *necessitas*)과 **가능성**(可能性, mogelijkheid, *passibilitas*)에 대해 찬성할지라도, 특별계시는 오직 하나님의 값없이 주시는 선물에 의존하기 때문에 특별계시의 **실재성**

(實在性, werkelijkheid, *realitas*)에 대해서 아무것도 말할 수 없습니다. 특별계시의 실재성은 계시 그 자체의 존재로부터만 드러날 수 있습니다. 특별계시는 오직 그 자체의 빛에서만 드러날 수 있고 인식될 수 있습니다.

• • •

하나님께서 처음에 예언자들을 통해 말씀하셨고 종국적으로 아들을 통해 말씀하신(히 1:1) 이러한 특별계시는 추론과 증거가 아니라 어린아이와 같은 믿음으로 인정하고 받아들여야만 합니다. 특별계시는 일반계시와 밀접한 관련이 있지만 일반계시와 근원적으로 구별되는 것입니다. 이러한 구별 혹은 차이는 앞서 간략하게 지적했음에도 불구하고 이제부터는 특별계시가 발생하는 방식과 특히 그 안에 포함된 내용, 그리고 그것이 지향하는 목적과 관련하여 좀 더 폭넓게 전개될 필요가 있습니다.

이번 장(章)의 주제라고 할 수 있는 특별계시가 일어나는 방식은 항상 똑같지 않습니다. 하나님이 사용하시는 수단에 따라 특별계시의 방식은 달라지며, 따라서 특별계시는 "나타내심", "계시하심", "드러내심", "알게 하심", "선포하심", "가르치심" 등 다양한 단어로 표현되기도 합니다. 특히 주목해야만 하는 것은 "말씀하심"이라는 표현입니다. 성경은 "창조"와 "섭리"에 나타나는 하나님의 사역을 묘사할 때 바로 이 단어를 사용합니다. 하나님께서 빛이 있으라 말씀하셨고, 그렇게 말씀하시자 빛이 있게 되었습니다(창 1:3). 하나님은 말씀으로 하늘을 지으시고 그 입의 기운으로 만물을 지으셨습니다(시 33:6). 그분이 말씀하시면 그것이 이루어지고, 명령하시면 그것이 굳게 견고히 서게 됩니다(시 33:9). 주의 음성이 물 위에 있고, 천둥소리로 울리며, 백향목을 꺾으시고, 사막을 진동하게 하시며, 원수들에게 보복하시고 멸망시키십니다(시 29:3-9; 104:7; 사 30:31; 66:6). 하나님은 인격적이시고, 의식이 있으시며, 사유하는 존재이시고, 능력의 말씀으로 만물을 존재케 하시며, 사람이 하나님의 형상과 모양을 따라 창조되어 문자를 읽고 이해할 수 있으므로 우리는 창조와 섭리에서 하나님의 모든 사역을 "말씀하심"이라고 부를 수 있습니다. 하나님은 진실로 자신의 사역을 통해서 인간에게 말씀하십니다.

하나님께서 자신의 손으로 행하신 사역들을 통해서 인간에게 말씀하신다는 것에 대해서는 사람들 사이에 대체로 이견이 없습니다. 특별계시를 부인하는 사람들 가운데는 여전히 창조세계에 나타나는 하나님의 계시에 대해서 논구하는 것을 좋아하는 이들이 있습니다. 그러나 그들 사이에서도 여전히 큰 견해의 차이가 있음을 발견하게 됩니다. 어떤 이들은 자연에서 계시를 찾는 것을 더 선호하고, 어떤 이들은 위대한 위인들과 더불어 역사에서 계시를 찾는 것을 더 선호하며, 또 어떤 이들은 종교적 인물들과 더불어 종교의 역사에서 계시를 찾는 것을 더 선호합니다. 어떤 이들은 자연과 역사 속에서 외부로부터 인간에게 오는 계시를 더 강조하는 반면에, 다른 어떤 이들은 인간 내면, 즉 마음이나 양심에서 일어나는 계시를 더 중요하게 여깁니다. 계시와 종교가 서로 밀접하게 연관되어 있고 연결되어 있으며 실제로 양자의 내용이 동일하고 동일한 문제의 양면에 지나지 않는다는 사고가 오늘날 많은 사람에게 점점 더 지지를 얻어가고 있습니다. 하나님과 인간 사이의 관계에서 "계시"는 신적인 요소이고 "종교"는 인간적인 요소입니다. 하나님은 각 사람이 종교를 소유한 만큼 자신을 드러내시고, 사람은 하나님이 자신을 드러내시는 만큼 종교를 소유합니다.

그러나 이러한 견해는 하나님과 인간을 동일시하는 "범신론"에 뿌리를 두고 있으며, 따라서 계시와 종교를 동일시합니다. 이러한 사상을 고수하는 사람들은 더 이상 자연과 역사, 세상과 인류에 대한 하나님의 계시에 대해 말할 수 없습니다. 계시를 제대로 이해하려면 앞서 언급했듯이 하나님이 자신을 인식하여 알고 계시고, 따라서 그분의 뜻에 따라 피조물에게 자신에 대한 지식을 전달할 수 있음을 전제합니다. 이러한 사상은 하나님에 대한 생각, 관념 또는 지식을 인간의 의식에 제시해주는 것이 아니라, 기껏해야 인간의 마음속에 특정한 태도나 성향이나 감정을 불러일으킬 수 있을 뿐입니다. 그렇게 되면 인간은 자신의 문화와 교육의 정도에 따라서 전적으로 독립적이고 자유롭게 표현할 수 있을 뿐입니다. 그렇게 되면 인류와 인간 개개인의 종교는 하나님이 자신을 인식하시고 자신을 알게 되는 과정이 되어버리고 맙니다. 하나님께서 인간에게 자신을 드러내시고 말씀하시는 것이 아니라 인간 스스로 하나님을 드러내는 형국이 되어버리고 마는 것입니다.

따라서 이러한 범신론적 사상이 여전히 계시나 하나님의 말씀 등의 용어를 언급할 때, 그런 용어들은 범신론의 고유한 세계관에서 비롯된 것이 아닙니다. 계시나 말씀과 같은 용어들은 범신론적인 세계관 안에 머무를 수 있는 자리가 전혀 없습니다. 계시나 말씀과 같은 용어는 범신론과는 다른 세계관, 즉 범신론자들이 성경의 세계관에서 가지고 와서 왜곡된 의미로 사용한 것입니다. 그러나 성경은 이미 일반계시를 하나님의 말씀이라고 부릅니다. 그렇게 부르는 이유는 하나님이 일반계시를 통해 자신의 피조물에게 실제로 말씀하실 수 있기 때문입니다. 그러므로 성경은 하나님과 인간, 계시와 종교를 구분합니다. 하나님이 자기 생각을 가지고 계시고, 자신을 알고 계시며, 하나님이 자신의 사역에서 자기 생각을 어느 정도 표현하셨다면, 인간은 자신의 어두워진 마음으로 인해 하나님의 생각을 오해하고 사유의 과정에서 허망하게 되어 좌절할 가능성이 얼마든지 있습니다. 그리고 이러한 경우에 종교는 계시의 반대 면이 아니라, 오히려 계시에 대한 죄악되고 잘못된 해석이 됩니다.

성경은 하나님의 일반계시를 있는 그대로 해석하고, 그것을 가리켜 하나님의 **말씀**(spreken)이라고 부름으로써 그분의 특별계시에서 주어질 좀 더 실제적인 말씀을 위한 길을 열어주고 있습니다. 성경은 하나님을 완전한 의식을 가진 존재, 생각할 수 있고 말할 수 있는 존재로 알려줍니다. 시편 94:9의 질문, 즉 "귀를 지으신 이가 듣지 않으시겠습니까? 눈을 만드신 이가 보지 않으시겠습니까?"라는 질문은 성령의 인도하심을 따라 다음과 같은 질문으로 보충될 수 있습니다. 자기 자신을 완벽하게 아시는 분이 피조물에게 자신에 대한 지식을 전하실 수 없겠습니까? 이러한 가능성에 대해 이의를 제기하는 사람은 **재창조**(再創造, herschepping, *recreatio*)의 하나님뿐만 아니라 성경이 알려주는 대로 창조와 섭리의 하나님도 부인하는 것입니다. 일반계시에서 하나님의 말씀을 성경의 의미를 따라 올바르게 이해하는 사람은 특별계시에서도 하나님의 말씀에 대해 근본적인 이의를 제기하지 않을 것입니다. 하나님은 일반적인 방식으로 자신을 계시하시기 때문에 특별한 방식으로도 자신을 계시하실 수 있습니다. 그분은 비유적인 방식으로 말씀하실 수 있기 때문에 실제적인 방식으로도 말씀하실 수 있습니다. 그분은 만물의 "창조주"이시기 때문에 "재창조주"도 되실 수 있습니다.

　　일반계시에서 하나님이 말씀하시는 것과 특별계시에서 하나님이 말씀하시는 것 사이에는 현격한 차이가 있습니다. 일반계시는 하나님이 자신의 손으로 행하신 일에 대해서 사람들이 그분의 생각을 추론해내도록 의도하지만, 특별계시는 그분이 직접 말씀하셔서 그 생각을 사람들에게 제시하고 그 계시를 인식하게 합니다. 우리는 이사야 28:26에서 하나님께서 농부에게 농사짓는 방법을 가르치고 지시하셨다는 말씀을 읽습니다. 그러나 이러한 가르침은 글 읽기를 통한 학습, 즉 문자나 말로 주어지는 것이 아니라 공기와 흙, 시간과 장소, 곡식과 밀의 특성 등과 같이 자연의 모든 질서 속에서 가르쳐지고 표현됩니다. 그리고 농부는 그러한 자연 질서 속에서 하나님이 주시는 가르침을 이해하기 위해 자연의 모든 질서에 세심한 주의를 기울여 배워야만 합니다. 이러한 과정에서 그는 시행착오를 겪을 수도 있지만, 마침내 그 가르침을 이해하게 되면 모든 것에서 경이로우시고 지혜로우시며 행함이 크신 하나님께 감사하게 될 것입니다.

일반계시에서 이러한 교훈은 그 목적하는 바에 충분히 부합합니다. 하나님께서는 사람들이 일반계시에서 자신을 찾도록 자극하여 더듬어 자신을 찾게 하시고(행 17:27), 찾지 못하면 변명할 여지가 없게 하려는 의도를 갖고 계십니다(롬 1:20). 그러나 특별계시에서 하나님은 방황하며 그분을 찾지 못하는 사람을 돌보십니다. 특별계시에서 그분은 인간을 직접 찾으시고, 자신이 누구이며 어떤 분이신지를 말씀하십니다. 하나님은 여러 가지 사실에 근거하여 자신이 누구인지를 추론하고 규정하는 것을 인간에게 맡기지 않으시고, 그분 자신이 직접 인간에게 자신이 누구이며 어떤 분이신지를 분명하게 말씀하십니다. "나는 여기에 존재하고 항상 존재한다"(Hier en zóó ben Ik).[1] 하나님께서는 또한 특별계시에서 자연과 역사 속에 있는 사실들을 사용하셔서 자신의 여러 가지 미덕을 알려주십니다. 그리고 우리가 종종 기적이라고 부르는 이러한 사실들은 계시의 부록이나 계시에 추가된 어떤 것이 아니라 계시에 없어서는 안 되는 필수 요소들입니다. 그러나 이것들은 결코 개념과 설명이 우리에게 내맡겨진 채로 드러난 사실들이 아닙니다. 그 사실들의 주변은 하나님 자신의 말씀으로 둘러싸여 있습니다. 특별계시에는 말씀이 선행되고, 동반되며, 뒤따릅니다. 특별계시의 중심 내

---

1   역자 주. 바빙크는 여기서 하나님의 "거기에 있음", 즉 현존성(Dasein)과 "항상 그렇게 있음", 즉 항존성(Sosein)에 대해 말하고 있다. 그는 특별계시(성경)를 따라서 하나님은 "거기에 계신 존재"이며, "항상 그렇게 계신 존재"라고 정의한다.

용은 그리스도의 "인격"(人格, persoon)과 "사역"(事役, werk)이고, 그리스도께서는 이 땅에 오시기 수 세기 전부터 구약성경에서 이미 선포되고 묘사되었으며, 그리스도께서 나타나셔서 그분의 일을 성취하셨을 때 신약성경에서 그 내용이 다시 해명되고 설명되었습니다. 그러므로 특별계시는 그리스도에 관한 것이며 동시에 성경, 즉 하나님의 말씀에 관한 것입니다.

이러한 이유로 특별계시는 일반계시보다 훨씬 더 실제적인 의미에서 **말씀**이라는 이름으로 불릴 수 있습니다. 히브리서의 첫 구절은 예언자들과 아들을 통해 구약과 신약에 나타난 하나님의 계시 전체를 말씀이라는 이름으로 요약하고 있습니다. 그러나 동시에 이 계시는 여러 시대에 여러 가지 방식으로 주어졌다고 덧붙입니다. 첫 번째 표현, 즉 "여러 시대에"라는 표현은 계시가 한 번에 완전히 주어지지 않았고 수많은 "연속적인 행위"를 통해 일어났으며, 따라서 오랜 역사를 거치면서 진행되었음을 나타냅니다. 그리고 두 번째 표현, 즉 "여러 모양"이라는 표현은 다양한 신적 계시가 모두 같은 방식으로 주어진 것이 아니라 서로 다른 시대와 상황에서 서로 다른 방식과 형태로 주어진 것임을 나타냅니다.

• • •

성경의 많은 본문들에서는(창 2:16, 18; 4:6 이하; 6:13 이하; 12:7; 13:14 등) 하나님께서 나타나시고, 말씀하시며, 명령하셨다고만 언급되어 있을 뿐, 그것들이 어떤 방식으로 이루어졌는지에 대해서는 자세한 설명이 나타나지 않습니다. 그러나 다른 본문들에서는 계시의 방식에 대해서 약간의 빛을 비추어주고 있는데, 이로 인해 우리는 하나님께서 계시하실 때 두 가지 수단을 사용하셨음을 알 수 있습니다.

첫째, 객관적 내지 외부적 성격을 띠는 계시의 수단들입니다. 즉 하나님이 외부로부터 인간에게 오시고, 인간에게 나타나셔서, 인간에게 말씀하시는 수단들이 첫 번째 종류의 수단에 속합니다. 따라서 하나님은 자신의 임재 내지 현존의 징표로서 아브라함, 모세, 이스라엘 백성에게 시내산에서, 성막 위에서, 지성소 안에서, 구름기둥과 불기둥 속에서 여러 번 나타나셨습니다(창 15:17; 출 3:2; 13:21; 19:9; 33:9; 레 16:2 등). 하나님께서는 또한 천사들을 통해서 사람들에게 자신이 말씀하고자 하시는 바를 알려주셨습니다(창 18:2; 32:1; 단 8:13; 슥 1:9 이하; 마 1:20 등). 특히 그분은 자신의 이름을 지닌 언약(계약)의 천사(Engel des verbonds)를 통해서 말씀하시기도 하셨습니다(출 23:21). 또한 하나님은 이스라엘 가운데서 여러 번 제비뽑기를 사용하여 자신의 뜻(의지)을 선포하기도 하셨습니다(잠 16:33). 때로는 우림과 둠밈을 사용하기도 하셨고(출 28:30), 때로는 귀에 들리는 음성으로 말씀하시기도 하셨으며(출 19:9; 신 4:33; 5:26; 마 3:17; 벧후 1:17), 또는 "증거판"에 자신의 율법을 직접 쓰시기도 하셨습니다(출 31:18; 23:16).

둘째, 이러한 계시의 수단 중에는 성경에서 광범위하고 중요한 위치를 차지하고 있지만 오늘날 격렬한 반대에 부딪히고 있는 기적들이 있습니다. 이제는 성경의 세계관을 완전히 거부하는 사람들에 맞서서 성경의 기적을 옹호하는 것은 헛된 노력인 것 같습니다. 무신론과 유물론이 가르치는 것처럼 하나님이 존재하지 않거나, 범신론이 주장하는 것처럼 하나님이 독립적이고 인격적인 존재가 아니라 세상과 하나이거나, 또는 이신론이 선포하는 것처럼 신이 창조 후에 세상을 떠나버렸으며 세상을 자신의 운명을 따라 움직이도록 내버려두셨다면, 기적이 불가능하다는 것은 자명한 사실입니다. 그리고 기적의 불가능성이 미리 확정되어 있다면 기적의 실재성에 대해서는 논쟁할 필요가 없습니다.

그러나 성경은 하나님과 세상, 그리고 이 양자 사이의 관계에 대해 다른 견해를 가지고 있습니다. 첫째, 성경은 하나님이 의식과 의지가 있고, 전능하신 존재로서 모든 능력과 법칙으로 온 세상을 창조하셨지만, 그 과정 안에서 자신의 모든 능력을 결코 다 소진하지 않으셨다고 가르칩니다. 하나님께서는 자신 안에 무한한 생명과 능력의 충만함을 보존하고 계시며 그것을 소유하고 계십니다. 하나님께는 놀라울 일이 하나도 없습니다(창 18:14). 하나님에게는 모든 것이 가능합니다(마 19:26).

둘째, 성경은 세상을 각각의 부분에 있어서 형태만 다를 뿐 하나의 동일한 본질(本質, wezen)과 하나의 동일한 실체(實體, substantie)를 가진 전체로 보지 않습니다. 성경은 세상을 각각의 지체들이 전체에 속해 있기는 하지만 각각 다른 속성을 지니고 있으며 다른 힘과 직무를 부여받은 하나의 유기체로 봅니다. 하나의 세계 속에는 동일한 신적인 힘에 의해 유지되고 다스려지지만 본질에 있어서 서로 다른 여러 종류의 존재들이 있습니다. 이렇게 풍요로운 세상에는 물질과 정신, 영혼과 육체, 하늘과 땅이 있고, 무기물과 유기물, 생명이 없는 것과 살아 있는 것, 비이성적인 피조물과 이성적인 피조물, 광물과 식물과 동물, 인간과 천사가 속해 있습니다. 그리고 사람(인간) 안에서도 머리와 가슴, 이성과 양심, 오성(이해력)과 의지, 표상과 감정이 구분되어 있습니다. 그리고 하나의 동일한 세계에 속해 있는 이러한 다양한 영역은 서로 다른 힘에 기초하여 서로 다른 법칙에 따라 작동하고 있습니다. 이 세상 만물은 인간의 신체를 구성하고 있는 모든 각각의 지체들과 마찬가지로 상호 연관되어 있지만, 전체적으로는 각각의 부분마다 고유한 위치와 임무가 주어져 있습니다.

셋째, 성경은 하나님과 세상이 구별되기는 하지만 결코 분리되어 있지 않다고 가르칩니다. 하나님은 그 자체로 완전히 독립된 존재이시지만 세상과 분리되어 있지 않으시며, 오히려 우리가 그분 안에서 살고 움직이며 존재합니다(행 17:28). 하나님은 태초에 만물을 창조하신 창조주이실 뿐만 아니라, 전능하시고 편재하시는 능력으로 만물을 유지하시고 다스리시는 만유의 주인이시고 소유주이시며, 왕이시고 주님이십니다. 그러므로 하나님은 태초에 만물의 제1원인(第一原因, de eerste oorzaak, *causa prima*)이셨으며, 그후 만물의 진행(voortgang)에 있어서도 제1원인이 되십니다. 하나님께서 사용하셔서 일하시는 제2원인(第二 原因, de tweede oorzaak, *causa secunda*)은 각기 다르지만, 모든 피조물의 첫 번째 원인은 항상 하나님이시고 오로지 하나님뿐이십니다.

우리가 이러한 근본적인 생각에서 성경에 동의하고 유신론의 토대 위에 서 있다면 더 이상 기적의 가능성에 대해 의문을 제기하거나 논쟁할 이유가 없습니다. 자연과 역사에서 일어나는 모든 일은 하나님의 행위이고 사역이며 그런 의미에서 한편의 기적입니다. 그리고 소위 기적이라고 불리는 것은 만물 안에서 작용하는 동일한 신적인 능력이 특별하게 드러나는 것에 지나지 않습니다. 이러한 신적인 능력은 여러 법칙에 따라 여러 수단들(제2원인)에 의해서, 여러 방식으로 작동하여 여러 결과를 가져옵니다. 식물이 자라는 것은 돌에게 기적이고, 동물이 움직이는 것은 식물에게 기적이며, 사람이 생각하는 것은 동물에게 기적이고, 하나님이 죽은 자를 살리시는 것은 사람에게 기적이라는 말은 틀린 말이 아닙니다. 하나님께서 편재하시고 전능하신 능력으로 모든 피조물을 자신의 수단으로 삼아 일하시는 것이 사실이라면, 하나님께서는 자신의 동일한 능력으로 자연과 역사 속에서 우리에게 친숙해져 있는 일반적인 진행 과정과는 다른 방식으로 얼마든지 일할 수 있지 않겠습니까? 그러므로 기적은 자연의 법칙을 어기는 것이 아닙니다. 성경이 열거하거나 공식화하지는 않았지만, 성경은 이러한 사실을 충분히 인정하고 있습니다. 성경에 따르면 모든 자연 질서는 하나님께서 노아와 맺은 "자연언약"에 항상 고정되어 있기 때문입니다(창 8:22). 그러나 인간이 자신의 지성과 의지로 땅을 정복하고 자신의 문화를 통해 자연을 지배하는 것처럼 하나님께서는 창조세계를 자신의 계획에 복종하도록 만들 수 있는 권능을 가지고 계십니다. 기적은 세계가 하나님이 아니라 주님께서 **하나님**이라는 사실을 증명해 보여줍니다.

• • •

인간이 타락하지 않았다면 이 문제에 대해 논쟁할 필요조차 없었을 것입니다. 그런 경우 인간은 하나님께서 자신의 손으로 행하신 모든 일을 통해서 하나님을 알고 인식했을 것입니다. 죄가 없었더라면 과연 기적이 일어났을지에 대한 문제를 제기하는 대신에, 다만 만약 그런 기적들이 발생했다면 그 성격과 목적이 달랐을 것이라고 말하는 것으로 충분합니다. 실제로 일어난 것으로 성경이 증언하는 기적들은 그 자체로 고유한 성격과 목적을 그 특징으로 지니고 있기 때문입니다.

구약성경에서는 기적이 일어날 때 심판과 구원이 함께 동반되어 발생합니다. 홍수는 당시 악한 종족들을 멸망시키는 수단이었으며, 노아와 그의 가족을 방주(de ark) 안에서 보호하기 위한 수단이기도 했습니다. 모세와 여호수아 주변에서 발생했던 기적들, 즉 이집트에서의 재앙, 홍해를 건넘, 시내산에서 율법의 제정, 가나안 진입과 정복은 하나님과 그분의 백성의 대적들을 심판하고 하나님의 백성에게 약속의 땅에서 안전한 거처를 제공하기 위한 목적을 가지고 있었습니다. 훗날 엘리야라는 인물을 중심에 두고 일어났던 기적은 이교도들의 신앙으로 야웨 예배 전체를 무너뜨리려 했던 아합과 이세벨의 시대에 일어났으며, 야웨 신과 바알 신 사이의 투쟁이 발생했던 갈멜산에서 그 절정을 이루었습니다.

구약성경의 모든 기적은 소극적으로는 열방에 대한 심판을 수행하고, 적극적으로는 이스라엘 백성에게 하나님의 계시가 계속될 수 있는 근거를 만들고 보존하는 공통의 특징을 가지고 있습니다. 모든 우상숭배에 맞서 언약의 하나님, 이스라엘 백성의 하나님이신 야웨께서 하나님으로 알려지고 인정되도록 하는 것에 기적들의 목적이 있었습니다. "이제 알아라. 내가 바로 그다. 나 외에는 신이 없다. 죽이는 것도 나고, 고쳐주는 것도 나다. 내 손에 잡을 것을 빼낼 자가 없다"(신 32:39; 4:35; 사 45:5, 18, 22). 이 목표가 달성되면, **그리스도의 인격**(persoon van Christus, *persona Christi*) 안에서 충만한 계시가 곧 밝아오게 될 것입니다.

이 그리스도의 인격은 그 "기원"(起源, oorsprung, *fons*), 그 "본질"(本質, wezen, *essentia*), 그 "말씀들"(woorden)과 "사역들"(werken)에 있어서 그 자체가 한편의 기적입니다. 그리스도의 인격이 세계 역사상 가장 큰 기적입니다. 따라서 그리스도께서 행하시는 기적은 그분 자신의 본성에서 비롯된 것입니다. 첫째, 그리스도께서는 지상 생애 동안 친히 수많은 기적을 행하셨습니다. 자연에 대한 그분의 권능을 증명해주는 기적들(물을 포도주로 바꾸신 기적, 수많은 무리를 먹이신 기적, 폭풍을 잠잠케 하신 기적, 바다 위를 걸으신 기적)과 죄의 결과들, 즉 질병과 삶의 불행을 다스리기 위해 그분의 권능을 드러내시는 기적, 마지막으로 죄 자체와 죄책과 그 오염 그리고 사탄의 지배권에 대항해 그분의 권능을 증명하는 기적(죄 용서, 사탄과 악령의 추방) 등이 바로 그것입니다. 이 세 가지 기적에서 그리스도의 인격의 독특성이 이미 드러납니다. 무화과나무를 저주하신 단 한 가지 예외를 제외하고 예수께서 행하신 모든 기적은 구원론적인 성격을 띠고 있습니다. 그분이 세상에 오신 것은 세상을 정죄하기 위함이 아니라 세상을 구원하기 위함입니다(요 3:17). 그 기적들에서 예수께서는 또한 "예언자"(豫言者, profeet, *propheta*), "제사장"(祭司長, priester, *sacerdos*), "왕"(王, koning, *rex*)으로서 아버지께서 보여주시고 정하신 일을 행하십니다(요 4:34; 5:36; 9:4 등).

그러나 우리는 단지 그분을 통해서가 아니라, 그분 **안에서** 그분과 **함께** 일어나는 기적에 의해서 좀 더 분명하게 그리스도의 인격과 만납니다.

기적 안에서 우리는 무엇보다도 그분이 누구시며, 어떤 분이신지를 알 수 있습니다. 그분의 초자연적인 잉태, 기적적인 삶과 죽음, 부활, 승천, 하나님 우편에 앉으심은 비교할 수 없이 탁월한 구원의 기적입니다. 예수께서 행하신 기적들은 죄와 죄의 결과들, 그리고 사탄과 사탄의 통치에 대항해 그분이 절대적인 권세를 가지고 행하셨던 사역보다 훨씬 더 그분의 인격에 대해서 선명한 증명을 보여줍니다. 마찬가지로 예수께서 행하신 기적들은 그분의 어떤 사역들보다 그분이 소유하신 구원의 능력, 그리고 새 하늘과 새 땅에서 성취될 완전한 승리를 훨씬 더 분명하게 보여줍니다.

사도 시대의 첫 증인들이 행한 기적은 높임을 받으신 그리스도의 사역으로 간주되어야 합니다(행 3:6; 4:10). 세상으로부터 거부당하고 십자가에 못 박혀 죽고, 죽은 줄 알았던 분께서 **살아 계시고** 하늘뿐만 아니라 땅에서도 모든 권세를 가지고 계심을 증명하는 일에 기적이 필요했습니다. 구약성경의 기적은 야웨가 하나님이시며 그 외에 어떤 신도 존재하지 않음을 강조했습니다. 신약성경은 유대인들이 십자가에 못 박은 나사렛 예수 그리스도가 하나님에 의해 부활하시고 승천하셔서 하나님 우편에 앉으시어 왕과 구세주가 되셨음을 보여줍니다(행 4:10; 5:30-31). 이러한 목적과 목표가 성취되고, 성령의 친교(de gemeenschap des Heilige Geestes)를 통해서 아들 안에서 주어진 아버지의 계시를 믿고 고백하는 교회가 세상에 세워지자, 외적으로 눈에 보이는 기적은 중단되었습니다. 그러나 교회 안에서 **중생**(重生, wedergeboorte, *regeneratio*)과 **회심**(回心, bekeering, *conversio*)이라는 영적인 기적들은 이방인의 충만한 숫자가 들어와 온 이스라엘이 구원받을 때까지 계속될 것입니다. 성경에 기록된 증언에 따르면, 시대의 마지막 종말에 이르러 그리스도의 재림, 죽은 자의 부활과 심판 그리고 새 하늘과 새 땅이 임하는 기적이 일어날 것입니다.

모든 계시, 또한 그 계시에 속한 기적들의 목적과 목표는 타락한 인류의 회복과 세상의 재창조, 그리고 모든 피조물이 하나님을 하나님으로 인정하는 것에 있습니다. 전체 계시와 계시에 속한 기적들이 이러한 목표를 향해 전진해갑니다. 따라서 기적은 계시의 이질적이고 특이한 요소가 아니며, 계시에 임의로 덧붙여진 부속물 또는 보충물이 아닙니다. 오히려 기적들은 계시의 필수불가결한 요소입니다. 따라서 기적들은 계시 그 자체입니다. 하나님은 말씀과 행동으로 자신의 모든 미덕(탁월하심)과 완전하심을 인간에게 알리십니다.

• • •

이렇게 객관적이고 외형적인 계시의 첫 번째 수단 곁에 하나님이 사용하시는 계시의 두 번째 수단의 형식과 방법이 뒤따릅니다. 계시의 두 번째 수단은 주관적인 성격을 띠고 있고, 외부에 존재하지 않고 인간 안에 존재하며, 하나님이 인간 외부로부터가 아니라 인간 **내면에서** 말씀하시는 여러 가지 수단이 모두 포함됩니다.

이것 중 첫 번째 자리를 차지하는 것은 구약의 중보자 모세에게 임한 특별한 계시입니다. 이 계시는 사람이 친구에게 말하듯이 주님께서 모세를 직접 대면해 말씀하신 것으로 나타납니다(출 33:11).

모세는 구약성경에서 전적으로 독보적인 위치를 차지하는 인물입니다. 그는 어떤 예언자보다 높은 지위에 있었습니다. 하나님은 모세에게 환상으로 말씀하지 않으셨고 입에서 입으로 말씀하셨습니다. 모세는 환상 속에서 하나님을 보지 않았고 그분의 모습과 형상을 보았으며, 그분의 존재나 얼굴을 보지 않았고 자신의 눈앞을 지나가는 하나님의 영광의 잔영을 보았습니다(민 12:8; 출 33:18-23).

이러한 계시의 수단 중에는 또한 꿈이 있고(민 12:6; 신 13:1-6), 환상 혹은 비전이 있습니다. 환상이란 육신의 눈이 외부 세계에 대해 닫히고 영혼의 눈이 열려서 신적인 것을 묵상하는 상태(민 12:6; 신 13:1-6)를 말합니다. 특히 **영감**(靈感, inspiratie, *inspiratio*), 즉 하나님의 영이 인간의 의식에 개입하여 지시를 내리는 것(민 11:25-29; 삼하 23:2; 마 16:17; 행 8:29; 고전 2:12; 벧후 1:21)도 환상에 포함됩니다. 하나님께서 인간의 의식에 개입하는 이러한 마지막 계시의 수단은 구약성경에서 반복적으로 일어나는데, 구약성경에서는 항상 위로부터 예언자에게 내려오는 성령의 역사하심으로 나타납니다. 그러나 신약성경에서 성령이 직접 부어졌을 때, 영감은 계시의 한 형태로서 더욱 보편화될 뿐만 아니라 보다 유기적이고 지속적인 성격을 띠게 되었습니다.

이러한 두 종류의 계시 수단은 "현현"(顯現, manifestatie, *manifestatio*: "표출"이라고 번역할 수도 있음)과 "영감"이라는 이름으로 요약할 수 있습니다. 그러나 현현의 내용은 결코 행위로만 구성되는 것이 아니라 생각과 말씀으로도 구성된다는 점을 명심해야만 할 것입니다. 또한 여기서 말하는 영감은 예언자와 사도들이 계시를 기록할 때 누렸던 성령의 활동, 즉 성경 영감과는 구별되는 것이며, 모든 신자의 내면에서 발생하는 [성령의] **내적 조명**(inwendige verlichting van de Heilige Geest, *illuminatio [Spirius sancti] interna*)과도 구별된다는 사실을 간과하지 않아야 합니다.

1. 하나님의 특별계시는 오직 그리스도교를 통해서만 주어지나요? 그렇다면 다른 종교에서 말하는 계시는 어떻게 이해해야 할까요?

2. 특별계시는 누구를 통해 주어졌으며, 왜 특별계시가 우리에게 필수불가결한가요?

3. 성경을 특별계시로 받아들이지 않는 사람들과는 어떻게 대화할 수 있을까요?

4. 일반계시만으로도 인간의 구원이 가능하며 자연에서 드러나는 하나님의 흔적을 충분히 이해하고 받아들일 수 있다고 주장하는 이들에게 우리는 어떻게 반박할 수 있을까요?

5. 현대 과학의 발전은 특별계시에 대한 사람들의 필요를 약화시키나요, 아니면 오히려 강화시키나요?

제6장

특별계시
(계시의 내용)

앞서 우리는 "특별계시"가 이루어진 다양한 방식에 대해 살펴보았으니 이제부터 특별계시의 내용에 대해 살펴보도록 하겠습니다. 일반계시를 살펴볼 때와 마찬가지로 먼저 특별계시의 역사를 간략히 살펴볼 것입니다. 그렇게 함으로써 우리는 특별계시를 잘 이해할 수 있고, 별도의 논의 없이도 특별계시의 목적에 대해서 잘 파악할 수 있습니다.

특별계시는 아브라함에게서 처음 시작되지 않았고 타락 직후에 곧바로 시작되었습니다. 아브라함은 데라의 아들입니다. 아브라함의 아버지인 데라는 셈의 8대 후손입니다. 셈에게 야웨는 하나님이셨고, 또한 계속해서 셈의 하나님이셨다고 보도되어 있습니다(창 9:26). 셈의 가문에서 홍수 이전과 마찬가지로 하나님을 아는 지식이 가장 오래 그리고 가장 순수하게 유지되었습니다. 그러므로 주님은 아브라함을 부르실 때 자신을 다른 신으로서가 아니라 아브라함이 이미 알고 고백했던 그 동일한 하나님으로 나타나셨습니다. 성경의 다른 본문에서 멜기세덱에 대해 말할 때도(창 14:18-20) 참 하나님을 아는 지식이 아직 완전히 사라지지 않았음을 알 수 있습니다. 그리고 블레셋 왕 아비멜렉, 헤브론의 헷 족속, 이집트의 왕 파라오가 아브라함의 하나님을 인식하고 공경했다고 말합니다(창 20:3; 21:22; 23:6; 26:29; 40:8; 41:16, 38, 39).

그러나 "언어의 혼잡"과 인류의 분열 이후 불신앙은 더 이상 증가하지 않았으나, 미신과 우상숭배가 더욱 증가하게 되었습니다. 이집트에서(출 18:9-12), 가나안에서(창 15:16; 18:1 이하), 바빌론에서 이러한 미신과 우상숭배는 만연했습니다. 셈 족속 사이에도 우상숭배가 들어왔습니다. 여호수아 24:2과 14-5절에 따르면 이스라엘의 조상들, 즉 아브라함의 아버지 데라와 나홀과 하란은 강 건너편에 살 때 다른 신들을 섬겼고, 창세기 31:19, 34절, 35:2-4에서 라반이 자기 가족의 특별한 신이었던 테라핌(teraphim)의 신상을 가지고 있었고, 테라핌을 숭배했음을 알 수 있습니다. 그래서 라반은 아람미(Arammi), 곧 아람 사람이고, 수리아 사람이라고도 불렸습니다(창 31:20; 참조. 신 26:5).

인류가 미신과 불의에 빠지지 않도록 하고 노아와 맺은 "자연언약"이 깨지는 것을 막으며 인류를 향한 하나님의 뜻이 좌절되지 않도록 하시려고 하나님은 아브라함과 더불어 다른 길을 택하셨습니다. 그러나 하나님은 이방인들은 그들의 길로 행하도록 버려두셨습니다. 하나님께서는 한 사람과 언약을 맺으시고, 그 한 사람 안에서 한 민족과 언약을 맺으셔서 그 언약의 길 위에서 자신의 약속을 지속하시고 이루셔서, 그 약속의 성취가 이루어졌을 때 다시 한번 모든 인류에게 그 언약을 확장하실 수 있었습니다. 그래서 일시적으로 한 민족을 구별하시는 일은 모든 인류와의 영구적인 통일을 위한 수단이 되었습니다.

이로써 아브라함과 함께 "계시의 역사"에서 새로운 시대가 시작되었습니다. 족장들에게 주어진 특별계시는 그 이전의 계시와 합쳐져 통합되었을 뿐만 아니라 특별계시가 계속 이어지고 더욱 심화되도록 했습니다. 따라서 이러한 새로운 계시를 그 자체의 특수성 속에서 이해하는 것은 매우 중요합니다. 아브라함에게 주어진 계시와 아브라함의 종교가 어떻게 구성되었는지에 대한 질문과 그것에 대한 답변은 이스라엘에 주어진 계시와 이스라엘 종교의 본질을 결정하기 때문입니다.

오늘날 많은 사람이 이스라엘 종교의 기원과 본질에 대한 올바른 이해의 길을 막아왔습니다. 첫째, 그들은 족장 시대의 모든 역사적 가치를 전면적으로 부정하고 아브라함, 이삭, 야곱 등을 호메로스(Homerus)가 『일리아스』(*Ilias*)에서 노래한 것처럼 "반신(半神)적인 존재들"이나 "영웅들"로 간주합니다. 둘째, 그들은 "정령숭배", "주물숭배", "조상숭배", "악령숭배" 또는 "다신교"와 같은 아주 저차원적인 형태의 이방 종교로부터 이스라엘의 종교가 기원한 것으로 간주합니다. 셋째, 그들은 이스라엘 종교의 본질이 기원전 8세기에 주로 예언자들을 통해서 점진적으로 발전하면서 소위 "윤리적 (유)일신론", 즉 전능할 뿐만 아니라 정의롭고 선한 유일신을 인정하는 신론으로 나아갔음을 보여주려고 노력합니다.

구약성경에 대한 이러한 현대적 해석은 다른 모든 민족의 종교와 마찬가지로 이스라엘 종교도 특별계시를 배제하고 순전히 자연적인 요인에 의해서 점진적으로 발전되어온 종교로 설명하려는 시도입니다. 그러나 성경의 전체 본문은 이러한 견해에 반대하고, 현대적 해석은 이스라엘 종교의 변화를 설명하거나 그 본질을 이해하려는 시도에 있어서 실패한 것으로 보입니다.

이스라엘 종교의 기원은 이러한 방식으로 찾을 수 없습니다. 실제로 예언자들은 언제 어디서나 새롭고 다르며 낯선 신과 더불어 등장하지 않았으며, 아브라함과 이삭과 야곱의 하나님, 곧 그들의 조상들의 하나님, 이스라엘의 하나님, 백성들이 언약을 따라 섬기고 경배해야만 하는 의무가 있는 그 동일한 하나님의 이름으로 말씀을 선포했기 때문입니다. 따라서 이러한 주장에 무게를 둔 많은 사람은 예언자들로부터 다시 모세에게로 눈을 돌려 모세를 이스라엘 종교의 진정한 창시자로 간주합니다. 그러나 모세역시 낯설고 알려지지 않은 신의 이름으로 행동하지 않았으며 그럴 수도 없었습니다. 만약 모세가 낯설고 알려지지 않은 신의 이름으로 행동했다면 이스라엘 백성들의 신뢰를 얻지 못했을 것입니다. 그러나 모세는 역사에 참여해 족장들과 언약을 맺으시고 그 약속을 성취하기 위해 오셨던 신실하신 하나님의 이름과 명령으로 백성들을 출애굽으로 불렀습니다. 이스라엘 종교의 기원에 대한 진지한 성찰은 성경과 더불어 족장 시대로 거슬러 올라가게 합니다.

그래서 이스라엘 종교의 본질을 이해하고자 한다면 우리는 바로 족장 시대로 거슬러 올라가야만 합니다. 이스라엘 종교의 본질은 소위 윤리적 유일신론에 속하지 않습니다. 확실히 이스라엘 종교 속에는 하나님이 유일하시고, 전능하시며, 정의로우시고, 거룩한 존재라는 요소들이 포함되어 있었습니다. 그러나 이러한 요소들은 이스라엘 종교의 내용이라기보다는 전제였습니다. 이스라엘 종교의 핵심과 중심은 다른 것에 있었으니, 그것은 곧 한 분이시고, 영원하시며, 의로우시고, 거룩하신 하나님께서 친히 **"언약"**(言約, verbond, *foedus sive pactum*) 속에서 **이스라엘의** 하나님이 되셨다는 사실에 놓여 있습니다.

• • •

사도 바울은 그렇게 이해했습니다. 바울은 로마서 4장에서(갈 3:5 이하와 비교) 아브라함이 하나님으로부터 받은 특별한 것이 무엇인지를 질문합니다. 그리고 그는 창세기 15:6을 인용하면서 아브라함이 하나님으로부터 특별히 받은 것은 행위로부터 온 의가 아니라 믿음으로 말미암은 의, 즉 하나님께서 값없이 주시는 죄 용서의 은혜였다고 대답합니다. 다윗이 후에 죄인의 구원을 죄의 용서에서 보았던 것처럼 말입니다.

사도는 이러한 위대한 은혜의 선물이 아브라함이 할례를 받을 때 처음 주어진 것이 아니라 그보다 훨씬 이전에 주어진 것이며(창 15:6), 할례의 제정은 그로부터 14년 뒤에 이루어진 것으로서(창 17장), 할례는 믿음의 의를 전재하는 것이고 믿음의 의의 표징이자 인장이었다고 말합니다. 따라서 죄 용서와 그에 따른 구원은 율법과 율법의 요구와는 무관한 것입니다. 그리고 이것은 은혜의 보편성에도 똑같이 적용됩니다. 율법을 통해서가 아니라 율법과 무관하게, 율법이 오기 오래전에 아브라함에게 수많은 민족의 아버지가 되고 세상의 상속자가 되리라는 약속이 주어졌습니다.

바울 사도의 논지 전체는 구약성경의 역사 자체에 의해 지지되고 있습니다. 아브라함이 하나님에 대해 무엇을 알고 있었고 하나님을 위해 무엇을 행했는가가 아니라, 하나님이 아브라함에게 무엇을 주셨는지가 전면에 등장합니다. 첫째, 아브라함을 찾아서 부르시고 그를 가나안으로 인도하신 분은 다름 아닌 하나님이십니다. 둘째, 자신이 하나님이 되시고 그의 후손들에게도 하나님이 되시겠다고 아브라함에게 약속하신 분도 하나님이십니다. 셋째, 하나님은 모든 역경에도 불구하고 아브라함에게 후사를 주시고, 그를 큰 민족의 아버지가 되게 하시며, 그 민족에게 가나안 땅을 주시겠다고 약속하십니다. 넷째, 하나님은 아브라함의 후손 안에서 땅의 모든 민족에게 복을 주실 것이라고 덧붙이십니다. 다섯째, 하나님께서는 이러한 약속을 마침내 언약으로 세우시고, 할례의 표징으로 인을 치셨으며, 아브라함의 믿음을 시험하신 후 그 약속을 자신의 맹세로 확증하셨습니다(창 12:1-3, 7; 13:14-17; 15:1 이하, 17-21; 17:1 이하; 18:10; 22:17-19).

이러한 약속들은 모두 아브라함에게 베푸신 하나님의 계시 내용을 구성합니다. 이 모든 약속의 중심에는 한 가지 위대한 약속이 있습니다. 그것은 곧 "나는 너의 하나님이 되고, 너의 자손의 하나님이 되리라"는 것입니다. 그리고 그 약속은 이스라엘 백성과 이스라엘 땅을 통해 그리스도에게로, 그리고 그리스도 안에서 온 인류와 온 세계로 확장되었습니다(롬 4:11 이하). 율법이 아니라 복음, 요구가 아니라 약속이 계시의 핵심 내용입니다. 그리고 인간 편에서는 복음과 약속에 상응하는 것은 "믿음"과 "믿음의 행위"입니다(롬 4:16-22; 히 11:8-21). 약속은 믿음이 없이는 우리의 것이 될 수 없으며, 믿음은 하나님 앞에서 의롭게 행하는 것으로 드러납니다(창 17:1). 아브라함은 신뢰하는 믿음의 본보기이고, 이삭은 인내하는 믿음의 본보기이며, 야곱은 투쟁하는 믿음의 본보기입니다.

　　족장들의 역사에서 이미 이스라엘 백성의 성격과 소명이 무엇인지가 우리에게 설명되고 있습니다. 지구상의 모든 민족이 각자의 길을 걸으며 일반은총으로부터 오는 은사들을 발전시켜나가는 동안, 하나님의 창조 행위(창 18:10; 신 32:6; 사 51:1-2)로 말미암아 아브라함에게서 한 민족이 태어났습니다. 이 민족은 자신의 선조 아브라함처럼 믿음으로 행해야 하며, 자신의 힘이 아니라 하나님의 은혜로 거주지를 얻어야만 했습니다. 이 민족은 이삭처럼 하나님의 구원의 약속을 충실히 지키고 야곱처럼 고군분투하며 그 성취를 기다릴 때만이 열방을 다스리는 복된 통치권을 얻을 수 있었습니다. 인간적인 계산이나 계획으로는 그 약속의 성취를 촉진할 수 없으며 인간의 약점이나 죄악도 그 성취를 방해할 수 없습니다. 약속을 주시고 약속을 지키시는 분은 하나님이시기 때문입니다. 하나님은 죄를 벌하시는 동시에 그 죄를 자신의 계획을 성취시키는 일에 복종하도록 만드시는 분이십니다. 그리고 이스라엘은 옛 야곱처럼 형벌을 통해 정결해지고, 그 힘이 꺾여서 믿음과 기도의 싸움을 통해서 승리할 때만 하나님의 약속과 축복에 참여할 수 있게 되었습니다. "당신이 내게 축복하지 아니하시면, 나는 당신을 놓지 않을 것입니다"(창 32:26; 호 12:4).

• • •

이 약속은 그 이후 이어지는 구약성경에서 하나님의 전체 계시의 내용으로 **남아 있습니다.** 물론 하나님의 약속 안에서 자연스럽게 확장되고 발전된 이러한 약속은 이스라엘 종교의 핵심이자 본질로 남아 있습니다. 시내산에서 언약이 체결되고 하나님께서 제정하신 율법의 경륜이 시작되면서 의심할 여지 없이 전혀 다른 시대가 시작되었습니다. 그러나 이스라엘 종교의 본질과 구약성경의 경륜을 이해하기 위해서는 과거 아브라함에게 이미 주어진 약속이 그 이후 율법의 시행으로 인해 폐기되지 않았음을 깨달아야만 합니다.

바울은 우리에게 거듭 다음과 같이 명시적으로 가르칩니다.

바울은 갈라디아서 3:15 이하에서 아브라함과 그의 자손에게 주어진 약속을 언약 또는 약정과 비교하고 있습니다. 이러한 언약은 그것을 체결하려는 자가 일단 언약을 체결하면 다른 어떤 것으로도 무효화할 수 없습니다. 이는 아브라함에게 주신 하나님의 약속과 그 안에 포함된 모든 선물도 마찬가지입니다. 이러한 약속과 선물은 하나님의 자유로운 결정입니다. 그것들은 하나님께서 아브라함과 그의 자손에게 허락하신 것이며, 하나님의 결정에 따라 그 자손의 손에 맡겨져야만 했던 것입니다. 아브라함의 육신으로부터 나온 모든 민족이 그 씨에 해당하지는 않습니다. 따라서 아브라함이 하갈과 그두라를 통해 얻은 자손은 그 씨에 해당하지 않습니다(창 17:20; 25:2). 성경은 "씨들"(zaden), 곧 수많은 후손이나 민족에 대해 말하는 것이 아니라, 아브라함에게서 나올 하나의 씨, 곧 한 자손에 대해서만 말합니다. 그리고 그 씨는 약속의 아들 이삭에게서 태어나 그리스도라는 탁월한 씨에 이르게 될 세대, 즉 백성을 의미합니다.

하나님께서 언약을 통해 아브라함과 그의 자손에게 구원의 유산을 물려주셨다면, 이는 이 구원의 유산이 언젠가 그리스도의 소유가 되고, 그리스도의 유산이 되며, 그리하여 그리스도께서는 그러한 유산을 온 세상에서 모인 그분의 교회에 분배하게 됨을 의미합니다. 그러나 아브라함에게 언약을 통해 주신 약속은 인간의 조건이나 인간의 율법 이행에 의존하지 않고 오직 하나님의 자유로운 결정으로 주어진 것입니다. 그러므로 이 약속은 후에 보충적으로 주어진 율법으로 인해 폐기될 수 없습니다. 만약 약속이 율법으로 인해 폐기된다면, 하나님은 자기 스스로 하신 약속과 결정과 언약과 맹세를 무효화하는 분이 되고 말 것입니다.

항상 둘 중 하나만 가능하지 둘 다 가능하지는 않습니다. 우리가 약속에 포함된 구원의 선물을 받는 일은 약속을 통해서가 아니라면 율법을 통해서, 은혜를 통해서가 아니라면 공로를 통해서, 믿음을 통해서가 아니라면 행위를 통해서 받게 될 것입니다. 아브라함이 할례를 받기 전에 약속으로 인해 믿음의 의를 받은 것은 명백합니다. 족장 시대로부터 이집트 노예 살이 시절에 이르기까지 수백 년 동안 이스라엘 백성들은 당시에는 존재하지도 않았던 율법이 아니라 오직 약속으로 인해 동일한 은혜를 받은 것이 분명합니다. 하나님께서는 아브라함과 그의 후손들에게 약속을 하셨고, 그 약속은 그리스도에 이르기까지 이어져 그리스도 안에서 모든 인류에게 이루어졌습니다. 따라서 하나님께서는 이 약속을 영원한 언약으로 삼으시고 귀중한 맹세로 확증하셨습니다(갈 3:17-18; 히 6:13 이하). 그리고 이 모든 것이 사실이라면, 하나님께서 그 후에 이스라엘에 주신 율법은 그분의 약속을 폐기할 수 없습니다.

• • •

그러나 이것이 사실이라면 하나님께서 이스라엘에 율법을 주신 목적, 즉 율법과 함께 이루어진 은혜언약에서의 경륜의 의미와 중요성은 무엇이며, 따라서 이스라엘 종교의 본질은 무엇인지에 대한 질문이 더욱 중요해집니다. 이 질문은 바울 시대에도 중요했지만 오늘날에도 그 시대 못지않게 중요합니다.

사도 시대에는 율법에서 이스라엘 종교의 본질을 보았기 때문에 이방인들이 할례와 율법 준수를 통해서, 즉 이스라엘을 통해서만 그리스도교로 나아오도록 요구한 사람들이 있었습니다.

그리고 오늘날에도 다른 이름과 다른 형태로 동일한 모순이 발생합니다. 이스라엘 종교의 본질을 윤리적 일신교, 즉 하나님은 우리에게 계명을 지키기만을 요구하는 거룩한 하나님이라는 인식에서 찾는 사람들이 있습니다. 또한 이 사람들은 그리스도교의 본질도 동일한 시각으로 바라보면서 양자 사이의 차별을 무시합니다. 그리고 그들은 계몽된 유대인들과 계몽된 그리스도인들이 완전히 같은 종교를 고백하고 있다고 봅니다. 그리고 영적 자유라는 높은 위치에 서서 저차원적이고 편협하고 율법주의적인 종교로 유대교를 낮추어보는 사람들이 있습니다. 이 사람들은 유대인들의 손에서 인류를 구출하는 것을 최고의 이상으로 여깁니다. 그들은 유대교에서 모든 셈족의 요소를 제거하고, 모든 타락은 유대교에서 온 것이며 모든 구원은 인도 유럽 종족에서 온다고 생각합니다. 셈족적인 정신과 반셈족적인 정신이 극단적으로 서로 대립하고 있지만 양자는 서로 깊게 맞닿아 있기도 합니다.

바울에게 율법의 의미와 목적에 대한 질문은 매우 중요한 의미를 지니고 있었기 때문에 그는 서신에서 여러 번 율법에 대해 언급합니다. 그가 제시하는 대답에는 다음과 같은 내용이 담겨 있습니다.

첫째, 율법은 이후 약속에 덧붙여진 것이지만, 원래는 약속과 관련이 없었습니다. 약속이 주어진 후 오랜 세월이 지나서야 율법이 선포되었습니다. 그리고 율법이 약속에 추가되었을 때도 여전히 율법은 일시적이고 잠정적인 성격을 가지고 있었습니다. 약속 또는 은혜언약은 영원한 반면, 율법은 잠정적입니다. 율법은 아브라함의 참된 자손인 그리스도께서 오셔서 약속을 성취하시고 그 약속의 내용을 사람들에게 나누어주실 때까지만 지속됩니다(롬 5:20; 갈 3:17-19).

둘째, 율법의 일시적이고 잠정적인 성격은 그 기원에서도 이미 분명하게 드러납니다. 율법은 하나님에게서 왔지만, 하나님이 율법을 이스라엘 백성, 즉 그 백성 각각에게 직접적이고 즉각적으로 주시지 않았습니다. 율법을 자신의 백성에게 전달하기 위한 수많은 종류의 중재 수단들이 있었습니다. 하나님 편에서 볼 때 율법은 천사들을 통해서, 천둥과 번개 아래서, 먹구름 속에서, 매우 강한 나팔 소리와 더불어 주어졌습니다(출 19:16-18; 히 12:18; 행 7:38, 53; 갈 3:19). 그리고 두려움에 떨며 산기슭에 서 있어야 했던 백성들의 편에서 보면 모세가 중재자 역할을 하고 하나님과 대화하며 율법을 요청해서 받았습니다(출 19:21이하, 20:19; 신 5:22-27, 18:16; 히 12:19; 갈 3:19-20). 그러나 약속은 그렇지가 않습니다. 약속은 천사를 통해서가 아니라 하나님의 아들이 우리에게 주신 것이기 때문에 율법과는 완전히 다른 것입니다. 그리고 그것은 우리가 위임한 사람, 즉 우리 측에서 세운 중재자에 의해 우리 자신의 동의를 통해 받은 것이 아닙니다. 약속은 그리스도 안에서 모든 신자에게 개인적으로 주어진 것입니다(요 1:17; 갈 3:22, 26).

셋째, 율법은 하나님에게서 온 것이므로 거룩하고, 의로우며, 선하고, 영적인 것입니다. 율법으로 인해 죄가 발생하더라도 율법은 결코 죄의 원인이 될 수 없습니다. 율법은 그 자체로 무력하지 않으며 사실 생명을 위한 계명이지만, 인간의 죄로 인해 인간에게 무력할 뿐입니다. 그러나 그렇다고 해도 율법과 약속은 정도의 차이만 있는 것이 아니라 본질적으로 다릅니다. 율법은 약속에 어긋나거나 약속에 반대되는 것이 아닙니다. 율법은 약속에 속한 것도 아니고 그렇다고 해서 믿음에 속한 것도 아닙니다. 따라서 율법은 약속을 무효화하기 위해 주어진 것이 아닙니다. 율법은 약속과 본질적으로 다르기에 약속과 다른 성격과 목적을 가지고 있습니다(롬 7:7-14; 8:3; 갈 3:17, 21).

넷째, 하나님께서 율법을 주신 고유하고 특별한 목적은 두 가지입니다. 첫 번째로, 율법은 범죄로 인해서 약속에 덧붙여진 것입니다(갈 3:19).
(율법의 첫 번째 목적은 율법이 가지는 부정적인 목적인데 죄를 범법으로 만드는 것입
니다.) 즉 그것은 범죄(범법) 행위를 더 심각한 문제로 만들기 위해서입니다.
모세의 율법이 없었던 시기에도 죄는 있었습니다(롬 5:12-13). 그러나 그때
의 죄는 다른 성격을 띠고 있었습니다. 율법이 있기 전의 죄는 바울이 말하
는 일반적인 죄와 구별되는 의미에서의 "범죄"(범법)가 아닙니다. 그러나
생명이 아니면 죽음이 따르는 계명을 받았던 아담에게 있어서나(롬 5:12-
14), 순종 또는 불순종의 방식으로 생명 아니면 죽음, 축복이 아니면 저주에
참여하게 된 이스라엘에 있어서 죄는 다른 성격을 띠게 되었습니다.

삶과 죽음이 걸린 율법을 어기는 죄는 "범죄함"(범법함), 즉 범법을
저지르는 것이 됩니다. 그러한 범죄는 하나님께서 아담과 맺은 "행위언
약"(行爲言約, werkverbond, *foedus operum*), 그리고 이스라엘과 맺은 "시내산언
약"(Sinaitisch verbond, *Pactum Sinai*)에서 세우신 하나님과의 특별한 관계에서
벗어나게 하고 그분과 맺은 언약을 위반하게 만듭니다. 율법 없이도 죄는
여전히 죄로 남지만, 실제로 "범법함"은 없습니다(롬 4:15). 이방인들의 죄
는 분명 죄이지만, 이스라엘과 같이 언약을 어긴 죄는 아니며, 그들에게는
하나님께서 이스라엘에 주신 것과 같은 율법이 없으므로, 그들은 율법 없
이 정죄를 받습니다(롬 2:12).

그러나 이스라엘에게 죄가 범법함, 즉 범죄 행위가 될 수 있었던 것은
하나님으로부터 생명의 약속과 죽음의 위협이 담긴 율법(律法, wet, *lex*)을 받
았기 때문입니다. 그것을 가능케 만든 것은 율법입니다. 그런 점에서 바울
은 시내산 율법이 거룩하고 죄의 원인이 전혀 아니지만 "범죄"를 증가시키
기 위해 약속에 덧붙여졌다고 말할 수 있었습니다. 율법은 죄의 힘이며 욕
망을 일으킨다는 것입니다. 죄는 계명을 기회로 삼아 범법이 됩니다. 죄는
율법이 없으면 잠들게 되며 죽어 있게 됩니다. 율법은 "범죄"를 의미하는

데, 그것은 일반적인 죄가 아니라 오해와 타락과 언약을 깨뜨리는 특별한 죄를 의미합니다. 율법은 이러한 범죄를 더하게 하는 것입니다(갈 3:19; 롬 5:13, 20; 7:8; 고전 15:56). 율법으로 인해 이 모든 일이 일어나기 때문에 율법은 본질상 진노를 불러일으키고, 신적인 형벌로 위협하며, 모든 사람과 그들의 모든 행위에 대해 심판을 선언하고, 그 누구도 의롭게 하지 못하며, 오히려 모두를 저주 아래에 있게 하고, 모든 사람을 하나님의 진노 아래에 두도록 만듭니다(롬 3:19-20; 4:15; 갈 3:10-11, 22). 따라서 구약 시대에 죄 사함과 영생을 얻은 사람들이 있었다면, 그것은 율법 때문이 아니라 약속 때문이었습니다.

그러나 두 번째로 하나님이 이스라엘에게 주신 율법은 범법함을 증가시키고 심판을 증가시키는 이러한 부정적인 목적도 지니지만, 긍정적인 목적도 있습니다. (율법의 두 번째 목적은 율법이 가지는 긍정적인 목적인데, 그것은 약속의 필연성을 강조하는 것입니다.) 율법은 죄에 범법함과 언약 위반과 불성실함 등의 성격을 부여하고, 마음속에 있는 욕망을 죄로 규정하며, 인간으로 하여금 하나님의 율법에 위배되게 하고, 하나님의 진노와 죽음의 형벌을 받아 마땅하게 만듭니다(롬 3:20; 7:7; 고전 15:56). 그렇게 함으로써 율법은 약속의 필연성을 강조합니다. 그리고 죄인을 위한 의롭다하심이 있으려면 율법이나 율법의 행위에 근거한 의가 아닌 무엇인가 다른 의가 있어야만 한다는 사실을 입증해줍니다(갈 3:11). 그러므로 율법은 약속에 어긋나는 것이 아니라 약속의 성취에 더욱더 가까이 다가가기 위한 하나님의 수단으로 기능하게 되는 것입니다. 율법은 마치 이동의 자유를 박탈당한 죄수처럼 이스라엘을 붙잡아 두었고, "초등교사"처럼 이스라엘의 손을 잡고 항상 함께하고, 그 손을 놓지 않으며, 수호자이자 보호자처럼 끊임없이 이스라엘을 보호하여 약속의 필연성과 영광 속에서 그 약속을 알고 사랑하는 법을 배우게 해주었습니다. 말하자면 율법이 없었다면 약속과 그 약속의 성취는 전혀 이루어지지 못했을 것입니다. 그렇게 되었다면 이스라엘은 곧 이교 신앙으로 다시 빠져들게 되었을 것이고, 하나님의 계시와 약속은 물론 이스라엘의 종교와 열방 가운데서 이스라엘이 차지하는 위치를 모두 잃어버렸을 것입니다. 그러나 이제 율법이 이스라엘을 둘러싸서 보호했고, 이스라엘을 구별하며 유지하고 붕괴하지 않도록 보호했으며, 그리하여 하나님께서 자신의 계시, 즉 자신의 약속을 순수하게 보존하시고 확장하시며 발전시키시고 언제나 더욱더 그 성취를 향해 나아갈 수 있도록 하셨습니다. 그리하여 율법은 약속을 성취하는 일에 봉사했습니다. 율법은 모든 인간을 하나님의 진노 아래에 가져다놓았고, 사망의 판결 아래 가두었으며, 죄 아래 가두었습니다. 이는 아브라함에게 주어졌고, 그리스도 안에서 성취된 약속을 믿는 모든 이들에게 베풀어지고, 그리하여 그들이 아들의 유업을 얻게 하려는 것입니다(갈 3:21-4:7).

• • •

사도 바울의 입장에서 바라보면 우리는 구약성경에 나오는 하나님의 계시, 이스라엘의 종교, 율법의 의미, 역사와 예언, 시편과 지혜서의 가르침에 대해 놀라운 조명을 얻게 됩니다.

모세라는 인물과 함께 하나님의 계시와 이스라엘 역사에서 새로운 시대가 시작되었습니다. 그러나 아브라함에게 주어진 계시가 이전에 있었던 하나님의 계시를 중단시키지 않고 그것을 이어받아 계속되었던 것처럼 율법 아래서 하나님께서 베푸신 은혜의 경륜도 율법이 오기 전에 있었던 계시를 이어받아 계속되었습니다. 약속이 주된 것이고 율법은 부차적인 것입니다. 약속은 목적이고 율법은 수단입니다. 하나님의 계시의 핵심은 율법이 아니라 약속에 있으며, 약속에 이스라엘 종교의 핵심이 놓여 있습니다.

그리고 그 약속은 하나님의 약속이므로 결코 헛된 외침이 아니라 능력의 말씀이고, 하나님이 기뻐하시는 모든 일을 행하고자 하는 의지의 표현입니다(시 33:9; 사 55:11). 그러므로 이 약속은 그리스도 안에서 성취될 때까지 이스라엘 역사의 원동력이자 추진력이 되었습니다.

아브라함이 이사야 29:22의 말씀에 따라 갈대아 땅에서 하나님의 부르심을 받아 구원을 받고 하나님의 자유로운 작정으로 말미암아 언약의 약속을 받은 것처럼 이스라엘도 먼저 주님의 인도하심을 받아 이집트에 들어가 파라오 밑에서 노예 생활을 하다가 그 후 시내산에서 하나님의 언약 백성이 되어 이러한 불행한 처지에서 구원을 받았습니다. 이 세 가지 사건, 즉 이집트에서의 노예 생활, 하나님의 강한 손과 펴신 팔로 말미암아 노예 생활에서 해방된 일, 시내산에서의 언약 체결은 이스라엘 역사의 토대이자 종교적·윤리적 삶의 기둥을 이루는 사건입니다. 그것들은 대대로 기억 속에 살아 있고, 역사서, 예언서, 시가서에서 끊임없이 기억되며, 아무리 급진적인 비판이라 할지라도 그 역사적 실재를 부인할 수 없습니다.

그러나 이러한 사건들은 또한 율법이 약속을 무효화하기 위해 주어지지 않았고 주어질 수도 없었음을 증명합니다. 반대로 하나님께서 불타는 떨기나무에서 모세에게 나타나셔서 그를 부르실 때, 그분은 낯설고 알 수 없는 신으로 나타나지 않으시고 아브라함의 하나님, 이삭의 하나님, 야곱의 하나님으로 자신을 드러내셨습니다, 자기 백성의 환난을 보시고 그들의 부르짖음을 들으셨으며 이제는 야웨, 즉 언제나 변함없고 신실하신 하나님이시기에 자신의 약속을 이행하고 자기 백성을 노예 생활의 비참함에서 구원하기 위해 내려오셨습니다(출 3:6 이하). 그러므로 이스라엘은 나중에 호렙산에서 하나님의 백성이 된 것도 아니고 율법 때문에 하나님의 백성으로 받아들여진 것도 아닙니다. 이스라엘은 약속에 의해 하나님의 백성이 되었고, 그 약속에 의해 이제 그 비참함에서 구속받게 되었습니다. 따라서 이스라엘의 비참함과 구속은 시내산에서의 율법보다 앞선 것입니다. 그리고 아브라함이 부르심으로 구속받고 어린아이와 같은 믿음으로 하나님의 약속을 받았기 때문에 하나님 앞에서 거룩하게 행할 의무가 있었던 것처럼(창 17:1), 하나님의 강한 팔로 이집트에서 구출된 이스라엘은 시내산에서 하나님으로부터 새로운 순종에 대한 훈계와 의무를 부여받았습니다. 하나님께서 모세를 통해 자기 백성에게 주신 율법은 감사의 율법이었고, 구속의 결과로 주어진 것이며, 약속을 기초로 하고 그 약속 위에 놓인 것이었습니다. 하나님은 자신의 힘으로 자기 백성을 영광의 아름다운 처소로 인도하셨습니다(출 15:13). 그분은 독수리의 날개에 그들을 태워 자기에게로 인도하셨습니다(출 19:4; 신 32:11-12). 그러므로 율법은 약속과 함께 주어졌습니다. "나는 너희를 애굽 땅 종 되었던 집에서 인도하여 낸 너희 하나님 여호와라"(출 20:2; 신 5:6).

그러나 이러한 유대 관계가 유지되기 위해서는 이제 추가적인 규정이 필요했습니다.

아브라함에게 주신 약속의 축복을 소수의 가족만이 공유하던 족장 시대에는 그런 규정이 필요없었습니다. 이집트에서 백성들이 노예 생활을 하며 한숨 쉬던 시절에는 그럴 가능성조차 없었습니다. 그러나 이제 이스라엘은 구속받고 이집트로부터 독립하여 자유를 얻은 백성이 되어 자기 땅에서 살게 되었습니다. 그 상태에서 여전히 민족과 국가로서 하나님의 백성으로 존속하려면, 은혜언약(恩惠言約, genadenverbond, *foedus gratiae*)은 민족언약(民族言約, volksverbond, *foedus nationale*)의 형태를 취해야만 했고, 그 약속이 유지되고 더욱더 발전하기 위해서는 율법의 도움을 받아야만 했습니다.

바울도 언급했듯이 이스라엘은 아직 어린아이였기 때문에 율법이 더욱더 필요했습니다. 그들은 이집트에서 아주 힘든 학교를 통과했고, 노예 생활을 통해 깊은 의존감을 경험했으며, 자신들에게 도움과 지원이 필요하다는 것을 배웠기 때문입니다. 그러나 이스라엘은 그것만으로는 독립할 준비가 되어 있지 않았습니다. 출애굽 사건과 광야 여정에서 백성들을 인도하기 위해서는 모세와 같은 지혜와 온유함이 필요했습니다(민 12:3). 이스라엘은 하나님의 계명에 순종하지 않았기 때문에 목이 곧은 백성이라고 불렸습니다(출 32:9; 33:3, 5; 34:9; 신 9:6 등). 광야에서뿐만 아니라 후에 가나안에서도 이스라엘 백성들은 항상 어린아이의 성격을 드러내곤 했습니다. 이스라엘은 이해력과 이성을 중시하는 민족이 아니었기 때문에 분명한 자의식과 탐구의 정신과 철학적 지각과 추론적 사고의 힘이 부족했습니다. 하지만 그들은 무엇보다도 마음과 심장이 강한 민족이었습니다.

이로 인해 이스라엘은 한편으로는 극도로 수용적이었고, 모든 종류의 인상과 감정의 세계에 민감했으며, 땅과 하늘의 힘의 영향을 받기에 매우 적합했습니다. 이런 면에서 하나님께서는 친히 이스라엘 백성을 자신의 계시를 받는 전달자로 삼으셨습니다. 우리는 이스라엘 백성의 이러한 성격을 성경에 나오는 하나님의 모든 사람, 남녀에게서 발견하게 됩니다. 그들은 주님의 부르심을 받았을 때 어린아이와 같이 순종했습니다. "주님, 제가 여기 있습니다. 주님, 말씀하시옵소서. 당신의 남종이나 여종이 듣겠나이다. 주님의 말씀을 따라 저에게 이루어지기를 바라나이다." 그리고 그들은 주님의 말씀을 받아 그 말씀을 그들의 마음속에 간직했습니다. 그러나 출애굽기 3:8에 나타나는 것처럼 이스라엘은 "그 길을 속히 떠나"버리곤 했습니다. 방황하고, 인내심이 부족하며, 변덕스럽고, 기분에 따라 이리저리 방황했으며, 음흉하고, 어떤 사람이나 사건에 쉽게 휩쓸려 들어가며, 격정적이고 맹렬한 미움으로 증오하고, 어머니의 사랑보다 더 깊고 부드러운 마음으로 사랑하며, 지금은 당장 죽을 것같이 괴로워하다가도 곧바로 기쁨이 넘쳐서 하늘로 솟아오를 듯이 행동했습니다. 서양적인 평온함은 없지만, 항상 동양적인 열정으로 가득 차 있었습니다. 마늘과 양파 등 매운 음식(민 11:5)과 팥죽(창 25:34)과 구운 고기(창 27:14 이하)를 좋아했고, 아름다운 색상과 화려한 의복과 향료와 보석들(수 7:21; 사 3:18 이하), 태양 속에서 빛나는 모든 것들에 대해 매혹을 느끼는 사람들이었습니다. 다 코스타(Da Costa)[1]와 하이네(Heine)[2], 이 두 사람 모두 이스라엘의 아들(후손)들입니다.

그러한 백성이 약속을 통해 땅의 모든 민족에게 축복이 되어야만 하는 그 소명을 완수하려면, 그들이 율법의 보호와 규율 아래 놓여 있어야만 했습니다. 그리고 그것이 율법의 성격이었습니다.

첫째, 율법은 약속에서 나온 것도 아니고 신념에서 나온 것도 아닙니다. 율법은 약속에 덧붙여진 것입니다. 율법은 약속을 무효로 만들지 않고 약속의 성취를 위한 길을 준비하는 역할을 합니다. 오늘날 많은 사람은 율법과 예언자의 관계를 뒤집으려고 합니다. 그들은 율법과 예언자에 대해서 논하려 하지 않고 예언자와 율법에 대해서 논하려 하며, 모세오경의 율법이 모세 이후 수 세기가 지나서야, 심지어는 포로기 이후에야 주어졌다고 주장합니다. 이러한 생각을 하는 사람들 가운데 선한 의지를 가진 사람은 누구든지 율법이 하나님의 계시와 이스라엘 종교에 있어서 가장 중요한 것은 아니며, 첫 번째 자리를 차지하는 것이 아니라는 사실을 인식할 수 있습니다. 율법보다 앞서 약속이 첫 번째 자리를 차지하며, 율법은 약속을 위

---

1   역자 주. 우리엘 다 코스타(Uriel Da Costa, 1585-1640)는 포르투갈 포르토(Porto)에서 태어나서 네덜란드 암스테르담(Amsterdam)에서 사망한 유대 세파르디에 속하는 철학자다. 세파르디 유대인은 디아스포라 유대인들 가운데 이베리아반도에 정착한 유대인을 가리키는 말이다. 다 코스타는 원래는 그리스도교도였으나 후에 유대교로 개종했다. 그는 자신의 동족의 종교인 유대교로 개종한 후 로마 가톨릭의 전통과 유대 랍비 전통에 모두 의문을 제기함으로써 당대의 그리스도교와 유대교로부터 반대와 어려움을 겪었다.

2   역자 주. 하인리히 하이네(Heinrich Heine, 1797-1856)는 독일 뒤셀도르프(Düsseldorf)에서 태어나서 프랑스 파리에서 사망한 유대계 독일 시인이자 작가이며, 언론인이자 문학평론가다. 하이네는 신랄한 풍자와 예리한 비판의식, 그리고 허무주의 정신으로 자신의 시대를 풍미했던 사상가였다.

한 수단에 불과했습니다. 그렇게 되면 모세의 율법은 나중에 두 번째 또는 세 번째 편집자에 의해 개정되고, 시대의 요구에 맞게 삽입 또는 추가되어 풍부해졌다는 논리가 얼마든지 가능해집니다. 율법 전체가 일시적이고 잠정적인 성격을 띠고 있으며, 신명기에서 율법은 모세에 의해 이미 여러 가지 내용이 수정되었기 때문입니다. 그러나 예언이 율법보다 우선한다는 생각은 사실에 어긋나고, 율법의 본질에도, 예언의 본질과 기능에도, 건전한 추론에도 반합니다. 이스라엘에는 기원전 8세기 훨씬 이전부터 성전, 제사장, 제사 등이 있었으며, 율법과 규례들은 이를 위해서는 물론이거니와, 시민적·사회적·정치적 삶을 위해서도 필요했다는 사실에는 의심의 여지가 없습니다. 고대에는 의식이나 규례가 없는 종교는 상상할 수 없었으며, 특히 이스라엘에서는 더욱더 그러했습니다. 출애굽기에서 신명기에 이르기까지 풍부한 내용으로 기록된 율법이 모세 시대에는 존재하지 않았다는 반론이 있지만, 그러한 반론은 함무라비 법전(wetgeving van Hammurabi)이 발견된 이후 그 힘을 잃어버리게 되었습니다. 함무라비는 그리스도보다 약 2,250년 전에 살았고, 55년 동안 바빌론을 통치한 왕이었습니다.

둘째, 율법의 내용은 율법을 주신 하나님의 목적에 부합해야만 합니다. 율법의 가치를 판단하기 위해서 율법을 오늘날 그리스도교 국가에서 시행 중인 법률과 비교해서는 안 됩니다. 모세의 율법은 특히 그 원칙에 있어서 오늘날에도 여전히 그 중요성을 지니고 있지만, 그 자체는 하나님께서 잠정적인 방편으로 의도하신 것이기 때문에 그 율법이 성취에 도달하게 되면 그 연약함과 무용함으로 말미암아 폐지되는 것이었습니다.

이스라엘의 율법을 바빌론과 같은 고대 민족의 법과 비교하는 것도 평가의 기준이 될 수 없습니다. 이러한 비교는 나름 중요하고, 모든 종류의 유사점과 차이점을 알아차릴 수 있게 해주며, 경우에 따라서 모세 율법을 더 잘 이해할 수 있게 해줍니다. 그러나 이스라엘은 하나님에 의해 특별히 구별된 민족이었고, 하나님의 약속의 전달자(drager)라는 스스로의 고유한 운명을 가지고 있었으며, 따라서 이스라엘 민족은 이러한 자신의 운명을 고려하고 자기 스스로에게 맡겨진 삶을 살아야만 했습니다.

이러한 관점에서 이스라엘에게 주신 하나님의 율법을 살펴보면 다음과 같은 특징이 두드러지게 드러납니다.

첫째, 모세의 율법은 철저하게 종교적인 법입니다. 예를 들어 예배를 규정하는 부분뿐만 아니라 도덕적 생활, 시민적 생활, 사회적 생활, 정치적 생활을 규정하는 것에 있어서도 율법은 종교적입니다. 무엇보다도 율법에는 다음과 같이 기록되어 있습니다. "나는 너희를 이집트 집에서 인도하여 낸 주 너희 하나님이다"(출 20:2). 율법은 추상적인 일신론에 기초한 것이 아니라 하나님과 그분의 백성 사이에서 하나님 자신이 창조하신 역사적 관계에 기초합니다. 율법은 언약의 법이며 이스라엘이 언약에 따라 살아야 하므로 항상 그들의 삶을 지배합니다. 하나님은 모든 계명을 주신 분이시며, 하나님을 위해서 모든 계명은 반드시 성취되어야만 합니다. 율법에는 다음과 같은 사상이 그 이면을 관통하고 있습니다. "야웨께서 먼저 여러분을 사랑하시고, 여러분을 찾으시며, 여러분을 구속하시고, 여러분을 그분의 언약 안에서 입양하시어 그분의 백성으로 삼으셨으므로, 여러분은 마음을 다하고, 뜻을 다하고, 힘을 다하여 주님을 사랑해야만 합니다"(신 6:5, 10:12). 이것이 바로 크고 첫째 되는 계명입니다(마 22:37-38).

둘째, 모세의 율법은 철저히 도덕적인 법입니다. 모세의 법에서 율법은 도덕법, 시민법, 의식법으로 구분됩니다. 이러한 분류는 유효합니다. 그러나 율법 전체가 도덕적인 원리에 의해서 생동하고 유지된다는 점을 간과해서는 안 됩니다. 그 도덕적 원칙의 일상적 적용은 오늘날과는 종종 다르게 이루어졌습니다. 예수께서 친히 말씀하시기를, 모세가 아내에게 이혼장을 주는 것을 허락한 이유는 그들의 마음이 완악했기 때문이라고 말씀하셨습니다(마 19:8). 그러나 모세의 율법 전체의 이면에 흐르는 정신은 사랑의 정신입니다. "네 이웃을 사랑하기를 네 자신과 같이 사랑하라"는 두 번째 계명(레 19:18)은 첫 번째 계명과 같으며(마 22:39), 그 안에서 모든 율법이 완성됩니다(롬 13:8; 갈 5:14; 딤전 1:5). 이 사랑은 약자와 억눌린 자, 가난한 자, 외국인들, 과부와 고아들, 남종들과 여종들, 청각 장애인과 시각 장애인, 노인 등에게 자비를 베푸는 것이며, 고대의 어떤 법도 이러한 자비를 알지 못합니다. 이스라엘의 도덕법이 억압받는 자의 입장에서 기록된 법이라는 말은 타당합니다. 이스라엘은 자신이 이집트에서 나그네들이었고, 가난하고 궁핍한 자들이었다는 사실을 결코 잊지 않았습니다.

셋째, 모세의 율법은 또한 거룩한 법입니다. 이러한 특징은 비단 구체적으로 "정결법"(거룩법)으로 불리는 부분(레 17-26장)에만 국한되는 것이 아니라 모든 부분에서 그렇습니다. 고대의 어떤 법도 죄를 모세의 율법처럼 그렇게 깊고 진지하게 죄로서 다루고 있지 않습니다. 죄는 다양한 이름으로 불리고, 단순히 죄일 뿐만 아니라 범죄, 죄책, 배교, 반역으로 불리며, 항상 궁극적으로는 하나님, 즉 언약의 하나님을 대항해 저지르는 악행으로 묘사됩니다. 모든 죄에 대해 용서가 있습니다. 그러나 이스라엘이 자신의 죄에 대한 용서를 얻기 위해 선한 행위나 심지어 제물로 그 용서를 얻을 수 있는 것은 아닙니다. 용서는 하나님의 약속에 포함되어 있으며, 율법이 아니라 복음으로 말미암는 은혜입니다. 이는 희생제사로 얻을 수 있지 않고 단지 어린아이와 같은 믿음으로 겸손히 받아들여질 수 있을 뿐입니다(출 33:19; 34:6-7, 9; 민 14:18-20).

그러나 이 본문들에서 하나님이 값없이 주시는 은혜가 그렇게 강력하게 선포됨에도 불구하고, 그 뒷부분에서 바로 하나님의 심판에 대한 선언이 덧붙여지고 있습니다. 하나님이 범죄한 자를 결코 죄 없는 자로 여기지 않으시며, 그 아비의 불의를 자녀들에게 삼사 대까지 벌하시겠다는 것입니다(출 34:7; 민 14:18). 이 두 가지는 서로 모순되지 않습니다. 야웨께서는 순전한 은혜로 자기 백성들의 죄를 용서하시면서 그 은혜를 받은 백성이 언약의 길을 따라 행하기를 간절히 바라십니다. 만약 그들이 그렇게 하지 않는다면, 하나님은 죄의 성격에 따라 세 가지 길 중 하나를 취해 자기 백성에게 보응하실 것입니다. 어떤 경우에는 율법이 희생제사를 통해 다시 화해의 가능성을 열어줍니다. 그렇게 되면 백성의 죄가 더 이상 다른 결과를 초래하지 않습니다. 다른 경우에는 율법이 어떤 시민적 형벌을 규정하고 있으며, 때로는 드물기는 하나 사형을 규정하기도 합니다. 그리고 더 많은 경우에 하나님은 자신의 백성을 찾아오셔서 재앙이나 심판이나 역병이나 포로로 끌려감 등의 방법을 사용하셔서 자신의 백성을 심판하십니다. 이 세 가지 방법은 약속을 폐기하거나 약속을 성취하는 것이 아니라, 오직 하나님이 자기 백성에게 자신의 약속을 성취시키시고 자신의 신실하심을 드러내는 수단일 뿐입니다.

땅의 모든 족속 중에서 주님은 이스라엘만을 아셨으며, 따라서 그들의 모든 죄악을 벌하십니다(암 3:2).

넷째, 마지막으로 모세의 율법은 또한 자유의 법입니다. 율법은 큰 자유를 전제하고 그 자유를 배풉니다. 이 점은 먼저 이스라엘 백성이 자발적으로 하나님의 언약에 동의하고 그분의 법을 수용하는 놀라운 사실에서 드러납니다. 하나님은 자신의 언약과 법을 이스라엘에 강요하지 않으시고, 자발적으로 동의할 것을 요청하십니다(출 19:8; 24:3, 7; 신 5:27; 수 24:15-25). 율법은 또한 기존의 권리와 관계와 갈등을 일으키지 않고, 그것들을 전제하고 인정합니다. 시내산에서의 율법 제정 이전에도 이스라엘은 어느 정도 조직을 갖추고 있었습니다. 그들은 족장 체제로 구분되어 있었으며, 가족과 가문과 일족과 지파의 단위는 그 단위마다 대표자가 있었습니다. 이러한 대표자들은 장로들 혹은 방백들이라 불렀으며, 이들을 중심으로 이스라엘 회중이 구성되었습니다(수 7:14). 이러한 회중은 출애굽 이전에도 존재했고(출 4:29; 3:16 이하), 출애굽 이후에도 하나님의 말씀을 듣기 위해(출 19:7), 모세의 제안들을 통과시키기 위해(신 1:9-14) 자주 모였습니다. 이 장로들의 회의 외에도 이스라엘 백성에게는 두 가지 직책이 있었습니다. 첫째로, 시민 질서에 관계되는 사안을 관리하는 관원들 혹은 서기관들이 있었습니다. 이들은 이집트에서부터 이미 적극적으로 활동하고 있었습니다(출 5:6, 10, 14, 19; 민 11:16; 신 1:5; 16:18; 수 23:2). 둘째로, 재판관들(사사들, rechters)이 있었는데, 이들은 율법의 문제에서 모세를 돕도록 뽑은 자들이었습니다(출 18:21, 23; 신 1:13 이하). 훗날 이 재판관들도 관원들처럼 장로들이 각 성에서 지명하여 선출했습니다(신 16:18).

이러한 조직에서는 가정 내지 가족이 출발점이자 기반이었고, 오늘날까지도 유대인들 사이에서 가족은 매우 중요한 위치를 차지하고 있습니다. 이처럼 가족이 이스라엘에서 중요한 위치를 차지했기 때문에, 이 민족 내에서는 아내가 다른 민족보다 더 존중받았습니다. 이 문제를 결정하는 질문은 이스라엘에서 남자가 남편으로든, 아들이나 남자 형제로든, 아니면 국가의 일원이나 군인(용사)으로 가족의 구성원으로서 우위를 점하고 있는가입니다. 그리스와 로마에서는 국가의 일원이나 군인으로서 남자의 존재가 높이 받들어졌으며, 이는 여성이 억압받고 열등하게 여겨지는 결과를 초래했습니다. 그러나 이스라엘에서는 남성이 무엇보다도 가족의 일원이었으며, 남성의 첫 번째 임무는 가족을 돌보는 것이었습니다. 그래서 남편은 아내보다 높은 위치에 있지 않았고, 아내의 곁에 아내와 함께 서 있었습니다. 아내 역시 남편과 더불어 자녀들의 존경과 사랑을 받는 위치에 있었고(출 20:2), 아내 자신의 권리로 인해 남편의 칭송을 받는 위치에 있었습니다(잠 12:4; 31:10 이하).

이와 같이 전적으로 족장 중심의 귀족적인 통치 형태는 율법이 오기 이전에도 이스라엘에 존재했으며, 율법에 의해 또한 인정되고 확인되었습니다. 수많은 율법의 규정들이 결혼에 관련되어 있었으며, 거룩한 상태를 유지하고 가정을 보호하기 위해 제정되었습니다. 그리고 제사장직과 왕권으로부터 족장 중심의 통치 형태를 보호하는 규정들도 있었습니다. 장로들과 관리들과 재판관들은 제사장들과 레위인들로부터 구별되었습니다. 제사장들은 단지 최고의 법정에만 참석했는데, 이는 중요한 사건들의 재판과 관련해서 율법의 정확한 해석이 필요했기 때문입니다(신 17:8-13; 19:17-18).

이스라엘의 전체 통치 형태는 계급 체제와는 정반대였습니다. 율법에 따라 전제주의적인 독재도 존재할 수 없었습니다. 훗날 이스라엘은 하나님께 왕을 요구했고, 하나님이 이를 허락하셨지만(삼상 8:7) 그때에도 그 왕은 다른 민족들의 왕과는 다른 왕이어야만 했으며, 하나님의 율법에 의해 왕의 권력은 제한받아야만 했고, 왕은 단지 하나님의 뜻을 실행하는 자에 불과했습니다(신 17:14-20). 최종적인 의미에서 보았을 때 결국 하나님이 이스라엘의 왕이시며, 입법자이시며, 재판관이었기 때문입니다(출 15:18; 19:6; 민 23:21; 신 33:5; 삿 8:22-23, 삼상 8:7; 사 33:22; 시 44:5; 68:25). 이것은 재판관들이 공정하게 판단하고, 어떠한 편견도 없이 율법의 기준에 따라 판단해야만 했다는 사실에서 명백하게 드러납니다. 더구나 특별한 경우에 하나님은 자신의 뜻을 제비뽑기, 우림과 둠밈, 또는 예언자들을 통해 알리셨으며, 수많은 범죄에 있어서 하나님이 친히 그 범죄를 처벌하셨습니다. 율법의 수많은 규정은 그것을 어길 경우 어떤 시민적 처벌이 구체적으로 규정되어 있지 않았고, 그저 강력한 권고와 경고도 많았습니다. 그러한 권고와 경고는 양심에 호소하는 것들이었고, 따라서 이스라엘에 상당한 자유를 허용해주었습니다.

　형벌의 종류도 적어서 주로 태형으로 제한되었습니다. 그리고 심각한 범죄(신성모독, 우상숭배, 마술, 부모 저주, 살인, 간음)의 경우 돌로 쳐서 죽이는 사형만이 있었습니다. 종교 재판, 고문, 독방 수감, 추방, 재산 몰수, 화형, 교수형과 같은 형벌은 없었습니다. 이스라엘이 언약의 길을 따라 행하면 그들은 하나님으로부터 풍성한 축복을 받겠지만, 하나님의 말씀에 불순종하면 저주와 온갖 재난이 닥쳤습니다(신 28:29).

　이러한 율법의 특징에서 하나님이 이스라엘에 율법을 주신 목적이 명백하게 드러납니다. 하나님은 시내산에서 언약을 맺으시면서 모세를 통해 이스라엘 백성에게 다음과 같이 말씀하셨습니다. "너희가 내 말을 잘 듣고 내 언약을 지키면 너희는 모든 민족 중에서 내 소유가 되겠고 너희가 내게 대하여 제사장 나라가 되며 거룩한 백성이 되리라"(출 19:5-6). 이스라엘은 그 언약의 길을 따라 행하며, 땅의 모든 민족 가운데서 선택된 하나님의 백성임을 분명히 해야만 했습니다. 이스라엘은 자신들의 자격이나 공로로 인해 하나님께 선택된 백성이 된 것이 아닙니다. 그들이 하나님의 선택을 받을 수 있었던 것은 전적으로 하나님의 주권적인 사랑과 조상들에게 하신 맹세로 인함입니다(신 7:6-8). 이스라엘에 부여된 이러한 은혜로운 특권은 이스라엘이 다른 민족들로부터 자신을 분리하고, 다른 민족들을 멸시하며 자기 자신을 그들 위에 높이 세우기 위함이 아니었습니다. 이스라엘은 오히려 제사장 나라가 되어 다른 민족들에게 하나님을 아는 지식과 예배를 전달해주며 이를 통해서 열방을 다스리는 제사장 나라가 되기 위함이었습니다. 이러한 사명은 이스라엘이 거룩한 백성이 되어 하나님께 전적으로 헌신하고, 그분의 말씀에 순종하며, 그분의 언약 안에서 살아갈 때만 성취될 수 있었습니다.

　이스라엘의 거룩함은 하나님의 선택으로 말미암은 것입니다. 그러나 이러한 구약의 거룩함은 아직 신약에서 얻게 될 깊고 완전한 거룩함의 의미를 지니고 있지는 못했습니다. 이스라엘의 거룩함은 도덕적인 거룩함일 뿐만 아니라 특히 레위기 17-26장의 정결법에 나타나는 제의적 거룩함도 포함합니다. 여기서 율법의 도덕적 요소와 제의적 요소는 서로 대립하지 않습니다. 이 양자는 같은 사물의 두 측면일 뿐입니다. 이스라엘은 신앙과 행위, 그리고 내면과 외면에 있어서 하나님이 시내산에서 이스라엘에 주신 모든 도덕적·시민적·제의적 율법에 따라 행할 때 거룩한 백성이 됩니다. 하나님은 이스라엘이 그 사명에 충실하지 않고 불순종과 배교의 죄를 범할 것을 아셨기 때문에 그들을 다른 어떤 민족보다 더 엄한 형벌로 다스리고자 하셨습니다. 하지만 그 형벌이 끝난 후 하나님은 다시 자신의 백성에게 찾아오셔서 포로 상태에 있는 그들을 회복시키고, 그들을 불쌍히 여기시며, 그들의 마음과 그들 자손의 마음에 할례를 받게 하시고, 그리하여 그들이 온 마음과 뜻을 다해 하나님을 사랑하게 하셨습니다(신 4:29-31; 30:1 이하). 하나님은 자신의 백성을 그들이 마음대로 하도록 내버려두실 수 없었습니다. 그분은 자신의 원수들 앞에서 자신의 이름을 높이시고 자신의 영광을 드러내시기를 원하셨기 때문입니다(신 32:26 이하). 하나님은 이스라엘의 불성실함을 통해서도 자신의 신실하심을 드러내시며, 자신의 말씀의 진실성과 자신의 계획의 불변성, 그리고 자신의 언약의 견고함을 입증하실 것입니다. 하나님은 자신이 하나님이시며 그 외에는 다른 신이 없음을 보여주실 것입니다(신 32:39). 그래서 율법은 처음부터 약속에서 시작해서 약속으로 끝납니다. 율법은 약속 이후에 존재할 뿐만 아니라 약속을 향해 존재합니다.

• • •

성경은 언약의 관점에서 이스라엘의 역사 전체를 다룹니다. 구약의 역사
서는 이스라엘 민족이 경험했던 모든 사건을 세밀하게 연대기적으로 기록
하거나 그 모든 사건의 인과관계를 추적하는 데 목적이 있지 않습니다. 대
신 역사서는 하나님 나라의 진전을 묘사합니다. 이를 위해 그것과 관련이
없는 부분은 간략히 언급하거나 침묵합니다. 반대로 하나님 나라와 관련
하여 중요한 부분은 자세히 다룹니다. 이스라엘의 역사에서 성경은 우리
에게 하나님이 자기 백성에게 자신이 누구이시며 어떤 분이신지를 알려주
기를 원합니다. 바로 이 점이 성경에 나타나는 이스라엘의 역사 기록을 "야
웨의 일기"라 불렀던 이유입니다. 하나님께서는 매일 이스라엘과 맺은 관
계와 그들과 함께하신 경험, 그리고 그들을 향한 염려를 기록하도록 하셨
습니다.

이스라엘 백성이 하나님의 놀라운 사역에 감명을 받았을 초기에는 하
나님의 율법을 신실하게 지켰습니다. 그분의 사역으로 인해 야웨가 유일하
고 참된 하나님이라는 사실이 분명히 드러났으며(출 6:6; 18:18), 백성은 다
른 신들을 생각하지 않았습니다. 모세를 통해 주어진 하나님의 말씀을 들
었을 때 그들은 한목소리로 대답했습니다. "여호와께서 명령하신 대로 우
리가 다 행하리이다"(출 19:8; 24:3, 7; 신 5:27). 그리고 훗날 가나안을 유업으
로 받은 후에도 여호수아가 이스라엘 백성에게 누구를 섬길 것인지를 선택
하라고 요구했을 때, 백성들은 지체하지 않고 대답했습니다. "우리가 결단
코 여호와를 버리고 다른 신들을 섬기기를 하지 아니하오리이다"(수 24:16;
삿 2:7).

그러나 여호수아와 하나님의 위대한 역사를 직접 목격했던 장로들이
죽고, 하나님을 알지 못하고 그분이 이스라엘에 행하신 사역을 모르는 세

대가 일어났을 때, 그들은 이집트에서 자신들의 조상들을 인도해내신 하나님을 버리고 주변 민족들의 신들을 따랐습니다(삿 2:6-13). 물론 이스라엘이 스스로 우상숭배를 만들어낸 것은 아닙니다. 그들은 스스로 거짓 종교를 만들어내는 대신 이방 민족의 신들을 받아들였거나, 이방 민족의 우상숭배를 받아들여 이교의 방식으로 하나님을 섬겼습니다. 이집트와 광야에서 이집트의 우상숭배에 빠졌고(출 16:28; 수 24:14; 겔 20:7, 13), 그 이후 가나안에 들어와서는 가나안 사람들의 신들, 페니키아 사람들의 신들(바알, 아세라, 아스다롯), 그리고 아시리아 사람들의 신들(불과 별의 신)을 섬기는 죄를 범했습니다(삿 10:6; 왕하 21:3, 5, 7; 23:5-15; 렘 7:24-31; 겔 20:21; 22:3 등). 이스라엘은 계속해서 첫째 계명과 둘째 계명을 어겼으며, 그렇게 함으로써 언약의 근본을 침해했습니다.

이스라엘의 역사는 이미 사사 시대에 배교와 징계와 고난과 구원과 축복이 반복되는 역사였습니다(삿 2:11-23). 그 시기는 여러 지파가 민족의 대의를 잃어버리고 각자의 정치에 집중했으며, 모두가 자기 눈에 옳은대로 행하는 혼란의 시기였습니다(삿 17:6; 21:25). 사무엘의 사역과 왕권 제도의 수립을 통해 이러한 혼란의 상태가 종식되었습니다. 그러나 솔로몬 이후 왕국의 통일은 영구히 깨지고, 열 지파는 다윗 왕가로부터 분리되었습니다. 여로보암은 정치적 분리를 종교적 분리로 확립하기 위해 단에 성소를 세우고 우상숭배를 도입하며 합법적인 제사장직을 폐지했습니다. 그렇게 함으로써 여로보암은 이스라엘을 범죄하게 만든 왕이 되었습니다. 에브라임 왕국의 역사는 250년 동안 점점 더 야웨로부터 멀어져갔던 지속적인 배교의 역사였습니다. 예언자들의 외침과 경고에도 불구하고 결국 열 지파가 포로로 끌려감으로써 그 역사는 절정에 이르게 됩니다. 남유다 왕국은 다윗 왕가에 의해 다스려졌고, 합법적인 성소와 제사장을 유지한 덕분에 북이스라엘 왕국보다 더 많은 특권을 누렸습니다. 그러나 여러 경건한 왕들의 개혁에도 불구하고 결국 배교와 불경건으로 점점 기울어져서 심판을 피할 수 없었습니다. 북이스라엘 왕국이 멸망한 지 약 140년 후 남유다 왕국도 독립 왕국의 지위를 상실하고 말았습니다.

그러나 이스라엘의 지속적인 배교에도 불구하고 하나님께서는 자신의 은혜로운 선택에 따라 항상 "남은 자들"을 보존하셨습니다. 엘리야 시대에도 바알에게 무릎을 꿇지 않은 칠천 명이 있었습니다. 이들은 시편에서 경건한 자들, 의로운 자들, 신실한 자들, 궁핍한 자들, 고난받는 자들 등의 다양한 이름으로 불립니다. 그들은 계속해서 야곱의 하나님을 신뢰했고, 그분의 언약을 신실하게 지키고자 노력했습니다. 그들은 목마른 사슴이 시냇물을 찾듯 하나님을 갈망하고, 그분의 성소에 거하기를 원했으며, 그분의 율법을 묵상하고, 그분의 약속을 붙잡았습니다. 율법은 그들에게 짐이 아니라 기쁨이었으며, 그들은 밤낮으로 율법을 즐거워했습니다. 그들은 모세와 함께 율법을 지키는 것이 이스라엘의 지혜와 명철임을 선언했습니다. "너희는 [율법을] 지켜 행하라. 이것이 여러 민족 앞에서 너희의 지혜요 너희의 지식이라. 그들이 이 모든 규례를 듣고 이르기를, '이 큰 나라 사람은 과연 지혜와 지식이 있는 백성이로다. 우리 하나님 여호와께서 우리가 그에게 기도할 때마다 우리에게 가까이하심과 같이 그 신이 가까이함을 얻는 큰 나라가 어디 있느냐? 오늘 내가 너희에게 선포하는 이 율법과 같이 그 규례와 법도가 공의로운 큰 나라가 어디 있느냐?'"(신 4:6-8)

시대가 어두워질수록 남은 자들은 더욱더 하나님의 약속을 의지했습니다. 하나님께서는 결코 자신의 손으로 지으신 것들을 버리지 않으실 것입니다. 남은 자들은 하나님께서 그분의 이름과 영광을 위해 자신들의 조상들과 맺으신 언약을 깨뜨리지 않으실 것이라고 믿었습니다. 하나님은 그들 가운데 예언자들, 시편 저자들, 지혜자들을 일으키시어 하나님의 말씀을 선포하게 하시고, 그렇게 함으로써 하나님의 약속을 점점 더 분명하게 드러내셨습니다. 고난 중에도 그들은 머리를 들고, 하나님의 영의 조명으로 미래를 내다보며, 새날에 대해 예언했고, 다윗의 자손이시고, 주님이시며, 이새의 뿌리이시고, 임마누엘이시며, 의의 가지이시고, 하나님의 종이시며, 언약의 사자이신 분에 대해 예언했고, 새 언약과 성령의 부으심에 대해 예언했습니다. 구약성경은 여자의 씨에 대한 약속으로 시작되며(창 3:15), 언약의 사자가 오시는 것에 대한 선언으로 끝납니다(말 3:1).

• • •

바빌론 포로 생활 이후에도 이스라엘에는 남은 자들, 즉 이스라엘의 핵심 인물들이 존재했습니다(말 3:16). 사실 포로 생활은 이스라엘 민족을 정화시켜 우상숭배와 형상숭배를 영구적으로 멀리하도록 만들었으며, 에스라와 느헤미야에 의해서 엄격하게 율법의 훈육을 받게 되었습니다. 그러나 이러한 상태는 다른 심각한 위험을 불러일으키게 되었는데, 율법의 문자에만 집착해 옛 언약의 본질과 정신을 잃어버리게 만드는 "서기관주의"(Schriftgeleerdheid)가 나타나게 되었습니다. 또한 바리새파, 사두개파, 에세네파와 같은 분파들이 형성되어 하나님의 계시를 자기 분파의 구미대로 해석하면서 영적인 이스라엘 대신에 육적인 이스라엘을 추구했습니다. 그럼에도 말라기와 세례 요한 사이의 400년의 세월 동안에 이스라엘 백성에 대한 하나님의 인도하심은 계속되었습니다. 바빌론 포로기 이후 이스라엘은 두 번 다시 완전한 정치적 독립을 이루지 못했습니다. 그들은 페르시아와 메디아, 마케도니아와 이집트, 시리아와 로마의 지배를 차례로 받았으며, 자신들의 땅에서 노예(종)로 살아야만 했습니다(느 9:36-37).

그러나 이러한 정치적 종속 상태는 이스라엘이 자신의 성격과 부르심(소명)을 더욱 깊이 성찰하게 해주었고, 하나님의 계시를 영적으로 소유한 것을 특권과 명예로 여기게 해주었으며, 그 하나님의 계시를 수집하고 보존하는 일에 최대한의 주의를 기울이게 해주었습니다. 이러한 영적 특권에 대한 인식은 또한 이스라엘의 의식에 깊이 스며들어서 이스라엘의 성격을 형성했을 뿐만 아니라 모진 박해 속에서도 민족의 독립성을 유지할 수 있게 해주었습니다. 이스라엘은 이 세상의 어떤 민족보다도 고난을 겪고 억압을 받았습니다.

팔레스타인의 안팎에서 이스라엘은 자신의 정체성을 유지했습니다. 이스라엘은 구약성경에서 이방인의 모든 지혜보다 더 풍성한 보화를 소유하고 있었습니다. 그들은 예루살렘을 수도로 삼아 국제적인 공동체를 형성했습니다. 이스라엘은 자신들의 회당 예배에서 우상을 섬기는 민족들에게 형상과 제단이 없는 종교, 제사와 제사장 제도가 없는 종교의 모습을 보여주었습니다. 그들은 어디에서나 이스라엘 하나님의 유일성과 진실성을 선포했으며, 모든 민족에게 축복이 될 영광스러운 미래에 대한 불멸의 희망을 간직하고 있었습니다. 이렇게 함으로써 이스라엘은 이방 세계에서 그리스도교 세계를 위한 길을 예비했습니다. 그리고 하나님의 은혜로 말미암아 시므온과 안나와 같은 많은 신실한 사람들이 조용히 이스라엘의 구원을 기다렸습니다. "주님의 어머니 마리아"(Maria, de moeder des Heeren)는 이 경건한 자들 가운데 가장 영광스러운 본보기입니다. 주님의 어머니이신 마리아 안에서 이스라엘의 운명은 성취되었으니, 그녀는 하나님께서 주신 최고의 계시를 어린아이와 같은 믿음으로 받아들이고 간직했습니다. "보십시오, [저는] 주님의 여종이오니, [지금] 말씀대로 제게 이루어지기를 바라옵니다"(눅 1:38).

구약의 계시 전체는 그리스도에 관한 것입니다. 구약의 계시는 새로운 율법이나 교리나 제도가 아니라 그리스도의 인격으로 귀결되고 집중됩니다. 한 인간이 하나님 계시의 성취입니다. "인자"(人子, de Zoon des menschen)가 동시에 하나님의 "독생자"(獨生子, eengeboren Zoon)입니다. 구약과 신약의 관계는 율법과 복음의 관계가 아니라 약속과 성취의 관계입니다(행 13:12; 롬 1:2). 양자의 관계는 그림자와 몸(실체)의 관계입니다(골 2:17). 양자의 관계는 형상과 실상의 관계입니다(히 10:1). 양자의 관계는 변할 수 있는 것들과 변할 수 없는 것들의 관계입니다(히 12:27). 양자의 관계는 종살이와 자유의 관계입니다(롬 8:15; 갈 4장). 그리고 그리스도께서는 구약 계시의 본질적인 내용이시기 때문에(요 5:39; 벧전 1:11; 계 19:10), 그분은 신약 시대에도 마찬가지로 그 계시의 완성이며 정점이 됩니다. 그리스도는 율법의 완성자이시고, 모든 의의 완성자십니다(마 3:15; 5:17). 그리스도는 하나님의 모든 약속을 성취하는 분이십니다. 그러므로 그리스도 안에서 모든 약속은 "예"(ja)와 "아멘"(amen)이 됩니다(고후 1:20). 그리스도는 모든 언약을 성취하는 분이시며, 그분의 피로 그 언약을 확증하는 분이십니다(마 26:28). 이스라엘 민족과 그들의 역사와 그들의 직분과 제도, 그리고 성전과 제단, 제사와 제의, 예언과 시편과 지혜의 가르침은 모두 그리스도 안에서 그것들의 목적과 목표를 성취하게 됩니다. 이 모든 것의 성취는 그리스도의 인격(人格, persoon, *persona*)과 나타나심(verschijning)에서부터 그분의 말씀과 행위, 그분의 탄생과 삶, 그분의 죽음과 부활, 그분의 승천과 하나님의 우편에 앉으심에 이르기까지 이루어집니다.

그리스도가 나타나셔서 자신의 사역을 완성한 후에 하나님의 계시는 더 이상 추가되거나 증가될 수 없고, 오직 사도적인 증언을 통해 성경에 해명되며, 모든 민족에게 선포될 수 있을 뿐입니다. 계시가 완성되었으므로 이제 인류가 그 내용을 소유할 때가 도래했습니다. 구약의 모든 것은 그리스도를 준비하는 것이었다면, 이제 신약의 모든 것은 그리스도로부터 파생됩니다. 그리스도가 시대의 전환점이 됩니다. 아브라함에게 주어진 약속은 이제 모든 민족에게 확장되었습니다. 땅에 있는 예루살렘은 하늘에 있는 예루살렘, 즉 우리의 어머니가 되는 예루살렘에 길을 열어줍니다(갈 4:26). 이스라엘은 모든 언어와 민족들 가운데서 불러낸 교회로 대체되었습니다. 이제 차별의 장벽은 허물어지고 유대인과 이방인이 새사람으로 창조되어 모두가 머리 되신 그리스도와 함께 하나가 되는 충만한 경륜의 시대가 되었습니다(엡 1:10; 2:14-15).

그리고 이러한 하나님의 경륜은 이방인의 충만한 숫자가 들어오고 이스라엘이 구원을 받을 때까지 계속됩니다. 그리스도께서 자신의 교회를 모으시고 자신의 신부를 예비하시며 자신의 나라를 완성하시면, 그리스도께서는 그것을 아버지께 넘겨드릴 것입니다. 그리하여 하나님은 모든 것 안에서 모든 것이 되실 것입니다(고전 15:28). "나는 너희의 하나님이 되고 너희는 나의 백성이 되리라." 이것이 하나님의 약속의 내용입니다. 그 약속은 과거에도 계셨고 지금도 계시며 장차 오실 그리스도 안에서, 그리스도로 말미암아 새 예루살렘에서 완전하게 성취될 것입니다(계 21:3).

1. 특별계시의 역사성은 왜 중요한가요?

2. 하나님의 약속이 인간의 실수나 실패에도 불구하고 반드시 이루어진다는
   사실은 오늘날 현대인의 성과주의와 자기 자신은 자기가 구원할 수 있다는
   신념에 어떤 도전이 됩니까?

3. 율법폐기론이 왜 잘못된 사상인지 설명할 수 있나요?

4. 복음이 여러 민족에게 전해지는 오늘날 이스라엘 민족에게 주어진 율법은
   우리에게 어떤 의미가 있나요?

5. 하나님의 계시가 역사 속에서 점진적으로 주어졌다는 생각이 오늘날 신앙
   인에게 어떤 인내와 시야를 제공합니까?

6. 율법과 약속의 관계를 설명해볼 수 있나요?

제7장

성경

일반계시든 특별계시든, 무릇 계시에 대한 지식은 성경을 통해 우리에게 주어집니다.

따라서 계시와 성경, 이 둘 사이의 차이점과 연관성을 명확히 이해하는 것은 대단히 중요한 일입니다. 한편으로는 계시와 성경 사이에 중요한 차이가 있습니다. 계시는 종종 오랜 시간이 지나고 나서야 문자로 기록되었습니다. 예를 들어 모세 이전에도 계시가 있었지만 성경은 없었습니다. 또한 계시는 훗날 문자로 기록된 것보다 훨씬 더 많은 내용을 담고 있었습니다. 예를 들어 아모스 같은 예언자들의 글들은 그들이 동시대인들에게 구두로 말한 내용의 짧은 요약일 뿐입니다. 구약의 예언자들과 신약의 사도들은 모두 특별계시의 도구였지만, 아무것도 기록으로 남기지 않은 사람들이 많습니다. 심지어 예수께서도 수많은 표적을 행하셨는데, 그것들이 낱낱이 기록된다면 이 세상이 그 기록을 다 담을 수 없을 정도라고까지 합니다(요 20:30; 21:25). 반대로 하나님께서 예언자나 사도들에게 글을 쓰게 하실 때, 그들이 이전에는 알지 못했던 것을 알려주기도 하셨습니다. 예를 들어 요한이 밧모섬에서 미래에 대한 계시를 받은 경우가 이에 해당합니다.

그러므로 성경은 계시 그 자체가 아니라 계시의 기록물입니다. 성경을 계시의 기록물이라고 부를 때 우리는 또 다른 오류를 범하지 않도록 주의해야만 합니다. 계시와 성경을 구분할 뿐만 아니라 이를 서로 분리하여 떼어놓는 자들이 있기 때문입니다. 그들은 하나님이 성경으로 기록되기 전의 계시에서 특별하게 역사하셨음을 인정하면서도, 그 계시의 기록이 전적으로 그것을 기록하는 인간에게 맡겨졌고 따라서 하나님의 특별한 섭리와는 무관하다고 주장합니다. 이렇게 되면 성경은 여전히 계시의 기록물이지만 우연적이고 불완전한 것이 되어 우리는 성경에서 어떤 부분이 특별계시에 속하고 어떤 부분이 특별계시에 속하지 않는지를 가려내는 일에 큰 노력을 기울여야만 합니다. 이렇게 되면 하나님의 말씀과 성경을 서로 구분하게 되고, 성경이 하나님의 말씀이 아니라 하나님의 말씀이 성경에 포함되어 있다고 표현해야만 합니다.

그러나 이러한 주장은 애초부터 그리고 그 자체로도 개연성이 없습니다. 그것은 말과 글의 관계를 너무 기계적으로 이해하고 있습니다. 하나님이 아브라함의 자손, 즉 그리스도 안에서 온 인류에게 특별계시를 주시고자 했을 때, 그 계시를 왜곡되지 않게 보존하고 널리 알리기 위해 특별한 조치들을 취하셨을 것이라는 사실을 간과하기 때문입니다. 기록된 말씀은 구두로 전해진 말씀과 달리 공중에서 흩어져 사라지지 않고 보존되어 남아 있으며, 구두 전승처럼 왜곡되지 않고 그 순수성을 유지하며, 말씀을 듣는 몇몇 사람들에게만 제한되지 않고 모든 민족과 모든 시대에 전파될 수 있습니다. 입으로 발설된 말씀이 글로 기록됨으로써 그 말씀은 영구히 보존되고, 구두로 전해진 말씀을 지속시켜 왜곡되지 않게 보호하며, 그 말씀이 보편적으로 널리 선포되게 만듭니다.

하지만 우리는 이러한 인간적인 추론에 더 이상 머물러 있을 필요가 없습니다. 특별계시는 하나님으로부터 기원한 것이지만 성경은 그분의 특별한 돌봄 없이 만들어졌다는 주장은 성경 자체의 증언과 정면으로 충돌합니다. 성경은 반복적으로, 그리고 명백하게 성경 자체가 하나님의 말씀이라는 사실을 선포합니다. 성경은 자신보다 앞선 그 이전의 계시와 구별되지만, 그것과 분리해서는 안 됩니다. 성경은 계시에 덧붙여진 인간의 우연

적이고 임의적이며 불완전한 부가물이 아니라 성경 그 자체가 계시의 구성
요소입니다. 성경은 계시의 완성이고 모퉁잇돌이며 머릿돌입니다.

. . .

이 사실을 명백하게 이해하기 위해서는 성경에 담긴 다음과 같은 분명한
증언들에 주목해야만 합니다.

첫째로, 하나님은 예언자들에게 여러 차례 그들이 받은 계시를 입으
로 선포하라고 명령하실 뿐만 아니라 그것을 기록하라고도 명령하십니
다. 출애굽기 17:14에서 하나님은 모세에게 아말렉과의 전쟁과 승리를 기
록하여 이스라엘을 위한 중요한 기억으로 남기라고 명령하십니다. 출애
굽기 24:3-4, 7절과 34:27에서 하나님은 모세에게 이스라엘과 맺은 언약
의 율법과 규례를 기록하라고 명령하십니다. 그리고 이스라엘이 광야에서
의 방황을 마치고 모압 평야에 이르러 여리고 맞은편에 도착했을 때, 모세
는 하나님의 명령에 따라 이스라엘 자손의 여정을 기록했다는 말씀이 민수
기 33:2에 명시되어 나타납니다. 그 외에도 신명기 32장에서 모세는 노래
를 부르는데, 하나님은 그 노래를 기록하여 이스라엘 자손의 입에 두어 훗
날 그들이 타락할 때 그 노래가 그들을 대적하는 증거가 되게 할 것을 명령
하십니다(신 31:19, 22). 이러한 기록에 대한 명령은 나중에 예언자들에게도
나타납니다(사 8:1; 30:8; 렘 25:13; 30:2; 36:2; 겔 24:2; 단 12:4; 합 2:2). 이 명령
들은 성경 일부에만 적용되지만, 하나님께서 자신의 말씀을 추가하거나 빼
지 말라고 엄중히 요구하실 때(신 4:2; 12:32; 잠 30:6), 또한 그분의 계시를 기
록하는 일에 특별한 주의를 기울이셨음을 분명히 보여주고 있습니다.

둘째로, 모세와 예언자들은 자신들이 말로만 아니라 글로도 하나님의
말씀을 선포해야만 함을 분명히 인식하고 있었습니다. 모세는 이스라엘 백

성의 지도자로 특별히 부름을 받았습니다(출 3장). 하나님께서는 친구와 얼굴을 맞대고 대화하듯이 모세와 대면하여 말씀하시고 모든 규례와 법도를 알려주셨습니다(출 33:11). 율법 한 조문, 한 조문마다 일일이 한편의 서문처럼 "야웨께서 모세에게 말씀하시되"라는 표현이 도입부에 나타납니다(출 6:1, 10, 13 등). 모세의 책들과 성경 전체에 걸쳐 율법 전체는 하나님으로부터 기원한 것으로 제시되고 있습니다. 하나님은 야곱에게 자신의 말씀을 알려주셨고 이스라엘에 그의 규례와 법도를 알려주셨습니다. 그분은 다른 어떤 민족에게도 이렇게 하지 않으셨기 때문에 다른 민족들은 하나님의 법도를 알지 못했습니다(시 147:19-20, 103:7). 예언자들 역시 주님께서 자신들을 부르셨음을 알고 있으며(삼상 3장; 사 6장; 렘 1장; 겔 1-3장; 암 3:7-8; 7:15 등), 자신들이 그분으로부터 계시를 받았음을 알고 있습니다(사 5:9; 6:9; 22:14; 28:22; 렘 1:9; 3:6; 20:7-9; 겔 3:16; 26, 27; 암 3:8 등). 예언자 아모스의 말은 예언자들 모두의 확신이었습니다. "주 여호와께서는 자기의 비밀을 그의 종 선지자들에게 보이지 아니하시고는 결코 행하심이 없느니라"(암 3:7; 창 18:17 참조). 한편 예언자들은 글을 쓸 때도 자신의 말이 아니라 하나님의 말씀을 전하고 있음을 알고 있었습니다. 모세가 하나님의 율법을 기록할 때 한 것처럼 예언자들도 하나님의 특별한 예언을 대언할 때 "야웨께서 이같이 말씀하시되" 혹은 "야웨의 말씀이 내게 임하여 이르기를" 혹은 야웨의 "말씀", "환상", "계시" 등의 표현으로 시작합니다(사 1:1; 2:1; 8:1; 13:1; 렘 1:2; 4:11; 2:1; 겔 1:1; 2:1; 3:1; 단 7:1; 암 1:3, 6, 9 등).

셋째로, 신약성경의 증언이 있습니다. 예수와 사도들은 구약성경의 말씀들을 모세, 이사야, 다윗, 다니엘의 이름으로 자주 인용합니다(마 8:4; 15:7; 22:43; 24:15). 하지만 그들은 또한 "기록되었으되"(마 4:4), "성경에 이름과 같이"(요 7:38), "성령이 이르신 바와 같이"(히 3:7) 등의 표현을 사용합니다. 이러한 인용 방식을 통해 구약성경이 여러 부분으로 구성되어 있고 여러 저자에 의해 기록되었지만, 그럼에도 성경 전체는 유기적으로 하나를 이루며, 또한 기록된 형태에 있어서 하나님 자신이 저자가 되신다는 사실을 분명히 드러내고 있습니다. 예수와 사도들은 이러한 믿음을 단순히 간접적으로 표현하는 것으로 그치지 않고 명확한 언어로 표현합니다. 예수께서는 성경이 폐해질 수 없다고 선언하십니다(요 10:35). 그리고 그 자신이 율법과 예언을 폐하러 온 것이 아니라 완성하러 왔다고 말씀합니다(마 5:17; 눅 6:27). 사도 베드로는 예언의 말씀이 견고하고 신뢰할 수 있으며 우리의 길을 비추는 등불이라고 말씀합니다. 그 이유는 구약성경에 담긴 예언이 예언자들 자신의 뜻이나 해석에 기반하지 않았기 때문입니다. 예언은 사람의 뜻으로 나온 것이 아니고 오직 하나님의 성령에 의해 움직임을 받은 거룩한 사람들이 말한 것입니다(벧후 1:19-21; 참조. 벧전 1:10-12). 그리고 바울은 구약성경을 이루는 책들을 우리가 그리스도 예수 안에 있는 믿음으로 연구할 때 그 책들이 우리를 구원으로 이끄는 능력이 있음을 증언합니다. 모든 성경은 하나님의 감동으로 기록되었으며 교훈과 책망과 바르게 함과 의로 교육하기에 유익하다고 말씀합니다(딤후 3:16).

넷째 마지막으로, 신약성경 자체에 대해서 살펴보겠습니다. 예수께서는 친히 글을 남기신 적이 없지만, 자신의 사도들을 택하시고 부르셔서 자신의 승천 후에 세상 가운데로 나아가 자신의 증인이 되도록 하셨습니다(마 10:1; 막 3:13; 눅 6:13; 9:1; 요 6:70). 예수께서는 그들에게 특별한 은사와 능력, 특히 성령을 부여하셨습니다(마 10:1, 9; 막 16:15 이하; 행 2:43; 5:12 롬 15:19; 히 2:4). 성령은 예수께서 말씀하신 모든 것을 그들에게 기억나게 하시고(요 14:26), 장차 올 일들을 알리시며, 그들을 진리 가운데로 인도하십니다(요 16:13). 그러므로 실제로 예수를 증언하는 이는 사도들 자신이 아니라 사도들 안에서 사도들을 통해 역사하시는 성령입니다(요 15:26-27). 성령은 예수께서 아버지를 영화롭게 하시듯이 예수를 영화롭게 하기 위해 오셨습니다. 성령께서 말씀하시고 행하시는 모든 것은 예수에게서 받은 것입니다(요 16:14).

사도들은 예루살렘과 유대와 사마리아에 살던 그 당시 사람들과 동족들에게만이 아니라 땅끝까지 이르러 모든 사람과 피조물에게 그리스도를 전해야만 하는 사명을 부여받았습니다(마 28:19; 막 16:15; 행 1:8). 이 명령에는 예수에 대해 **글로** 증언하라는 명령이 직접적으로 나타나고 있지는 않지만, 아브라함에게 주어진 약속이 그리스도를 통해 인류에게 전달되어야만 한다면 복음은 기록되고 모든 세대에 보존되어야만 그 목적을 이룰 수 있습니다. 사도들은 성령의 인도하심을 받아 자연스럽게 글을 쓰게 되었고, 복음서와 서신서들을 통해 예수 안에 있는 충만한 은혜와 진리에 대해 증언하게 되었습니다. 그들은 입으로 선포할 뿐만 아니라 글로 기록할 때도 하나님께서 그리스도를 통해 계시하신 진리를 전하려는 분명한 자의식을 가지고 있었습니다.

마태는 다윗의 자손 예수 그리스도의 족보, 즉 예수 그리스도의 역사를 기록합니다(마 1:1). 마가는 하나님의 아들 예수 그리스도로부터 복음이 시작되었음을 전합니다(막 1:1). 누가는 면밀한 조사와 체계적인 기록을 통해 사도들의 증언을 기초로 데오빌로에게 확신을 주고자 합니다(눅 1:1-4). 요한은 예수가 그리스도이시고 하나님의 아들이심을 믿게 하여 사람들이 그 이름을 힘입어 생명을 얻게 하려는 목적으로 복음서를 기록합니다(요 20:31). 요한일서에서는 요한 자신이 선포하는 것이 눈으로 보고 귀로 듣고 자세히 손으로 만진 바 된 생명의 말씀이라고 말합니다. 그리고 그것을 선포하는 이유는 우리가 사도들과 더불어 교제하고 아버지와 그의 아들 예수 그리스도와의 사귐을 누리게 하기 위함이라고 말합니다(요일 1:1-3). 바울은 자신이 예수 그리스도로부터 직접 부름을 받아 사도가 되었음을 확신합니다(갈 1:1). 그리고 바울이 전하는 복음은 예수 그리스도로부터 계시로 받은 것입니다(갈 1:12; 엡 3:2; 딤전 1:12). 그는 또한 말과 펜(글)으로 하나님의 말씀을 전하고 있다고 말합니다(살전 2:13; 살후 2:15; 3:14; 고전 2:4, 10-13; 고후 2:17). 따라서 그는 누구든지 다른 복음을 전하는 자는 저주받을 것이라고 선언합니다(갈 1:8). 그리고 사도들이 인간의 영원한 생명과 죽음을 그들의 말씀, 즉 가르침을 받아들이느냐 거부하느냐와 관련시켰던 것처럼 사도 요한은 요한계시록의 마지막 장에서 누구든지 이 책의 예언의 말씀에 더하거나 빼는 자는 무서운 형벌을 받게 될 것이라고 경고합니다(계 22:18-19).

• • •

우리는 계시를 기록할 때 인간 저자에게 작용했던 성령의 특별한 사역을 보통 **"영감"**(靈感, inspiratie, theopneusite: "하나님의 입김이 서려 있음"이라는 뜻, *inspiratio*)이라고 부릅니다(딤후 3:16). 이때 영감이 뜻하는 의미는 자연현상과 비교하고 성경에 나타나는 설명을 통해서 알 수 있습니다. 일반적으로 사람은 다른 사람의 생각을 자신의 의식 속으로 받아들일 수 있고 다른 사람의 영향을 받아 자신의 사고를 진행할 수 있는 능력이 있습니다. 모든 교육과 훈련이 이러한 능력에 근거하고 있으며 모든 지식과 학문 역시 그러합니다. 한 사람의 생각이 다른 사람에게 전해지는 것은 기호나 몸짓, 말이나 글을 통해서입니다. 우리가 이런 식으로 다른 누군가의 생각에 영향을 받게 되면 우리 쪽에서는 그러한 생각을 의식적으로나 때로는 노력을 기울여 우리 정신생활의 일부로 만들 수 있습니다. 하지만 최면술이나 암시와 같은 현상은 우리의 자발적인 노력이 전혀 없이도 다른 사람의 생각과 사상이 우리의 의식 속으로 들어올 수 있으며 우리의 의지와 행동에 영향을 미칠 수 있다는 사실을 보여줍니다. 이러한 방식으로 사람은 타인(최면술사)이 명하는 대로 행동하는 수동적인 도구로 전락할 수 있습니다. 성경과 경험은 사람이 이러한 방식으로 악령의 영향과 작용에 취약할 수 있음을 가르쳐줍니다. 사람은 그 자신이 스스로 말하거나 행동하는 것이 아니라 악령에 의해 그의 생각과 행동이 지배당할 수 있습니다. 예를 들어 마가복음 1:24에서 더러운 귀신이 사람을 사로잡고 예수께서 하나님께서 보내신 거룩한 분이라는 것을 그 사람을 통해 인정하는 것을 볼 수 있습니다.

성령의 영감을 설명하는 또 다른 현상은 예술가들에게서 나타나는 영감입니다. 위대한 사상가와 시인은 자신들의 뛰어난 작품들이 자신의 노력 덕분이 아니라 그들에게 떠오른 갑작스러운 영감 덕분임을 경험을 통해서 알고 있습니다. 물론 이러한 영감의 경험은 사전 연구와 숙고를 배제하지 않습니다. 천재성이 있다고 해서 노력과 열심이 필요하지 않는 것은 아닙니다.

물론 어떤 분야에서 영감의 경험을 얻기 위해서는 일반적으로 그 분야의 연구가 필수 요건이기는 합니다. 그렇지만 영감이 단순히 그 분야의 연구에 대한 논리적인 귀결이나 열매는 아닙니다. 천재에게는 어떤 노력으로도 얻을 수 없는 신비한 능력이 있습니다. 니체(Friedrich Nietzsche, 1844-1900)는 자신의 여동생에게 보낸 편지에서 이렇게 쓰고 있습니다. "너는 내가 경험한 이러한 창작의 폭주에 대해 이해할 수 없을 거야. 열정과 황홀경과 흥분으로 가득 차서, 아무것도 듣지 못하고, 아무것도 보지 못하게 되는 것이지. 생각은 번개처럼 떨어져. 모든 것이 가장 높은 단계에서 무의식적으로 일어나. 자유와 독립과 힘과 신성, 이 모든 것이 폭풍처럼 무의식적으로 발생하는 것이지. 이것이 영감의 순간에 대한 나의 경험이야."

이러한 현상이 인간이나 예술가의 일상생활에서 발생한다면, 하나님께서 자신이 창조하신 피조물의 생각과 의지에 영향을 주신다는 사실을 부정할 근거가 없습니다. 하나님은 자신의 영을 통해 창조된 모든 것 안에 내주하십니다(창 1:3; 시 33:6; 시 104:30). 피조물들 가운데 사람은 하나님의 영으로 창조되었고 전능하신 자의 숨결로 살아가는 존재입니다(욥 33:4; 시 139:1-16). 우리는 하나님 안에서 살고 움직이며 존재합니다(행 17:28). 우리의 생각과 의지가 죄악된 방향으로 나아갈 때도, 그것들은 하나님의 통치 아래에 있으며 하나님의 뜻을 따라 발생합니다. 하나님의 예지와 계획 밖에서는 그 어느 것도 발생하지 않습니다(엡 1:11). "왕의 마음이 여호와의 손에 있음이 마치 봇물과 같아서 그가 임의로 인도하시느니라"(잠 21:1). 하나님은 사람들의 마음과 모든 행동을 살피십니다(잠 5:21; 16:9; 19:21; 21:2). 하나님께서는 이와는 전혀 다른 훨씬 더 친밀한 방식으로 자신의 영과 함께 자기 자녀의 마음 안에 거하십니다. 그분은 자신의 영으로 그리스도를 주로 고백하도록 인도하시고(요일 4:3), 하나님께서 그들에게 베푸시는 것들이 무엇인지를 그들이 알게 하시며(고전 2:12, 요일 2:20, 3:24, 4:6-13), 지혜와 지식의 은사를 주시고(고전 12:8), 또한 그분의 선하신 뜻대로 그들이 자신들의 소원을 따라 행하도록 그들 안에서 역사하십니다(빌 2:13).

세상과 교회 안에서 하나님의 영의 행하심은 예언자들과 사도들에게 임했던 영감과 동일하지는 않습니다. 그러나 그러한 영감을 설명하고 이해하는 일에 도움을 줍니다. 하나님의 영이 모든 피조물 안에 실제로 내주하고 작용한다면, 영감이라는 독특한 사역을 불가능하거나 불확실하게 여길 이유가 없습니다. 그러나 동시에 세상과 교회에서 역사하시는 하나님의 영의 활동과 예언자들과 사도들에게서 역사하시는 하나님의 영의 활동은 서로 구별해야만 하는 것입니다. 로마서 8:14과 베드로후서 1:21을 비교하면 그러한 구별이 명백하게 드러납니다. 로마서에서 바울은 무릇 하나님의 영으로 **인도하심**을 받는 사람은 하나님의 아들이라고 말합니다. 그러나 베드로는 예언자들이 성령의 **감동하심**을 받아 예언했다고 말합니다. 성령의 인도하심은 신자들 모두가 누리는 분깃으로 이는 이성의 조명과 의지와 감정의 지배를 포함하며, 신자들에게 하나님이 기뻐하시는 일을 행할 수 있는 지식과 열망과 능력을 받게 해줍니다. 그러나 성령의 "감동"은 예언자들과 사도들에게만 주어졌던 것이며 이는 그들이 받은 바 하나님의 계획에 대한 계시를 사람들에게 알리도록 자극하고 그 열심을 불어넣는 것입니다.

이러한 성령의 영감의 특별한 성격은 신약에서 구약을 인용하면서 사용되는 문구에서 암시되고 있으며, 구약에 기록된 내용에 대해 주님께서 예언자를 **통해서** 말씀하셨다는 표현에 의해 더욱더 명확해집니다(마 1:22; 2:15, 17, 23; 3:3; 4:14 등). 이 문구에 사용된 그리스어 표현은 주님이 말씀의 기원임을 나타냅니다. 그러나 예언자들에 대해서는 그들을 말씀의 도구들 내지 **기관들**(*organen*)임을 나타냅니다. 이러한 구분은 하나님께서 예언자들의 **입을 통해서**(*door den mond*) 말씀하셨다는 표현에서 더욱더 명백하게 드러납니다(눅 1:70; 행 1:16; 3:18; 4:25). 성경이 우리에게 제공하는 가르침은 하나님 또는 하나님의 성령이 말씀의 진정한 주인, 즉 발언자라는 것이며 예언자들과 사도들을 자신의 기관으로 사용하여 말씀하셨다는 것입니다.

• • •

그러나 성령께서 예언자들과 사도들을 계시의 기관으로 사용하셨다는 설명이 그들은 단지 성령의 도구로서 자신들의 자의식이나 의지가 완전히 배제된 채 단지 입으로만 봉사했다는 결론에 도달하게 된다면, 그러한 견해는 성경을 완전히 오해하게 하는 것입니다. 하나님은 항상 자신이 지으신 피조물들을 존중하시고 이성을 가진 피조물들을 결코 이성이 없는 존재처럼 취급하지 않으십니다. 성경도 영감에 관한 이러한 "기계적인" 개념을 명백하게 부정합니다. 비록 예언자들이 성령에 의해 인도되었지만, 그들도 자신들의 자의식과 더불어 **스스로**(*zelven*) 말했습니다(벧후 1:21). 예언자들과 사도들이 문자로 기록한 말씀들은 종종 예언자들과 사도들 자신의 말로 인용됩니다(마 22:43, 45; 요 1:23; 5:46; 롬 10:20 등). 예언자나 사도의 직분을 위해 그들은 어릴 때부터 구별되고 준비되었으며 그 사역에 합당한 능력을 부여받았습니다(렘 1:5; 행 7:22; 갈 1:15). 그들은 계시를 받을 때와 마찬가지로 계시를 기록할 때도 완전히 자기 자신을 인식하고 있었습니다. 성령의 감동하심으로 인해 그들의 활동이 억압되지 않았고 오히려 그들의 활동은 강화되고 정화되었습니다. 그들은 스스로 부지런히 조사하고(눅 1:3), 과거에 받은 계시를 생각하고 기억했습니다(요 14:26; 요일 1:1-3). 그들은 역사적인 자료들을 사용하기도 했습니다(민 21:14; 수 10:13 등). 예를 들면 시편 저자들은 자신들의 경험에서 노래의 소재를 찾았습니다. 그리고 성경을 구성하는 모든 글에서 각기 다른 저자들의 고유한 재능과 성격, 개인적인 성장과 교육, 언어와 문체 등이 나타납니다. 성경을 연구하면 하나님의 말씀만을 공부하게 되는 것이 아니라 성경의 개별 저자들에 대해서도 알게 됩니다. 열왕기와 역대기, 이사야와 예레미야, 마태와 누가, 요한과 베드로와 바울 사이에는 정말이지 큰 차이가 있습니다.

하나님의 모든 사역에서와 마찬가지로 성경의 영감에서도 다양성은 일치에서 나오고, 일치는 다양성에서 나옵니다. 하나님께서는 예언자와 사도들을 통해 우리에게 말씀하실 때 그들의 "전인격"을 사용해 말씀하셨습니다. 하나님께서 직접 형성하신 그들의 인격 전체를 도구로 삼으시어 그들을 자의식적이고 스스로 행동하는 영감의 기관이 되게 하셨습니다. 그러므로 영감은 기계적인(mechanisch) 것이 아니라 "유기적인"(organisch) 성격을 지니고 있습니다.

• • •

우리는 다음과 같은 통찰을 통해 성경의 인간적인 측면을 충분히 인정할 수 있습니다. 성경은 갑자기 하늘에서 완전한 형태로 땅에 떨어진 것이 아니라 오랜 세월을 거치면서 서서히 형성된 것입니다. 우리가 사용하는 구약성경은 서른아홉 권의 책으로 구성되어 있습니다. 그중에 다섯 권은 율법서이고, 열두 권은 역사서(여호수아에서 에스더까지)이며, 다섯 권은 시가서(욥기에서 아가까지)이고, 열일곱 권은 예언서입니다. 이러한 순서는 연대순이 아닙니다. 여러 역사서, 예를 들면 에스라, 느헤미야, 에스더는 여러 시가서와 예언서보다 훨씬 나중에 기록된 것입니다. 그리고 예언서 중 부피가 작은 책들, 예를 들면 요엘, 오바댜, 아모스, 호세아가 훨씬 부피가 큰 책들인 이사야, 예레미야, 에스겔, 다니엘보다 더 오래되고 시기적으로 앞선 것입니다. 그러므로 구약성경의 순서는 저작 연대에 따른 순서가 아니라 내용상 관련 있는 책들을 함께 묶은 것이라는 사실을 알아야만 합니다. 이 모든 구약성경을 구성하는 책들의 형성은 오랜 세월 동안 매우 다양한 상황 속에서, 매우 다양한 저자의 노력으로 서서히 이루어졌습니다.

신학에서는 어떤 성경책이 어떤 상황에서 어떻게 작성되었는지, 누가 저술했으며 누구를 위해 기록된 것인지 등을 연구하는 특수하고 전문적인 분야가 있습니다. 이 분야의 연구를 남용하는 사례가 빈번하여 이 분야는 좋지 않은 평판을 듣고 있습니다. "비평"(critiek)이라는 명목으로 성경의 각 페이지를 조직적으로 찢어낸다는 이야기를 누구나 한 번쯤은 들어보았을 것입니다. 그러나 비평에 대한 남용이 있다고 해서 비평학 사용을 완전히 배제할 수는 없습니다. 성경 전체와 각 부분을 올바르게 이해하기 위해서는 성경이 어떻게 해서 점진적으로 형성되었고 각 성경책이 어떤 상황에서 기록되게 되었는지를 정확히 아는 것이 대단히 중요합니다. 이러한 지식이 있으면 하나님의 말씀을 읽고 해석하는 일에 큰 도움을 얻을 수 있습니다. 이를 통해 우리는 성령의 영감이 거룩한 사람들의 삶과 생각 속에 깊고 넓게 역사했음을 배울 수 있습니다.

오랜 세월 동안, 즉 모세 시대까지는 성경이나 기록된 하나님의 말씀이 존재하지는 않았습니다. 적어도 우리는 모세 이전의 시대에 기록된 하나님의 말씀에 대해서 알지 못합니다. 물론 모세 이전에도 특별계시의 역사를 위해 중요했던 어떤 말씀이나 사건의 기록이 있을 수 있으며, 그것이 나중에 모세에 의해 그의 책들에 포함되고 보존되었을 가능성을 완전히 배제할 수는 없습니다.

불과 얼마 전까지만 해도 이러한 주장은 어리석은 것으로 간주되었는데, 이는 모세 시대에 문자를 사용하지 않았다고 생각했기 때문입니다. 그러나 현재 우리는 바빌로니아와 이집트에서 이루어진 발견을 통해서 문자가 모세 이전에 이미 사용되고 있었을 뿐만 아니라 널리 사용되었음을 알게 되었습니다.

우리는 모세보다 수백 년 전에 문자로 기록된 역사와 법전을 알고 있습니다. 따라서 모세가 역사를 기록하고 율법을 제정하기 전에 이미 존재하고 있었던 더 오래된 문서들을 사용했을 가능성이 있다는 견해는 전혀 불합리한 주장이 아닙니다. 예를 들어 창세기 14장의 기사는 기록된 전승에 근거했을 가능성이 매우 높습니다.

그러나 이 부분에 대해서는 확실하게 알 수는 없으며 일반적으로 모세 이전에는 기록된 하나님의 말씀이 존재하지 않았다고 말할 수 있습니다. 그러나 기록된 하나님의 말씀이 없었다고 해서 하나님의 말씀이 없었던 것은 아닙니다. 특별계시가 타락 직후에 이미 시작되었고 그런 의미에서 이미 신앙과 삶의 규범 같은 것이 있었기 때문입니다. 인류에게 하나님의 말씀이 없었던 적은 없었습니다. 태초부터 인류는 자연과 양심 속에 나타나는 하나님의 일반계시뿐만 아니라, 말씀과 역사 속에 나타나는 특별계시도 가지고 있었습니다. 하지만 그 당시 하나님의 말씀은 곧바로 문자로 기록된 것은 아니며 가정과 세대 간에 부모에게서 자녀로 구전되었습니다. 인류의 인구가 아직 작았고, 장수의 축복을 누리던 고대에는 혈연관계와 가족 의식 그리고 전통에 대한 존중이 오늘날보다 훨씬 더 중요했기 때문에 이러한 구전 방식만으로도 하나님의 말씀을 순수하게 보존하고 전파하는데 충분했습니다.

그러나 시간이 지나면서 인류의 인구수가 불어나 확장되고 각종 우상 숭배와 미신에 빠지게 되자 구전만으로는 더 이상 충분치 않게 되었습니다. 그래서 모세와 더불어 하나님의 말씀이 기록되기 시작했습니다. 기존의 기록된 문서가 있어서 모세가 이를 채택하고 활용했을 가능성도 배재할 수 없습니다. 하지만 앞서 언급했듯이 이에 대해서는 그 진위를 확실히 알 수는 없습니다. 그러나 소위 모세오경에서 모세 자신이 이 글을 기록했다는 언급이 매우 적다는 점을 고려한다면 그와 같은 가능성이 더욱 커집니다(출 17:14; 24:4, 7; 34:27; 민 33:2; 신 31:9, 22). 따라서 모세오경의 여러 부분이 이미 이전에 존재했거나, 모세 자신이나 그의 명령에 따라 다른 사람들에 의해 기록되었거나 또는 모세 사후 그의 정신을 따라 다듬어서 기존의 내용을 편집하고 추가했을 가능성도 높습니다. 이전에는 모세의 죽음에 대한 기록과 관련해 모세오경은 모세 사후 편집되었다는 학설이 일반적으로 받아들여졌습니다. 창세기 12:6 이하, 13:7, 36:31-36 등에 나타나는 보충된 부분들도 같은 범주에 포함시켜야만 할 것입니다. 그러나 이러한 사실은 하나님 말씀의 권위를 결코 손상시키는 것이 아니며 말씀의 권위에 아무런 영향을 끼치지 않습니다. 성경에 반복적으로 나오는 "모세의 율법" 또는 "모세의 책"이라는 표현(왕상 2:3; 왕하 14:6; 말 4:4; 막 12:26; 눅 24:27, 44; 요 5:46-47 등)과도 결코 모순을 일으키지 않습니다. 모세가 일부분을 다른 출처에서 가져왔거나, 그의 명령에 따라 기록되었거나, 그의 정신에 따라 후대에 편집되었거나, 어떤 경우라고 할지라도 모세오경은 여전히 모세의 책 또는 율법으로 남아 있습니다. 바울도 일반적으로 자신의 편지를 직접

쓰지 않고 대필자를 시켜서 기록하게 했습니다(고전 16:21). 비록 많은 시편이 다윗이 아닌 다른 저자들에 의해 쓰였음에도 불구하고 시편 전체를 또한 다윗의 저작으로 간주하는데, 이는 다윗이 시편 영창(咏唱, psalmodie)[1]의 기초를 놓은 사람이었기 때문입니다.

• • •

하나님께서 족장들과 맺으셨고 시내산에서 이스라엘과 맺으셨으며, 그리하여 모세 율법에서 "잘 규정된" 언약에 기초하여 이스라엘의 역사 속에서 성령의 인도하심을 따라 세 가지 종류의 거룩한 문서가 나타났는데, 그것은 곧 예언서와 시가서와 지혜서입니다. 성령의 이런 특별한 은사들은 셈족, 특히 이스라엘 민족 특유의 자연적 은사들과 결합되었습니다. 그러나 성령의 특별한 은사들은 자연적 은사들을 뛰어넘어 하나님 나라를 위해 봉사하고 모든 인류의 유익을 위한 소명으로 부여된 것입니다.

　　예언은 이미 아브라함에서부터 시작되며(창 18:17; 20:7; 암 3:7; 시 105:15), 야곱(창 49), 모세(민 11:25; 신 18:18; 34:10, 호 12:13), 미리암(출 15:20; 민 12:2)에게서 나타나지만, 사무엘과 그 이후의 시대에 특별히 두드러지게 나타나며, 바빌론 포로기 이후까지 이스라엘 역사에 계속해서 나타납니다. 예언서들은 히브리어 구약성경에서 두 개의 큰 그룹으로 나뉘는데, "전기"(eerste) 예언서와 "후기"(laatste) 예언서가 바로 그것입니다. 전기 예언

1　　역자 주. 시편 영창(咏唱)은 구약 시대 유대 종교 의식에서 전문 가수나 성가대에 의해서 불렸던 시편에 곡조를 붙인 찬송이다. 시편 영창은 고대에 동방 교회와 서방 교회를 가릴 것 없이 예배 가운데서 행해졌다. 고대 교회의 시편 영창으로부터 그레고리오 성가, 비잔틴 성가 등이 유래했다. 16세기 개혁파 교회에서 회중 찬송으로 시편 영창이 활성화되었다. 개혁파 교회에서 시편 영창이 회중 찬송의 전통으로 정착하여 발전하게 된 이유는 예배 시에 비성경적인 찬송가 가사를 사용하는 것을 배제하기 위해서였다.

서에는 여호수아, 사사기, 사무엘상·하, 열왕기상·하가 포함됩니다. 이 책들이 "전기 예언서"로 불리는 이유는 예언자들이 그 책들을 기록하였으며, "후기 예언서"를 기록한 예언자들에 앞선 예언자들을 다루고 있기 때문입니다.

이스라엘에는 우리 성경에 보존된 네 명의 대 예언자와 열두 명의 소 예언자 외에도 훨씬 더 많은 예언자가 있었습니다. 앞서 언급된 역사서들은 예언자들의 이름으로 가득 차 있으며, 때때로 그들의 활동을 매우 상세하게 묘사합니다. 역사서에는 드보라, 사무엘, 갓, 나단, 아히야, 스마야, 아사랴, 하나니, 하나니의 아들 예후, 엘리야, 엘리사, 훌다, 그리고 유다 왕국의 첫 순교자인 스가랴 등 많은 예언자에 대해 언급하고 있으며, 이름이 없이 언급되는 예언자들도 있습니다(예를 들면 대하 25장). 이렇게 이름 없이 언급되는 예언자들의 예언은 하나도 기록으로 남아 있지 않습니다. 때로는 예언자 학교가 언급되기도 하는데(삼상 10:5-12; 19:19 이하; 왕하 2:3, 5; 4:38, 43; 6:1), 이곳에서 많은 예언자의 아들들 또는 제자들이 함께 영적 훈련과 더불어 신정 활동을 수행했습니다. 아마도 여호수아, 사사기 등의 책에 보존된 예언적 역사 기록들이 이 학교에서 나왔을 가능성이 농후합니다. 특히 역대기에는 예언자들의 역사 기록에 대한 언급이 자주 등장합니다(대상 29:29; 대하 9:29; 20:34 등).

역사서에서 그 활동이 묘사된 예언자들은 종종 후기 문서 예언자들과 구별하여 "행동하는 예언자들"이라고 불립니다. 이러한 호칭은 초기와 후기의 예언자들이 모두 "말씀의 예언자"였다는 점을 기억한다면 정당한 것입니다. 그들은 모두 하나님의 말씀을 선포하고 증언했습니다. 히브리어로 예언자 또는 대언자를 뜻하는 "나비"(*nabi*)라는 말은 아마도 이미 이러한 사실을 암시하고 있으며(출 4:16; 7:1), 가장 오래된 예언자들의 증언 속에 이미 예언적 선언의 기본적인 특징들이 포함되어 있습니다. 그러나 초기 예언자들은 두 가지 측면에서 후기 예언자들과 구별됩니다. 첫째, 그들은 이스라엘 백성의 내부 문제에만 관심을 집중했고, 다른 민족들은 아직 그들의 시야에 들어오지 않았습니다. 둘째, 그들은 미래보다 현재에 더 관심이 많았고, 그들의 훈계와 경고의 말씀은 대개 직접적이고 실천적인 목적을 가졌습니다. 이때까지는 다윗과 솔로몬의 통치 이후 약간의 시간이 경과되었던 시기로, 이스라엘이 하나님의 언약을 지키고 그분의 길을 따라 행할 것이라는 희망이 살아 있었습니다.

그러나 기원전 9세기부터 이스라엘은 점차 외세와 관계를 맺게 되고, 자신의 소명을 망각하고 외세에 휘말리게 되자 예언자들은 주변 민족들에게도 시선을 돌리기 시작했습니다. 예언자들은 배도의 현실에서 더 이상 하나님의 약속이 온전히 성취될 것을 기대하지 못하게 되자, 하나님께서 직접 이루실 메시아적 미래를 내다보게 되었습니다. 예언자들은 그들의 망대 위에 서서 사방의 땅을 바라보고, 성령의 빛에 따라 시대의 징조(표적)를 해석하며(벧전 1:4, 벧후 2:20-21), 이스라엘의 모든 상황을 종교적·도덕적·정치적·사회적 관점에서 평가하고, 에돔, 모압, 앗수르, 갈대아, 이집트 등의 이방 민족들과 이스라엘의 관계까지도 야웨께서 자신의 백성들과 맺으신 언약에 비추어 판단했습니다. 그리고 그들은 각자의 성격과 자신의 방식을 따라 자신이 속한 시대에 본질상 동일한 하나님의 말씀을 선포했습니다. 그들은 이스라엘의 죄와 하나님의 징계를 선포하고, 하나님의 언약의 불변성과 그 약속의 신실함을 증거합니다. 또한 모든 불의에 대한 용서를 선포하며 주님의 백성을 위로하고, 다윗 가문의 한 왕이 통치하는 가운데 하나님께서 이스라엘과 모든 민족 위에 그 통치를 넓혀 가실 그 기쁨의 미래를 바라보게 합니다.

따라서 예언자들이 하나님의 이름으로 선포한 말씀은 그들이 활동하던 당시의 시대를 넘어서서 그 의미가 확대되었습니다. 그 말씀은 더 이상 옛 이스라엘에 국한되지 않고 전 인류에게까지 확장되었습니다. 그리하여 인류 속에서만 성취될 수 있는 내용과 목적을 가지게 되었습니다. 예언자들의 말씀은 이제 기록으로 남게 되었습니다. 기원전 9세기, 요엘 또는 오바댜의 시대로부터 예언자들은 자신이 선포한 예언을 기록하기 시작했으며, 때로는 명백한 하나님의 명령으로(사 8:1; 합 2:2; 사 36:3), 그 말씀이 마지막 때까지 영원히 남아(사 30:8) 후세대들이 그 말씀의 진실성을 인정하도록 의도했습니다(사 34:16).

• • •

예언과 병행하여 **시편** 역시 오랜 역사를 가지고 있습니다. 노래와 음악은 이스라엘에서 사랑받았고(삼상 18:7; 삼하 19:35; 암 6:5 등), 다양한 주제의 노래들이 역사서에 보존되어 있습니다. 예를 들어 칼의 노래(창 4:23-24), 우물의 노래(민 21:17-18), 헤스본 정복의 노래(민 21:27-30), 홍해를 건넌 것을 기념하는 노래(출 15장), 모세의 노래(신 32장), 드보라의 노래(삿 5장), 한나의 노래(삼상 2장), 사울과 요나단의 죽음을 애도하는 다윗의 노래(삼하 1장), 아브넬의 죽음을 애도하는 다윗의 애가(삼하 3:33-34) 등이 있습니다. "야살의 책"은 또한 많은 노래를 포함하고 있었던 것으로 보입니다(수 10:13과 삼하 1:18). 더불어 예언서에도 많은 노래가 등장합니다. 예를 들어 이사야 5장의 포도원의 노래, 이사야 14장의 바빌론 왕의 패망을 조롱하는 노래, 이사야 38장의 히스기야의 찬양, 요나서 2장의 요나의 기도, 하박국 3장의 하박국의 찬가 등이 있습니다. 이러한 노래 중 많은 부분이 시편과 밀접하게 관련되어 있으며 어느 것이 어느 것에게로 전승되었는지 가늠하기가 어렵습니다. 예언과 시편 사이에는 깊은 연관성이 있으며 이러한 연관성은 그 형식에서도 드러납니다. 둘 다 성령의 강력한 영감에서 나왔고, 둘 다 자연과 역사의 모든 세계를 그 시야에 포함시키며, 둘 다 모든 것을 하나님 말씀의 빛 속에서 바라보고, 둘 다 메시아 왕국의 선포로 끝을 맺으며, 둘 다 시적인 언어와 시의 형식을 사용합니다. 시편의 저자가 하나님의 뜻과 경륜의 신비 속에 이끌려 들어가게 되면 그는 선견자가 되고, 예언자가 하나님의 약속으로 자신의 영혼을 새롭게 할 때 그는 시를 읊조리게 됩니다(대상 25:1-3). 아삽은 선견자라고 불렸고(대하 29:30) 다윗은 예언자라고 불렸습니다(행 2:30).

그러나 이 둘 사이에는 차이점도 있습니다. 앞서 언급한 노래들, 특히 미리암의 노래(출 15장), 모세의 노래(신 32장), 그리고 모세의 시편(시 90편)이 시편의 시들을 미리 준비시켜주었습니다. 그러나 시편은 사무엘의 통치 아래서 야웨께 드리는 예배가 회복된 이후, 이스라엘의 노래 잘하는 자, 즉 "이스라엘의 사랑스러운 시편 작가"로 불린 다윗에 이르러 절정에 이르렀습니다(삼하 23:1). 다윗의 시편은 솔로몬, 여호사밧, 히스기야 시대와 포로기 및 그 이후에 걸쳐 후대 시편 저자들이 따르는 기본적인 형식이 되었습니다. 시편 72편의 마지막 부분에서 다윗의 시편은 모두 "기도"로 언급됩니다. 그리고 시편이 기도라는 것은 모든 시편의 본질적인 특징입니다. 시편에 속한 시들은 모두 똑같지 않습니다. 찬양과 감사의 노래인 경우도 있고, 탄식과 간구의 노래인 경우도 있습니다. 어떤 시는 찬송의 성격을 지니고 있고, 어떤 시는 애가의 성격을 띠기도 하고, 때로는 예언적이고 교훈적인 내용을 담고 있습니다. 시편은 때로 자연 속에서 하나님의 솜씨를 찬양하기도 하고, 때로는 역사 속에서 그분의 행위를 찬양합니다. 시편은 과거와 현재를 다루고 미래를 자주 취급합니다. 그러나 시편은 언제나 기도의 형식을 가지고 있으며, 이것이 모든 시편의 특징입니다. 예언의 경우는 성령께서 예언자에게 내려와 그를 사로잡으시고 그를 감동하시는 것이라면, 시편의 경우는 그 동일한 성령께서 시편 저자를 그 자신의 깊은 영혼의 경험으로 인도하시는 것입니다. 개인적인 영혼의 상태는 항상 시편 저자의 노래의 동기가 됩니다. 그러나 그 영혼의 상태는 언제나 주님의 성령에 의해 형성되고 양육됩니다.

다윗이 그토록 빼어난 성품과 풍부한 삶의 경험을 지닌 인물이 아니었다면 그는 이스라엘의 사랑받는 시인이자 시편 작가가 될 수 없었을 것입니다. 그 영혼의 상태와 풍부하고 다양한 슬픔과 두려움, 유혹과 시험, 박해와 구원 등은 자연과 역사, 제도와 설교, 심판과 구원 속에 있는 하나님의 객관적인 말씀과 행위들의 멜로디를 연주하는 현이었습니다. 이처럼 하나님의 객관적 계시와 주관적인 인도하심이 다윗의 주관적 경험 안에서 화음을 이루어 노래로 표현되었습니다. 이 노래는 하나님의 임재 앞에서 불렸고, 그분의 영광을 위해 봉헌되며, 모든 피조물에게 그 찬양에 동참할 것을 권하고, 하늘과 땅의 모든 이들이 함께 노래할 때까지 계속해서 불릴 것입니다. 따라서 이 노래는 모든 시대와 모든 세대에 걸쳐 가장 깊은 영적 경험을 가장 풍부하게 표현하는 작품으로 여겨졌습니다. 시편은 그리스도 안에서 주어진 하나님의 계시와 관련하여 성령을 통해 우리 마음 깊은 곳에서 우리가 경험하는 바를 입으로 노래하도록 가르칩니다. 이와 같은 의미 때문에 시편 저자들이 시편을 노래했을 뿐만 아니라 모든 시대의 교회도 입술로 시편을 불러왔습니다.

· · ·

예언과 시편 외에도 **호크마**(지혜), 즉 잠언과 지혜의 가르침(지혜 문학)이 있습니다. 이것 역시 요담의 우화(삿 9:7 이하), 삼손의 수수께끼(삿 14:14), 나단의 비유(삼하 12장), 드고아 여인의 행동(삼하 14장) 등에서 나타나는 것처럼 자연적인 은사에 그 기초를 두고 있습니다. 그러나 이러한 지혜는 솔로몬을 통해 성스러운 성격을 얻게 되었습니다(왕상 4:29-34). 그리고 다른 지혜자들의 잠언(잠언 22:17 이하, 30-31)과 그 후에 욥기, 전도서, 아가서를 통해서 포로기 이후까지 이어졌습니다. 예언은 이스라엘과 열방의 역사 속에 드러난 하나님의 계획을 드러내며, 시편은 이러한 하나님의 계획이 경건한 사람들의 영적인 생활에서 일어나는 반향을 표현합니다. 지혜는 이러한 하나님의 계획을 실제적인 삶과 행위와 관련시킵니다. 지혜 역시 신적인 계시에 기초하고 있으며, "여호와를 경외하는 것이 지혜의 근본"(잠 1:7)이라는 것을 그 출발점으로 삼습니다. 그러나 지혜는 그 계시를 민족들의 역사나 개인의 내면적인 경험과 관련시키지 않고 일상적인 생활에서의 실천과 관련시킵니다. 지혜는 남성과 여성의 생활, 부모와 자녀의 관계, 우정과 사귐, 직업과 사업 등 일상의 삶에 적용됩니다. 지혜는 예언처럼 높은 차원에서 활동하지 않고 시편처럼 깊은 차원으로 내려가지도 않습니다. 그러나 지혜는 인간이 때때로 의심 속에서 빠져드는 운명의 모든 변화를 예의주시하며 하나님의 섭리의 의로우심에 대한 믿음을 통해 인간을 고양시킵니다. 이로써 지혜는 일반적으로 인간적인 가치를 지니게 되며 성령의 인도하심을 따라 성경 속에서 모든 시대를 위해 보존되었습니다.

계시, 율법, 하나님의 계획은 모세의 책들에서 원칙적으로 제시되었고 구약 시대에 예언자들의 선포와 노래하는 자들의 노래와 지혜자들의 권면으로 완성되었습니다. 예언자는 머리이고, 가수는 마음이며, 지혜자는 손입니다.

예언자 직분, 제사장 직분, 왕의 직분은 옛 언약에 따라 이스라엘과 인류를 위한 소명을 완수했습니다. 그리고 귀중한 보석에 비유될 수 있는 이 귀중한 성스러운 문학은 그리스도 안에서 온 세계의 공동 유산이 되었습니다.

성취가 약속과 일치하는 것처럼 신약성경도 옛 언약[즉, 구약성경]에 일치합니다. 구약은 오직 신약에서만 드러나며 신약의 핵심과 본질은 이미 구약에 숨겨져 있습니다. 구약과 신약은 받침대와 동상, 자물쇠와 열쇠, 그림자와 본체처럼 서로를 위해 서로를 향해 서 있습니다. 구약과 신약이라는 이름은 처음에는 하나님께서 그리스도 이전과 이후에 자신의 백성에게 주신 은혜언약의 두 경륜을 가리키는 말이었습니다(렘 31:31 이하; 고후 3:6 이하; 히 8:6 이하). 그러나 점차 기록으로 옮겨져 이 두 언약의 사역에 대한 묘사와 설명을 제공했습니다. 출애굽기 24:7에서 이스라엘과 맺은 하나님의 언약, 즉 율법은 언약의 책이라고 불렀고(참조. 왕하 23:2), 바울은 고린도후서 3:14에서 이미 구약을 읽었다는 사실을 암시하고 있는데, 여기서 구약이란 언약의 책들을 염두에 두고 있는 것입니다. 이러한 예에 따라 약속(*testament*)이라는 단어는 점차 구약과 신약에서 은혜의 경륜을 설명하는 성경(Bible)에 포함된 글이나 책을 가리키는 말로 사용되기 시작했습니다.

구약성경과 마찬가지로 신약성경도 여러 권의 책들로 구성되어 있습니다. 신약성경에는 다섯 권의 역사서(사복음서와 사도행전), 스물한 권의 교리서(사도들의 서신들), 그리고 한 권의 예언서(요한계시록)가 포함되어 있습니다. 39권의 구약성경의 책들이 천 년이 넘는 기간에 걸쳐 기록된 반면, 신약성경의 27권은 모두 기원후 첫 세기 후반에 기록되었습니다.

복음서는 신약성경에서 첫 번째 순서에 자리 잡고 있는데, 이러한 순서는 연대기적인 것이 아니라 내용에 따른 것입니다. 비록 사도들의 서신들이 연대기적으로 더 오래된 문서들이지만, 복음서들이 맨 앞에 위치하게 된 이유는 그것들이 훗날 사도들의 모든 사역의 기초가 되는 그리스도의 인격과 사역을 다루고 있기 때문입니다. 복음이라는 단어는 처음에는 일반적으로 기쁜 소식을 의미했지만, 신약시대에 와서 예수 그리스도가 선포하신 기쁜 소식을 의미하게 되었습니다. 그러다가 그 후에 이그나티우스(Ignatius), 유스티누스(Justinus)와 같은 교회의 저자들에 의해서 그리스도에 관한 기쁜 소식을 담은 책들이나 글들을 가리키는 의미로 사용되었습니다.

신약성경의 전반부에는 네 개의 복음서가 배치되어 있습니다. 그러나 이 복음서들은 네 개의 서로 다른 복음을 담고 있는 것이 아닙니다. 복음은 단 하나의 복음, 즉 예수 그리스도의 복음만이 있기 때문입니다. 그러나 그 하나의 복음, 즉 구원의 기쁜 소식은 네 가지 시각으로 네 사람의 저자들에 의해 기록되어 네 가지 형태로 우리에게 전해졌습니다. 이러한 관점은 네 가지 복음서 각각에 붙여진 제목들에 잘 드러납니다. 그것들은 모두 동일하게 복음서라고 불리지만, 마태가 **전한** 복음, 마가가 **전한** 복음, 누가가 **전한** 복음, 요한이 **전한** 복음의 네 가지 다른 제목을 통해 나타납니다. 이러한 복음서에 대한 각기 다른 네 개의 제목은 네 개의 복음서가 네 명의 저자들에게서 유래한 각기 다른 복음의 내용을 담고 있다는 뜻이 아니라 네 복음서에서 하나의 복음이 증언되고 있으나 그리스도의 인격과 사역에 대한 네 가지 차원을 각각의 복음서가 보여주고 있음을 의미합니다. 그래서 초기 교회에서는 네 개의 복음서를 요한계시록 4:7에 나오는 네 개의 생물들에 비유하기도 했습니다. 마태는 사람으로, 마가는 사자로, 누가는 황소로, 요한은 독수리로 비유되었습니다. 첫 번째 복음서인 마태복음의 저자는 그리스도의 인간적인 성격을, 두 번째 복음서인 마가복음의 저자는 그분의 예언자적인 성격을, 세 번째 복음서인 누가복음의 저자는 그분의 제사장적인 성격을, 그리고 네 번째 복음서인 요한복음의 저자는 그분의 신적인 성격을 각각 묘사했기 때문입니다.

마태는 세리 레위와 동일 인물로, 그리스도께서 사도로 선택한 사람입니다(마 9:9; 막 2:14; 눅 5:27). [교부] 이레나이우스(Irenaeus)에 따르면 마태는 자신의 복음서를 팔레스타인에서 기원후 약 62년에 아람어로 썼으며, 주로 유대와 팔레스타인에 있는 유대 그리스도인들을 위해 썼습니다. 기록 목적은 예수가 참으로 그리스도시며 구약의 모든 예언이 그리스도에게서 성취되었음을 그들에게 증명하기 위함이었습니다(마 1:1).

마가는 마리아의 아들로(행 12:12), 예루살렘에 거주하고 있었던 것으로 보입니다(행 1:13; 2:2). 그는 처음에 바울의 동역자였고 나중에는 베드로의 동역자가 되었습니다(벧전 5:13). 전승에 따르면 마가는 로마에 있는 그리스도인들로부터 예수 그리스도 복음의 기원에 대해 말해 달라는 요청을 받았습니다(막 1:1). 그는 예루살렘에 거주하며 베드로와의 교제를 통해 복음의 연원을 잘 알고 있었기 때문에 이러한 요청에 응했습니다. 그는 아마도 로마에서 기원후 64-67년경에 복음서를 작성했을 것으로 보입니다.

누가는 바울로부터 사랑받는 의사로 불렸던 인물로서(골 4:14), 아마도 안디옥 출신이었을 것으로 추측됩니다. 그는 이미 기원후 40년에 그리스도교회의 일원이었을 것으로 추측됩니다. 그는 바울의 동역자이자 선교 여행을 함께했던 동료였으며, 마지막까지 바울을 충실하게 도왔던 조력자였습니다(딤후 4:11). 누가는 그리스도의 생애와 사역에 대한 역사서(누가복음)를 기록했을 뿐만 아니라 복음이 팔레스타인, 소아시아, 그리스, 로마까지 전파된 경위를 설명하는 초기 역사서(사도행전)까지도 기록했습니다. 그는 기원후 70-75년경에 사도행전을 저술했으며, 이 저서를 사회적으로 지위가 높고 깊은 신앙심을 가졌던 테오필로스라는 인물에게 헌정했습니다.

이 세 개의 복음서는 서로 밀접한 관련이 있습니다. 이것들은 예수의 가르침과 생애에 대한 전승을 첫 번째 제자들로부터 이어받았습니다. 그러나 네 번째 복음서는 그 성격이 다릅니다. 예수께서 사랑하신 제자 요한은 예수의 승천 후 예루살렘에 머물렀으며 야고보와 베드로와 함께 예루살렘 교회의 세 개의 기둥 중 하나였습니다(갈 2:9). 후에 그는 예루살렘을 떠나

생애의 말기에 바울의 후계자로 에베소에 갔고, 거기서 그는 도미티아누스 황제(keizer Domitianus)의 통치 아래 95-96년경 밧모섬으로 유배되었으며, 100년경에 순교했습니다. 요한은 선교 사역에서 중요한 역할을 담당했던 인물은 아니었습니다. 그는 새로운 교회를 세우기보다는 기존 교회들이 진리에 대한 순수한 지식을 유지하도록 돕기를 원했습니다. 1세기 말이 되자 교회는 새로운 상황에 직면하기 시작했습니다. 교회와 이스라엘, 율법, 할례와 관련한 갈등이 끝났고, 그리스도교회는 유대교와 독립된 존재로 자리 잡아갔으며, 점점 더 그리스-로마 세계로 확장되어갔습니다. 그리스-로마 세계에서 교회는 여러 가지 다른 사상들과 접촉하게 되었는데, 특히 초기 영지주의와 접촉하게 되었습니다. 요한의 목적은 이러한 영지주의와 같은 적그리스도 세력의 위험, 즉 말씀이 육신이 되었다는 사실을 부인하는 사상으로부터 교회를 안전하게 지키는 것이었습니다(요일 2:22; 4:3). 요한은 80-95년 사이에 썼던 자신의 저작에서 그리스도를 육신이 되신 말씀으로 온전히 묘사하기를 원했습니다. 요한은 자신의 복음서에서 예수께서 땅에 계셨을 때 성육신하신 말씀이었음을 강조했고, 그의 서신들에서는 예수께서 지금도 교회 안에 여전히 성육신하신 말씀으로 살아계심을 강조했으며, 요한계시록에서는 미래에도 성육신하신 말씀으로 계실 것이라는 사실을 강조했습니다.

따라서 지금까지 살펴본 신약성경의 저작들은 성령의 인도하심 아래 역사적 상황을 계기로 기록되었습니다. 바울과 베드로, 야고보와 유다의 다른 저작들도 마찬가지입니다. 사도들은 예수의 승천 이후와 예루살렘 교회의 박해 이후에 유대인과 이방인에게 복음을 전했을 뿐만 아니라 그들이 세운 교회들과도 계속해서 교제와 소통을 유지했습니다.

사도들은 자신들이 세운 교회들의 영적 상태에 대해 구두로나 서면으로 보고를 받았고, 그 교회들의 성장에 관심을 가졌으며, 사도적인 마음으로 모든 교회를 보살폈습니다(고후 11:28). 따라서 그들은 가능하면 교회를 직접 방문하거나, 필요에 따라서는 서신을 통해 교회를 권면하거나 위로하고, 경고하거나 격려했으며, 모든 방법을 동원해 교회를 경건한 진리 안으로 더 깊이 인도하기 위해 부르심을 받았다고 생각했습니다.

사도들의 모든 사역과 마찬가지로 이 문서 작업 또한 역사적이고 유기적이며 필수적인 부분으로서 사도들의 사역에 있어서 기초적인 성격을 지니고 있습니다.

복음서와 사도들의 서신들은 예언자들의 책들인 예언서들과 마찬가지로 어떤 계기로 인해 저술된 글들입니다. 그러나 이것들은 동시에 당시 교회들의 일시적이고 지역적인 관심사를 초월해 모든 시대의 교회에까지 적용됩니다.

성경 전체가 비록 역사적 정황 속에서 형성되었지만 아우구스티누스의 말처럼 성경은 하나님께서 지상의 교회에 보내신 편지입니다. 그러므로 성경에 속한 각각의 책들의 기원을 역사적으로 탐구하는 것은—사람들이 이러한 역사적 탐구 방법을 오용하는 경우를 제외하고는—성경의 신적인 성격을 훼손하는 것이 아니라 오히려 하나님의 놀라운 작품인 성경이 어떻게 형성되었는가를 우리에게 알게 해줍니다.

• • •

성경의 각각의 책들의 기원을 살펴보는 것으로 성경 연구가 모두 끝나는 것이 아닙니다. 이것은 이제 시작에 불과합니다. 성경 주위에는 점차 여러 학문이 형성되었습니다. 그러한 학문의 목적은 성경의 의미와 뜻을 더욱더 잘 이해하게 하는 데 있습니다. 여기서는 성경의 후속적인 연구를 위해 다음과 같은 몇 가지 사안들을 언급하고자 합니다.

첫째로, 성경의 각각의 책이 독립적인 기원을 통해 형성되었지만, 수집되어 하나의 정경(正經, Canon), 즉 신앙과 삶의 규범으로 사용되는 책들의 목록에 자리를 차지하게 되었다는 사실입니다. 이러한 수집은 때로는 성경에 속한 몇몇 책들에서 이미 이루어졌습니다. 예를 들면 시편과 잠언은 여러 저자에 의해 작성되었지만, 점차 한 권의 책으로 묶어졌습니다. 나중에는 여러 권의 책들이 하나로 수집되어 성경이라 불리게 되었습니다. 그러나 교회가 이러한 정경을 만든 것으로 이해해서는 안 됩니다. 마치 교회가 예언자들과 사도들의 글들에 정경으로서의 권위를 부여한 것처럼 생각해서는 안 됩니다. 오히려 이러한 글들은 저작된 순간부터 교회 공동체 내에서 권위를 지니고 있었으며, 신앙과 삶의 규범으로 간주되었기 때문입니다. 하나님의 말씀은 처음에 기록되지 않았을 때나 나중에 기록되었을 때나 그 권위를 인간들에 의해서, 심지어는 예언자들에 의해서 부여받은 것이 아니라 오직 하나님으로부터 부여받았습니다. 하나님께서 친히 그 말씀을 지키시고 그 말씀이 인정받도록 하셨습니다.

그러나 나중에 예언자들과 사도들의 책들이 늘어나고, 때로는 예언자들과 사도들이 저작하지 않았지만 그들의 이름을 빌려서 저술되거나, 일부 공동체에서 예언자들과 사도들의 저작으로 주장되는 책들이 생겨나자 교회는 진정한 정경의 책들을 거짓되고 의심스러운 외경(外經, apocriefe) 또는 위경(僞經, pseudepigraphische geschriften)의 책들로부터 구별할 필요가 있었습니다. 그래서 교회는 외경 또는 위경과 정경을 구별하기 위해 정경의 목록을 작성했습니다. 예수 이전의 구약성경에 속한 책들과 관련해서도 정경 목록을 작성하는 일이 있었고 기원후 4세기에 신약성경에 속한 책들에 대해서도 정경 목록의 작성이 이루어졌습니다. 이러한 문제를 연구하고 성경의 정경성(正經性, canoniciteit)을 규명하는 [정경론이라는] 전문적인 학문 분야가 있습니다.

둘째로, 예언자들과 사도들이 기록한 원본들은 모두 예외 없이 [역사 속에서] 사라졌습니다. 우리는 오직 그것들의 필사본만을 가지고 있습니다. 구약성경의 가장 오래된 사본은 기원후 9세기와 10세기의 것이고, 신약성경의 가장 오래된 사본은 기원후 4세기와 5세기로 거슬러 올라갑니다. 원본들과 현재 존재하는 필사본들 사이에는 수 세기의 시간적인 간격이 존재합니다. 그러한 기간 동안 본문은 긴 역사를 거치며 사소한 혹은 큰 변화에 노출되었습니다. 예를 들어 말하자면, 초기 히브리어 필사본에는 모음도, 구두점도 없었습니다. 이러한 것들은 수 세기가 지난 후에야 비로소 필사본에 추가되었습니다. 우리가 현재 사용하고 있는 장(章)들의 구분은 13세기 초에 처음 생겨났으며, 각각의 절(節)에 대한 구분은 16세기 중반에 등장했습니다.[2] 이러한 이유로 인해 원본 텍스트를 재구성하고, 이를

---

2   역자 주. 구약성경과 신약성경의 사본에 대해 바빙크의 서술 요지는 다음과 같다. 구약성경의 가장 오래된 사본, 곧 현존하는 고대 사본은 주로 9-10세기에 속하며 신약성경의 가장 오래된 사본은 4-5세기로 거슬러 올라간다. 또한 초기 히브리어 본문에는 모음과 구두점이 존재하지 않았고, 이러한 요소들은 수 세기가 지난 뒤 필사본 전통 속에서 점차 추가되었다. 나아가 바빙크는 오늘날 사용되는 장 구분이 13세기에, 절 구분이 16세기 중반에 성립되었다고 설명한다. 그러나 오늘날 사본학의 정설에 따르면, 히브리 성경의 경우 절 단위의 구분은 마소라 본문 전통 안에서 훨씬 더 이른 시기, 곧 기원후 7-10세기 이전부터 이미 낭독과 필사 과정 속에서 기능적으로 존재했다. 다만 성경 전체(구약 + 신약)의 통일된 장 구분 체계는 13세기 초(약 1205년경), 파리 대학교의 교수였으며 스콜라 학자이자 캔터베리 대주교를 지낸 스티븐 랭턴에 의해 체계화되었다. 또한 오늘날 우리가 사용하는 현대적 의미의 절 번호 체계는 프랑스 파리 출신의 인문주의자이자 성서학자이며 출판업자였던 로베르 에티엔(Robert Estienne, 라틴명: Robertus Stephanus)이 1551년에 스위스 제네바에서 출판한 그의 이름을 딴 그리스어 성경, 이른바 스테파누스 성경(Bible de Robert Estienne, Stephanus Bible, Novum Testamentum Graece)을 통해 정착되었다. 에티엔은 랭턴의 장 구분 체계를 유지한 채, 신약성경 본문 전체를 절 번호로 세분화하였으며, 이 체계는 1560년 『제네바 성경』을 거쳐 이후 모든 개신교와 가톨릭 성경에서 표준으로 자리 잡게 되었다. 따라서 바빙크는 상기의 본문에서 현재 우리가 사용하는 장·절 체계의 성립 과정을 개괄적으로 서술하고 있는 것으로 이해하는 것이 적절하다. 다만 그의 진술은 자칫하면 장·절 구분 일반에 관한 설명으로 오독될 우려가 있다. 엄밀히 말해, 바빙크의 "우리가 현재 사용하는 장들의 구분은 13세기 초에 처음 생겨났으며, 각각의 절에 대한 구분은 16세기 중반에 등장했다"라는 표현은 현대적 랭턴과 에티엔에 의해서 이루어진 장·절 번호 체계의 확립 시기

해석의 기초로 삼는 [사본학과 본문비평이라는] 별도의 전문적인 학문 분야가 필요했습니다.

셋째로, 구약성경은 히브리어로, 신약성경은 그리스어로 기록되었습니다. 따라서 성경이 이러한 언어들을 이해하지 못하는 사람들 사이에 퍼져나가기 시작하자 번역이 필요했습니다. 이미 기원전 3세기에 구약성경의 그리스어 번역이 이루어졌습니다. 그 이후 구약성경과 신약성경이 많은 고대 언어로 번역되었고, 또한 그것과 더불어 많은 현대 언어로 번역 작업이 이루어졌습니다. 19세기 이교도들 사이에서 선교가 다시 부흥한 이후, 이러한 성경 번역 작업은 다시 열정적으로 추진되었으며, 현재 약 400개 이상의 언어로 성경의 전체 또는 일부가 번역되었습니다. 전체 성경의 완역본도 약 100개의 언어로 이루어져 있습니다.[3] 특히 성경에 대한 고대의 번역들을 연구하는 것은 성경을 올바르게 이해하는 데 있어 대단히 중요합니다. 각각의 번역은 성경 본문에 대한 해석이기도 하기 때문입니다.

마지막 넷째로, 고대 유대인들의 시대 이래로 여러 시대를 거쳐 오늘에 이르기까지 성경 해석에 엄청난 노력과 주의가 기울여졌습니다. 모든 이단은 자신들만의 성경 해석을 자행했고, 이단들의 수많은 해석이 그 자신들의 생각을 반영하는 것임에도 불구하고, 성경 해석의 역사는 해석에 괄목할 만한 발전이 있었음을 보여주고 있습니다. 그리고 각 시대의 성경 해석은 그러한 발전에 이모저모로 기여했습니다. 하나님께서는 인간의 다양한 실수를 통해서도 자신의 말씀을 유지하고 옹호하셨습니다. 하나님의 생각이 세상의 지혜를 이기게 하시는 분은 다름 아닌 하나님 자신이십니다.

를 가리키는 것으로 이해되어야 한다.
3   역자 주. 성경은 2023년 기준으로 전 세계 3,610개의 언어로 번역되었다.

1. 하나님의 계시는 성경 바깥에도 존재합니까, 아니면 성경만이 하나님의 계시입니까?

2. 성경과 계시의 차이는 무엇입니까?

3. 율법은 구원 이후의 삶에서 어떤 역할을 할 수 있습니까?

4. 율법과 복음의 관계를 어떻게 이해해야 할까요?

5. 그리스도인이 성경을 해석할 때 개인의 이해와 성령의 조명은 어떤 관계가 있습니까?

6. 율법 없는 복음, 혹은 복음 없는 율법은 오늘날 교회에 어떤 문제를 일으킬 수 있습니까?

7. 성경 영감에 대해 간략히 설명하고 우리는 영감의 방식에 대해 어떤 견해를 가져야 할까요?

제8장

성경과 신앙고백

사도들의 시대와 그 이후로 그리스도교의 본질이 무엇인지에 대해 다양한 의견이 있었습니다. 그리고 유대교 및 이교도들과 그리스도교의 관계가 어떠한가에 대해서도 다양한 의견이 없었던 것은 아닙니다. 하지만 성경이 하나님의 말씀으로서 모든 그리스도교회에 만장일치로 받아들여진 것은 더욱 놀라운 사실이 아닐 수 없습니다.

우선 구약성경의 경우가 그렇습니다. 구약은 예수와 사도들의 가르침에서 반복적으로 언급되고 인용되었습니다. 예수와 사도들의 가르침과 더불어 구약성경의 권위는 자연스럽게 유대교에서 그리스도교회로 자연스럽게 옮겨졌습니다. 복음은 구약성경과 함께 왔고 구약성경 없이는 받아들여질 수 없었습니다. 복음은 구약 약속의 성취입니다. 그러므로 구약 없이 복음은 존재할 수 없으며 구약은 복음의 기초이자 뿌리입니다. 복음이 받아들여지는 곳에서는 동시에 구약성경도 하나님의 말씀으로서 아무런 이의 없이 받아들여졌습니다. 신약교회는 성경 없이 존재한 적이 없었으며 처음부터 율법과 시편과 예언서를 소유하고 있었습니다.

이러한 구약성경에 사도들의 저작들이 추가되었습니다. 이러한 저작들 가운데 복음서와 공동 서신서 같은 문서는 모든 교회를 위해 작성되었습니다. 그리고 몇몇 서신들은 로마와 고린도와 골로새 지역에 있는 특정 교회를 위해 기록된 서신서들입니다.

이 모든 저작은 사도들과 사도적인 인물들로부터 유래된 것이므로, 그것들은 처음부터 그리스도교 공동체에서 크게 존중을 받았고 교회에서 낭

독되었으며 다른 교회에도 보내어져서 읽혔습니다. 예를 들어 사도 바울은 친히 골로새 교회에 편지를 썼으며 이 편지가 골로새 교회에서 읽힌 후 라오디게아 교회에서도 읽히도록 요청했습니다. 반대로 라오디게아 교회에 보낸 편지도 골로새 교회에서 읽히도록 권고받았습니다(골 4:16). 베드로는 베드로후서 3:15-16에서 자신의 독자들이 최근에 받은 바울의 편지를 언급할 뿐만 아니라 베드로가 전하는 것과 같은 교리를 가르치고 있는 다른 바울의 편지들도 언급하고 있습니다. 바울의 편지들이 베드로 자신이 제시하는 것과 동일한 교리들을 가르치고 있지만 때로는 어려운 부분이 있어서 배우지 못한 연약한 사람들이 잘못 이해하고 왜곡되지 않게 할 것을 권면하고 있습니다. 물론 이 당시에 바울의 서간집이 있었다고 볼 수는 없습니다. 그러나 바울 서신에 대한 베드로의 언급은 당시 바울의 저작들이 특정 교회에서뿐만 아니라 그보다 훨씬 광범위하게 알려져 있었음을 보여줍니다. 초기 교회는 주로 사도들과 그들의 제자들의 설교로부터 복음에 대한 지식을 얻었습니다.

하지만 사도들의 사후(死後) 그들의 설교가 중단되자 사도들이 저작한 문서들의 가치가 점점 더 높아졌습니다. 2세기 중엽의 증언에 따르면, 복음서와 서신서들이 규칙적으로 신자들의 모임에서 정기적으로 읽혔고, 여러 진리의 증명을 위해서 인용되었으며, 구약성경의 저작들과 동등한 위치에 놓이게 되었습니다. 2세기 말경에는 신약성경과 구약성경이 함께 "전체 성경"(de gansche Schrift)과 "우리 믿음의 기초와 기둥"(het fundament en de pilaar van ons geloof)으로 여겨졌으며 예배 모임에서 규칙적으로 읽혔습니다(이레나이우스, 알렉산드리아의 클레멘스[Clemens Alexandrinus], 테르툴리아누스[Tertullianus]). 몇몇 저작물들(히브리서, 야고보서, 유다서, 베드로후서, 요한이서, 요한삼서, 요한계시록, 바나바 서신, 헤르마스의 목자서 등)에 대해서는 오랜 기간 동안 이 문서들을 성경에 포함시켜야 할지, 말아야 할지에 대해 논쟁이 있었습니다. 그러나 이 문제에 대해서도 견해들이 선명해져서 합의에 도달하게 되었습니다. 보편적으로 인정된 저작들을 함께 모아서 **정경**(kanon: 진리 또는 **믿음의 규칙**)이라는 이름으로 묶었고, 360년 라오디게아 교회 회의(de synode te Laodicea), 393년 누미디아의 히포 교회 회의(synode te Hippo in Numidië), 397년 카르타고 교회 회의(synode te Carthago)에서 정경으로 규정되고 확정되었습니다.

구약성경과 신약성경은 예언자들과 사도들이 디디고 서 있는 그들의 사상의 근간이며, 서로 친교 가운데 있는 모든 그리스도교회는 신구약 성경의 기반 위에 자신을 세우며, 자신을 세워야만 한다고 주장합니다. 모든 교회는 자신의 신앙고백에서 공식적으로 성경의 신적 권위를 인정했고 신앙과 생활에 있어서 신뢰할 수 있는 규범으로 받아들였습니다. 이 점에 대해서는 그리스도교회들 사이에 결코 의견의 차이나 논쟁이 없었습니다. 하나님의 말씀으로서의 성경에 대한 반대는 예전에는 주로 외부에서 발생했는데, 2세기의 켈수스(Celsus)와 포르피리오스(Porphyrius) 같은 이교 철학자들에게서 왔지만, 그리스도교 내부에서는 그러한 반대가 전혀 없다가 18세기에 들어와서 반대가 시작되었습니다.

그러나 이제 교회가 이러한 성경을 하나님으로부터 받은 이유는 성경에 기대어 조용히 있기 위함이 아니며, 더 나아가 이러한 보물을 땅에 묻어두기 위함도 아닙니다. 오히려 교회는 하나님의 말씀을 보존하고, 해석하며, 전파하고, 적용하며, 번역하고, 보급하며, 권장하고, 변호하기 위해 부르심을 받았습니다. 한마디로 성경에 담긴 하나님의 생각이 인간의 생각을 언제 어디서나 이기도록 해야 할 소명을 부여받았습니다. 교회가 부르심을 받은 모든 활동은 하나님의 말씀에 대한 사역이며 봉사입니다. 신자들의 모임에서 그 말씀이 설교되고, 해석되며, 적용될 때, 그리고 언약의 표징으로 나뉘고, 권징 가운데서 유지될 때, 그것이 바로 하나님의 말씀을 섬기는 것입니다. 그리고 더 넓은 의미에서 말씀에 대한 봉사에는 더 많은 일이 포함되는바, 그 말씀이 개인의 마음과 삶, 직업과 업무, 가정과 작업장, 학문과 예술, 국가와 사회, 자선 활동과 선교 등 삶의 모든 영역에서 적용되고 시행되며 규범이 되도록 하는 것입니다. 교회는 진리의 기둥과 터가 되어야만 합니다(딤전 3:15). 즉 진리는 그 자체로, 다시 말해 하나님 안에 존재하지만, 교회는 이러한 진리를 세상 앞에서 떠받치고 유지하며 확립해야만 합니다. 교회가 이일을 소홀히 하고 망각해버린다면 교회는 자신의 소명을 포기하는 것이고 자신의 존재를 무력화시키는 것입니다.

그러나 교회가 이러한 자신의 소명, 즉 부르심을 망각하기 시작하면, 하나님의 말씀에 대한 의미를 이해하는 데 있어 종종 이견이 발생하게 됩니다. 성령이 교회를 진리 가운데로 인도하는 인도자로 약속되었고 교회에 주어졌지만, 이로 인해 교회 전체나 교회의 특정 구성원들이 무오성(onfeilbaarheid)의 은사를 부여받은 것은 아닙니다. 이미 사도 시대의 교회들에서부터 유대교나 이방 종교에서 유래한 갖가지 이단들이 일어났습니다. 이 오류들은 모든 시대에 걸쳐 교회를 끊임없이 위험에 빠뜨렸던 두 가지 장애를 형성했습니다. 따라서 교회는 항상 경계하고 신중한 자세로 이러한 장애를 피해야만 합니다.

이처럼 우로나 좌로 치우친 오류에 직면하여 그리스도교회는 하나님께서 말씀을 통해 교회에 맡기신 진리가 무엇인지 분명하고 명확하게 선언할 필요성이 있었습니다. 교회는 소규모의 교회 회의나 대규모의 공의회를 통해 무엇이 하나님의 진리로서 교회의 교리로 간주되어야만 하는지에 대해 결정해야만 했습니다. 성경에 기록된 진리는 그 진리를 믿고 받아들이는 모든 사람에게 하나의 신앙고백으로 이어집니다. 신앙을 고백하는 것은 모든 신자의 소명이고 마음의 열망입니다. 진정으로 믿는 사람은 마음과 영혼을 다해 신앙을 고백하며, 자신을 자유롭게 한 진리와 그 진리에 의해 자신의 마음에 심긴 소망에 대해 증언하지 않을 수 없습니다(마 10:32; 롬 10:9-10; 고후 4:13; 벧전 3:15; 요일 4:2-3).

따라서 각 신자와 각 교회는 그 안에 성령의 증거를 지니고 있는 한 하나님의 말씀이 진리임을 진실로 고백합니다. 그리고 오류가 더욱더 치밀한 형태를 띠어감에 따라서 교회는 자신이 고백하는 진리의 내용을 더욱더 주의 깊게 설명해야만 하고 자신이 믿는 바를 명확하고 모호하지 않은 용어로 표현해야만 했습니다. 이러한 이유로 인해서 입으로 하던 신앙고백은 자연스럽게 상황의 위중함으로 인해서 기록된 형태의 고백(信經[symbool], 信仰告白書[confessie])으로 이어지게 되었습니다.

그러나 다양한 차원에서 그러한 교회의 신앙고백서를 작성하고 유지하는 것에 대한 반대가 있었습니다. 예를 들어 네덜란드의 항론파(抗論派, Remonstranten)는 신앙고백서가 성경의 유일한 권위와 상충되고 양심의 자유를 침해하며 지식의 성장을 방해한다고 생각했습니다. 그러나 이러한 반대는 오해에서 비롯된 것입니다. 신앙고백은 성경을 후퇴시키지 않고 오히려 성경을 보존하고 개인적인 독단으로부터 성경을 보호합니다. 신앙고백은 양심의 자유를 침해하지 않고 약하고 무지한 영혼들을 속이려는 다양한 이단들에 맞서 양심의 자유를 견고하게 지켜줍니다. 그리고 신앙고백은 지식의 발전을 방해하지 않고 지식을 유지하고 지식을 올바른 방향으로 인도합니다. 신앙고백은 언제든지 믿음의 유일한 규범인 성경에 비추어 합법적으로 검토되고 수정될 수 있습니다.

• • •

12개의 조항으로 이루어져 있는 사도신경은 가장 오래된 신앙고백(서)입니다. 이것은 사도들에 의해 직접 작성된 것은 아니지만 이미 2세기

초엽부터 존재하고 있었습니다. 사도신경은 마태복음 28:19에서 예수께서 직접 명하신 삼위일체의 형식을 띤 세례 명령에서 발전된 것입니다. 원래는 현재의 사도신경보다는 짧았지만 그 기본 형식은 같은 것입니다. 사도신경은 그리스도교가 근거하고 있는 위대한 사실들에 대한 짧은 요약으로서 고대로부터 오늘에 이르기까지 계속해서 모든 그리스도교회의 공동의 기초이자 불가분의 연결 고리 역할을 해왔습니다. 이 사도신경 외에도 또 다른 네 개의 신경들이 있으며, 이것들은 보편적이고 (algemeen), 교회 일치적인(oecumenisch) 성격을 지닌 신앙고백으로서 많은 교회에서 받아들여져 왔습니다. 우리 네덜란드 신앙고백서(Nederlandsche Geloofsbelijdenis[*Confessio Belgica*])의 제9조(art. 9)에서 니케아 신경(de belijdenis van Nicea[*Symbolum Nicaenum*])이라고 불리는 신경―325년 니케아 공의회(het concilie van Nicea)에서 작성된 니케아 신경에 381년 콘스탄티노플 공의회의 결의 사항을 합쳐서 확장시킨 것인데―의 정식 명칭은 니케아-콘스탄티노플 신경입니다. 그리고 451년 칼케돈 공의회(het concilie van Chalcedon[*Concilium Chalcedonense*])의 결의 사항을 담은 칼케돈 신경(de belijdenis van Chalcedon[*Symbolum Chalcedonense*]), 그리고 [아타나시우스가 작성한 것이 아님에도 불구하고] 아타나시우스 신경(Geloofsbelijdenis van Athanasius[*Symbolum Athanasium*])이라고 불리는 신경이 있습니다. 아타나시우스 신경은 네덜란드 신앙고백서 제9조에서 공교회(보편교회)의 신경으로 받아들여지고 있습니다.

이 모든 신경에는 그리스도론과 삼위일체론이 설명되어 있습니다. 초기 교회에서 이 두 교리에 대한 치열한 논쟁이 있었기 때문입니다. "당신은 그리스도에 대해서 어떻게 생각하십니까?" 이것이 교회가 주님의 말씀으로부터 자신에게 그리고 전 세계에 대해 답변해야만 했던 하나의 중대한 질문이었습니다.

유대인들 가운데는 유대의 관점에 따라서 예수를 하나님이 보내신 한 인간으로 인정하고자 하는 사람들이 있었지만, 그들은 예수를 탁월하고 위대한 존재이기는 하나 단지 인간일 뿐이라고 보았습니다. 예수는 비범한 능력을 지녔고 예언의 영으로 감동되었으며 말과 행동에서 위대한 능력을 소유한 인간이었지만, 인간일 뿐 그 이상은 아니라는 것입니다. [에비온주의가 예수에 대해서 이러한 견해를 가진 고대의 이단입니다.] 다른 한편으로는 이방인들의 관점에 따라서 예수를 신의 아들, 하늘에서 내려온 신적인 존재로 보는 견해를 가진 자들이 있었습니다. 그들에 따르면 예수는 구약의 천사들처럼 잠시 지상에 나타났고 진짜 몸이 아니라 가짜 몸을 가지고 있었다는 것입니다. 그러나 그들은 예수가 아버지의 독생자로서 육신이 되신 분이심을 고백하는 것을 거부했습니다. [영지주의가 예수에 대해서 이러한 견해를 가진 고대의 이단입니다.]

교회는 양자의 이단들에 대항해 성경을 따라 한편으로는 그리스도가 참되고 독생하신 하나님의 아들이라는 진리를, 그리고 다른 한편으로는 그리스도가 실제로 육신으로 오셨다는 진리를 확고히 견지해야만 했습니다. 그리고 교회는 이러한 진리를 오랜 논쟁 끝에 앞서 언급한 신경들에서 선언하게 되었습니다. 그리고 또한 하나님의 아들이 육신으로 오셨다는 것을 부인하는 것을 사도 요한의 가르침을 따라 반그리스도교적인 것이라고 선언했습니다(요일 2:18, 22; 4:2-3). 이로써 그리스도교회는 이러한 신경들을 작성하고 공인함으로써 그리스도교의 본질과 핵심, 그리고 그 고유한 특징을 지켜낼 수 있었습니다. 따라서 이러한 위대한 작업이 이루어진 공의회들(conciliën)과 교회 회의들(synoden)은 전체 그리스도교에 있어서 근본적으로 중요한 의미를 지닙니다. 사도신경이 요약하는 그리스도교 신앙의 항목들, 즉 그리스도의 인격에 대한 교리와 삼위일체 하나님의 본질에 대한 교리에서 그리스도교회들은 유대교와 이교들에 대해 자신의 종교적 정체성을 구분시키며 그것들에 맞서서 서로 연합하고 일치했습니다. 우리는 교회를 갈라지게 만드는 안타까운 차이점들 속에서 그리스도교회의 이러한 연합과 일치를 결코 잊거나 무시해서는 안 됩니다.

그러나 이러한 공동의 기반 위에서도 곧 여러 가지 이견과 불일치가 일어났습니다. 2세기 후반 권징을 통해서 몬타누스파(Montanisme)가 분리되었고, 3세기 중반 노바티아누스파(Novatianisme)가 분리되었으며, 4세기에는 도나투스파(Donatisme)가 분리되는 사태가 발생했습니다. 그리고 이보다 훨씬 더 심각했던 문제는 동방 교회와 서방 교회 사이에서 점진적으로 일어난 분열입니다. 여러 가지 요인이 이 분열에 작용했습니다. 우선적으로 작용했던 분열의 원인은 그리스 사람들과 로마 사람들 사이의 갈등이었고, 콘스탄티노플과 로마 사이의 경쟁이었으며, 총대주교들과 로마 교황 사이에서 벌어진 교회 수위권을 둘러싼 권력 다툼이었습니다.

여기에 더해서 교리와 예전(전례)에서의 갖가지 작은 차이점들이 서로 간에 대립을 불러일으켰습니다. 그 가운데서도 가장 심각한 사태는 하나님의 신적 본질에 있어서 성령의 나오심, 즉 **발출**(發出, uitgang, *processio*)과 관련한 신학적 문제로 촉발되었습니다. 동방 교회는 성령이 오직 아버지로부터만 나오신다고 가르쳤습니다. 이에 반하여 서방 교회는 성령은 아버지와 **아들로부터** 나오신다는 소위 **필리오케**(*filioque*) 교리를 가르쳤습니다. 성령의 나오심에 대한 동방과 서방 사이의 이러한 의견의 차이는 처음에는 간헐적인 논쟁의 양상을 띠다가 1054년에 갈등이 최고조에 달하면서 동방 교회와 서방 교회를 완전히 분열시켜버렸습니다. 동방 교회는 로마로 대변되는 서방 교회보다 초기 교회의 교리를 더 충실하게 유지하고 있다고 생각함으로써 스스로 자신들의 교회를 정(통)교회(orthodoxe kerk)라고 부르기를 선호했습니다. 그러나 그 이후 동방 교회로부터 분리해나갔던 여러 분파(아르메니아 그리스도인들[Armenische Christen], 시리아의 네스토리우스파

[Nestorianen], 페르시아의 도마파[Thomas-Christen], 시리아의 단성론자들인 야고보파[Jakobieten], 이집트의 콥트파[Kopten], 레바논의 마론파[Maronieten])로 인해서 큰 손실을 겪었으며, 특히 1453년 콘스탄티노플을 점령한 이슬람교로 인해 심각한 타격을 받았습니다.

하지만 동시에 동방 교회는 슬라브족의 개종으로 중요한 성과를 얻었습니다. 그리하여 오늘날 동방 교회는 그리스, 튀르키예, 러시아, 불가리아, 세르비아, 루마니아 등의 국가들에서 정교회로 존재하고 있습니다. 그러나 러시아에서는 수많은 다양한 분파의 활동으로 인해 교회의 존재가 훼손되고 있습니다. 국가와 마찬가지로 교회도 매우 심각한 위기에 처해 있습니다.

• • •

서방 교회에서 로마 주교들의 지도 아래서 로마 가톨릭교회의 권력은 세기를 거듭하면서 확장되어갔습니다. 오랜 박해와 증오의 시기가 지나가고 콘스탄티누스 황제가 그리스도교로 개종한 이후에 교회가 평화와 특권과 명예를 누리는 시대가 도래했습니다. 교회의 세속화가 점차 증가했음에도 불구하고 교회는 콘스탄티누스의 개종 시기부터 종교개혁에 이르기까지 매우 큰 성공을 거두었습니다. 초기 몇 세기 동안 교회는 이교도들에게 저항했고, 그들을 정복했으며, 그 이후에도 열심히 여러 민족을 개종시키고 유럽의 문명을 발전시키는 데 힘썼습니다. 또한 교회는 그리스도교의 위대한 진리를 수호했고, 교회의 독립성을 유지하기 위해 노력했으며, 그리스도교 예술과 학문 발전에 기여했습니다. 그러나 교회의 이러한 공로에도 불구하고 교회가 그 세력을 확장해가고 권력화되어가는 과정에서 본래의 사도적인 그리스도교가 지향하는 것과는 다른 방향으로 흘러갔다는 점은 부인하기가 어렵습니다. 이러한 사실은 특히 세 가지 측면에서 두드러지게 나타 납니다.

첫째로, 로마 가톨릭교회는 전통을 점점 더 높이 추켜세워서 성경과 나란히, 때로는 성경보다 위에, 심지어는 성경에 반대되는 독립적인 신앙 규칙으로까지 승격시켰습니다. 미사(de mis), 사제 독신제(het coelibaat voor de geestelijkheid), 성인 숭배(de vereering der heiligen), 마리아 무염시태 교리(de onbevlekte ontvangenis van Maria, *Immaculata conceptio Beatae Mariae*)와 같은 수많은 로마 가톨릭교회의 교리와 관행은 성경에서 한마디도 증명되지 않았지만, "전통"에 근거해서 유지되고 있습니다. 이러한 전통은 "어디에서나, 항상, 모든 이들이 믿었던 것"만을 포함한다고 주장하지만, 결국 그것이 전통인지 아닌지는 항상 교황에 의해 결정됩니다.

이로 인해 로마 가톨릭에서 성경과 교회의 관계는 완전히 뒤바뀌게 되었습니다. 성경은 교회에 유용할 뿐 필수적이지는 않습니다. 그러나 교회는 성경에 필수적입니다. 교회가 성경을 신뢰할 만하다고 선언함으로써만 성경은 권위를 가지기 때문입니다. 하지만 성경 자체로는 불분명하고, 성경의 내용은 교회의 해석을 통해서만 명확해진다는 것입니다. 성경은 교회에 선행하는 것이 아니며 교회의 기초도 아닙니다. 오히려 교회가 성경에 앞서며 성경은 교회 위에 기초를 놓고 있습니다. 비록 예언자들과 사도들이 영감의 은사를 받았더라도 교황이 **"교황좌(教皇座)로부터"**(*ex cathedra*) 가르침를 선포할 때 그의 가르침은 특별한 성령의 지지와 인도하심으로 말미암아 무류의 권위를 가지게 된다는 것입니다. 이처럼 교회는 그 자체로 충분하며 필요할 경우 성경 없이도 존립할 수 있습니다. 교회는 유일하고 참되며 완전한 구원의 중재자입니다. 또한 교회는 성례(전례)를 통해 모든 은혜의 혜택을 소유하고 분배하는 자입니다. 교회는 **유일**한 은총의 수단(het middel der genade, *media gratiae*)이고, 지상에 존재하는 하나님 나라이며 국가입니다.

둘째로, 로마 가톨릭교회는 복음의 핵심, 즉 하나님의 값없이 주시는 은혜와 오직 믿음만으로 의롭게 됨(칭의)에 관한 가르침을 완전히 잃어버리지는 않았지만 이 가르침을 매우 불순한 요소들과 뒤섞어 혼란스럽게 만들었습니다. 이로 인해 율법과 복음 사이의 구별이 혼란을 초래하게 되었습니다. 원래의 복음이 변질되는 현상은 초기부터 나타났지만 그 이후에 더욱더 그러한 혼란은 증가하여 공식적으로 승인되었습니다. 아우구스티누스와 펠라기우스 사이의 논쟁에서, 그리고 지금도 여전히 계속되고 있는 이 논쟁에서 로마 가톨릭교회는 특히 종교개혁 이후 명목상으로뿐만 아니라 실제로 점점 더 펠라기우스 편으로 기울었습니다. 하나님은 복음을 듣는 사람을 회심케 하시고 그에게 회심을 지속할 수 있는 능력을 주십니다. 그러나 선행을 수행하는 것은 인간 자신에게 달려 있습니다. 그리고 사람은 선한 행위를 통해 하나님 나라에 들어갈 수 있는 자격을 얻어야만 합니다.

로마 가톨릭교회는 선한 행위를 두 가지로 분류합니다. 모든 사람에게 적용되는 일반적인 계명을 지키는 행위와 그 계명에 그리스도가 추가하신 권면을 완수하는 행위들(독신, 청빈, 순종)이 바로 그것입니다. 첫 번째 길도 좋은 길이기는 하지만, 두 번째 길은 더 낫고 더 어렵기는 하지만 더 짧고 안전한 길입니다. 전자는 평신도를 위한 길이고 후자는 수사들과 수녀들을 위한 길입니다. 누구든지 이러한 선행의 길을 걷는 사람은 성례를 통해 교회로부터 자신이 받을 자격을 얻은 만큼의 은혜를 받습니다. 그리고 끝까지 인내하면 회심할 때나 죽을 때가 아니라 오랜 연옥 생활을 거친 후에야 천국에 이르게 될 것입니다.

셋째로, 로마 가톨릭교회는 일찍이 성직자와 평신도 사이에 차별을 두었습니다. 본래의 의미에서 제사장들(사제들)은 일반 신자들이 아니라 성직자들입니다. 그리고 성직자 내에서도 다양한 계급적 구별들이 점차 생겨나기 시작했습니다.

신약성경에서는 장로와 감독이 모두 동일한 직분(직제)을 가리키는 말이었습니다. 그러나 2세기에 이미 양 직분의 동일성이 무너졌습니다. 감독(주교)은 집사와 장로(또는 사제) 위에 높이 올려졌고, 점차 사도들의 후계자이자 전통의 수호자로 간주되었습니다. 주교들은 참사회원들, 본당 사제들, 보좌 사제들을 두었습니다. 그리고 주교들은 대주교들과 총대주교들, 그리고 교황 아래에 있었습니다. 1870년 로마의 바티칸 공의회에서 공식적으로 교황 **"무류성"**(*Infallibilitas Paps*)에 관한 교리가 선포된 이래로 교황은 교회의 계층 구조의 정점에 위치하게 되었습니다.[1] 교황은 전체 교회의 "아버지"(*papa*), "최고의 사제", "베드로의 후계자", "그리스도의 대리자", 최고의 입법 및 사법적 권위로서 대규모의 성직자 단(추기경들, 고위 성직자들, 행정관들, 비서관들 등)의 도움을 받아 전체 교회를 통치합니다.

● ● ●

작은 이탈로부터 시작된 이러한 오류는 세월이 흐르면서 점점 큰 오류로 악화되었습니다. 오류들은 계속되고 있고 더욱더 커져가고 있습니다. 로마 가톨릭교회는 시간이 지나면 지날수록 과격-몬타누스주의적(Ultramontaasche)이고, 로마적인(Roomsche) 교황의 교회로 기울어지고 있습

---

[1] 역자 주. 오늘날에는 1870년 개최된 바티칸 공의회를 1963-65년 사이에 개최된 "제2차 바티칸 공의회"(*Concilium Oecumenicum Vaticanum Secundum*)와 구별하여 "제1차 바티칸 공의회"(*Concilium Oecumenicum Vaticanum Primum*, 1869-1870)라고 부른다. 제1차 바티칸 공의회의 교리적 결의 사안 가운데 주목할 만한 결정은 "교황 무류성에 관한 교리"(*infallibilitas Paps*)와 마리아의 "무염시태 교리"(*Immaculata conceptio*)다. 제1차 바티칸 공의회에서 이 두 교리가 결의되어 선포되었다는 것은 이 공의회 이래로 이 두 교리가 로마 가톨릭교회의 공식 교리가 되었음을 의미한다.

니다. 그리스도의 모친인 마리아와 교황은 그리스도의 대리자임을 자처하며, 그리스도의 인격과 사역을 점점 더 교회의 뒤편으로 밀어내고 있습니다. 앞서 언급한 세 가지 오류는 그리스도의 예언자 직분, 제사장 직분, 왕의 직분을 축소하고 침해하는 것입니다.

교회의 이러한 변질은 강력한 저항에 직면하곤 했습니다. 특히 중세 시대에 이러한 오류를 개선하고자 하는 인물들과 경향들이 등장했습니다. 그러나 이러한 운동들은 당시에 큰 성공을 거두지 못했습니다. 어떤 운동은 아무런 열매를 남기지 못하고 조용히 사라졌으며, 어떤 운동은 폭력적으로 진압되어 피로 물들었습니다. 16세기 종교개혁을 상대로도 이러한 억압과 말살의 수단이 동원되었지만, 그러한 수단은 과거처럼 성공하지 못했습니다. 개혁의 시기가 무르익었기 때문입니다. 교회는 종교적으로 도덕적으로 심각한 타락에 빠져 있었고, 교회에 속한 백성조차도 교회를 신뢰하지 않았습니다. 어디에서나 현재의 상태가 지속되어서는 안 된다는 인식과 변화와 쇄신을 바라는 열망이 들불처럼 일어나고 있었습니다. 예를 들어 이탈리아에서는 모든 종교와 그리스도교를 조롱하고 깊은 불신앙의 나락에 빠진 사람들이 많았습니다. 종교개혁이 없었다면 교회가 어떻게 되었을지 생각하기조차 어렵습니다. 종교개혁은 로마 가톨릭교회에도 하나의 축복이 되었으며 오늘날에도 여전히 축복이 되고 있습니다.

더욱이 종교개혁만이 당시 새로운 시대를 예고하는 유일하고 강력한 운동은 아니었습니다. 인쇄술의 발명과 화약의 발명, 시민 계급의 부상, 아메리카의 발견, 문예 부흥, 새로운 자연 과학과 철학의 등장 등등, 이러한 중요한 사건들과 현상들은 모두 인간 자의식의 각성과 중세에서 새로운 시대로의 전환을 알리는 징표였습니다.

종교개혁은 그 자체의 독자적인 원리에서 출발했고 그 자체의 독자적인 목표를 향해 나아갔지만 이러한 운동들의 지원과 지지를 받았습니다.

그리고 무엇보다 중요한 사실은 종교개혁이 로마 가톨릭교회를 반대하면서 문제의 근본적인 뿌리를 파헤쳤다는 것입니다. 종교개혁은 외적인 형태의 개선에만 만족하지 않았으며 부패의 근본 원인을 제거하고자 했습니다. 이를 위해 종교개혁은 확고한 출발점, 신뢰할 수 있는 기준, 그리고 적극적인 원리가 필요했습니다. 로마 가톨릭교회의 전통에 맞서 종교개혁은 개혁의 출발점과 기준과 원리를 그리스도의 말씀에서 찾았습니다. 종교개혁은 그리스도의 말씀이야말로 근원적으로 신뢰할 수 있고, 교회의 삶과 복지에 필수적이며, 완전하고 충분하고 명확한 것이라고 여겼습니다. 로마 가톨릭교회가 인간의 구원을 선행과 연관 짓는 것에 반하여 종교개혁은 인간의 구원을 그리스도의 완전한 사역에서 찾았습니다. 그리스도의 사역은 완전하여서 사람의 어떤 행위가 보충될 필요가 없다는 것입니다. 자신을 또한 그리스도의 무오류한 대리자라고 주장하는 교황에 맞서서 종교개혁은 그리스도의 유일한 대리자는 교회에 부어져서 하나님의 모든 자녀를 진리 가운데로 인도하시는 그리스도의 영이라고 주장했습니다.

종교개혁이 이러한 적극적인 원리를 발견할 수 있었던 것은 과학적 연구와 사색을 통해서가 아니라 하나님의 값없이 주시는 은혜 안에서 죄로 가득 찬 인간의 마음이 화해와 용서를 경험했기 때문입니다. 종교개혁은 철학적이고 과학적인 운동이 아니라 종교적이고 도덕적인 운동이었습니다. 많은 사람이 불순하고 저속한 동기들로 종교개혁에 동참했습니다. 그러나 종교개혁의 주역들은 로마 가톨릭교회의 압박에 신음하다가 구세주의 발아래에서 자기 영혼의 안식을 찾은, 수고하고 무거운 짐을 진 사람들이었습니다.

이렇게 값없이 주시는 은혜(은총) 안에서 죄 용서를 경험했던 인물이 다름 아닌 마르틴 루터(Martin Luther)였습니다. 루터는 죄인인 인간에게 은혜를 베푸시는 "자비로우신 하나님"을 발견하는 것으로 충분했습니다. 이러한 입장에서 루터는 자연에 속한 것들을 언제나 세속적인 것으로 간주했던 로마 가톨릭 교인들보다 더 넓고 자유로운 시각을 가질 수 있었습니다. 그러나 루터는 믿음으로만 얻은 칭의에 안주하며 모든 세속적인 것, 즉 예술과 과학, 국가와 사회를 내버려두게 되었습니다. 루터의 종교개혁은 설교의 직분을 회복시키는 것에만 국한되었습니다. 루터는 성경에서 "사람이 어떻게 구원을 받는가?"라는 질문에 대한 답을 찾은 후 더 이상 나아가지 못했습니다.

그러나 스위스에서 종교개혁을 이끈 츠빙글리(U. Zwingli)와 칼뱅(J. Calvijn)에게 루터의 결론은 단지 시작에 불과했습니다. 그들도 죄와 은혜, 죄책과 화해의 경험으로 인해 종교개혁에 가담했습니다. 하지만 이러한 경험은 그들의 출발점이었지 종착점이 아니었습니다. 그들은 더 깊이 파고들어갔고 죄 용서에서 표현되는 하나님의 은혜 이면에 도사리고 있는 "하나님의 주권"(souvereiniteit Gods), 즉 모든 덕(탁월함)과 완전성을 가진 무한하고 경배받으시기에 합당하신 하나님의 존재가 계신다는 것을 깨달았습니다. 구원의 사역에서 하나님이 주권자라면 창조와 재창조의 사역에서도 하나님은 항상 주권자셔야만 했습니다. 하나님이 사람의 마음속에서 왕이 되셨다면 머리와 손에서도, 가정과 작업장에서도, 국가와 사회에서도, 과학과 예술에서도 왕이 되셔야만 했습니다. 질문은 "사람이 어떻게 구원을 받는가?"에 그치지 않고, "하나님이 어떻게 영광을 받으시는가?"라는 더 높고 깊고 포괄적인 질문으로 전환되어야 했습니다. 그래서 츠빙글리와 더 나아가 칼뱅은 십자가의 보혈에서 마음의 평화를 찾은 후에 종교개혁의 역사를 시작했습니다. 말하자면 그들은 세상을 운명에 맡기는 것이 아니라 하나님의 말씀과 기도로 세상에 침투하여 세상을 성화시키기 위해서 세상을 열어놓았습니다. 그들은 자신의 가까운 환경에서, 즉 그들이 거주하는 교회와 도시에서 그 일을 시작했습니다. 그들은 설교의 직분뿐만 아니라 예배와 교회의 권징을 회복시켰으며 주일의 종교 생활뿐만 아니라 주중의 시민 생활과 사회생활도 회복시켰습니다. 시민의 개인 생활뿐만 아니라 국가의 공적 생활도 회복시켰습니다. 따라서 그들의 개혁은 다른 여러 나라로 퍼져나갔습니다. 루터의 개혁은 주로 독일과 덴마크, 스웨덴, 노르웨이에 국한되었지만, 칼뱅의 개혁은 이탈리아와 스페인, 헝가리와 폴란드, 스위스와 프랑스, 벨기에와 네덜란드, 영국과 스코틀랜드, 미국과 캐나다에서까지 받아들여졌습니다. 만약 이러한 개혁 운동이 많은 나라에서 "예수회"(Jezuïten)의 "반동종교개혁"(反動宗敎改革, contrareformatie)에 의해서 저지되고 뿌리 뽑히지 않았더라면, 로마 가톨릭에 의한 세계 지배는 영원히 종지부를 찍었을 것입니다.

• • •

그러나 그렇게 되지 못했습니다. 종교개혁은 처음부터 로마 가톨릭교회로부터 공격을 받았습니다. 트리엔트 공의회(concilie van Trente, 1517)에서 로마는 의도적으로 종교개혁에 대항했고 그 공의회의 노선을 계속해서 밀고 나갔습니다. 게다가 종교개혁은 내부 분열과 끝없는 논쟁으로 인해 스스로를 약화시켰습니다. 그리고 16세기 초에는 소치니주의(Socinianisme)와 재세례파(再洗禮派, Anabaptisme)가 등장했습니다. 이 둘은 모두 자연과 은혜(은총) 사이의 화해할 수 없는 대립에서 출발하여 은총을 자연에 희생시키거나 자연을 은총에 희생시키는 결과를 초래했습니다. 이러한 자연과 은총의 대립은 창조와 재창조, 인간적인 것과 신적인 것, 이성과 계시, 땅과 하늘, 인류와 그리스도교 세계 사이의 대립으로 나타났고, 이러한 대립은 이후에도 계속되었으며 오늘날까지도 이어지고 있습니다. 16세기에 발생한 분열과 분파만이 아닙니다. 매 세기가 지나갈 때마다 그러한 분파의 수는 늘어만 갔습니다. 17세기에 네덜란드에서는 항론파, 영국에서는 독립파(獨立派, Independentisme), 독일에서는 경건주의(敬虔主義, Piëtimse)가 등장했습니다. 18세기에 헤른후트파(Herrnhuttisme), 감리교(Methodisme), 그리고 스베덴보리파(Swedenborgianisme)가 추가되었습니다. 그리고 모든 교회는 이신론의 파도에 휩싸였습니다. 프랑스 혁명 이후, 19세기 초에는 로마 가톨릭교회와 개신교교회 모두에게서 강력한 종교적 각성이 일어났습니다. 그럼에도 분열은 계속되었습니다. 다비파(Darbysme)와 어빙파(Irvingianisme), 모르몬교(Mormonisme)와 강신론(降神論, Spiritisme), 그리고 다양한 분파가 교회를 분열시켰고, 교회는 종종 의심과 무관심의 정신으로 인해 내부적으로 약화되었습니다. 그리고 교회 밖에서는 그리스도교 신앙에 마지막 타격을 가하기 위해 일원론이 유물론의 형태나 범신론의 형태로 그 힘을 결집하고 있습니다.

그리스도교회의 통일성과 보편성에 대한 모든 희망은 이미 사라진 것처럼 보입니다. 대충 추산되기로는 지구상에 거주하는 15억 5천만 명 이상의 인구 중 유대인은 약 1천만 명, 무슬림은 1억 7천5백만 명, 브라만교(Brahmanen)는 2억 1천4백만 명, 불교도는 1억 2천만 명, 유교도는 3억 명, 신도교도(神道敎徒, Shintoïsten)는 1억 4천만 명, 다신교는 1억 7천3백만 명입니다. 그리스도교는 전 세계 인구의 3분의 1에 불과한 약 5억 3천4백만 명이며, 로마 가톨릭 신자 2억 5천4백만 명, 그리스 정교회 신자 1억 6천만 명, 개신교 신자 1억 6천5백만 명 및 기타 여러 단체와 교파로 나누어져 있습니다. 그러나 여기에 하나의 위로가 있습니다. 그리스도께서는 모든 족속과 언어, 모든 민족과 국가에서 자신의 백성들을 모으신다는 것입니다. 그분은 그들 모두를 인도하실 것이며, 그들은 그분의 음성을 들을 것입니다. 그리고 한 무리의 양 떼와 한 분의 목자만이 있게 될 것입니다(요 10:16).

1. 초기 교회는 구약성경을 어떻게 하나님의 말씀으로 받아들일 수 있었나요?

2. 초기 교회가 신약성경을 정경화하는 과정에서 "공동체의 합의"와 "성령의 인도하심"이라는 두 요소는 어떤 방식으로 작용했다고 볼 수 있을까요?

3. 신앙고백은 성경의 권위를 약화시키는 것이 아니라 오히려 그것을 보존하고 해석하는 수단 또는 도구로 여겨집니다. 오늘날에도 신앙고백의 역할이 여전히 유효하다고 생각하십니까, 아니면 단지 과거의 유산에 불과하다고 보십니까?

4. 교회가 신앙고백을 통해 자신이 믿는 바를 분명하게 표현해야 한다는 주장은 다양한 교파와 신학적 다양성이 공존하는 오늘날의 상황에서 어떻게 이해되어야 할까요?

5. 성경의 권위와 신앙고백이 개인의 신앙과 양심의 자유를 억압할 수 있다는 우려가 있습니다. 이 둘의 관계를 어떻게 균형 있게 이해해야 할까요?

6. 바빙크에 따르면 신앙고백은 수정될 수 있습니다. 그렇다면, 신앙고백이 수정되는 기준과 시점은 어떻게 정해져야 하며, 그 권한은 누구에게 있을 수 있을까요?

7. 교회는 하나님의 말씀을 단순히 보존하는 것에 그치지 않고, 실제 삶 속에서

이를 적용하고 변호해야 한다는 주장은 오늘날의 사회 이슈나 공적 영역에서 어떻게 실천되어야 할까요?

8. 교회가 성경과 신앙고백을 바르게 가르치고 적용하는 것이야말로 진리 선포의 방식이라고 할 때, 오늘날 교회가 이러한 사역을 잘 감당하고 있다고 생각하십니까?

제9장

하나님의 본질

지금까지 우리는 하나님께서 은혜로 우리에게 베푸신 계시의 성격에 대해서 논의했고, 그 계시가 어떻게 성립되게 되었으며, 그 계시가 성경을 통해서 신경의 신앙적인 인도하에 어떻게 우리의 지식으로 전달되게 되었는지를 살펴보았습니다. 우리는 이제 그 계시의 내용을 분석하고, 우리의 이성(이해)과 마음, 의식과 삶에서 그 계시로부터 무엇을 얻게 되었는지를 체계적으로 살펴볼 때가 되었습니다. 지금까지 우리가 계시라는 건축물을 외부에서 살펴보고 계시라는 건축물이 어떤 건축 양식으로 지어졌는지 알아보았다면, 이제부터는 계시의 성소 안으로 들어가서 그 안에서 펼쳐진 지혜와 지식의 보화들을 살펴보고자 합니다.

우리가 계시의 풍부한 내용을 여러 가지 방법으로 전개할 수 있으며, 그 구성 요소들을 다양한 순서로 우리 사유 속에서 전개시킬 수 있다는 것은 자명한 사실입니다. 우리는 여기서 이러한 방법들을 모두 다 논의할 필요는 없습니다. 그러나 우리가 그리스도교 신앙론을 다룸에 있어서 두 가지 방법에 대해서는 주목할 필요가 있습니다.

첫째로, 우리는 참된 신앙으로 계시의 내용을 마음속에 받아들인 그리스도인에게 그가 진리의 지식에 어떻게 도달할 수 있었는지, 그 지식이 무엇으로 구성되어 있는지, 그리고 그 지식이 그의 생각과 삶에 어떤 열매를 맺었는지를 물어볼 수 있습니다. 이것이 우리의 하이델베르크 교리문답서가 취하고 있는 방법입니다. 그러한 교리문답서에서 그리스도인은 살아 있을 때나 죽을 때나 자신의 유일한 위로가 무엇인지에 대해서, 그리고 그러한 위로 속에서 복되게 살다가 죽기 위해서 무엇을 알아야 하는지에 대해서 여러 가지 다양한 측면을 설명합니다. 이것은 사람들이 실용적인 교과서를 쓸 때 적극적으로 추천할 만한 훌륭한 방법입니다. 이러한 방법은 여러 가지 장점이 있습니다. 그러한 방법은 진리를 그리스도인의 삶 전체와 직접 관련시켜주고, 학문적 논쟁이나 무의미한 사색을 피하게 해주며, 각각의 교리가 사람들의 머리와 마음에 어떤 유익과 위로를 줄 수 있는지를 깨닫게 해줍니다. 이 모든 것을 믿는다는 것이 여러분에게 어떤 유익과 위로를 줄까요? 그러한 믿음이 주는 위로, 그것은 그리스도 안에서 내가 하나님 앞에서 의인이며 영생의 상속자라는 데 있습니다.

그러나 신앙의 진리를 다룰 수 있는 또 다른 두 번째 방법이 있습니다. 우리는 그리스도인에게 다가가 그가 무엇을 믿는지 물어볼 뿐만 아니라 우리 자신이 그리스도인의 입장에 서서 성경을 통해 우리 자신과 다른 이들에게 신앙의 내용을 설명할 수도 있습니다. 이 경우 우리는 질문에 따라서 답변하는 방법이 아니라 우리 신앙의 내용을 명확하게 설명하는 방법을 취할 수 있습니다. 이 경우 우리는 진리의 지식에 도달하게 된 점진적인 순서에 관심을 기울이지 않고 신앙의 진리 그 자체가 지닌 내적 순서를 탐구하게 되며 그 진리들이 어떻게 상호 연관되어 있는지, 그리고 그 모든 진리를 지배하는 원리가 무엇인지를 밝혀내는 데 우리의 관심을 두게 됩니다. 우리 네덜란드 신앙고백서가 이러한 순서를 따르고 있습니다. 네덜란드 신앙고백서에서는 그리스도인이 화자(話者)로 등장하지만, 그는 자신이 받은 질문에 대해서 답변하는 것이 아니라 자신의 신앙 내용을 자발적으로 설명합니다. 그는 하나님께서 자신의 말씀 안에서 자신의 성령을 통해 교회에 말씀하신 것을 자신의 마음으로 믿고 입술로 고백합니다.

물론 이 두 가지 방법은 서로 적대적이지 않으며 서로를 배제하지 않습니다. 오히려 이 두 가지 방법은 서로를 보완하고 두 가지는 모두 큰 가치를 지니고 있습니다. 개혁파 교회와 개혁파 학교들이 이러한 신앙고백서와 교리문답서를 동시에 가지고 있다는 것은 대단히 큰 축복이 아닐 수 없습니다. 이 두 가지 방법과 더불어 객관적인 관점과 주관적인 관점, 신학적인 관점과 인간학적인 관점이 서로 통합되고 있습니다. 그리하여 머리와 마음이 화해하며 하나님의 진리가 우리 의식과 삶 양자에 대해 축복이 됩니다.

계시의 내용을 발전시키기 위한 이 두 가지 방법은 서로 대립하지 않고 서로 보완하고 균형을 이룬다는 사실은 교리문답서뿐만 아니라 신경에서도 그리스도인이 화자로 발언하고 있으며, 그리스도인은 다른 사람들과 더불어 분리된 상태로 있지 않고, 모든 그의 형제자매들과 더불어 사귐 가운데 있다는 사실로 인해 충분히 입증됩니다. 이렇게 자기 자신을 표현하는 것은 다름 아닌 교회 공동체입니다. 네덜란드 신앙고백서의 서두는 "우리는 **모두**(allen) 마음으로 믿고 입술로 고백한다"라는 진술과 함께 시작하고 있고, 이 말과 함께 진행되며, 이 말과 함께 끝납니다. 그리고 그 진술 위에는 참된 그리스도교 신앙고백이라는 의미심장한 제목이 붙어있는데, "하나님과 **영혼의 영원한 행복에 관한** 교리"(leer van God en de eeuwige zaligheid)를 그 내용으로 담고 있습니다.

이 두 가지 교리, 즉 하나님에 관한 교리와 영혼의 영원한 행복에 관한 교리는 서로 아무런 관계가 없는 독립적인 교리가 아닙니다. 이 두 교리는 서로 불가분의 관계 속에 있습니다. 하나님에 관한 교리는 동시에 영혼의 영원한 행복에 관한 교리이며, 후자의 교리 또한 전자의 교리를 포함합니다. 아들이신 예수 그리스도의 얼굴을 통해 하나님을 아는 것, 이것이 곧 영생입니다(요 17:3).

이러한 하나님을 아는 지식은 우리가 일상생활이나 교육과 학문에 대해 학교에서 얻은 지식과는 본질에 있어 다른 지식입니다. 그 지식은 전적으로 고유한 지식입니다. 그 지식은 원리와 대상과 결과에 있어 다른 모든 지식과 전혀 다릅니다. 그 지식은 머리의 문제이면서 동시에 마음의 문제입니다. 그 지식은 우리를 더욱더 학문적으로 만들어주는 것이 아니라 우리를 더욱더 지혜롭고, 더욱더 선하며, 더욱더 행복하게 만들어줍니다. 그 지식은 지상에서뿐만 아니라 내세에서도 우리에게 **행복**(zalig)이 되며, 우리에게 **영원한** 생명(eeuwig leven)을 줍니다. 우리가 알아야만 하는 세 가지 지식의 목적은 단지 우리가 언젠가 복된 **죽음**(sterven)을 맞이하기 위해서 필요한 것이 아니라 여기 지상에서도 우리가 행복한(복된) **삶**(leven)을 살아가기 위해서 필요합니다.

아들을 믿는 자는 영원한 생명을 **가지고 있습니다**(요 3:36). 마음이 청결한 자는 복됩니다. 그들은 장차 하나님을 볼 것이라는 약속을 통해서 이미 이 땅에서 복을 받았습니다(마 5:8). 그들은 소망으로 구원을 얻었습니다(롬 8:24).

• • •

그러나 우리가 마음속에 영생의 원리를 받았다면 우리는 그와 같은 생명을 우리에게 주신 하나님에 대해 더 알고자 하는 갈망을 갖게 되기 마련입니다. 우리 스스로 점점 그리고 항상 더 많이 우리 구원의 샘(원천)이신 하나님을 더욱더 바라보게 됩니다. 우리 마음속에서 느끼는 위로에서, 그리고 하나님을 아는 지식이 우리 자신의 삶에 가져다주는 유익과 열매에서, 우리는 점진적으로 영원한 존재에 대한 예배로 나아가게 됩니다. 그리하여 우리는 하나님이 우리를 위해 존재하시지 않고 우리가 하나님을 위해 존재한다는 사실을 더욱더 분명하게 깨닫게 됩니다. 우리는 우리의 구원을 대수롭지 않은 것으로 여겨서는 안 됩니다. 우리의 구원이 그분의 영광을 위한 수단이 되기 때문입니다. 하나님을 아는 지식은 우리에게 생명을 주지만, 그 생명은 다시 하나님을 아는 지식으로 우리를 인도합니다. 우리는 하나님 안에서 모든 복락과 영광을 구합니다. 그분은 우리의 경배의 대상이 되시고 우리의 노래의 내용이 되시며 우리 삶의 힘이 되십니다. 만물이 하나님에게서 나오고 하나님으로 말미암으며 하나님께로 돌아갑니다(롬 11:36). 바로 이것이야말로 우리 마음의 선택이며 우리의 행동 강령입니다. 모든 만물이 하나님을 위해서 존재합니다. 우리 자신과 우리 주위의 모든 피조물은 하나님의 영광을 위한 수단입니다. 처음에는 진리가 우리에게 생명을 주었기 때문에 우리는 진리를 사랑합니다. 그러나 그 후에는 진리가 우리에게 영원하신 하나님의 존재를 계시하고 알려주기 때문에 진리가 우리에게 소중한 것입니다. 신앙에 관한 모든 교리는 전체에서나 부분에서나 하나님을 찬양하는 하나의 선언이 되고, 하나님의 탁월한 면모를 드러내는 것이 되며, 그분의 이름을 영화롭게 하는 것이 됩니다. 교리문답은 우리를 신앙고백으로 인도합니다.

그러나 우리가 결핍되고 연약하며 죄악된 피조물임에도 불구하고 무한하고 영원한 존재이신 하나님을 안다는 것이 무엇을 의미하는지를 생각해본다면, 깊은 경외심과 거룩한 부끄러움이 우리의 마음을 사로잡지 않을 수 없습니다. 접근할 수 없는 빛 가운데 거하시는 하나님(딤전 6:16), 스스로 빛이시며 어둠이 조금도 없으시며(요일 1:5), 그 누구도 본 적이 없고 볼 수도 없는 하나님으로부터 죄악된 인간의 어두운 의식 속으로 한 줄기 빛이 비칠 수 있다는 것이 정말 가능한 일입니까?

이 질문에 대해서 부정적으로 답변한 사람들이 과거에 많았고 지금도 많습니다. 그러나 하나님의 인식 가능성에 대한 이러한 부정은 두 가지 매우 다른 유형을 가진 인간의 정신 상태에서부터도 발생할 수 있습니다. 오늘날의 사람들에게 하나님의 인식 가능성에 대한 회의 또는 부정은 순전히 이성적이고 추상적이며 과학적인 추론의 결과입니다.

사람들에 따르면 인간의 이성이 지닐 수 있는 지식은 관찰 가능한 현상에만 제한(국한)되고, 따라서 한편으로 하나님께 인격과 의식과 의지를 부여하는 것은 모순입니다. 그리고 다른 한편으로 하나님을 무한하고 영원하며 절대적이고 독립적이라고 말하는 것도 모순이라고 주장합니다.

이에 대해 우리는 하나님이 일반적으로 자연과 역사 속에서든 혹은 특별히 자기 아들을 통해서든 자기 자신을 계시하지 않으셨다면 하나님을 아는 지식은 우리에게 존재할 수 없다고 말할 수 있습니다. 그러나 하나님이 자신을 계시하셨다면 그분이 자신을 계시한 정도만큼은 우리가 그분을 알 수 있는 것 또한 당연합니다. 그러나 만약 하나님이 어떤 방식으로든 어떤 수단을 통해서든 자신을 계시하지 않으셨다고 주장한다면, 이는 세계가 하나님과 나란히 독립적으로 영원히 존재해왔으며 따라서 하나님이 세계 안에서, 세계를 통해서 자신을 계시할 수 없었다는 논리로 귀결됩니다. 그렇게 되면 우리는 더 이상 하나님에 대해 말해서는 안 됩니다. 하나님이라는 단어는 현실에 아무런 근거가 없는 단지 헛되고 무의미한 소리에 불과하기 때문입니다. 여기서 소위 "불가지론"(하나님의 인식 불가능성에 관한 이론)은 실질적으로 "무신론"(하나님 존재의 부정)과 대동소이한 사상이라는 사실이 드러납니다.

그러나 하나님의 인식 불가능성에 대한 부정은 자기 자신이 작고 보잘것없음을 깊이 인식하고 동시에 하나님의 무한한 위대하심과 그분의 압도적인 위엄을 깊이 깨닫는 곳에서도 생겨날 수 있습니다. 이런 의미에서 우리는 아무것도 알지 못하며, 하나님을 아는 지식은 우리에게 너무나 경이로운 지식임을 인정하는 것이 지금까지 모든 경건한 자들의 공통된 고백이었습니다. 교회의 교부들과 스승들은 종종 하나님에 대해 사유하면서 결국 하나님이 무엇이 아닌지를 말하는 것이 하나님이 무엇인지를 말하는 것보다 훨씬 더 나은 방식의 진술 내지는 설명이라고 말하곤 했습니다. 칼뱅은 자신의 저서 어디에선가 독자들에게 쓰기를, 자신의 힘으로 하나님의 신비를 억지로 밝히려고 애쓰지 말 것을 권고합니다. 하나님의 신비는 우리의 연약한 지성의 수용 능력을 훨씬 능가하는 것이기 때문입니다. 그래서 예를 들어 폰넬(J. van den Vondel, 1587-1679)[1]과 빌더데이크(W. Bilderdijk)[2] 같은 시인들은 종종 인간의 언어로 감당해낼 수 없는 하나님의 압도적인 위대하심을 찬양했습니다.

물론 이러한 하나님의 지고하신 위엄과 인간의 비천함에 대한 겸손한 고백이 어떤 의미에서는 하나님의 인식 가능성을 부인한 것이라고 볼 수도 있습니다. 그러나 우리가 오해를 피하기 위해서는 우리의 연약한 지성으로 하나님의 신비를 파악하기 어렵다는 것과 성경을 따라서 하나님의 이해

---

1   역자 주. 요스트 판 덴 폰넬(Joost van den Vondel, 1587-1679)은 네덜란드의 극작가이고, 시인이며, 고전 번역가이고, 작가다. 그는 일반적으로 네덜란드의 문학사에서 가장 위대한 작가 중 한 명으로 꼽히며, 서양 문학사에서도 중요한 위치를 차지하는 인물로 간주된다. 그는 자신의 나라 네덜란드에서 종종 "시인의 왕자"라고 불렸으며, 네덜란드어는 때때로 "폰넬의 언어"라고 불리기도 한다. 그만큼 그는 네덜란드어와 네덜란드 시문학에 심원한 영향을 끼쳤다. 그는 33편의 희곡, 다양한 장르와 형식의 수많은 시들, 서사시들, 그리고 고전 문학에 대한 수많은 번역을 남겼다. 폰넬은 80년 전쟁 동안 네덜란드 공화국에서 살았으며, 네덜란드 황금기를 대표하는 문학가였다.

2   역자 주. 빌럼 빌더데이크(Willem Bilderdijk, 1756-1831)는 네덜란드의 시인이고, 역사가이며, 변호사이고, 언어학자였다. 그는 1756년 9월 7일 네덜란드 공화국 암스테르담에서 의사의 아들로 태어났다. 그의 부모는 오랑주-나소 가문의 열렬한 지지자였다. 그는 부모의 영향으로 군주제와 칼뱅주의에 대한 신념을 강하게 가지고 성장했다. 그는 레이던 대학교(Universiteit Leiden)에서 공부하여 1782년 법학 박사 학위를 취득한 후, 헤이그(Den Haag)에서 변호사로 활동했다. 그는 프랑스 혁명의 이념에 대항하여 그리스도교적인 해답을 제시하고자 했던 영적 각성 운동인 "레베이"(Het Réveil) 운동의 창시자였다. 그의 제자 중에는 아브라함 카파도즈(Abraham Capadose), 빌럼 드 클레르크(Willem de Clercq), 기욤 흐룬 판 프린스터러(Guillaume Groen van Prinsterer), 그리고 이삭 다 코스타(Isaac da Costa) 등이 있다. 그의 프랑스 혁명에 대항하는 반(反)혁명 사상과 반(反)자유주의 사상은 기욤 흐룬 판 프린스터러를 통하여 훗날 암스테르담 자유대학교(Vrije Universiteit te Amstedam)의 설립자이며, 반혁명당의 당수로서 네덜란드의 수상이 되었던 아브라함 카이퍼(Abraham Kuyper)에게 심대한 영향을 주었다. 빌더데이크는 1831년 12월 18일 네덜란드의 하를렘(Haarlem)에서 세상을 떠났다.

가능성과 인식 가능성을 인정하는 것을 서로 구분하는 것이 바람직합니다. 세상에서 성경처럼 한편으로는 모든 피조물 위에 계시는 절대적으로 지고하신 하나님의 존엄성과, 다른 한편으로는 피조물과 창조주 사이의 밀접한 관계와 친밀한 연관성을 동시에 보여주는 책은 없기 때문입니다.

• • •

성경은 첫 페이지에서부터 모든 피조물 위에 계시는 하나님의 절대적인 지존하심을 우리에게 보여줍니다. 하나님은 피곤하지도 지치지도 않으십니다. 그분은 오직 자신의 말씀으로 온 세상을 창조하십니다. "여호와의 말씀으로 하늘이 지음을 받았으며, 그 입 기운으로 만상이 이루어졌도다"(시 33:6). "그가 말씀하시니 이루어졌으며 명령하시니 견고히 섰도다"(시 33:9). "그는 하늘의 군대와 땅의 사람들에게 뜻대로 행하시나니, 그의 손을 막을 자도 없고, 이르기를 '너는 무엇을 하느냐'고 할 자가 없도다"(단 4:35). "보라, 그에게 열방은 마치 물 한 방울이나 저울의 작은 먼지 같으며, 그는 섬들을 가벼운 먼지처럼 던지신다. 레바논의 나무들은 번제를 위해 충분하지 않으며, 그곳의 짐승들도 번제에 충분하지 않다. 그 앞에 모든 열방은 아무것도 아니며, 그는 그들을 없는 것 같이, 빈 것 같이 여기시느니라. 그러므로 그는 누구와도 비교할 수 없으며, 그와 비길 만한 형상이 없다"(사 40:15-18). "하늘에서 주와 견줄 자가 누구리요? 용사의 자식 중에서 주와 같은 자가 누구리요?"(시 89:6) 그분을 진정으로 부를 수 있는 합당한 이름이 없으며, 그의 이름은 기묘자, 경이롭기만 합니다(창 32:29; 삿 13:18; 잠 30:4). 하나님께서 폭풍 속에서 욥에게 말씀하시고, 욥에게 자신의 위대한 행위를 펼치실 때, 욥은 겸손하게 머리를 숙이며 말합니다. "보소서, 나는 비천하오니 무엇이라 주께 대답하리이까? 손으로 내 입을 가릴 뿐이로

소이다"(욥 40:4). 하나님은 크시니 우리가 그분을 알 수 없습니다(욥 36:26). 그 지식이 너무 기이하고 높아서 우리가 그 지식에 능히 도달할 수가 없습니다(시 139:6).

하나님은 이렇게 지극히 높고 존엄하신 분이시지만, 또한 자신의 모든 피조물, 심지어 가장 낮고 비천한 피조물과도 매우 밀접한 관계를 맺고 계십니다. 성경은 철학처럼 추상적으로 하나님 개념을 사변하지 않고, 그 대신에 참되고 살아 계신 하나님을 우리 앞에 보여주며, 그분의 손으로 행하신 모든 일에서 그분을 보게 해줍니다. 우리는 눈을 들어 누가 이 모든 것을 창조하셨는지 봐야만 합니다. 모든 것이 그분의 손으로 창조되었고, 모든 것이 그분의 뜻과 계획에 따라 이루어졌으며, 모든 것은 그분의 능력으로 보존됩니다. 그러므로 만물은 그분의 탁월하심과 그분의 선하심과 그분의 지혜와 능력의 징표 내지는 표상입니다. 모든 피조물 중에서 인간만이 하나님의 **형상**(形像, beeld, *imago*)과 **모양**을 따라 창조되었으며, 오직 인간만이 하나님의 소생(자손)이라 불립니다(행 17:28).

이러한 피조물과의 친밀한 관계로 인해 하나님은 자신의 피조물에 비유하여 이름으로 불릴 수 있게 되었으며, 우리는 그분에 대해서 인간적인 방식으로 말할 수 있게 되었습니다. 성경은 하나님의 그 비교할 수 없는 위대하심과 존엄성을 지극히 높여서 묘사하는 동시에 생명이 넘치는 모양들과 형상들에 비유하여 그분에 대해서 말합니다. 성경은 그분의 눈과 귀, 손과 발, 입과 입술, 심장과 내장을 언급합니다. 성경은 지혜와 지식, 의지와 능력, 공의와 자비 등의 다양한 덕성을 그분에게 돌리며, 기쁨과 슬픔, 두려움과 비애, 열정과 질투, 후회와 분노, 증오와 복수 같은 감정도 그분에게 돌립니다. 성경은 하나님의 통찰과 사고, 듣고 보는 것, 냄새 맡고 맛보는 것, 앉고 일어서는 것, 방문하고 떠나는 것, 기억하고 잊는 것, 축복하고 징벌하는 것 등에 대해서 언급합니다. 또한 성경은 하나님을 태양과 빛, 샘과 물줄기, 반석과 피난처, 칼과 방패, 사자와 독수리, 영웅과 전사, 예술가와 건축가, 왕과 재판관, 농부와 목자, 남자와 아버지에 비유합니다. 인간에게 있어 세상에서 찾을 수 있는 모든 지원과 보호와 도움은 근원적으로 하나님 안에서 완전하고 넘치게 발견됩니다. 하늘과 땅에 있는 모든 족속에게 이름을 주신 분은 다름 아닌 하나님이십니다(엡 3:15). 그분은 "존재의 태양"이시며 모든 피조물은 "그분의 지나가는 광채"에 불과합니다.

우리가 하나님을 아는 문제에 있어서 하나님의 신적 본질에 관한 두 종류의 진술들을 확고하게 붙드는 가운데 그 양자를 모두 공평하게 이해하는 것이 중요합니다. 만약 우리가 모든 피조물 위에 계시는 하나님의 절대적인 존엄성을 포기한다면 우리는 다신론, 즉 이교도의 다신 숭배나 범신론, 즉 모든 것을 신이라고 믿는 믿음으로 빠져들게 될 것입니다. 다신론과 범신론은 역사적으로 서로 밀접하게 관련되어 있으며, 하나에서 다른 하나로 쉽게 넘어갈 수 있는 공통된 특징을 지니고 있습니다.

그리고 만약 우리가 하나님과 그분의 피조물의 깊은 연관성을 포기한다면 우리는 이신론, 즉 계시하지 않는 한 분 하나님에 대한 신앙으로 기울어지거나, 무신론, 즉 하나님의 존재를 부인하는 사상의 암초에 부딪혀 좌초되고 말 것입니다. 성경은 다신론과 범신론 이 양자의 사상을 모두 반대했으며 그리스도교 신학은 성경을 따라 이러한 양자의 사상을 배격했습니다. 하나님은 우리가 진정으로 그분을 부를 수 있는 합당한 이름이 없으시며, 따라서 그분은 자신을 다양한 이름으로 부르도록 우리에게 허락하십니다. 하나님은 무한히 높으신 분이시며 동시에 그분의 모든 피조물과 함께 살아가시는 분이십니다. 그분의 덕성들은 어떤 면에서는 모든 피조물에게 전부 전달될 수 없고 다른 면에서는 모든 피조물에게 전부 전달될 수 있습니다. 우리의 이해력으로는 이를 모두 파악할 수 없습니다. 하나님에 대해 적절하게 표현할 수 있는 개념은 존재하지 않습니다. 하나님의 본질에 부합되는 정의나 규정은 애초에 불가능합니다. 하나님의 존재를 온전히 표현할 수 있는 이름(명칭)은 없습니다. 그러나 하나는 다른 하나와 모순되지 않습니다. 즉 하나님께서 지극히 높으시며 영원 속에 거하시는 분이시기 때문에 그분은 또한 상한 마음과 겸손한 정신을 가진 자들과 함께 거하십니다(사 57:15). 하나님은 자신의 계시에서 철학적인 신개념을 구성하게 할 목적으로 우리에게 자신을 계시하지 않으셨습니다. 하나님이 우리에게 자신을 계시하신 이유는 우리가 참되고 살아 계신 하나님을 우리의 하나님으로 받아들이고 인정하며 고백하도록 하기 위함입니다. 그리고 하나님은 이러한 일들을 지혜롭고 슬기로운 자들에게는 감추셨고 어린아이들에게는 알리셨습니다(마 11:25).

우리가 이러한 방식으로 하나님에 대해서 얻는 지식은 한편의 "신앙의 지식"입니다. 신앙의 지식은 하나님의 본질에 정확하게 부합되지는 않습니다. 하나님은 모든 피조물보다 무한히 높이 계시는 분이시기 때문입니다. 그러나 신앙의 지식은 또한 단순히 상징적인 것도 아닙니다. 즉 신앙의 지식은 우리가 임의로 만든 표현으로서 실재와 완전히 맞지 않는 것이 아닙니다. 신앙의 지식은 순전히 상징적인 것, 즉 우리가 임의로 형성하고 현실과 전혀 일치하지 않는 표현도 아닙니다. 신앙의 지식은 **모사적**(ectypisch, *ectypa*)[3]이거나 **유비적**(analogisch, *analogicum*)[4]입니다. 신앙의 지식은 하나님의 절대적인 존엄성에도 불구하고 하나님과 그분의 손으로 지으신 모든 만물 사이에 존재하는 유사성과 연관성에 근거를 두고 있는 지식이기 때문입니다. 하나님이 자연과 성경을 통해서 자신에 대해 제공하시는 지식은 제한적이고 유한하며 불완전하지만, 여전히 순수하고 참된 지식입니다. 하나님

---

3   역자 주. 모사(摹寫, *ectypa*)란 각인, 즉 인쇄에서 원본과 똑같이 찍혀 나온 것을 의미한다.
4   역자 주. 유비(*analogia*)란 닮음 또는 유사성을 의미한다.

의 말씀, 특히 그리스도 안에서, 그리스도를 통해서, 자기 자신을 계시하신 하나님만이 우리 마음이 요청하는 바로 그 하나님이십니다.

. . .

하나님에 관한 교리와 관련하여 성경의 모든 자료를 살펴서 피조물에 대한 하나님의 초월성과 관계성을 모두 유지하려는 시도는 이미 초창기부터 그리스도교회 내부에서 하나님의 신적 본질 안에 두 그룹의 속성을 구별하도록 만들었습니다. 그리스도교회는 일찍부터 이러한 두 그룹의 속성을 여러 가지 이름으로 불렀습니다. 로마 가톨릭교회의 신학에서는 "소극적(부정적) 속성"과 "적극적(긍정적) 속성", 루터교회의 신학에서는 "정적(움직이지 않는) 속성"과 "동적(활동하는) 속성", 개혁교회의 신학에서는 "비공유적(전달 불가능한) 속성"과 "공유적(전달 가능한) 속성"이라고 불렀습니다. 그러나 각각의 교회마다 부르는 호칭은 다르더라도 근원적으로 이러한 분류는 대동소이한 결론에 도달합니다. 하나님의 속성을 두 그룹으로 나누어서 개진하는 이유는 하나님의 초월성(하나님이 세계와 구별되고 초월하심)과 내재성(하나님이 세계와 교제하시며 내주하심)을 동시에 견지하고 주장하려는 데 있습니다. 이러한 점을 고려해볼 때, 하나님의 속성에 대한 개혁교회의 분류, 즉 "비공유적 속성"과 "공유적 속성"은 로마 가톨릭교회와 루터교회에서 사용하는 분류보다 이러한 목적에 더 잘 부합됩니다. 첫 번째 그룹의 속성, 즉 하나님의 비공유적 속성은 다신교(Heidensch veelgodendom[이교도적인 다신론])와 범신론(algodendom[만물이 신이라는 사상])의 오류로부터 우리를 지켜주며, 두 번째 그룹의 속성, 즉 하나님의 공유적 속성은 이신론(geloofs aan één God, zonder openbaring[계시하지 않는 신을 믿는 신앙])과 무신론(de loochening van het bestaan Gods[신의 존재를 부정하는 사상])의 오류로부터 우리를 보호해줍니다.

우리가 개념을 구분하기 위해 사용하는 명칭들이 다소 불명료하더라도 개혁교회가 사용하는 명칭들을 계속 사용해 개념을 구분하는 데는 큰 반대나 문제가 없습니다. 그러나 여기서 우리가 기억해야 할 점은 전달 불가능한 속성(비공유적 속성)과 전달 가능한 속성(공유적 속성)이 서로 독립적으로 존재하거나 분리되어 있지 않다는 것입니다. 물론 우리는 이 두 가지 속성을 동시에 취급할 수 없기 때문에 하나의 속성을 먼저 논한 후에 다른 하나의 속성을 논구해야 합니다. 그렇지만 이렇게 두 가지 속성을 신학적으로 구분하는 목적은 하나님께서 모든 전달 가능한 속성을 절대적이고 무한한 방식으로 소유하고 계신다는 것, 즉 전달 불가능할 정도로 소유하고 계신다는 사실을 항상 명심하는 데 있습니다. 하나님의 지식, 지혜, 선하심, 의로우심 등은 피조물 안에 있는 동일한 덕목들과 어느 정도 유사한 점이 있을 수 있습니다. 그렇지만 하나님의 속성은 독립적이고, 불변하며, 영원하고, 편재하며, 단순한 방식, 즉 절대적으로 신적인 방식에 있어서 하나님께 고유한 것들입니다. 따라서 우리는 피조물에게서도 그것들의 본질과 속성을 구분할 수 있습니다. 그래서 인간은 팔이나 다리가 없어도, 심지어 잠들거나 병으로 인해 의식을 잃어버려도 여전히 인간으로 남아 있으며, 인간 됨을 멈추지 않습니다.

그러나 하나님께는 그러한 일이 불가능합니다. 하나님의 속성들은 그분의 본질과 하나로 일치합니다. 하나님에게 있어서 그분이 소유하신 각각의 속성이 곧 그분의 본질입니다. 하나님은 단순히 지혜롭고 진실하시며, 선하시고 거룩하시며, 정의로우시고, 자비로우신 분이 아닙니다. 하나님 자신이 지혜 그 자체이시며, 진리 그 자체이시며, 선함 그 자체이시며, 거룩함 그 자체이시며, 정의 그 자체이시며, 자비 그 자체이십니다. 따라서 하나님께서는 피조물 안에 존재하는 모든 덕의 근원이시며 원천이십니다. 하나님이 소유하신 모든 속성이 곧 하나님의 존재입니다. 따라서 하나님은 피조물이 가진 모든 것들의 근원이시며 모든 선한 것들의 풍요로운 샘이십니다.

• • •

하나님의 전달 불가능한 속성들(비공유적 속성들)은 하나님께서 지니신 미덕이나 완전성으로 이해되는데, 이는 하나님 안에 존재하는 모든 속성이 절대적으로 신적인 방식으로 존재한다는 것을 의미합니다. 그러므로 이러한 속성들은 피조물에게 전달될 수 없습니다. 하나님의 속성들은 그분의 절대적인 숭고함과 그 어느 것에도 비할 수 없는 그분의 성품을 확인시켜 줍니다. 그리고 이러한 사실이 "엘로힘"(Elohim)이라는 신명(神名)에서 가장 분명하게 드러납니다. 물론 하나님의 이름이 피조물에게 적용되는 경우도 있습니다. 예를 들어 성경은 이방인의 우상들을 때때로 신들이라고 부르며 우리에게 다른 신들을 두지 말 것을 명령합니다(출 20:3). 하나님께서는 아론(출 4:16)과 파라오 앞에서(출 7:21) 모세를 신이라 칭하셨습니다. 재판장들이 신들이라고 표현되기도 했으며(시 82:1, 6), 예수께서도 자신을 변호하시기 위해 이러한 구절들에 호소하셨습니다(요 10:33-35). 그러나 이러한 표현들은 비유적인 것입니다. 하나님의 이름은 원래 그리고 본질에 있어서 하나님께만 속합니다. 우리는 하나님의 이름에서 항상 인격적이지만 모든 피조물 위에 계신 무한한 힘을 가진 존재를 연상하게 됩니다. 오직 하나님만이 신이십니다.

이처럼 전달 불가능한 속성은 하나님의 것입니다. 이러한 속성들은 그분만의 것이고 어떤 피조물에도 존재하지 않으며 어떤 피조물에게도 전달될 수 없습니다. 모든 피조물은 시간과 공간에 종속되고 가변적이며 복합적으로 구성되어 있기 때문입니다. 하지만 하나님은 독립적이십니다. 그래서 그분은 그 어떤 것에도 의존하지 않으시고, 다른 모든 것들이 절대적으로 그분을 통해서 결정됩니다(행 17:25; 롬 11:36). 하나님은 불변하셔서 영원히 동일한 분이십니다. 모든 변화는 피조물에게 속한 것이며, 또한 피조물이 하나님과 맺은 관계로 인해 발생하게 됩니다(약 1:17). 하나님은 또한 단순하셔서 영과 물질, 사고와 확장성, 본질과 속성, 지성과 의지의 모든 복합성에서 완전히 자유로우시며, 그분은 진리, 생명, 빛 그 자체이십니다(시 36:10; 요 5:26; 요일 1:5). 하나님은 영원하시며(시 90:2), 모든 시간을 초월하시면서도 시간의 매 순간을 그분의 영원함으로 꿰뚫으십니다. 하나님은 **편재**하시며(시 139:7; 행 17:27-28) 모든 공간을 초월하시지만, 그분의 전능하고 편재하신 능력으로 모든 공간을 지탱하십니다.

오늘날에는 이러한 하나님의 전달 불가능한(비공유적) 속성들이 종교적 삶에 어떤 가치도 없다고 주장하는 사람들이 적지 않습니다. 그들은 이러한 속성들을 단지 형이상학적 개념으로만 간주합니다. 그러나 이러한 속성들을 부인하게 되면 곧장 범신론(모든 것이 신이라는 사상)과 다신론(이교도의 다신 숭배)으로 나아가는 관문에 도달하게 된다는 점에서 비공유적인 속성이 무가치하기는커녕 그 반대라는 사실이 입증됩니다.

만약 하나님이 독립적이지 않고, 변하지 않으시며, 영원하시고, 편재하시며, 단순하시고, 모든 복합성에서부터 자유롭지 않으시다면, 그분은 피조물의 수준으로 격하되고 세상 전체나 세상 안의 어떤 힘과 동일시되고 말 것입니다. 그러므로 하나님의 이러한 속성을 부정하는 사람들이 점점 증가하고 있으며, 그들은 계시의 하나님을 버리고 세계에 내재하는 힘을 선호하거나 다신론을 참된 유일신 신앙보다 더 선호하게 됩니다. 하나님의 전달 불가능한 속성(비공유적 속성)은 그분의 **유일성** 및 **단일성**과 불가분하게 연결되어 있습니다(신 6:4; 막 12:29; 요 17:3). 오직 하나님만이 다른 어떤 것도 그분 위에 있거나, 그분 옆에 있거나, 그분 아래에 있을 수 없는 유일하신 하나님이십니다. 하나님이 독립적이시고 변하지 않으시며 영원하시고 편재하실 때만, 비로소 그분은 우리의 무조건적인 믿음과 절대적인 신뢰와 완전한 구원의 하나님이 되실 수 있습니다.

• • •

하지만 전달 불가능한 속성들, 즉 비공유적 속성만으로는 충분하지 않습니다. 만약 우리가 하나님께서 자비로우시고 은혜로우시며 자비와 긍휼이 넘치시는 분이라는 사실을 알 수 없다면, 하나님이 독립적이시고 변함이 없으시며 영원하시고 편재하신다는 것을 아는 것만으로 무슨 유익이 있겠습니까? 전달 불가능한 속성들은 하나님 안에 있는 모든 속성이 그분 안에서 존재하는 방식에 대해서 우리에게 지식을 제공해주기는 하지만, 하나님 존재(본질)의 **내용**에 대해서는 우리를 어두운 상태로 남겨둡니다. 그러나 여기에 전달 가능한 속성들, 즉 공유적 속성들이 더해집니다. 이 속성들은 하나님께서 무한히 높고 존귀하시지만, 모든 피조물 안에 거하시고, 모든 피조물과 관계하시며, 피조물에게도 제한적으로 나타나는 모든 미덕을 완전하게 소유하고 계신다는 사실을 말해줍니다. 하나님은 먼 곳에 계신 분일 뿐만 아니라 가까이도 계신 분이십니다. 하나님은 독립적이시고 변함이 없으시며 영원하시고 편재하시는 분일 뿐 아니라, 지혜로우시고, 강하시며, 의로우시고 거룩하시며, 은혜로우시고, 자비로우신 분이십니다. 하나님은 엘로힘이실 뿐 아니라 야웨이십니다.

전달 불가능한 속성들이 주로 엘로힘(하나님)이라는 이름에서 표현된다면, 전달 가능한 속성들은 야웨라는 이름에서 더 두드러집니다. 이 이름의 어원과 본래의 의미는 우리에게 알려져 있지 않습니다. 아마도 이 이름은 모세 이전부터 존재했을 가능성이 높은데, 예를 들어 요게벳이라는 이름에서 알 수 있습니다. 하지만 하나님께서는 그 당시에는 아직 야웨라는 이름으로 자신의 백성에게 알려지지 않으셨습니다. 아브라함에게는 엘 샤다이, 곧 전능하신 하나님으로 나타나셨으며, 이는 자연의 모든 힘을 굴복시키고 그것들로 은혜에 봉사하게 하시는 분으로 자신을 계시하신 것입니다(창 17:1; 출 6:2). 그러나 수백 년이 지나고 하나님께서 조상들에게 맺은 언약과 약속을 잊어버리신 것처럼 보였을 때, 하나님은 모세에게 자기 자신을 야웨로 나타내셨습니다. 이는 하나님이 조상들에게 나타나셨던 동일한 하나님이시고, 그분은 언약을 지키시고 약속을 성취하시며, 모든 세대를 통해 자신의 백성에게 변함없이 동일한 분이심을 드러내신 것입니다. 야웨라는 이름은 "나는 스스로 있는 자" 또는 "나는 내가 될 자"라는 의미를 가지며, 이는 이스라엘과의 관계에서 하나님의 변함없는 신실하심을 나타냅니다. 야웨는 언약의 하나님으로, 자신의 자유로운 주권적 사랑에 의해 백성을 선택하시고 그 백성을 자신의 소유로 삼으신 분이십니다. 엘로힘이라는 이름이 세상 위에 초월적으로 계신 하나님의 주권적인 존귀함을 나타낸다면, 야웨라는 이름에는 그 높고 존귀한 하나님께서 스스로 결정하신 선택에 따라 자신의 백성에게 거룩하고 은혜로우시며 신실하신 하나님으로 자신을 계시하셨다는 의미가 담겨 있습니다.

이스라엘에서 오늘날에 이르기까지 모든 정신적 투쟁은 원칙적으로 야웨가 엘로힘, 즉 하나님이신가에 대한 질문에 관한 것입니다. 이교도들과 과거와 현재의 수많은 철학자는 야웨가 단지 이스라엘의 하나님, 즉 한 명의 민족적이고, 제한적이며, 등급이 낮은 신에 불과하다고 말합니다. 그러나 모세와 엘리야와 모든 예언자, 그리고 그리스도와 그분의 모든 사도들은 이러한 주장에 맞서서 이스라엘 조상들 및 그 백성들과 언약을 맺으신 야웨만이 유일하시고 영원하시며 참되신 하나님이시고, 그 외에 결코 다른 신은 없다고 주장합니다(사 43:10-15; 44:6). 그러므로 야웨는 하나님의 고유하고 구별되는 이름입니다(사 42:8; 48:12). 언약의 하나님은 자신의 백성에게 겸손히 내려오셔서 마음이 상하고 겸손한 자와 함께 거하시는 분이시고, 동시에 영원에 거하시며 그 이름이 거룩하고 높고 존귀하신 분이십니다(사 57:15).

전달 불가능한 속성과 전달 가능한 속성, 이 양자는 서로 충돌하지 않습니다. 오히려 전자는 후자를 설명하고 강화하는 역할을 합니다. 예를 들어 하나님의 사랑을 생각해봅시다. 우리가 사랑에 대해 말할 수 있는 이유는 인간들 사이에서 진정한 사랑이라고 불리는 그것이 어떤 면에서 하나님의 사랑의 모방[또는 모사]이며, 하나님의 사랑의 모습과 닮아 있기 때문입니다. 하나님의 사랑과 인간의 사랑 사이에 어느 정도의 유사성이 있어야만 합니다. 그렇지 않다면 하나님의 사랑에 대한 우리의 모든 생각과 말은 진리가 아니라 단지 헛된 소리에 불과하게 될 것입니다. 그러나 이러한 유사성은 결코 동일성을 의미하지 않습니다. 인간 사이에서 가장 순수하고 강한 사랑조차도 하나님 안에 있는 사랑의 매우 희미한 반영에 불과합니다. 따라서 이러한 사실은 전달 불가능한 속성들을 이해하도록 우리를 이끌어줍니다. 우리는 전달 불가능한 속성들, 즉 비공유적 속성들을 통해서 하나님의 사랑이 모든 피조물의 사랑보다 무한히 뛰어나다는 사실을 배우게 됩니다. 하나님의 사랑은 독립적이고(주권적이고), 변하지 않으며, 단순하고, 영원하며, 편재합니다. 그 사랑은 우리에게 의존하지 않고, 우리에 의해서 일어나지 않으며, 하나님의 신적인 본질의 깊은 곳에서 자유롭고 순결하게 솟아납니다. 그 사랑은 변하지 않고, 오르락내리락하지 않으며, 나타났다가 사라지지 않고, 변화의 그림자조차 없습니다. 그 사랑은 하나님의 본질에 속해 있는 다른 속성들과 결코 충돌하지 않고 하나님의 본질과 일치합니다. 하나님은 자신의 전 존재와 더불어 사랑 그 자체이시고, 온전하시며, 완전하신 분이십니다. 그 사랑은 시간과 공간에 제약을 받지 않고, 영원에서부터 나와 하나님의 모든 자녀의 마음속으로 내려옵니다. 그러한 사랑은 전적으로 신뢰할 만합니다. 그 사랑 안에서 우리의 영혼은 모든 고난과 죽음 속에서도 안식을 취할 수 있습니다. 이런 사랑의 하나님이 우리를 위하시면 누가 우리를 대적할 수 있겠습니까?

이제 모든 전달 가능한 속성, 즉 공유적 속성에 대해서도 똑같이 말할 수 있습니다. 하나님의 피조물 속에 하나님께 속한 지식과 지혜, 선하심과 은혜, 의로움과 거룩함, 뜻과 능력 등이 희미한 모습으로 유사성을 띠며 나타납니다. 모든 유한한 것은 하나의 상(像)에 불과합니다. 보이는 것들은 보이지 않는 것들로부터 만들어진 것입니다(히 11:3). 그러나 이 모든 속성은 하나님 안에 원천적이고, 독립적이며, 변하지 않고, 단순하며, 무한한 방식으로 존재합니다. 야웨만이 하나님이시며, 그분이 우리를 자기 백성으로, 그분의 기르시는 목장의 양으로 만드셨습니다(시 100:3).

전달 가능한 속성들, 즉 공유적 속성들은 그 수가 너무 많아서 그것들을 모두 나열하고 설명하는 것은 불가능합니다. 만약 우리가 그것들을 온전하게 다루고자 한다면, 하나님이 피조물, 특히 그분의 백성에게 어떤 분이신지에 대한 이해를 제공하기 위해 성경이 사용하고 있는 모든 이름, 상징, 유사성을 설명해야만 할 것입니다. 성경이 하나님께 모든 신체의 부분들, 즉 눈과 귀, 손과 발 등을 할당하고, 인간의 모든 감각, 감정, 열정, 결심, 행동을 하나님께 부여하며, 사람들 사이에서의 직책과 직업들로 하나님을 표현하고, 그분을 왕, 입법자, 재판관, 전사, 영웅, 농부, 목자, 남편, 아버지로 묘사하며, 세상의 모든 유기적인 생명체와 무기적인 물상들을 동원해 하나님을 우리에게 가깝게 소개하고, 사자, 독수리, 태양, 불, 메뚜기, 바위, 방패 등에 빗대어 그분을 비유한다면, 이는 모두 하나님을 알게 하고, 그분 존재의 충만함을 우리에게 깊은 인상으로 각인시키기 위함입니다. 우리 인간이 영적이고 육체적으로 존재하기 위해서는 우리 밖의 세상이 필요합니다. 우리 스스로는 가난하고 연약하며 아무것도 가진 것이 없고 아무것도 아니기 때문입니다. 그러나 우리 영혼과 육체를 위해 시간과 영원 속에서 필요한 모든 것이 원천적으로 완전하고 무한한 충만함으로 하나님 안에 존재합니다. 하나님은 최고의 선이시고 모든 선의 넘치는 원천이십니다.

성경이 모든 신적 존재에 대한 명칭들과 묘사들을 통해 가장 먼저 의도하는 것은 이스라엘과 그리스도 안에서 자신을 계시하신 하나님 야웨가 참되고 실제적이며 살아 계신 하나님이라는 사실에 대한 지울 수 없는 인상을 우리에게 주는 것입니다. 이교도들의 우상들과 철학자들의 우상들(범신론적이고 다신론적인 우상들과 이신론적이고 무신론적인 우상들)은 사람의 손으로 만든 것이며 그들은 말하지 못하고, 보지도 못하며, 듣지도 못하고, 만지지도 못하며, 움직이지도 못합니다. 그러나 이스라엘의 하나님은 하늘에 계시고 그분이 기뻐하시는 모든 일을 행하십니다. 그분은 유일하신 하나님이시고(신 6:4), 참된 하나님이시며(요 17:3), 영원히 살아 계신 하나님이십니다(신 5:26; 수 3:10; 단 6:27; 행 14:15; 고후 6:16; 딤전 3:15; 6:17).

인간은 하나님을 죽은 신으로 만들어서 자기 마음대로 하나님을 다루길 원합니다. 그러나 성경은 인간에게 외칩니다. "당신은 착각하고 있습니다, 하나님은 존재하십니다." 그분은 참 하나님이시고 지금도 그리고 영원히 **살아계십니다**(leeft). 그리고 살아 계신 하나님의 손에 빠져들어 가는 것은 실로 두려운 일이 아닐 수 없습니다(히 10:31).

그분은 살아 계신 하나님으로서 모든 생명의 원천이시고(시 36:9; 렘 2:13), 더 나아가 그분은 영이십니다(요 4:24). 하나님은 육체가 없으시지만 모든 종류의 육체적인 사지와 행동이 그분에게 귀속됩니다(신 4:12, 16). 그러므로 하나님은 상상할 수 없는 분이시고(신 4:15-19), 눈으로 볼 수 없는 분이십니다(출 33:20; 요 1:18; 6:46; 딤전 6:16). 하나님은 영이시고, 의식을 가지고 계시며, 자신에 대한 완전한 지식을 가지고 계십니다(마 11:27; 고전 2:10). 아무리 숨겨지거나 드러나지 않더라도, 하나님으로부터 그리고 하나님을 통해 그 시대에 존재하거나 존재할 모든 것에 대해 하나님께서는 완전한 지식을 가지고 계십니다(사 46:10; 렘 11:20; 마 10:30; 히 4:13). 영이신 하나님은 뜻(의지)을 가지고 계시고, 그 뜻을 사용하셔서 자신이 기뻐하시는 모든 일(감추어진 뜻 혹은 결정된 뜻)을 행하시며(시 115:3; 시 21:1; 단 4:35), 또한 무엇이 우리의 행위에 대한 규범이 될 것인지(계시된 뜻 또는 명령된 뜻 곧 계명)를 결정하십니다(신 29:29; 마 7:21; 12:50). 그리고 모든 반대에도 불구하고 하나님은 자신이 의도하신 것을 수행하실 수 있습니다. 그러므로 하나님께는 불가능한 일이 없습니다(창 18:14; 렘 32:27; 슥 8:6; 마 19:26, 딤전 6:15).

• • •

그러나 이러한 지식과 의지와 능력은 자의적이지 않고 모든 부분에서 도덕적으로 결정됩니다. 이것은 성경에서 하나님이 주신 지혜(잠 8:22-31; 욥 28:20-28; 롬 16:27; 딤전 1:17)를 통해서 이미 분명하게 드러나고 있습니다. 그리고 하나님께서는 창조와 재창조 때 자신이 계획하신 목적에 따라 만물을 배열하고 통치하십니다(시 104:24; 엡 3:10; 롬 11:33). 이러한 도덕적 현실은 한편으로는 하나님의 **선하심**(goedheid)과 **은혜**(genade)에서도 표현되고, 다른 한편으로는 하나님의 **거룩하심**(heiligheid)과 **정의로우심**(gerechtigheid)에서도 표현되는데, 이 모든 것은 하나님께 속한 속성들입니다. 하나님은 전지전능하신 분일 뿐 아니라 완전한 선의 원천이시고(마 5:45), 피조물 안에 있는 모든 선의 근원이십니다(시 145:9). 하나님의 이 선하심은 온 세상에 미치지만(시 145:9; 마 5:45), 그것이 향하는 대상에 따라 여러 가지 형태를 띠게 됩니다. 하나님의 선하심이 죄 지은 자들에게 나타날 때는 오래 참으심, 곧 **인내**(lankmoedigheid)라고 부르며(롬 3:25), 죄 사함을 받은 자들에게 나타날 때는 **은혜**(genade)라고 부르며(엡 2:8), 하나님께서 피조물에게 은혜로 자신을 전달해 나누어주실 때는 **사랑**(liefde)이라 부릅니다(요 3:16; 요일 4:8). 하나님의 선하심이 그분의 은혜를 입은 자들에게 나타날 때는 **인자함**(goedertierenheid)이라고 부르며(창 39:21; 민 14:19; 사 54:10; 엡 2:7), 그분의 선하심이 값없이 주시는 선물이라는 사실이 강조될 때는 **기뻐하심**(welbehagen)이라고 부릅니다(마 11:26; 눅 2:14; 12:32; 살후 1:11).

• • •

하나님의 거룩하심과 의로우심은 그분의 선하심과 은혜와 함께 손을 잡고 나아갑니다. 하나님을 **거룩하신** 분(de Heilige)이라고 부르는 것은 그분이 단순히 모든 피조물 위에 높이 계실 뿐만 아니라 무엇보다도 세상의 모든 죄악과 더러움으로부터 구별되시기 때문입니다. 그래서 하나님은 자신의 은혜로 택하신 백성, 곧 자신의 소유가 된 백성들에게 거룩해야만 한다고 요구하시고(출 19:5-6; 레 11:44-45; 벧전 2:9), 그들을 그리스도를 통해 거룩하게 하십니다(엡 5:26-27). 그리스도께서는 그들을 위해 친히 자신을 거룩하게 하셨으며, 그들도 진리 안에서 거룩하게 되도록 하셨습니다(요 17:19). 이러한 하나님의 거룩하심은 또한 그분의 **의로우심**(gerechtigheid)과 밀접하게 연관되어 있습니다. 거룩하신 하나님은 죄와 교제할 수 없고, 죄를 미워하시며(시 45:7; 욥 34:10), 죄에 대해 진노하시기 때문입니다(롬 1:18). 하나님은 자신의 명예를 위해 질투하시고(출 20:5), 어떤 경우에도 죄지은 자들을 결코 무죄로 여기실 수 없는 분입니다(출 20:5, 7). 하나님은 자신의 거룩하신 본성을 따라서 피조물의 세계에서 의로우심, 곧 정의(공의)를 유지하시고, 사람을 차별하지 않으시며, 각 사람에게 그들의 행위에 따라 보응하십니다(롬 2:2-11; 고후 5:10). 오늘날의 사람들은 하나님께서 인간의 죄악된 생각과 행동 따위의 작은 일들에 대해서는 전혀 신경을 쓰지 않으신다고 스스로 믿을 뿐만 아니라 다른 사람들도 그렇게 믿도록 만들고자 합니다. 하지만 성경이 우리에게 계시하는 참되고 살아 계신 하나님은 전혀 다르게 생각하십니다. 하나님께서는 선천적인 죄(원죄)와 후천적인 죄(자범죄), 이 양자 모두에 대해서 잔혹한 진노를 나타내시며 그것들을 의로운 심판을 통해서 일시적이든 영원히든 벌하시기를 원하십니다(신 27:26; 갈 3:10).

하나님은 자신의 정의(공의)를 따라 악인들만을 벌하시는 것이 아닙니다. 성경의 놀라운 가르침에 따르면 하나님은 자신의 동일한 정의(공의)를 따라 경건한 자들에게 구원을 베푸십니다. 물론 경건한 자들 역시 그 자체로는 죄인들이며 다른 사람들보다 나을 것이 없습니다. 그러나 악인들은 자신들의 죄를 숨기거나 미화하는 반면, 경건한 자들은 오히려 자신의 죄를 인정하고 고백합니다. 바로 여기에 양자를 갈라놓는 차이가 있습니다. 비록 경건한 자들이 개인적으로 죄가 있고 부정하더라도, 그들은 본질상 하나님 편에 서서 세상을 대적하고 있습니다. 그러므로 그들은 하나님의 은혜언약이 주는 약속과 그 말씀의 진실성과 하나님 자신이 그리스도 안에서 성취하신 의에 의지하여 하나님께 간청할 수 있습니다.

이러한 의에 의지하여 감히 말씀드리자면, 하나님께서는 자기 백성의 죄를 용서하시고 영생을 주셔야 할 의무가 있으시다고까지 말할 수 있습니다(시 4:2; 7:10; 31:2; 34:22; 35:24; 51:16; 103:17; 요일 1:9). 하나님께서는 경건한 자들을 종종 기다리게 하셔서 그들이 오랜 시간 믿음의 시험을 겪게 하십니다. 하지만 그들이 완전한 구원에 이르게 될 때 하나님의 **진실하심**(waarachtigheid)과 **신실하심**(trouw)은 더욱더 눈부시게 빛납니다(창 24:27; 32:10; 수 21:45; 삼하 7:28; 시 57:3; 105:8).

주님은 자기 백성을 위해 구원을 완성하시고 그분의 인자하심은 영원하십니다(시 138:8). 주님은 자비로우시고, 은혜로우시며, 오래 참으시고, 그 인자하심과 진실하심이 크십니다(출 34:6; 시 86:15; 103:8; 145:8).

어떤 사람들은 병거(兵車)를, 어떤 사람들은 군마(軍馬)를 의지하지만, 우리는 주님이신 우리 하나님의 이름만을 의지합니다(시 20:8; 렘 9:23-24; 고전 1:31; 고후 10:17). 이는 오직 한 분 하나님만이 영원히 우리 하나님이시며, 그분이 우리를 죽음의 순간까지 함께하시며 인도하시기 때문입니다(시 48:14). 그분은 **복되시고**(zalig) **영화로우신**(heerlijk) 하나님이시며(딤전 6:15, 엡 1:17), 그러므로 주 하나님을 자기 하나님으로 삼는 백성은 복이 있습니다(시 33:12).

토론을 위한 질문

1. 오늘날에도 계시가 계속된다고 생각하십니까, 아니면 종결되었다고 보십니까?

2. 우리가 하나님의 본질을 알 수 없는 이유는 무엇입니까?

3. 하나님을 아는 지식은 일상적인 지식과 어떻게 다릅니까?

4. 하나님을 아는 지식은 인간의 행복과 어떻게 연결되어 있습니까?

5. 불가지론과 무신론의 개념을 각각 정의해봅시다. 두 입장의 정의는 다를 수 있지만 실제로는 다르지 않다는 견해에 동의하십니까?

6. 하나님을 아는 지식과 하나님께 예배하는 것 사이에는 어떤 관계가 있습니까?

7. 하나님을 아는 지식은 우리의 생명을 위한 것이면서 동시에 하나님의 영광을 위한 것이기도 합니다. 이 두 차원을 어떻게 조화롭게 이해할 수 있을까요?

8. 오늘날의 과학적·합리적 세계관에서 하나님의 계시의 필수 불가결성을 어떻게 설명할 수 있을까요?

9. 하나님의 비공유적 속성과 공유적 속성은 서로 어떻게 연결되어 있습니까?

제10장

하나님의 삼위일체성

영원한 존재는 삼위일체로 자신을 계시합니다. 그렇게 함으로써 영원한 존재는 자신이 가진 속성들에서 자신을 드러내는 것보다 더 부유하고 더욱더 생생하게 우리에게 자신을 드러냅니다. 거룩한 삼위일체 속에서 신적 존재와 그 존재 속에 있는 모든 완전함은 마침내 온전히 드러나게 되고, 그 풍성한 내용을 펼치며, 그 깊은 의미를 얻게 됩니다. 그때에야 비로소 우리는 하나님이 누구시며 어떤 분이신지를 알게 됩니다. 무엇보다 죄로 인해 길을 잃은 인류가 하나님이 어떤 분이신지를 비로소 알게 됩니다. 우리가 오직 삼위일체이신 하나님을 언약의 하나님, 성부, 성자, 성령으로 알고 고백할 때 비로소 이러한 사실들을 깨닫게 됩니다.

신앙고백의 이러한 부분을 논함에 있어서 더욱더 거룩한 경외심과 어린아이와 같은 두려움이 우리의 마음을 지배하도록 해야만 합니다. 모세가 광야에서 떨기나무 가운데 불꽃 속에서 나타나신 하나님을 만났을 때, 그것은 모세에게 두렵고 도저히 잊을 수 없는 순간이었습니다. 모세가 멀리서 타오르되 사그라들지 않는 그 불꽃을 바라보고 가까이 다가가려고 했을 때, 하나님께서는 그를 멈추게 하시고 다음과 같이 말씀하셨습니다. "이리로 가까이 오지 말라. 네 발에서 신을 벗어라. 네가 선 곳은 거룩한 땅이니라." 모세가 그 말씀을 들었을 때 그는 크게 두려워하며 얼굴을 가리고 하나님 뵙기를 두려워했습니다(출 3:1-6).

이와 같은 거룩한 경외심이 우리에게도 마땅히 요구됩니다. 하나님께서 자신의 말씀에서 자신을 삼위일체로 계시하실 때 우리는 그분 앞에서 경외심을 가져야만 합니다. 여기서 우리가 논구하는 것은 단순히 하나님에 대한 교리가 아니며, 추상적인 하나님 개념이나 철학적 체계도 아닙니다. 우리는 스스로 또는 다른 사람들이 만들어낸 하나님에 대한 인간적인 상상이나 다른 사람들이 고안해낸 하나님에 대한 개념을 분석하거나 논리적으로 해명하려는 것이 아닙니다. 삼위일체에 대해 말할 때 우리는 실제로 하나님 자신을 마주 대하고 있는 것입니다. 이는 우리가 자신의 말씀을 통해 자신을 계시하시는 참되고 유일하신 하나님을 대면하는 것입니다. 하나님께서 모세에게 "나는 아브라함의 하나님, 이삭의 하나님, 야곱의 하나님이니라"(출 3:6)라고 하셨듯이, 그분은 또한 자신의 말씀을 통해 성부, 성자, 성령으로 우리에게 자기 자신을 드러내어 계시하십니다.

그러한 의미에서 그리스도교회는 하나님께서 자신을 삼위일체로 계시하신 것을 항상 받아들이고 고백해왔습니다. 그래서 우리의 사도신경은 하나님을 삼위일체로 고백하고 있습니다. 그리스도인은 사도신경에서 하나님에 대해 자의적으로 말하지 않습니다. 그는 하나님의 개념을 제시하거나, 하나님께서 이런저런 속성을 가지고 계신다거나 이러이러하게 존재한다는 식으로 설명하지 않습니다. 그 대신 그리스도인은 이렇게 고백합니다. "나는 하나님 아버지를 믿사오며, 그의 외아들(독생자) 예수 그리스도를 믿사오며, 성령을 믿사옵니다." 즉 "나는 삼위일체이신 하나님을 믿습니다"라고 고백합니다. 그렇게 함으로써 그는 살아 계시고 참되신 하나님, 곧 성부, 성자, 성령이 자기 신앙의 대상임을 고백합니다. 삼위일체이신 하나님이 바로 우리가 자신을 온전히 맡기고 마음을 다해 의지하는 그 하나님이라는 사실을 그리스도인은 신앙고백과 더불어 표현합니다. 하나님은 그리스도인에게 생명과 구원의 하나님이십니다. 성부, 성자, 성령으로서 하나님은 그를 창조하셨고, 구원하셨으며, 성화시키시고, 영화롭게 하셨습니다. 그리스도인은 모든 것을 하나님께 감사드립니다. 그리고 이러한 하나님을 믿고, 신뢰하며, 그분에게 모든 것을 바라고 기대할 수 있다는 것이 그리스도인에게는 기쁨이며 위로입니다.

신경에서 그리스도인이 하나님에 대해 고백하는 것은 추상적인 용어의 나열이 아니라 하나님께서 그 옛날부터 오늘에 이르기까지, 그리고 앞으로도 행하실 일련의 사역에 대한 묘사입니다. 그리스도인의 신앙고백을 형성하고 있는 것은 바로 하나님이 행하신 사역이고, 하나님이 행하신 이적들입니다. 그리스도인의 신앙고백은 하나님의 위대한 역사(歷史)에 대한 선포입니다. 그것은 길고도, 넓으며, 장엄한 역사입니다. 그 역사는 창조부터 시작하여 세상 끝날까지 그 기원과 발전, 그리고 그 역사의 종국적인 목적을 아우르며 세계 전체를 포함하고 있습니다. 교회의 신앙고백은 하나님의 위대한 사역들에 대한 선포입니다.

하나님의 모든 위대한 사역은 그 수가 많을 뿐만 아니라 다양한 특징들을 지니고 있습니다. 하지만 하나님이 행하신 모든 사역은 또한 엄격한 통일성을 형성하고, 서로 연관되어 있으며, 서로를 준비시키고, 서로에게 의존해 있습니다. 그 안에는 질서와 진행, 발전과 상승이 있습니다. 창조에서 시작해 구속을 거쳐 성화와 영화로 나아갑니다. 그 마지막은 다시 시작으로 되돌아가지만, 동시에 마지막은 처음 시작보다 훨씬 높은 정점에 도달합니다. 하나님의 사역은 아래로부터 위로 향하는 나선형의 원을 형성하고, 수평선과 수직선의 조화로운 결합을 보여주며, 앞으로 나아가는 동시에 위로도 나아갑니다.

이 모든 사역에 있어서 예술가이자 건축가이시며 시작이자 끝은 하나님이십니다. 모든 만물이 그분에게서 나오고, 그분으로 말미암으며, 그분에게로 돌아갑니다. 하나님은 세상의 창조자이시고, 세상의 재창조자이시며, 세상의 완성자이십니다. 하나님의 사역 안에서 통일성과 다양성은 하나님의 존재 안에 있는 통일성과 다양성에서 비롯되며 또한 그 통일성과 다양성으로 되돌아갑니다. 하나님의 존재는 하나이고 유일하며 단순합니다. 그러나 동시에 하나님의 존재는 그분의 위격들과 그분의 계시와 그분의 작용에 있어서 삼중적이며 동시적입니다. 하나님의 모든 사역은 끊어지지 않는 통일된 전체이지만, 동시에 풍부한 다양성을 지니고 있습니다. 교회의 신앙고백은 세계 역사 전체를 포괄하고, 창조와 타락, 화해와 용서, 갱신과 회복의 모든 순간을 담고 있습니다. 그리고 교회의 신앙고백은 삼위일체 하나님으로부터 시작해 모든 것이 그분께로 되돌아간다는 사실을 고백합니다.

그러므로 거룩한 삼위일체에 대한 신앙고백은 우리의 신앙의 중심이자 핵심이며, 다른 종교로부터 그리스도교 신앙을 구분 짓는 표지이고, 모든 참된 그리스도인의 자랑이며 위로입니다.

삼위일체에 대한 신앙고백을 둘러싸고 모든 시대를 거쳐 투쟁과 사상적 갈등이 일어나곤 했습니다. 삼위일체에 대한 신앙고백이야말로 그리스도교회가 보존하고 수호해야만 하는 귀중한 보화입니다.

• • •

하나님의 삼위일체성(三位一體性, Drieëenheid)에 대한 이러한 신앙고백이 그리스도교 신앙에서 중심적인 위치를 차지하고 있다면, 이 삼위일체에 대한 신앙고백이 어떤 근거에 기초하고 있고 어떤 출처로부터 교회로 흘러들어오게 되었는지를 아는 것이 중요합니다. 오늘날에는 하나님의 삼위일체성에 대한 신앙고백을 인간의 추론과 학문적 연구의 산물로 간주하여 종교 생활에 전혀 쓸모없다고 생각하는 사람들이 적지 않습니다. 그들에 따르면 예수께서 선포하신 원래의 복음은 하나님의 삼위일체성에 대해서 아무것도 알지 못했으며, 이러한 **신앙조항**(信仰條項, geloofsartikel, *articulus fides*)

을 표현하기 위해 훗날 사용된 용어들뿐만 아니라 이 용어로 표현하고자 의도했던 실체에 대해서 아무것도 알지 못했습니다. 예수의 근원적이고 단순한 복음이 그리스 철학과 결합되고 그로 인해 변질됨으로써 그리스도교회는 점차 그리스도의 신적 본성(Goddelijke natuur)을 따라서 그리스도의 인격에 대해 말하게 되었고, 성령을 신적 본질 안으로 받아들이며, 결국 하나의 신적 본질(éene Goddelijke wezen) 안에 있는 세 개의 구별된 위격(drie onderscheiden personen)에 대해서 고백하게 되었다고 주장합니다.

그러나 그리스도교회는 항상 삼위일체 교리에 대해서 이러한 주장과는 전혀 다른 견해를 가지고 있었습니다. 그리스도교회는 삼위일체 교리가 예리한 통찰력을 가진 신학자들의 발명품이나 복음과 결합된 그리스 철학의 산물이 아니라 복음과 하나님의 말씀 전체에 실제로 포함되어 있고, 하나님의 계시에서 추론된 그리스도교의 신앙고백이라고 보았습니다. 여기에 한 가지 질문이 제기될 수 있습니다. 신적 본질은 오직 하나인데, 왜 성부, 성자, 성령이라고 부를까요? 이러한 질문에 대해 하이델베르크 교리문답서는 다음과 같이 짧고 단호하게 대답합니다. "하나님께서 말씀으로 자신을 그렇게 계시하셨기 때문입니다"(제8주일 25문답). 하나님의 계시는 교회의 삼위일체 신앙고백이 놓여 있는 견고한 토대입니다. 하나님의 계시는 하나이고, 거룩하며, 보편적인 교회에서 삼위일체 교리가 성장하고 세워진 원리입니다. 하나님은 자신을 삼위일체 하나님으로서 계시하셨습니다. 그분은 그렇게 존재하시기 때문에, 즉 삼위일체로 존재하시기 때문에, 그분은 그렇게, 즉 삼위일체로 자신을 계시하셨습니다.

하나님의 계시에 나타난 삼위일체성은 그분의 존재 안에 있는 삼위일체성을 지시하고 가리킵니다.

이러한 계시는 하나의 사건 속에서 일어난 것이 아니며, 그렇다고 한 순간에 이루어지고 완성된 것도 아닙니다. 오히려 이 계시는 수 세기에 걸쳐 긴 역사 과정을 거치면서 이루어졌습니다. 그것은 창조와 함께 시작되었고, 타락 후 이스라엘에 대한 구원의 약속과 구원의 사역들 가운데 계속되었으며, 그리스도의 인격과 사역, 성령의 부으심과 교회의 설립에서 그 절정에 이르렀고, 오늘날 수 세기에 걸쳐 모든 반대에도 불구하고 성경의 지울 수 없는 확실한 증언과 교회의 확고한 신앙고백 속에서 지속되고 있습니다. 이처럼 계시는 오랜 역사를 가지고 있기 때문에 하나님의 삼위일체적 존재에 대한 고백에도 진보와 발전이 있습니다. 하나님은 변하지 않으시고 영원히 동일한 분이십니다. 그러나 계시의 진전 과정에서 하나님은 인간과 천사들에게 자신을 항상 더 분명하고 영광스럽게 나타내시고 우리의 지식은 그분의 계시와 함께 성장합니다.

• • •

옛 언약의 시대에 하나님께서 자기 자신을 계시하기 시작하셨을 때, 이 계시의 초기에 전면에 드러났던 것은 하나님의 단일성(單一性, eenheid, Einheit)입니다.

인간의 죄로 말미암아 하나님에 대한 온전한 지식이 사라졌습니다. 이는 사도 바울이 심오하게 말했던 것으로, 진리가 불의 속으로 잠식되었고, 하나님이 지으신 피조물 안에 하나님을 알만한 것들이 있음에도 불구하고 그것들이 사람들의 사유에 의해 왜곡되었으며, 사람들의 마음의 무지로 인해 어두워졌습니다. 그리하여 모든 인류는 우상숭배와 형상숭배의 나락에 빠져버리고 말았습니다(롬 1:18-23).

그래서 하나님의 계시는 그분의 단일성을 전면에 내세우는 것과 더불어 시작해야만 했습니다. 계시는 인류가 숭배하는 신들은 참 하나님이 아니라고 외쳤습니다. 태초에 하늘과 땅, 그리고 모든 만물을 창조하신 하나님(창 1:1; 2:1), 아브라함에게 자신을 전능하신 하나님으로 알려주신 하나님(창 17:1; 출 6:3), 모세에게 야웨로, 즉 스스로 존재하는 자로 자신을 나타내신 하나님(출 3:14), 바로 그 하나님이 참된 하나님이십니다. 그리고 야웨는 이스라엘 백성을 자신의 자유로운 주권으로 선택하시고 부르시어 그들과 언약을 맺으신 하나님(출 19:4)이십니다. 따라서 계시의 내용은 다음과 같습니다. 오직 야웨만이 엘로힘이시고, 오직 주님만이 하나님이시며, 주님 외에는 다른 신이 없습니다(신 4:35, 39; 수 22:22; 삼하 7:22; 22:32; 왕상 18:39; 사 45:5; 18, 21).

이스라엘 백성에게도 하나님의 단일성에 대한 계시가 절실히 필요했습니다. 그 이유는 이스라엘이 사방으로 이방 민족들에게 둘러싸여 있었고, 이방 민족들은 이스라엘 백성으로 하여금 끊임없이 하나님을 배반하게 하며, 하나님께 불성실하게 행동하도록 부추겼기 때문입니다. 게다가 포로 생활에 이르기까지 수많은 이스라엘 백성이 이방의 우상숭배와 형상숭배에 빠져들었습니다. 이스라엘 백성은 율법의 금지와 예언자들의 경고에도 불구하고 계속해서 우상숭배의 나락으로 빠져들었습니다. 그래서 하나님께서는 이제 모세에게 나타나셨고 모세를 통해 이스라엘을 구원하시고자 하셨습니다. 그리고 그분은 모세를 통해 이스라엘 민족을 구원하시고자 하는 그 자신이 다름 아닌 아브라함과 이삭과 야곱에게 전능하신 하나님으로 나타나셨던 바로 그 하나님이었다는 사실을 친히 강조하셨습니다. 하나님께서 이스라엘 백성에게 율법을 주셨을 때, 그 율법의 서두에는 이렇게 쓰여 있었습니다. "나는 너희를 애굽 땅, 종 되었던 집에서 인도하여 낸 너희 하나님 여호와니라"(출 3:6, 15). 그리고 하나님은 십계명 중 첫째 계명과 둘째 계명에서 모든 우상숭배와 형상숭배를 엄격히 금하셨습니다(출 20:2-5). 우리 주 하나님은 오직 유일하신 하나님이시므로, 이스라엘은 마음을 다하고 뜻을 다하며 힘을 다하여 그분을 사랑해야 한다는 것이었습니다(신 6:4-

5). 오직 주님만이 이스라엘의 하나님이시므로 이스라엘은 그분만을 섬겨야 합니다.

그러나 하나님의 단일성이 그토록 강력하게 전면에 등장하고 이스라엘 율법의 첫 번째 조항을 구성하고 있음에도 불구하고, 하나님의 계시가 진행됨에 따라 신적 본질의 충만함 속에서 다양성이 드러나고 하나님의 단일성 속에 인격적인 자기 구분이 드러나게 되었습니다. 히브리어로 하나님을 호칭하는 이름에는 이미 몇 가지 중요한 의미가 있습니다. **엘로힘**이라는 이름은 복수형이며, 과거에 일반적으로 생각했던 것처럼 신성한 본질의 세 위격을 지칭하는 것은 아니지만, 소위 강조의 복수형으로서 여전히 하나님 안에 존재하는 생명과 능력의 충만함을 가리킵니다. 의심할 여지 없이 이것과 관련해 하나님께서는 때때로 자신에 대해 말씀하실 때 복수형을 사용하시는데, 이는 그것과 더불어 그분 안에 인격적인 성격을 띠는 구별이 있음을 암시하고 있는 것입니다(창 1:26, 27; 3:22; 사 6:8).

이보다 더 중요한 것은 하나님께서 말씀과 영을 통해 만물을 창조하고 보존하신다는 구약성경의 가르침입니다. 그분은 많은 수고와 노력을 기울여 존재하는 물질로부터 다른 무언가를 만들어내는 사람이 아니라, 자신의 말씀으로 만물을 무에서 유로 끌어내시어 만물에 존재를 부여하시는 분이십니다. 창세기 1장에서 이러한 사실이 대단히 고상한 방식으로 우리에게 묘사되고 있습니다. 그리고 다른 곳에서도 이러한 사실은 그 이상으로 영광스럽게 표현되며 노래되고 있습니다. 그분이 말씀하시매 만물이 이루어졌으며, 명령하시매 만물이 견고히 서게 되었습니다(시 33:9). 그분은 말씀을 보내시어 얼음을 녹이십니다(시 147:18). 그분의 음성은 물 위에 있으며, 사막을 떨게 하며, 산을 송아지처럼 뛰게 하고, 숲을 드러냅니다(시 29:3-10).

하나님의 사역들에 대한 이 고귀한 묘사에는 두 가지 의미가 담겨 있습니다. 첫째, 하나님은 전능한 분이시고, 말씀으로 만물을 창조하셨으며, 그분의 말씀은 계명이고(시 33:9), 그분의 음성은 **능력**과 더불어(시 29:4) 있습니다. 둘째, 하나님은 아무 생각 없이 자신의 모든 사역을 행하시지 않고 모든 사역을 최고의 지혜로 행하십니다. 하나님께서 말씀하시는 그 말씀은 그분의 능력이지만, 또한 그분의 생각을 전달하는 도구이기도 합니다. 그분은 자신의 능력으로 땅을 지으셨고, 자신의 지혜로 세상을 창조하셨으며, 자신의 명철로 하늘을 펼치셨습니다(렘 10:12; 51:15). 그분의 모든 사역은 지혜로 이루어졌으며 땅의 나라에는 그분의 소산들로 가득합니다(시 104:24). 그리고 그 지혜는 외부에서 하나님께로 오지 않았고 영원부터 그분과 함께 있었으며, 그분은 태초에 자신의 일을 행하시기 이전부터 자기 길의 원리로서 그 지혜를 소유하고 계셨습니다. 그리고 그분이 하늘을 지으시고 땅의 대지에 지경을 세우시며 구름을 위에 두시고 땅의 샘을 고정하시며 바다의 경계를 정하시고 땅의 기초를 세우셨을 때, 지혜는 이미 그분과 함께 있었고 매일 그분 앞에서 즐거워하고 항상 그분 앞에서 뛰어놀고 있었습니다(잠 8:22-31; 욥 28:20-28). 하나님은 지혜를 기뻐하셨고 그 지혜를 통해 세상을 창조하셨습니다.

말씀과 지혜에 이어 하나님의 영은 이제 **창조 중보자**(創造仲保者, Middelaar der schepping, *mediator creationis*)로서의 역할을 담당합니다. 하나님 자신이 지혜**이시고** 동시에 지혜를 **가지고 계셔서** 지혜를 전달하시며, 그분의 사역에서 지혜를 보여주실 수 있는 것처럼 그분 자신이 또한 본질에 있어 영이시고(신 4:12, 15) 영을 **가지고 계시며**, 세상 안에 거하시고 모든 곳에 임재하실 수 있습니다(시 139:7). 주님께서는 누구의 조언도 받지 않으시고 오직 자신의 영으로 모든 것을 창조하셨습니다(사 40:13). 그 영은 태초에 수면 위를 운행하셨으며(창 1:2) 지금도 모든 피조물 안에서 활동하고 계십니다. 하나님은 그 영으로 하늘을 장식하시고(욥 26:13), 지면을 새롭게 하시며(시 104:30), 사람에게 생명을 주시고(욥 33:4), 사람의 코에 숨결을 유지하시며(욥 27:3), 사람에게 명철과 지혜를 주시고(욥 32:8), 풀을 시들게 하고 꽃을 지게 하십니다(사 40:7). 한마디로 하늘은 주의 말씀으로 지음을 받았고, 하늘의 만상은 그분 입의 영(기운)으로 말미암아 이루어졌습니다(시 33:6).

• • •

하나님의 이러한 자기 구별(zelfonderscheiding)은 **재창조**(再創造, herschepping, *recreatio*)의 역사에서 더욱더 풍성하게 드러납니다. 그때 하나님은 엘로힘이 아니라 야웨로 자신을 계시하시고, 일반적인 하나님이 아니라 주님 곧 언약의 하나님으로 자신을 계시하시며, 구속과 구원의 기적을 통해 자신을 알리는 분이십니다. 따라서 그분은 단지 말씀으로만 자신의 백성을 구원하고 인도하지 않으시고 언약의 사자(주님의 사자)를 통해서도 구원하십니다. 이미 족장들의 역사를 보면 하나님께서는 언약의 사자(주님의 사자)를 보내셔서 하갈에게 나타나셨고(창 16:6 이하) 아브라함에게 나타나셨으며(창 18장), 야곱에게도(창 28:13) 나타나셨습니다. 특히 이스라엘을 이집트의 종살이에서 구출하실 때 하나님은 자신의 은혜와 능력을 드러내시며(출 3:2; 13:21; 14:19; 23:20-23; 32:34; 33:2; 민 20:16) 등장하셨습니다. 이러한 주님의 사자는 창조된 천사들과 동등한 존재가 아니라 하나님의 특별한 계시이며 발현입니다. 언약의 사자는 하나님과 분명히 구별됩니다. 하나님이 그를 가리켜 자신의 사자라고 말씀하셨기 때문입니다. 그분은 하나님과 분명히 구별되지만 이름과 능력, 구원과 축복, 경배와 존귀에 있어서 하나님 자신과 하나이십니다. 그분은 감찰하시는 하나님(창 16:13), 벧엘의 하나님(창 31:13)이라 불리며, 하나님 또는 주님 자신과 교차적으로 불리며(창

32:28, 30, 출 3:4), 그 자신 안에 주님의 이름을 지니고 계시고(출 23:21), 자신의 백성을 모든 악에서 건져내시며(창 48:16), 이집트인의 손아귀에서 이스라엘을 구원하셨고(출 3:8), 물을 갈라 바다를 마르게 하셨으며(출 14:21), 하나님의 백성을 보호하시고, 그들을 가나안으로 안전하게 인도하시며, 원수를 이기게 하시고(출 3:8; 23:20), 하나님 자신처럼 그에게 전적으로 순종해야 하며(출 23:20), 항상 주님을 경외하는 자의 주위에 진을 치고 계신 분이십니다(시 34:8; 35:5).

그리고 야웨께서는 이 언약의 사자를 통해 재창조의 사역에서 자신의 구원 활동들을 수행하시듯이, 자신의 영을 통해 자신의 백성에게 온갖 은사와 권능을 나누어주십니다. 구약성경에서 야웨의 영은 모든 생명과 구원과 능력의 원천이십니다. 야웨의 영은 사사 옷니엘(삿 3:10)과 기드온(삿 6:34)과 입다(삿 11:29)와 삼손(삿 14:6, 15:14)에게 용기와 힘을 주셨습니다. 제사장의 의복과 성막과 성전을 제작하는 사람들에게는 예술적인 재능과 기술을 부여해주셨으며(출 28:3; 31:3-5; 35:31-35; 대상 28:12), 모세와 더불어 백성들의 짐을 지는 재판관들에게는 명철과 지혜를 주셨습니다(민 11:17, 25). 야웨의 영은 예언자들에게 예언의 은사를 주셨고(민 11:25, 29; 24:2-3; 미 3:8), 모든 하나님의 자녀들을 새롭게 하시고 거룩하게 하시며, 옳은 길로 인도해주셨습니다(시 51:13; 143:10).

한마디로 말하자면, 주님께서는 이집트에서 나올 때 이스라엘에게 말씀과 약속을 주셨고 그들과 언약을 맺으셨습니다. 그리고 하나님께서 이스라엘 백성에게 주신 성령은 포로기 이후 스룹바벨 시대에도 백성들 가운데 굳건히 머물러 있었기에 그들이 두려워할 필요가 없었습니다(학 2:4-5). 주님께서 이스라엘을 인도해 이집트 땅에서 나오게 하셨을 때 그분은 이스라엘의 구원자가 되셨습니다. 그리고 자기 백성에 대한 하나님의 이러한 성품은 하나님 자신으로 하여금 자기 백성의 모든 고난으로 인해 고통받게 하셨고, 자기 백성의 고난을 자신의 고난으로 여기게 하셨습니다. 그러므로 하나님은 자기 앞의 사자를 그들에게 보내시어 그들을 보존하셨고, 그분의 사랑과 은혜로 그들을 구속하셨으며, 옛날부터 그들과 항상 함께하셨고, 또한 그들에게 자신의 거룩한 영을 보내주셔서 주의 길로 그들을 인도하셨습니다(사 63:9-12). 옛 언약의 시대에 주님은 대제사장을 통해 이스라엘 백성에게 세 가지 축복을 주셨는데, 곧 보호해주시는 축복과 은혜의 축복과 주님의 평화를 축복으로 주셨습니다(민 6:24-26).

신적 본질 내에 있는 삼중적인 구별(drievoudige onderscheiding)은 하나님께서 이스라엘을 인도하신 역사 속에서 점진적으로 더욱더 분명하게 드러나기 시작했습니다. 그러나 구약성경에는 미래에 더 높고 더 풍성한 계시가 있을 것이라는 약속이 포함되어 있습니다. 이스라엘은 주님의 말씀을 거부하고 그분의 성령을 슬프게 했기 때문입니다(사 63:10; 시 106편). 언약의 사자와 주님의 영 안에서 나타나는 하나님의 계시만으로는 충분치 않다는 사실이 드러났습니다. 하나님께서 자신의 언약을 확고히 하시고 자신의 약속을 이루시기 위해서는 다른 더 높은 계시가 필요했습니다.

이러한 계시는 예언자들에 의해 예언되었습니다. 미래의 마지막 날들에 하나님께서는 이스라엘 중에서 모세와 같은 예언자를 일으키실 것이며, 그 예언자의 입에 자신의 말씀을 두실 것입니다(신 18:18). 그 예언자는 멜기세덱의 반차(서열)를 따르는 영원한 제사장이 되실 것이며(시 110:4), 다윗의 가문에서 태어날 왕이 되실 것입니다(삼하 7:12-16). 그는 이새의 그루터기에서 나온 새싹이 될 것이며(사 11:1), 왕으로서 통치하시며 이 땅에 정의와 공의를 행하실 것입니다(사 16:5). 그분은 인간으로 오셔서 한 여인의 아들로 태어나실 것이고(렘 7:14), 훌륭한 외모나 위엄은 없겠으나(사 53:2), 그분은 임마누엘이시며(사 7:14), 우리의 의가 되시는 주님(렘 23:6)이시고, 언약의 사자(말 3:1)이시며, 자신의 백성에게 나타나실 주님이십니다(호

1:7; 말 3:1). 그분의 이름은 또한 기묘자이고, 모사이며, 전능하신 하나님이고, 영존하시는 아버지이며, 평강의 왕이라 불릴 것입니다(사 9:5).

그리고 하나님의 종의 이러한 나타나심(verschijning)의 후에는 더욱더 풍성한 성령의 경륜이 뒤따를 것입니다. 지혜와 총명의 영이시고, 모략과 권능의 영이시며, 지식과 야웨를 경외하는 영이신 성령께서 메시아 위에 임하실 것이며(사 11:2; 42:1; 61:1), 그 후에 성령은 모든 육체에, 곧 여러분의 아들과 딸들에게, 노인들과 젊은이들에게, 남종들과 여종들에게 부어질 것입니다(욜 2:28-29; 사 32:15; 44:3; 겔 36:26-27; 슥 12:10). 그리고 하나님께서는 그들 모두에게 새 마음과 새 영을 주셔서 그들이 하나님의 율례대로 행하며 하나님의 법도를 지키고 행하게 하실 것입니다(겔 11:19-20; 36:26; 렘 31:31-34; 32:38-41).

따라서 하나님의 완전한 계시가 하나님의 삼위일체적 존재에서 드러나게 될 것을 구약성경 자체가 보여주고 있습니다.

• • •

이러한 약속과 예언에 대한 응답은 신약성경에서 성취되었습니다. 신약성경에서도 하나님의 단일성(de eeinheid Gods)은 모든 계시의 출발점입니다(요 17:3; 고전 8:4; 딤전 2:5). 그러나 신약성경에서는 하나님의 단일성에서 신적 본질의 다양성이 [구약성경에서보다] 훨씬 더 분명하게 드러납니다. 먼저 **성육신**(聖肉身, vleeschwording, *incarnatio*), **배상 만족**(賠償滿足, voldoening, *satisfactio*), 성령의 부으심(uitstorting)이라는 위대한 구원 사건들에서 신적 본질의 다양성이 드러납니다. 그리고 예수와 사도들의 가르침에서도 신적 본질의 다양성이 드러납니다. 구원 사역은 전체가 하나로서 처음부터 끝까지 시종일관 하나님의 사역입니다. 그러나 이러한 하나님의 사역에는 세 가지 주요 순간들, 즉 **선택**(選擇, verkiezing, *electio*)과 **용서**(容恕, vergeving, *remissio*)와 **갱신**(更新, vernieuwing, *renovatio*)이 포함되어 있습니다. 그리고 이 세 가지 순간은 신적인 본질에 있어서 세 가지 원인인 성부와 성자와 성령을 가리킵니다.

그리스도의 수태는 이미 우리에게 하나님의 세 가지 활동을 즉각적으로 보여줍니다. 성부께서는 성자를 세상에 보내시고(요 3:16), 성자 자신이 하늘에서 내려오시며(요 6:38), 성령으로 마리아에게 수태되셨습니다(마 1:20; 눅 1:35). 예수께서는 세례를 받으실 때 성령으로 기름부음을 받으셨고 성부께서는 친히 예수에게 자신의 모든 선한 기쁨을 품은 사랑하는 아들이라고 공식적으로 선언하셨습니다(마 3:16-17). 예수께서 행하신 사역은 성부께서 성자에게 보여주신 일들이고(요 5:19; 8:38), 성자께서는 성령의 능력으로 그 일들을 성취하셨습니다(마 12:28). 성자께서는 죽으실 때도 영원한 성령을 통해 자신을 하나님께 드리셨습니다(히 9:14). 부활은 성부께서 성자를 일으키신 사건이며(행 2:24), 동시에 예수께서 성결의 영을 따라 자신의 행위로 하나님의 아들이심을 능력으로 증명하신 사건입니다(롬 1:3). 그리고 부활 후, 그분은 자신을 살리신 성령으로 사십일 만에 하늘로 올라가시어 천사들과 권세들과 능력들을 복종케 하셨습니다(벧전 3:22).

예수와 사도들의 가르침은 이와 일치합니다.

예수께서는 **아버지**를 선포하시고 아버지의 이름을 세상 사람들에게 알리기 위해서 이 땅에 오셨습니다(요 1:18; 17:6). 만물의 창조주이신 하나님께 아버지의 이름을 붙이는 것은 이교도들에게도 공통적으로 발견됩니다. 이러한 의미에서 성경 역시 이를 뒷받침하고 있습니다(눅 3:38; 행 17:28; 엡 3:15; 히 12:9). 구약성경도 하나님께서 이스라엘과 맺으신 신정적인 관계에서 하나님을 아버지라 여러 차례 부릅니다. 이는 하나님께서 그 놀라운 능력으로 이스라엘을 창조하시고 보존하셨기 때문입니다(신 32:6; 사

63:16). 그러나 신약성경에서는 하나님께 주어진 이 아버지라는 이름에 새롭고 영광스러운 빛이 비추어집니다. 즉 예수께서는 항상 그분 자신이 아버지와 맺은 관계를 다른 사람들, 곧 유대인이나 제자들이 아버지와 맺는 관계와는 본질적으로 구분하셨습니다. 예를 들어 예수께서 제자들의 요청에 따라 주기도문을 그들에게 가르치셨을 때, 그분은 분명하게 말씀하셨습니다. "너희는 기도할 때 이렇게 기도하여라. 하늘에 계신 우리 아버지"(눅 11:2). 그리고 부활 후 막달라 마리아에게 곧 있을 자신의 승천을 알리셨을 때, 다음과 같이 말씀하셨습니다. "내가 내 아버지 곧 너희 아버지, 내 하나님 곧 너희 하나님께로 올라갈 것이다"(요 20:17). 하나님은 예수 **자신의** 아버지십니다(요 5:18). 오직 아들만이 아버지를 알고 사랑하듯이, 아버지도 아들을 알고 사랑하십니다(마 11:27; 막 12:6; 요 5:20). 그러므로 사도들에게서 하나님은 특별한 의미에서 항상 우리 주 예수 그리스도의 아버지라고 불렸습니다(엡 1:3). 성부와 성자(그리스도) 사이의 이러한 관계는 시간적으로 시작된 것이 아니라 영원으로부터 기원한 것입니다(요 1:1, 14; 17:24). 그러므로 하나님이 아버지이신 것은 지극히 고유한 의미에서 그분이 아들의 아버지이시기 때문입니다. 이러한 하나님의 아버지 되심(Vaderschap)은 하나님의 근원적이고 특별하며 인격적인 특성입니다.

파생적인 의미에서 하나님은 모든 피조물의 아버지라고 불립니다. 이는 하나님이 피조물의 창조자이시며 보존자이시기 때문입니다(고전 8:6). 또한 하나님은 이스라엘의 아버지라고도 불리는데, 이는 이스라엘이 하나님의 선택과 부르심으로 인해 그분의 소유이기 때문입니다(신 32:6; 사 64:8). 그리고 하나님은 교회와 모든 신자의 아버지라고도 불리는데, 이는 아버지의 사랑이 그리스도를 통해 그들에게 전해졌고(요 16:27; 17:24), 그들은 하나님의 자녀로 입양되었으며, 성령으로 말미암아 하나님으로부터 났기 때문입니다(요 1:12; 롬 8:15).

　　그러므로 성부께서는 언제나 **아버지**이시고, 하나님의 본질(本質, wezen, οὐσία) 안에서의 첫 번째 위격(de eerste persoon)이시고, 하나님의 경륜 안에서 창조와 보존, 그리고 구원과 성화의 모든 외적인 사역들에 있어서도 주도권을 갖고 계십니다. 성부께서는 아들에게 자신 안에 있는 생명을 주셨고(요 5:26), 자신으로부터 성령을 보내주십니다(요 15:26). 아들의 목적, 선택, 그리고 선한 뜻은 아버지께 속한 것입니다(마 11:26; 엡 1:4, 9, 11). 창조와 보존, 구원과 갱신은 아버지에게서부터 나옵니다(시 33:6; 요 3:16). 그리고 특별한 의미에서 나라와 권세와 영광이 아버지께 속합니다(마 6:13). 아버지는 **주님이신** 예수 그리스도와 성령으로부터 구별되시어 특별히 **하나님**이라는 이름을 지니십니다. 예수 그리스도 자신도 중보자(仲保者, Middelaar, *mediator*)로서 하나님을 자신의 아버지라고만 아니라 자신의 하나님이라고 부릅니다(마 27:46; 요 20:17). 그리스도는 또한 하나님의 그리스도라고 불립니다(눅 9:20; 고전 3:23; 계 12:10). 한마디로 신적 본질에서 첫 번째 위격은 **아버지**이십니다. 왜냐하면 만물이 그분**으로부터** 나오기 때문입니다(고전 8:6).

• • •

　　하나님이 아버지시라면 그분으로부터 생명을 받고 그분과 더불어 사랑을 나누시는 아들도 계신다는 것을 의미합니다. 하나님의 아들이라는 이름은 이미 구약성경에서 천사들에게 사용되었고(욥 38:7), 이스라엘 백성에게도 사용되었으며(신 1:31; 8:5; 14:1; 32:6, 18; 호 11:1), 특히 신정 통치를 하는 왕에게도(삼하 7:11-14; 시 2:7) 사용되었습니다. 그러나 신약성경에서는 하나님의 아들이라는 이름이 훨씬 더 깊은 의미를 지니고 있습니다. 그리스도는 매우 독특한 의미에서 하나님의 아들이시며, 천사와 예언자보다 지극히 높으신 분이십니다(마 13:32; 21:27; 22:2). 그리스도께서는 아버지 외에는 아들을 아는 자가 없고, 아들 외에는 아버지를 아는 자가 없다고 친히 말씀하셨습니다(마 11:27). 천사들과 사람들과 구별되는 그리스도는 하나님의 아들이시고(롬 8:32), 아버지께서 기뻐하시는 사랑하는 아들이시며(마 3:17), 아버지께서 자신의 생명을 주신(요 5:26) 독생자(요 1:18)이십니다.

성부와 성자 사이의 이렇게 전적으로 고유한 관계는 많은 사람이 주장하는 것처럼 성령에 의한 초자연적 잉태나 세례 때의 기름 부음이나 부활과 승천을 통해서 시간 속에서 발생한 관계가 아니고 영원부터 존재한 관계입니다. 실제로 그리스도 안에서 인간의 본성을 취하신 아들은 태초에 말씀으로 하나님과 함께 계셨고(요 1:1), 그때에 이미 하나님의 형상을 지니고 계셨으며(빌 2:6), 부요하고 영광으로 옷을 입으셨고(요 17:5, 24), 하나님의 영광의 광채시고 그 본체의 형상이셨으며(히 1:3), 때가 차매 보내심을 받아 세상으로 내려오실 수 있었습니다(요 3:16; 갈 4:4; 히 1:6). 따라서 창조(요 1:3; 골 1:16)와 보존(히 1:3)과, 전(全) 구원의 성취가(고전 1:30) 또한 아들에게 귀속됩니다. 아들은 피조물들처럼 만들어지거나 창조되신 분이 아니라 모든 피조물 가운데서 먼저 나신 자, 즉 맏아들이시며 모든 피조물 위에 먼저 나신 자로서 지위와 권한을 소유하신 분이십니다(골 1:15). 아들은 또한 죽은 자들 가운데서 먼저 나신 자이시며 많은 형제 가운데서 맏아들이시므로 만물 가운데서 만물보다 먼저 계십니다(롬 8:29; 골 1:18). 또한 아들은 때가 차매 종의 형체를 취해 [사람이 되셨지만], 근본 하나님의 본체셨고, 생명에 있어서나(요 5:26), 지식에 있어서나(마 11:27), 능력에 있어서나(요 1:3; 5:21, 26), 명예에 있어서나(요 5:23) 하나님과 동등하셨습니다. 아들 자신은 모든 것 위에 영원히 찬양을 받으실 하나님이십니다(요 1:1; 20:28; 롬 9:5; 히 1:8-9). 만물은 아버지로**부터**(uit den Vader) 온 것처럼 아들을 **통해**(door den Zoon) 온 것입니다(고전 8:6).

성부와 성자는 모두 **성령** 안에서 서로를 인식하고 연합하며 성령을 통해 모든 피조물 안에 거하십니다. 하나님은 자신의 본질에 있어서 영이시고(요 4:24) 또한 거룩하십니다(사 6:3). 그러나 성령은 영이신 하나님과 분명히 구별됩니다. 하나님 자신도 그 본질에 있어서 영이시지만, 또한 그 본질의 깊은 곳을 살피시는 영을 가지고 계십니다(고전 2:11). 따라서 하나님의 깊은 곳을 살피시는 영은 천사나 사람 또는 다른 피조물의 영과 구별하여 하나님의 영 또는 성령(시 51:12; 사 63:10-11)이라고 불립니다. 그러나 성령은 하나님, 곧 성부와 성자와는 구별될지라도 두 분과 가장 친밀한 교제를 나누고 계십니다. 그분은 전능자의 숨결로(욥 33:4), 하나님의 입으로부터 나오는 기운(시 33:6)으로 불리시고, 성부와 성자에게서 보내심을 받았으며(요 14:26; 15:26), 아버지에게서 나오시는 영(요 15:26)이실 뿐만 아니라 아들에게서도 나오시는 영이십니다. 그러므로 성령은 아버지의 영으로 불리시고, 또한 그리스도의 영 또는 아들의 영으로도 불리십니다(롬 8:9).

성령께서 성부와 성자로부터 주어지거나 보내지거나 부어지거나 내려지는 방식으로 임하실 때 종종 성령께서는 사람들을 그들의 소명과 직분에 합당하게 하는 능력이나 은사로 나타나십니다. 예를 들어 사도행전에서는 성령을 언급할 때 방언이나 예언의 은사와 연관시켜 말씀합니다(행 8:15; 10:44; 11:15; 15:8; 19:2). 그러나 많은 이들이 오해하는 것처럼 성령을 단지 하나님의 은사나 능력일 뿐이라고 생각해서는 안 됩니다. 성령께서는 다른 여러 곳에서 명확하게 하나의 인격으로서 인격적인 이름을 가지시고, 인격적인 속성을 지니시며, 인격적인 행위를 하시는 분으로 나타나시기 때문입니다. 예를 들어 요한복음 15:26과 16:13-14에서 **성령**이라는 단어가 그리스어에서 중성 명사임에도 그리스도께서는 성령을 가리키실 때 남성

대명사를 사용하셨습니다. **그가** 나를 증언할 것이며 나를 영화롭게 하실 것이다. 그리고 그리스도께서는 그분을 위로자(보혜사) 혹은 또 다른 위로 자라고 부르시는데, 요한일서 2:1에서는 이 명칭을 그리스도에 대해서 사용하고 있으며, 네덜란드어로는 **중재자**(Voorspraak)[1]로 번역되었습니다. 이러한 인격적 이름들 외에도 여러 가지 인격적 속성들이 성령께 돌려지고 있습니다. 예를 들면 자아(행 13:2), 자의식(행 15:28), 자기 결정(고전 12:11) 등이 그것입니다. 게다가 온갖 인격적인 활동들이 그분의 사역으로 묘사되었는데, 살피심(고전 2:11), 들으심(요 16:13), 말씀하심(계 2:7), 가르치심(요 14:26), 그리고 기도하심(롬 8:27) 등이 그것입니다. 그리고 이 모든 것은 성령께서 의심할 여지 없이 인격적인 존재이신 성부와 성자와 함께 동일 선상에 놓여 있다는 사실에서 가장 분명하고 숭고하게 드러납니다(마 28:19; 고후 13:13).

이 마지막 대목, 즉 살피시고, 들으시며, 말씀하시고, 가르치시며, 기도하시는 것은 성령이 단순히 하나의 인격적인 존재일 뿐만 아니라, 참된 하나님이시라는 사실을 가리킵니다. 이와 관련해서도 성경은 이러한 중요한 신앙고백을 뒷받침하는 모든 필요한 자료를 제공해줍니다. 우리는 성경에서 하나님과 하나님의 성령 사이에 앞서 설명한 차이가 있음에도 불구하고, 하나님과 성령이 서로 교차하여 나타나시며, 하나님이 무엇을 말씀하시거나 행하시든지 성령이 말씀하시거나 행하시는 것과 완전히 동일하다는 사실에 주목해야만 합니다. 예를 들어 성령을 속이는 것은 하나님을 속이는 것이라고 말합니다(행 5:3-4). 성령이 신자들 안에 거하시기 때문에 그들을 하나님의 성전이라고 부릅니다(고전 3:16). 또한 영원하심(eeuwigheid. 히 9:14), 편재하심(alomtegenwoordigheid, 시 139:7), 전지하심

---

1   역자 주. 개역개정판 제4판은 "대언자"로 번역하고 있다

(alwetendheid, 고전 2:11), 그리고 전능하심(almacht, 고전 12:4-6)과 같은 다양한 하나님의 속성들이 성령께도 적용되며, 창조(시 33:6), 보존(시 104:30) 그리고 재창조(요 3:3)와 같은 다양한 하나님의 사역들이 성부와 성자처럼 성령께도 돌려집니다. 따라서 성령께서는 성부와 성자와 더불어 동일한 영광을 받으시고, 두 분과 함께 구원의 원인으로 같은 자리에 위치하십니다(고후 13:13; 계 1:4). 우리는 성령의 이름으로 세례를 받고(마 28:19), 축복을 받습니다(고후 13:13). 성령을 모독하는 죄는 또한 용서받을 수 없는 죄입니다(마 12:31-32). 만물은 성부로**부터** 성자를 **통해** 나왔으나 모두 성령 **안에서** 존재하고 안식합니다.

성경 전체에 흩어져 있는 삼위일체 교리에 대한 모든 요소는 예수의 세례 명령에서 요약되었고, 사도들의 축복 기도에 집약되었습니다. 그리스도께서 부활하신 후 승천하시기 전에 사도들에게 명령하시어 모든 민족을 제자로 삼고 그들에게 세례를 주라고 말씀하셨습니다. 그 세례는 하나의 이름으로 행해지지만 그 이름 안에 세 개의 다른 주체가 계시되었는데, 이는 성부, 성자, 성령입니다. 이들은 하나의 존재로 구별되며 하나님의 완전한 계시를 나타냅니다. 이와 마찬가지로 사도들에 따르면 모든 구원과 축복은 성부의 사랑과 성자의 은혜와 성령의 교제 안에 포함되어 있습니다(고후 13:13; 벧전 1:2; 요일 5:4-6; 계 1:4-6). 성부께는 기쁨과 예정과 권능과 사랑과 나라와 권세가 속하며, 성자께는 중재와 화해와 은혜와 구원이 속합니다. 성령께는 중생과 갱신과 성화와 교제가 속합니다. 그리스도가 성부와 맺은 관계는 성령께서 그리스도와 맺은 관계에 일치합니다. 성자가 자기 스스로는 아무것도 말하거나 행하지 않으며, 모든 것을 성부로부터 받는 것처럼(요 5:26; 16:15) 성령도 그리스도로부터 모든 것을 받습니다(요 16:13-14). 성자가 성부를 증언하고 성부를 영화롭게 하는 것처럼(요 1:18; 17:4, 6), 성령은 성자를 증언하고 성자를 영화롭게 합니다(요 15:26; 16:14).

성자를 통하지 않고서는 아무도 성부께 나아갈 수 없듯이(요 14:6), 성령을 통해서만 예수를 주라 고백할 수 있습니다(고전 12:3). 우리는 성령을 통해 성부와 성자와 더불어 직접적인 교제를 나눕니다. 성령 안에서 하나님께서는 그리스도를 통해 우리 마음에 거하십니다. 이 모든 것이 사실이라면, 성령께서는 성자와 성부와 함께 유일하고 참된 하나님이시며 영원히 송축하고 찬양받으셔야 마땅한 분이십니다.

• • •

이러한 성경의 가르침에 대해, 그리스도교회는 삼위일체 하나님에 대한 고백을 "예"와 "아멘"으로 받아들였습니다. 교회가 이 영광스러운 고백에 이르기까지 영적으로 고통스럽고 긴 싸움이 있었습니다. 수 세기 동안 하나님의 자녀들의 영적 삶에서 가장 심오한 체험과 교회 교부들 및 교사들의 탁월한 지성이 성경의 계시를 완전히 이해하고 순수한 고백으로 표현하기 위해 집중적으로 사용되었습니다. 성령께서 테르툴리아누스와 이레나이우스와 아타나시우스와 세 명의 카파도키아 교부들(de drei Cappadociërs)과 아우구스티누스와 힐라리우스 등과 같은 많은 교부들 안에 있었던 경건과 지혜의 비범한 은사들을 사용하셔서 교회를 진리 가운데로 인도하지 않으셨다면, 교회는 기초를 놓는 일에 결코 성공하지 못했을 것이며 좋은 결과에 도달하지 못했을 것입니다.

이 투쟁에서 그리스도교의 본질 그 자체가 위협을 받았습니다. 당시 교회는 두 방향에서 위험에 노출되었습니다. 그리고 그 위험은 교회가 견고한 기초에서 이탈하여 세상 속에서 사라질 수도 있음을 의미했습니다.

먼저 아리우스주의(Arianisme)의 방향이 있었는데, 이는 336년에 사망한 알렉산드리아의 장로 아리우스(Arius)의 이름을 따라 명명되었습니다.

그는 오직 성부만이 영원하고 참되신 하나님이라고 주장했습니다. 그 이유는 성부만이 출생하지 않으시고 창조되지도 않으신 존재이기 때문이라는 것입니다. 그러나 로고스이시고 그리스도 안에서 육신이 되신 성자에 대해서는 성자는 출생하셨기 때문에 하나님이 될 수 없으며 피조물이라고 가르쳤습니다. 성자는 다른 모든 피조물보다 앞서지만, 결국 하나님의 뜻으로 말미암아 무에서 창조된 존재라고 주장했습니다. 아리우스는 성령에 대해서도 마찬가지로 피조물이거나 혹은 하나님의 힘 또는 은사에 불과하다고 주장했습니다.

다음으로는 사벨리우스주의(Sabellianisme)의 방향이 있었는데, 이는 3세기 초 로마에서 살았던 사벨리우스(Sabellius)의 이름을 따서 명명되었습니다. 사벨리우스는 성부, 성자, 성령을 한 분이신 하나님에 대한 세 가지 명칭으로 간주했습니다. 사벨리우스는 하나님이 자신의 계시가 점진적으로 전개됨에 따라 여러 가지 양태와 모습들로 그 자신을 드러내셨다고 가르쳤습니다. 하나님은 성부의 모습으로는 **창조주**이자 **율법제정자**(律法制定者, Wetgever, *Legislator*)로 역사하셨고, 이어서 성자의 모습으로는 **구속주**(拘束主, Verlosser, *Redemptor*)로 역사하셨으며, 지금은 성령의 모습으로 교회의 **재창조주**로 역사하고 계신다고 주장했습니다.

아리우스주의는 성자와 성령을 하나님의 본질 밖에 두어 그분들을 피조물로 격하시킴으로써 하나님의 단일성을 유지하려 했던 반면에, 사벨리우스주의는 세 위격의 독자성을 부정하고 그분들을 하나님의 동일한 본질의 연속적인 계시 형태 내지는 양태로 변화시켜 아리우스주의와 동일한 목표, 즉 하나님의 단일성에 도달하려고 했습니다. 아리우스주의에는 유대교적이고, 이신론적이며, 합리주의적인 사고방식이 더 많이 반영되어 있다면, 사벨리우스주의에는 이교적인 범신론과 신비주의적 사상이 더 많이 반영되어 있습니다. 교회가 후에 하나님의 삼위일체 신앙고백에 담겨 있는 진리를 보다 명석하게 설명하고자 할 때마다 이러한 왼쪽과 오른쪽의 방향들이 교회를 둘러쌌고 오늘날까지도 그러합니다. 교회와 그 구성원들은 항상 하나님의 단일성을 과소평가하지 않으면서도 동시에 하나님의 본질 안에 있는 세 위격을 무시하지 않도록 경계해야 합니다. 단일성은 다양성에 희생되어서는 안 되며 다양성 또한 단일성에 희생되어서는 안 됩니다. 이 두 요소를 분리하지 않고 올바른 관계 안에서 이론적으로 사고할 뿐만 아니라 실천적으로 삶에서 유지하는 것이 모든 신자의 소명입니다.

이러한 소명을 완수하기 위해 초기 그리스도교회와 신학은 성경에서 문자 그대로 찾아볼 수 없는 다양한 단어와 표현을 사용하기 시작했습니다. 하나님의 한 본질과 그 본질 안에 있는 세 **위격들**(drie personen) 또는 세 **존재 방식**(drie bestaanswijzen), **삼위일체성**(drieëenheid)과 **삼중적 전개**(drievuldigheid), **본질적이고 인격적인** 속성들(wezensen personeele eigenschappen), 성자의 **영원한 출생**(eeuwige generatie)과 성부와 성자로부터의 성령의 **발출**(uitgang) 등에 대해 말했습니다.

교회와 신학이 그러한 용어와 표현들을 사용하지 말아야 할 이유가 없습니다. 하나님께서 교회에 성경을 주신 이유는 단순히 무분별하게 성경을 베끼게 하기 위해서가 아니라 성경의 내용을 충만하고 풍성하게 이해하고, 사유 속에 흡수하여 자신의 언어로 재생산함으로써 하나님의 위대한 업적을 선포하도록 하기 위함입니다. 이러한 용어들과 표현들은 또한 성경의 진리를 적대자들에 맞서 변증하고 모든 오해와 오류로부터 성경을 안전하게 지키는 데 필요합니다. 그러므로 이러한 용어와 표현들을 가볍게 거부하고 무시하게 되면 신앙고백에서 여러 가지로 이탈하는 사태가 발생한다는 것을 지난 오랜 역사가 증명해주고 있습니다.

그러나 다른 한편으로 이러한 용어들을 사용할 때 우리는 항상 이러한 용어들이 인간적이고, 제한적이며, 결함이 있고, 오류의 가능성이 있음을 늘 상기해야만 합니다. 교회의 교부들은 항상 이 점을 의식했습니다. 예를 들어 그들은 신성한 존재의 세 가지 존재 방식을 나타내는 용어인 **위격**이라는 단어에 대해서 이 단어가 이 문제에 대한 진리를 동등한 방식으로 표현하지는 못하지만 진리를 유지하고 오류를 차단하는 데 도움이 된다고 말했습니다. 이 단어가 사용된 것은 이 단어가 모든 면에서 옳았기 때문이 아니라 다른 더 나은 단어를 찾을 수 없었기 때문이라는 것입니다. 그래서 여기서도 이 단어는 그것이 담고 있는 사상에 훨씬 못 미치며, 그 사상 또한 하나님의 존재에 훨씬 못 미칩니다. 우리는 하나님의 존재 현실을 이렇게 부적절한 형식으로밖에 보존할 수 없지만, 중요한 것은 단어가 아니라 그것이 표현하고자 하는 실체라는 사실을 결코 잊어서는 안 됩니다. 하나님의 영광의 시대가 도래하면 분명히 그보다 더 나은 표현들이 우리의 입술 위에 놓이게 될 것입니다.

• • •

거룩한 삼위일체의 신앙고백 안에 담겨 있는 사건 자체는 이성과 마음 모두에 있어서 매우 중요합니다.

첫째로, 교회는 삼위일체에 대한 신앙고백을 통해서 하나님의 본질 안에서의 단일성과 다양성 모두를 유지합니다. 하나님의 신적 본질은 하나입니다. 하나님이고 하나님이라 불릴 수 있는 하나님은 오직 하나의 본질을 가지고 계십니다. 창조와 재창조, 자연과 은혜, 교회와 세계, 국가와 사회 그리고 모든 곳에서 언제나 우리는 하나이시고 살아 계시며 참되신 하나님과 관계를 맺고 있습니다. 세계의 단일성, 인류의 단일성, 진리의 단일성, 덕과 정의와 아름다움의 단일성이 하나님의 단일성에 의존하고 있습니다. 하나님의 단일성이 부정되거나 약화되면 다신론으로 가는 관문이 열리게 됩니다.

그러나 성경의 계시와 교회의 신앙고백에 따르면, 하나님의 단일성은 추상적이고 내용 없는 단일성이 아니며, 하나님의 고독함을 의미하는 것도 아닙니다. 오히려 하나님의 단일성은 생명과 힘의 충만함을 포함하고 있습니다. 하나님의 단일성은 다양성을 포함합니다. 이 다양성은 신적 본질의 **세 위격들**(drie personen, *tres personae*) 혹은 세 개의 존재 방식들(drie bestaanswijzen, drei Seinsweise) 안에서 드러납니다. 이러한 세 위격들은 단순한 계시의 형태들(openbaringsvormen)이 아니라 하나님의 본질 안에 있는 존재 방식입니다. 성부, 성자, 성령은 동일한 신적 본성을 공유하며, 동일한 신적인 속성을 가지고 계십니다. 게다가 각각의 위격이 고유한 이름과 서로를 구별하는 특별한 속성을 가지고 있습니다. 성부만이 아버지 되심(het Vaderschap)의 속성을, 성자만이 출생(出生, de generatie, *generatio*)의 속성을, 성령만이 성부와 성자로부터의 발출(發出, de uitgang, *processio*)의 속성을 가지고 계십니다.

신적 본질 안에서 이러한 존재 질서에 상응해 모든 신적 활동에서도 세 위격들의 질서가 드러납니다. 만물은 성부**로부터**, 성자를 **통해서**, 성령 **안에서** 이루어집니다. 창조와 재창조 안에서 모든 것이 성부로부터 성자와 성령을 통해 나오며 성령 안에서 성자를 통해 다시 성부께로 돌아갑니다. 그러므로 우리는 성부께는 그분의 선택하시는 사랑에 감사드리고, 성자께는 그분의 구원하시는 은혜에 감사드리며, 성령께는 그분의 중생케 하시며 새롭게 하시는 능력에 감사드립니다.

둘째로, 교회는 삼위일체 고백을 통해 이신론(계시가 없는 유일신에 대한 신앙)과 범신론(우상숭배), 그리고 유대교와 이교도의 오류에 강력히 반대합니다. 인간의 마음에는 항상 두 가지 경향이 있는데, 하나는 하나님을 멀리 계시는 분으로 생각하고 자기 자신과 세상을 하나님과 분리시키려고 하는 경향이고, 또 다른 하나는 하나님을 세상으로 끌어내려서 세상과 하나님을 동일시하여 세상과 인간 자신을 신격화하려는 경향입니다. 첫 번째 경향이 우리 안에 우세할 때 우리는 자연, 직업, 사업, 과학, 예술 또는 구원의 사역에 있어서 하나님 없이 우리 스스로 구원할 수 있다는 생각에 이르게 됩니다. 그러나 두 번째 경향이 우리 마음속에서 격렬히 일어날 경우 우리는 하나님의 영광을 어떤 피조물의 형상으로 바꾸고 세계와 해와 달과 별들, 그리고 예술과 과학과 국가를 신격화하고 피조물들 가운데서 우리 자신의 위대함을 예배하게 됩니다. 첫 번째 경향에서는 하나님이 멀리만 계시고, 두 번째 경향에서는 하나님이 가까이만 계십니다. 첫 번째는 하나님이 세상과 분리되어 세상 위에, 세상 바깥에 계시지만, 두 번째는 하나님이 세상 안에 계시고 세상과 동일시됩니다.

그러나 교회는 이 두 가지를 모두 고백합니다. 하나님은 세상 위에 계시고 본질적으로 세상과 구별되시지만, 어느 공간에도, 어느 순간에도 세상과 분리되지 않고 온전한 존재로 세상 안에 현존하십니다. 그분은 멀리 계시면서도 동시에 가까이 계시고, 높이 계시면서도 동시에 모든 피조물의 심연 속으로 깊이 내려오십니다. 하나님은 우리의 창조주이시고, 하나님은 그분의 존재와 구별되는 피조물로서 우리를 자신의 뜻에 따라 지으셨습니다. 하나님은 우리의 행위가 아니라 그분의 풍성하신 은혜로 말미암아 우리를 구원하시는 우리의 구속주이십니다. 하나님은 마치 성전에 거하시는 것처럼 우리 안에 거하시며 우리를 성화시키는 성화주이십니다. 삼위일체 하나님으로서 그분은 우리 **위에**, 그리고 우리를 **위해**, 그리고 우리 **안에** 계시는 한 하나님이십니다.

마지막 셋째로, 교회의 이러한 고백은 영적 삶을 위해서도 대단히 중요합니다. 삼위일체 교리는 철학적으로 추론된 교리일 뿐이며 종교와 삶에 아무런 가치가 없다는 잘못된 주장이 때때로 제기되었습니다. 네덜란드 신앙고백서는 제9조에서 "하나님은 본질에 있어서 하나이고, 위격들 안에서 세 분이시며, 이 모든 것은 성경의 증언과 삼위 하나님의 여러 활동에서, 특히 우리가 우리 안에서 느끼는 것들에서 알 수 있다"라고 선언했습니다. 사실 우리는 삼위일체에 대한 믿음을 느낌과 경험에 근거하지는 않지만, 우리가 삼위일체를 믿을 때 그 교리가 하나님의 자녀들의 영적 체험과 밀접한 관련이 있음을 느낍니다.

신자들은 생명과 호흡과 모든 것을 허락하신 만물의 창조주이신 성부의 사역을 스스로 알게 되기 때문입니다. 그들은 거룩한 계명을 주시고 그 안에서 행하게 하신 율법제정자이신 그분을 알게 됩니다. 신자들은 인류의 모든 죄악에 대해 몹시 진노하시며 죄인을 결코 무죄로 여기지 않으시는 심판자이신 주님을 알게 됩니다. 그리고 마침내 신자들은 그분을 아버지로 알게 됩니다. 그분은 그리스도로 인해 그들의 하나님이자 아버지가 되십니다. 신자들은 하나님이 자신의 모든 몸과 영혼의 필요를 돌보아주실 뿐만 아니라 이 비참한 고통의 골짜기에서 자신이 당하는 모든 악을 선으로 돌이켜주실 것을 의심치 않고 신뢰합니다. 그분은 전능하신 하나님으로서 그렇게 하실 수 있고, 신실한 아버지로서 그렇게 하실 것이기 때문입니다. 그래서 신자들은 이렇게 고백합니다. "나는 전능하신 아버지 하나님, 천지의 창조주를 믿습니다."

따라서 신자들은 성부의 독생자이시며 성령으로 잉태되어 동정녀 마리아에게서 나신 성자의 사역을 스스로 깨닫게 됩니다. 신자들은 성자가 바로 그들의 구속을 위한 하나님의 은밀한 경륜과 뜻을 온전하게 계시해주신 최고의 예언자이자 스승이라는 사실을 배우게 됩니다. 신자들은 성자가 바로 자신의 몸을 제물로 삼아 그들을 구속하시고, 그들을 위해 아버지와 그들 사이를 중보하시는 유일한 대제사장이라는 사실을 배우게 됩니다. 신자들은 성자를 말씀과 영으로 자신들을 다스리시고 자신들이 얻은 구속을 보호하고 보존하시는 영원한 왕으로 배우게 됩니다. 그래서 신자들은 다음과 같이 고백합니다. "나는 하나님의 유일하신 아들 우리 주 예수 그리스도를 믿습니다."

또한 신자들은 자신들을 거듭나게 하시고, 자신들을 모든 진리 가운데로 인도하시는 성령의 사역에 대해서도 배우게 됩니다. 그들은 자신들의 믿음을 통해 그리스도와 그리스도의 모든 유익에 참여하게 하시는 성령을 신앙의 스승으로 알게 됩니다. 그들은 그분을 말할 수 없는 탄식으로 기도하시고 자신의 영과 더불어 자신들이 하나님의 자녀임을 증거하시는 보혜사로서 알게 됩니다. 신자들은 그분을 구속의 날까지 자신들을 보존하시는 영원한 유업의 보증으로 알게 됩니다. 그래서 그들은 다음과 같이 고백합니다. "나는 성령을 믿습니다."

따라서 하나님의 삼위일체성에 대한 고백은 전체 그리스도교의 핵심이자 총체입니다. 삼위일체에 대한 고백이 없이는 창조도, 구속도, 성화도 순수하게 유지될 수 없습니다. 삼위일체에 대한 신앙고백으로부터 이탈하게 되면 다른 교리들 또한 오류를 면치 못하게 됩니다. 반대로 신앙의 조항들에 대한 잘못된 사고들 또한 삼위일체 교리에 대한 잘못된 이해로 이어질 수 있습니다. 하나님의 위대한 사역들이 성부와 성자와 성령의 위대한 사역들임을 인식하고 고백할 때라야 비로소 그 사역들을 진실되게 선포할 수 있습니다. 성부의 사랑과 성자의 은혜와 성령의 친교 안에 인간을 위한 모든 구원과 축복이 놓여 있습니다.

1. 하나님의 단일성과 복수성은 어떻게 하나님의 삼위일체 안에서 조화를 이룰 수 있을까요?

2. 하나님의 이름인 "엘로힘"이 복수형이라는 점은 삼위일체 교리와 어떤 관련이 있을까요?

3. 구원사(*historia salutis*)의 일련의 노정들, 즉 창조, 구속, 성화, 영화 속에서 삼위 하나님의 사역은 오늘날 신자들의 신앙과 삶에 어떤 유익을 줄 수 있을까요?

4. 삼위일체 하나님의 사역 가운데 성부, 성자, 성령 각각의 위격에 고유하게 귀속시킬 수 있는 사역은 무엇입니까?

5. 성부와의 관계 속에서 성자의 나심(출생)과 성령의 나오심(발출)에 대해서 설명해봅시다.

6. 삼위일체 신앙이 단순한 교리적 진술을 넘어 실제 삶의 기쁨과 위로가 되는 이유는 무엇입니까?

7. 삼위일체 신앙이 다른 종교 및 세계관과 구별되는 그리스도교적 정체성으로서 오늘날 사회에서 어떤 역할과 기여를 할 수 있을까요?

8. 하나님의 초월성만을 주장하는 이신론과 하나님의 내재성만을 주장하는 범
   신론의 사이에서, 삼위일체 신앙은 어떻게 하나님의 초월성과 내재성을 동
   시에 드러낼 수 있습니까? 그리고 하나님의 초월성과 내재성을 동시에 견지
   하는 것이 왜 중요한가요?

제11장

창조와 섭리

삼위일체 교리가 그리스도인의 삶에 지니는 실질적인 의미는 의심할 여지 없이 우리가 성경을 통해서 추상적인 하나님 개념을 얻는 데 있는 것이 아니라 우리를 살아 계시고 참되신 하나님과 인격적으로 만나고 교제하도록 이끄는 데 있습니다. 성경은 우리의 생각과 개념을 무너뜨리고 우리를 하나님께로 인도합니다. 그래서 성경은 하나님에 대해 이론적으로 설명하지 않고 그분을 우리에게 보여주며, 그분의 손길로 이루신 모든 일들 속에서 그분을 보여줍니다. "너희는 눈을 들어 보라! 이 모든 것들을 창조하신 분이 누구신지 보라!" 피조물들을 통해 "창세로부터 그분의 보이지 않는 것들, 그분의 영원하신 능력과 신성이 분명히 나타나 알게 됩니다"(롬 1:20). 하나님께서 행하신 사역 외부에서 그분을 이론적으로 사색한다고 해서 그분을 알 수 있는 것이 아닙니다. 하나님은 자연과 은혜 속에서 그분이 행하신 일들을 통해서 자신을 알리시고 영광을 받으십니다.

그래서 성경은 우리에게 끊임없이 하나님의 위대한 사역들을 상기시킵니다. 성경은 하나님의 사역들에 대한 기록인 동시에 하나님의 사역들에 대한 찬양이기도 합니다. 성경은 살아 계시고 참되신 하나님을 우리에게 알려주기를 원하기 때문에, 하나님의 위대한 사역들을 거의 모든 페이지에서 언급하고 있습니다. 그분은 살아 계신 하나님이시며 동시에 **일하시는** 하나님이십니다. 하나님은 일하지 않을 수 없으시며 항상 일하십니다 (요 5:17). 모든 생명, 특히 하나님의 완전하고 무한하신 생명은 능력이고 에너지이며 활동이기 때문입니다. 하나님은 만물을 지으신 창조자이시기 때문에 그분의 일들은 위대하고 놀라운 것입니다(시 92:5; 139:14; 계 15:3). 하나님의 사역들은 참되고 진실하며(시 33:4; 111:7), 의롭고 자비롭습니다(시 145:17; 단 9:14). 하나님의 사역들에는 창조와 만물의 보존, 하늘과 땅, 인류와 그분의 백성, 이스라엘을 위해서 행하신 기적들, 그리고 그분의 종들을 통해서 이루신 일들이 포함됩니다(창 2:2-3; 출 34:10; 욥 34:19; 사 19:25; 요 9:4 등). 이 모든 일이 그분을 찬양합니다(시 145:10). 하나님께서는 그 자신의 사역들로 인해 기뻐하십니다(시 104:31). 그분은 자신의 사역을 완전케 하시는 반석이십니다(신 32:4).

하나님의 이 모든 사역은 그분에 의해 무분별하게나 강제적으로 이루어진 것이 아니라 매우 의식적이고 자유롭게 이루어진 것입니다. 이에 대해서는 하나님께서 모든 것을 말씀으로 창조하시고 유지하시며 다스리신다는 사실에서 이미 분명하게 드러납니다. 하나님은 말씀하시고 명령하심으로써 만물을 존재케 하십니다(시 33:9). 태초에 하나님과 함께 계셨고, 하나님 자신이셨던 그 말씀이 없이는 아무것도 만들어진 것이 없습니다(요 1:3). 하나님께서 세상을 창조하실 때 먼저 지혜와 상의하셨고, 지혜를 보시고 깊이 숙고하셨습니다(욥 28:20 이하; 잠 8:22 이하). 그리하여 이제 모든 것이 지혜롭게 창조되었습니다(시 104:24; 렘 10:12). 성경은 다른 곳에서도 동일한 사상을 표현하는데, 하나님께서 모든 것을 그분의 **작정**(*raad*)에 따라 이루신다고 말씀합니다. 이 점에서 더욱 분명하고 강력하게 드러나는 것은 하나님의 모든 사역, 즉 창조와 재창조는 그저 하나님의 생각이 드러나는 것일 뿐만 아니라 하나님의 의지의 산물이라는 것입니다. 인간적인 관점에서 말하자면, 하나님께서 외적으로 행하시는 모든 사역에는 그 사역에 선행하는 그분의 지성적인 숙고와 의지적 결단이 있습니다. 그래서 주의 작정(raad van Heeren)이라는 표현이 사용되었으며(시 33:11; 잠 19:21; 사 46:10; 행 2:23), 결정(besluit)이라는 단어가 사용되기도 했습니다(창 41:32; 시

2:7; 사 10:23; 14:27). 또한 어떤 구절에서는 의도(voornemen: 목적으로도 번역 가능함)라는 말이 사용되었고(렘 51:12; 롬 8: 28; 9:11; 엡 1:11; 3:11; 딤후 1:9), 또한 다른 곳에서는 명령(verordineering)이라는 말이 사용되었습니다(행 10:42; 13:48; 17:31; 롬 8:29-30; 엡 1:5, 11). 그리고 또한 어떤 구절에서는 기뻐하심이라는 표현이 사용되었습니다(사 49:8; 53: 10; 60:10; 61:2; 마 11:26; 엡 1:5, 9). 바울은 하나님의 작정과 그분의 기뻐하심에 대해서 말했습니다(엡 1:5, 11).

하나님의 작정에 대해 성경은 그것이 탁월하고 놀라우며(사 28:29; 렘 32:19), 독자적이고(마 11:26) 불변하며(히 6:17), 결코 파기될 수 없음을(사 46:10) 가르칩니다. 그리고 하나님의 작정은 또한 모든 것에 영향을 끼친다고 가르칩니다(엡 1:11). 예를 들면 불의한 자들의 범죄, 곧 그리스도를 십자가에 못 박아 죽인 일조차 그분의 작정에 포함되어 있다는 것입니다(행 2:23; 4:28). 하나님께서 인간의 죄악된 생각과 행위까지도 자신의 작정 안에서 영원히 알고 계시고 그것들을 정하셨다고 해서 그것들의 성격이 바뀌거나 없어지는 것은 아닙니다. 오히려 그 모든 것이 그것들의 본성과 성격에 따라, 또 그것들이 처한 관계와 상황에 맞게 확정되고 보증됩니다. 하나님의 작정 안에는 죄와 형벌뿐만 아니라 자유와 책임, 의무감과 양심, 법과 정의도 모두 포함되어 있습니다. 모든 것은 주님의 작정 안에 놓여 있습니다. 현실 속에서 우리가 보는 것은 그것과 동일하게 주님의 작정 안에 놓여 있습니다. 조건들은 결과와 마찬가지로 정해져 있습니다. 수단은 목적과 마찬가지로 정해져 있습니다. 결과는 방법과 마찬가지로 정해져 있습니다. 기도는 응답과 마찬가지로 정해져 있습니다. 믿음은 칭의와 마찬가지로 정해져 있습니다. 성화는 영화와 마찬가지로 정해져 있습니다. 하나님은 자신의 작정에 따라 자신의 독생자를 주셨고, 이는 누구든지 그를 믿는 자마다 멸망치 않고 영생을 얻게 하기 위함입니다(요 3:16).

이렇게 성경의 의미와 성령의 뜻에 따라서 하나님의 작정이 이해될 때 항상 지혜로우신 하나님의 작정에 대한 고백은 풍성한 위로의 원천이 됩니다. 왜냐하면 우리는 이러한 이해를 통해서 세상과 인류를 지배하는 것이 맹목적인 우연도 아니고, 어두운 운명도 아니며, 불합리하고 불행한 의지도 아니고, 피할 수 없는 자연의 강제성도 아니라는 것을 알게 되기 때문입니다. 모든 것이 전능하신 하나님, 곧 자비로운 아버지의 손에 달려 있음을 알게 됩니다. 이를 분명히 이해하기 위해서는 우리에게 믿음이 필요합니다. 왜냐하면 우리는 종종 이러한 하나님의 작정을 보지 못할 뿐만 아니라 인간은 종종 수수께끼에 싸여 이 세상을 방황하기 때문입니다. 그러나 그 믿음은 우리를 인생의 싸움 속에서 버티게 해주고, 우리가 신뢰와 희망 속에서 미래를 향해 나아가게 해줍니다. 왜냐하면 언제나 지혜로운 하나님의 작정은 영원토록 서 있으며 항상 강력한 힘을 가지고 있기 때문입니다.

이러한 하나님께서 자신의 작정을 실행하시는 것은 세계 창조로부터 시작되었습니다. 성경만이 하나님의 작정을 알게 해주고, 성경만이 만물의 기원을 밝혀주며, 하나님의 창조적 전능에 대해 말해줍니다. 인간과 동물과 식물, 그리고 이 세상이 어디서 왔는지에 대한 질문은 아주 오래된 질문이지만, 항상 중요한 질문입니다. 과학은 이에 대해 답을 줄 수 없습니다. 과학 자체가 피조된 것이며 시간 속에서 생겨난 것입니다. 과학은 창조된 것을 기반으로 하여 이론을 전개하며 창조된 대상을 연구합니다. 따라서 과학은 그 본질상 사물이 존재하기 이전의 시간으로 거슬러 올라갈 수 없고 사물이 존재하게 된 태초의 순간을 파악할 수 없습니다.

경험과 실증적인 연구는 사물의 기원에 대해 아무것도 말해주지 못합니다. 철학적 사고 역시 수 세기 동안 세계의 기원에 대한 설명을 찾으려 했지만 실패했습니다. 생각에 지쳐버린 사람들은 결국 세계는 기원이 없고, 처음부터 존재했으며, 영원히 존재할 것이라는 생각을 받아들였습니다. 이러한 생각은 철학자들에 의해 여러 방향으로 발전되었습니다. 이들 중 극소수의 사람들만이 우리가 지금 알고 있는 이 세계가 영원하며 앞으로도 영원할 것이라고 믿었습니다. 그러나 이러한 관점은 많은 문제에 부닥치게 되었고 오늘날에는 그것을 지지하는 사람들이 거의 없습니다. 그 대신 오늘날에는 진화 또는 발전에 대한 사상이 다수의 지배적인 지지를 받고 있습니다. 진화론이나 발전론에 따르면 **존재하는 것**(is)은 아무것도 없고, 모든 것이 **생성 가운데 있으며**(wordt), 온 우주와 그 안에 있는 모든 것은 끝없는 생성의 과정 안에 있고 시작도 끝도 없습니다.

발전은 훌륭한 개념이지만, 발전은 항상 발전할 무엇인가가 이미 존재하고 있으며 그 존재 속에 발전의 씨앗을 내포하고 있음을 전제합니다. 발전은 당연히 사물을 존재케 하는 창조적인 힘이 될 수 없습니다. 발전은 사물을 창조하거나 만들어내는 것이 아니라 사물이 존재할 때 그것들이 겪게 되는 과정을 나타내는 개념에 불과합니다. 따라서 진화론은 사물의 기원을 설명할 수 없습니다. 그것은 암묵적으로 사물들이 태초부터 진화되지 않은 형태로 존재했다고 주장하지만, 이는 전혀 증명되지 않은 가정에 불과하며 하나님의 손에 의해 모든 것이 창조되었다는 믿음만큼이나 진화론자들의 믿음(신앙)에 근거합니다.

그러나 진화론은 그러한 임의적인 가정으로는 그 정당성을 입증하지 못합니다. 그것은 사물들이 진화되지 않은 형태로 처음부터 존재하고 있었다고 말할 수 있지만, 그렇다면 지금의 세계가 형성되기 이전에 있었던 원래의 상태가 어떠한지를 설명해야만 합니다. 이에 대해 두 가지 답변이 있습니다. 그러나 두 가지 답변 중 어느 답변을 지지할 것인가는 사람들의 사상적 경향에 따라 달라질 수 있습니다. 우리는 세상에서 보통 정신과 물질, 영혼과 육체, 보이지 않는 것과 보이는 것, 심리적 현상과 물리적 현상이라는 두 가지 분류 내지는 현상을 관찰하게 됩니다. 하지만 이러한 이원적인 분류는 만족스럽지가 않습니다. 오늘날 사람들은 일원론을 선호하는 경향이 있어서 모든 것을 하나의 원리로 설명하기를 원합니다. 그래서 진화론자들은 두 개의 이원적인 분류 내지는 방향 가운데 한 가지를 택해 사물의 기원과 본질에 대해 설명하기를 원합니다.

첫째로, 사람들은 이렇게 말할 수 있습니다. 물질이 처음부터 있었고, 그것은 영원하며, 그것은 항상 자체 속에 힘을 하나의 속성으로 지니고 있었다는 것입니다. 이것은 유물론(唯物論, materialisme), 즉 물질론(物質論, de leer van het stoffelijke)이 지향하는 방향입니다. 이 학설은 물질을 영원한 것으로, 세계를 구성하는 불변의 요소로 간주하고, 물질에서 힘을, 몸에서 영혼을, 물리적 현상에서 심리적 현상을 설명하려고 합니다. 둘째로, 사람들은 이렇게 말할 수도 있습니다. 처음에 힘이 있었고, 그것이 모든 존재의 기초였으며, 물질은 그 힘의 표현이자 나타남이라는 것입니다. 육체가 영혼을 창조하는 것이 아니라 영혼이 육체를 창조한다는 것입니다. 이것이 범신론, 즉 모든 것이 신이라는 사상(algodendom)이 지향하는 방향입니다. 범신론은 힘을 영원한 것으로, 모든 것의 근본 원리로 간주하며 그 힘으로부터 현재의 세계를 설명하려고 합니다. 범신론은 이 전 세계에 존재하는 근원적인 힘을 영, 이성, 의지 등 다양하고 멋진 이름으로 부릅니다. 그러나 범신론은 이러한 이름들을 가지고 사람들이 일반적으로 이해하는 것과는 전혀 다른 의미를 표현하고자 합니다. 범신론자들은 지성과 지혜, 이성과 의지를 가진 인격적인 신을 생각하는 것이 아니라 그 영원한 힘을 의식이 없고 이성이 없으며 의지도 없는 충동으로 간주합니다. 이러한 충동은 인간에게 이르러서야 비로소 의식과 이성과 의지로 발전하게 됩니다. 그 영원한 힘 자체가 영이 아니고, 단지 그 힘이 발전하여 영이 될 수 있으므로 영이라고 불릴 뿐입니다.

따라서 유물론(물질론)과 범신론(모든 것이 신이라는 사상), 이 두 가지 방향은 모두 세계의 발전에 있어서 하나의 원리가 존재한다는 것을 전제합니다. 유물론자들은 그 원리를 물질로 간주하고 범신론자들은 그 원리를 힘으로 간주합니다. 그러나 양자 모두 그 원칙에 대한 명확한 개념을 형성하지는 못합니다. 두 사상은 모두 긍정적인 면보다는 부정적 면이 훨씬 더 많습니다. 두 사상은 모두 **존재하는 것**에 대해 확실하게 말하는 것이 아니며 단지 모든 것이 **될 가능성만**을 주장할 뿐입니다. 그것들은 실제로 **존재하는 것**(zijnde)이 아니라 무엇이든지 **될 수 있는**(kan) 불가해한 그 무엇일 뿐이고, 절대적인 잠재력(무한한 가능성)일 뿐이며, 신격화된 추상적인 개념일 뿐입니다. 이러한 신격화된 추상적 개념들은 유일하시고 참되신 하나님을 대신하여 세계를 설명하기 위해 과학적인(학문적인) 인간이 신뢰하는 것들이지만, 실질적으로는 이방 민족들의 신들만큼이나 실체가 없는 것들이기 때문에 신뢰할 만한 것이 못됩니다.

• • •

성경은 전적으로 다른 길을 제시합니다. 성경이 사물의 기원에 대해 말하는 것은 과학적 연구의 결과가 아니며, 그렇다고 철학적 세계관을 제공하기 위함도 아닙니다. 오직 우리가 사물에 관한 지식을 통해 유일하고 참되신 하나님을 알게 되어 하나님만을 신뢰하도록 하기 위함입니다. 성경은 세계에서부터 출발하지 않고 하나님으로부터 출발합니다. 영원한 것은 세계가 아니라 하나님이십니다. 산들이 태어나기 전에, 땅과 세계가 창조되기 전에, 영원부터 영원까지 주는 하나님이십니다(시 90:2). 하나님은 과거에도 계셨고, 지금도 계시며, 장래에도 계시는 야웨이십니다. 그분은 모든 것 위에 뛰어난 분이시고, 불변하시는 **존재**의 충만이십니다. 이런 하나님과는 다르게 세계는 언제나 **생성되어왔고**(geworden), 계속해서 **생성되어갑**

니다(wordende). 성경이 첫 번째로 경계하는 것은 하나님과 그분의 피조물에 대한 혼돈입니다. 성경은 불신앙을 근절할 뿐만 아니라 모든 우상숭배와 미신을 근절합니다. 하나님과 세계는 창조주와 피조물로서 본질에 있어 서로 다르며 구별됩니다.

피조물로서의 전 세계는 오직 하나님 안에서만 그 기원을 가집니다. 하나님 곁에 어떠한 물질이나 영원한 힘도 존재하지 않으며, 하늘과 땅과 모든 만물은 그분으로 말미암아 존재하게 되었습니다. 성경은 이를 **창조**(*creatio*)라는 단어로 표현합니다. 성경은 창조라는 단어를 넓은 의미에서 보존의 사역에도 사용합니다(시 104:30; 사 45:7). 그러나 창조라는 단어를 좁은 의미로 사용할 경우 이 단어는 하나님께서 모든 만물을 **무로부터** 창조하셨음을 나타내는 말입니다. 물론 성경에는 "하나님이 모든 만물을 **무로부터**(*uit niets, ex nihilo*) 창조하셨다"라는 표현이 직접적으로 나오지 않습니다. 제2경전인 마카베오하 2서 7:28에 이 말이 처음으로 등장하고 있을 뿐입니다. 그리고 무로부터라는 표현은 오해의 소지가 있습니다. 왜냐하면 무라는 것은 아무것도 존재하지 않는 것, 즉 없음을 의미하는 것이기에 만물이 발생하게 된 원리나 기원이 될 수 없기 때문입니다. 무로부터는 아무것도 나올 수 없습니다. 성경은 세상이 하나님의 뜻으로 존재하게 되었다고 말합니다(계 4:11). 세계는 보이는 것으로 말미암아 된 것이 아닙니다(히 11:3). 그러나 **무로부터**라는 표현이 올바른 의미로 이해되면, 하나님 곁에 영원 전부터 함께 존재해온 물질이나 힘이 있어서 세계가 그것들로 말미암아 형성되었다는 오류에 맞서 그 오류를 피할 수 있게 해줍니다. 성경에 따르면 하나님은 단순한 세상의 **조성자**가 아니라 세계의 **창조자**(창조주)이십니다. 인간적으로 표현하면, 처음에는 하나님만이 존재하셨고, 그 이후 하나님께서는 자신의 작정을 따라 자신의 의지를 통해 온 세계를 창조하셨습니다. 세계가 존재하기 이전에 절대적인 무가 있었고, 이런 의미에서 우리는 "하나님이 세계를 무로부터 창조하셨다"라고 말할 수 있습니다.

이것이 바로 분명하게 가르치고 있는 성경의 내용입니다. 하나님은 영원 전부터 존재하셨고(시 90:2), 세계는 그 시작이 있었습니다(창 1:1). 성경에 따르면 하나님께서는 세상이 창조되기 전부터 일하셨으며, 하나님이 선택하시고 사랑하셨다는 구절들이 여러 번 등장합니다(요 17:24; 엡 1:4). 하나님께서는 단지 말씀만으로 만물이 생겨나게 하시며(시 33:9), 존재하지 않는 것을 존재하는 것으로 불러내시는 분이십니다(롬 4:17). 오직 하나님의 뜻으로 세계는 존재하게 되었습니다(계 4:11). 하나님은 하늘과 땅과 그 안에 있는 모든 만물을 지으셨고(출 20:11; 느 9:6), 모든 만물은 하나님에게서 나오며, 그분을 통해 존재하고, 그분을 위해 존재합니다(롬 11:36). 그러므로 하나님은 또한 하늘과 땅의 전능하신 주재이시고(창 14:19, 22), 모든 일을 자신이 기뻐하시는 뜻대로 행하시며, 그분의 권능은 한계가 없으시고, 모든 피조물이 절대적인 의미에서 그분께 의존하고 있으며, 그분의 뜻이 아니면 그 어떤 피조물도 결코 흔들리거나 요동치지 않습니다(시 115:3; 단 4:35). 성경은 하나님 외에 피조되지 않고 스스로 존재하는 어떤 영원한 실체에 대해서도 알지 못합니다. 하나님은 존재하고 발생하는 모든 것의 유일하고 절대적인 원인이십니다. 보이는 것은 나타난 것으로 말미암아 된 것이 아니며 온 세상은 하나님의 말씀으로 지음을 받았습니다(히 11:3).

• • •

영원하시고 지극히 복되신 하나님께서 그분의 뜻으로 세상을 창조하셨다면, 자연스럽게 왜 그리고 무슨 목적으로 그분이 세상을 존재케 하셨는가에 대한 질문이 제기됩니다. 이 질문에 대한 답을 구하기 위해 과학과 철학에서는 세계를 필연적인 존재로 설명하고자 했으며, 그렇게 함으로써 세계가 하나님의 본질에서 비롯되었음을 증명하고자 했습니다. 그리고 그 과정과 관련하여 두 가지 방향이 제시되었습니다. 첫째, 어떤 사람들은 하나님이 너무나도 충만하시고 풍요로우셔서 자신의 존재를 스스로 통제하지 못하시고, 자신의 본질에 대한 지배력을 잃게 되시어 마치 시냇물이 샘에서 넘쳐 흘러나오듯 세상이 하나님에게서 흘러나왔다는 견해를 주장했습니다. 둘째, 다른 이들은 전혀 다른 반대 주장을 펼쳤는데, 하나님이 스스로 부족하고 결핍된 존재로서, 단지 굶주린 욕망과 의지를 소유하고 있었기 때문에 세상을 창조해서 자신의 결핍을 채우고 부족함을 보완하려 했다는 것입니다. 이 두 가지 견해 중 우리가 어떤 견해를 취한다고 할지라도—세상의 창조가 하나님의 넘치는 충만함을 해소하기 위함이든, 부족과 결핍을 채우기 위함이든—세상은 하나님께 필연적인 것입니다.

이 두 가지 방향의 설명은 모두 성경과는 전혀 다른 사상입니다. 성경은 이러한 견해들과는 전혀 다른 정반대 입장을 개진합니다. 이미 진술한 두 설명에 따르면 하나님이 아니라 세상이 그 중심에 위치하며, 하나님은 세상을 위해 존재하는 분처럼 보입니다. 하나님은 세상보다 더 작은 존재로 여겨지고, 세상은 하나님보다 더 큰 존재로 여겨집니다. 그리하여 세상이 넘치거나 결핍되어 스스로 충만하지 못한 하나님을 구원하고 충만케 만드는 것처럼 되고 맙니다. 비록 이와 같은 사상이 오늘날에도 저명한 학자들에 의해 주장되고 있지만, 이러한 사상은 사실 신성 모독적인 것입니다. 하나님의 말씀인 성경은 처음부터 끝까지 세상이 하나님을 위해서 존재한다는 사실을 선포하고 있습니다. 성경은 하나님이 세상을 위해 존재하지 않으시고 세상과 그 모든 피조물이 하나님을 위해서 존재하며 하나님과 하나님의 영광을 위해 존재한다고 분명하고 강력하게 선포합니다.

하나님은 스스로 모든 것에 만족하시며 지극히 복되신 분이십니다. 하나님께서는 자신의 완전성이나 완성을 위해 세상이나 다른 피조물을 필요로하지 않으십니다. "사람이 어찌 하나님에게 유익하게 하겠느냐? 네가 의로운들 전능자에게 무슨 기쁨이 있겠으며, 네 행위가 온전한들 그에게 무슨 이익이 되겠느냐?"(욥 22:2-3) 인간의 의로움은 하나님께 아무것도 더해 주지 않으며, 인간의 불경건함도 하나님으로부터 아무것도 빼앗지 못합니다. "하나님은 무엇이 부족한 것처럼 사람의 손으로 섬김을 받으시는 것이 아니니, 이는 만민에게 생명과 호흡과 만물을 친히 주시는 분이심이라"(행 17:25). 따라서 성경은 하나님이 모든 것을 오직 그분의 뜻으로 역사하셔서 만물을 창조하셨다는 점을 강조합니다. 그러므로 하나님의 본질 속에 세상을 창조해야만 하는 강제성이나 필연성은 전혀 없었습니다. 창조는 완전히 하나님의 자유로운 행위입니다. 창조는 하나님의 의로우심에서 비롯된 것이 아닙니다. 비록 세상 안에서 하나님의 의로우심이 드러나기는 하지만, 하나님께서는 그 누구에게도 빚진 바가 없으시기 때문입니다. 창조는 하나님의 선하심과 사랑에서 비롯된 것도 아닙니다. 비록 세상에서 하나님의 선하심과 사랑이 드러나긴 하지만, 삼위일체 하나님의 사랑은 삼위 밖에 다른 사랑의 대상을 필요로 하지 않으시기 때문입니다. 창조는 오직 하나님의 자유로운 능력, 영원한 기쁨, 절대적인 주권에 기초하고 있습니다(계 4:11).

그렇지만 하나님께서 세상을 창조하신 사역이 이성을 초월한 임의의 행위였다는 뜻은 전혀 아닙니다. 우리는 다른 곳에서와 마찬가지로 여기서도 하나님의 자유로운 권능에 머물러야만 하며 이러한 하나님의 자유로운 권능을 모든 모순에 대한 마지막 답으로 받아들여야 합니다. 그렇게 함으로써 우리는 조용한 신뢰와 어린아이 같은 순종을 연습하게 됩니다. 그럼에도 하나님께서는 창조의 사역에 대한 자신의 지혜롭고 거룩한 이유를 가지고 계십니다.

성경은 무엇보다도 창조를 삼위일체 하나님의 사역으로 가르칩니다. 하나님이 인간을 창조하실 때, 먼저 스스로 자기 자신과 상의하시며 말씀하셨습니다. "우리의 형상을 따라 우리의 모양대로 사람을 만들자"(창 1:26). 이처럼 하나님께서는 모든 외적 사역을 결정하시기 전에 자기 자신과 의논하십니다. 창조 이전에 하나님께서는 지혜와 함께 의논하셨고(욥 28:20; 잠 8:22), 하나님께서 세상 만물을 창조하실 때는 하나님과 함께 계셨고 스스로 하나님이신 말씀을 통해 이 세상을 창조하셨으며(요 1:1-3; 엡 3:9; 골 1:16; 히 1:2), 하나님의 깊은 곳까지 통찰하시고, 피조물들에게 생명을 주시며 하늘을 장식하는 성령 안에서 이 세상을 창조하셨습니다(욥 26:13; 33:4; 고전 2:10). 그래서 시편 저자는 "여호와여, 주께서 하신 일이 어찌 그리 많은지요! 주께서 지혜로 그들을 다 지으셨으니, 주께서 지으신 것들이 땅에 가득하니이다"(시 104:24)라고 외칠 수 있었습니다.

또한 성경은 하나님께서 만물을 자신의 영광을 위해 창조하시고, 유지하시며, 다스리신다고 가르칩니다. 창조의 목적은 창조물 자체에 있을 수 없습니다. 목적은 수단보다 앞서서 정해지기 때문입니다. 성경은 모든 만물이 하나님에게서 나왔고, 하나님을 통해 있으며, 하나님께로 돌아간다고 가르칩니다(롬 11:36). 성경은 또한 더욱더 구체적으로 묘사하기를 하늘이 하나님의 영광을 선포하고(시 19:1), 하나님께서 파라오를 통해서 영광을 받으시며(출 14:17), 날 때부터 소경이었던 사람에게서 영광을 드러내시고(요 9:3), 그분은 자기 이름을 위해 모든 은혜를 베푸시며(사 43:25; 엡 1:6), 그리스도께서 오셔서 아버지를 영화롭게 하시고(요 17:4), 또한 언젠가는 모든 이들이 무릎을 꿇고 하나님의 영광을 인정하게 될 것이라고 가르칩니다(빌 2:10). 하나님께서 피조물 안에서 삼위일체적 본질의 미덕을 나타내시고, 피조물을 통해 자기 자신을 위한 영광과 존귀를 예비하시는 것이야말로 그분의 기쁨이 아닐 수 없습니다. 하나님은 자신의 영광을 위해서 세상이 필요한 분이 아닙니다. 피조물이 독립적이고 자율적으로 하나님의 영광을 높이는 것이 아니고, 피조물 없이 또는 피조물을 통해서 자신의 이름을 영화롭게 하시며, 자신을 복되게 하시는 분은 언제나 하나님 자신이십니다. 그러므로 하나님은 자신의 결핍을 채우고자 피조물을 찾으시는 분이 아닙니다. 그럼에도 온 세상은 그 길이나 넓이에 있어서 하나님 자신의 미덕을 비추는 거울입니다. 하나님은 항상 최고의 선으로서 자기 자신 안에서 안식하시며, 자신의 복락으로 인해 영원히 복되신 분이십니다.

• • •

성경은 하나님께서 자신의 뜻으로 세상을 무(無)로부터 불러내셨다고만 말씀하지 않고, 그분의 창조가 어떤 **방식**으로 일어나게 되었는지에 대해서도 말씀하고 있습니다.

성경은 **태초에**(in den beginne) 하나님이 하늘과 땅을 창조하셨다고 말하면서 시작합니다(창 1:1). 여기서 태초란 지음을 받은 피조물들이 존재하기 시작한 순간(시점)을 의미합니다. 하나님은 시작도 끝도 없으신 분이십니다. 그리고 하나님과 함께 계셨으며, 스스로 하나님이신 말씀 또한 영원부터 존재해왔으므로(요 1:1) 시작이 없습니다. 태초란 피조된 것들이 존재하기 시작한 시점을 의미합니다. 그때 시간이 시작되었고 공간도 시작되었습니다. 시간과 공간은 독립적인 피조물이 아니라 하나님의 특별한 능력으로 창조된 것입니다. 그러므로 창조 기사 속에서 시간과 공간에 대해 언급된 바가 없습니다. 그러나 시간과 공간은 피조물의 필연적인 존재 방식들(bestaansvormen, Seinsweisen)입니다. 하나님만이 영원하시고 편재하시는 분이십니다. 그러나 피조물들은 시간과 공간에 속박되어 있습니다. 시간은 어떤 사물이 일련의 연속되는 순간들을 따라 계속해서 존재하는 것을 가능하게 해줍니다. 그래서 하나의 사물이 또 다른 하나의 사물 **다음에**(na) 있을 수 있게 됩니다. 그리고 공간 덕분에 사물이 모든 방향으로 확장될 수 있어서 하나의 사물이 또 다른 사물 **옆에**(naat) 나란히 놓여 존재하는 것을 가능하게 해줍니다. 시간과 공간은 피조물들의 필수적인 존재 양식으로서 피조물들과 더불어 동시에 존재하기 시작한 것입니다. 따라서 시간과 공간이 피조물 이전에 텅 빈 형식들로 존재해 피조물들로 가득 채워질 준비를 하고 있지 않았습니다. 아무것도 존재하지 않는다면 시간과 공간도 존재할 수 없습니다. 시간과 공간은 피조물들과 분리되어 따로 창조된 것이 아니며 그렇다고 해서 외부에서 추가로 덧붙여진 것도 아닙니다. 시간과 공간은 피조물 **안에서** 피조물과 **함께** 창조되었으며 제한적이고 유한한 존재들의 필연적인 존재 방식으로 창조되었습니다. 따라서 아우구스티누스는 "하나님께서는 세상을 시간 **안에서** 창조하신 것이 아니라 시간을 세상과 **함께**, 그리고 세상을 시간과 **함께** 창조하셨다"라고 바르게 말할 수 있었습니다.

또한 창세기 1:1에서 하나님께서 태초에 **하늘과 땅**을 창조하셨다고 말합니다. 여기서 하늘과 땅이란 성경에서 종종 언급되는 것처럼 전체 세계, 즉 온 우주를 의미합니다(창 2:1, 4; 출 20:11). 하나님께서는 태초부터 그분의 뜻을 따라 이 세상을 두 부분으로 구분하셨습니다. 하나는 땅, 즉 땅 위와 땅속에 있는 모든 것들을 포함하는 땅, 그리고 또 다른 하나는 땅 바깥과 땅 위에 있는 모든 것을 포함하는 하늘입니다. 성경에서 말하는 하늘은 공중(공기)과 구름이 있는 창공(창 1:8, 20), 하늘의 천체를 이루는 별들(신 4:19; 시 8:3), 그리고 하나님과 천사들의 거처인 세 번째 하늘 또는 하늘들의 하늘(왕상 8:27; 시 2:4; 115:16; 마 6:9)을 포함합니다. 그러므로 창세기 1:1에서 하나님이 태초에 하늘과 땅을 창조하셨다고 했을 때, 이 구절을 다음과 같은 두 가지 방식으로 해석해서는 안 됩니다. 첫째로, 이 구절이 단순히 그 이후에 전개되는 내용을 요약하는 서두일 뿐이라고 해석해서는 안 됩니다. 그리고 둘째로, 하나님이 창조하신 하늘과 땅이 이미 완성된 상태로 창조되었다고 해석해서도 안 됩니다.

첫 번째 해석이 맞지 않는 이유는 2절이 **그리고**(en)[1]라는 접속사로 시작한다는 사실과 모순이 되기 때문입니다. 2절은 "그리고 땅은(네덜란드어 번역[지금 땅은]) 혼돈하고 공허하며 (⋯)"라고 되어 있습니다. 여기서 "그리고"라는 접속사는 이야기의 전개를 이어가며, 1절에서 설명된 첫 번째 사실에 이어 두 번째 사실이 추가된다는 사실을 의미합니다. 두 번째 해석 역시 타당하지 않습니다. 이는 공기와 구름으로 이루어진 하늘은 창세기 1:8에서 비로소 형성되기 시작하고, 하늘과 땅이 창세기 2:1 이전에는 아직 완성되지 않은 것으로 나타나기 때문입니다.

물론 여기서 절대적으로 확실하게 말할 수는 없지만, 하나님의 거처인 하늘들의 하늘은 창세기 1:1에 보도되고 있는 하나님의 첫 번째 창조 행위로 인해 이미 창조되었고, 그때 천사들도 창조되었을 가능성이 있다고 여겨집니다. 욥기 38:4-7에서 주님은 폭풍우 속에서 욥에게 대답하시기를, 그가 땅의 기초를 세우시고 모퉁이 돌을 놓으실 때 어떤 사람도 그곳에 없었지만, 별들이 환호하고, 하나님의 아들들, 즉 천사들이 기뻐하는 가운데 그 일을 이루셨다고 하셨기 때문입니다. 그러므로 땅이 조성되고 인간이 창조될 당시 천사들은 이미 존재하고 있었습니다.

그러나 그 외에 하늘과 천사들의 창조에 대해 우리에게 알려진 것은 거의 없습니다. 창세기 1:1에서 창조에 대해 간략하게 언급한 후, 1:2에서 땅이 조성되는 과정을 더욱 폭넓게 설명하고 있습니다. 땅은 이미 창조되었지만, 오랫동안 혼돈과 공허한 상태로 어둠에 덮여 있었기 때문에 땅의

---

1   역자 주. 한글 개역개정판에는 창세기 1:2에서 "그리고"가 번역되어 있지 않다. 공동번역에서도 "그리고"가 번역되어 있지 않다.

형성을 마무리하는 것이 필요했습니다. 땅이 혼돈과 공허 속에 있었다는 것은 일부 사람들이 생각하는 것처럼 땅이 형체가 없는 상태로 있었다는 것을 의미하지 않습니다. 그들은 천사들의 타락으로 인해 하나님께서 처음 완성하신 땅을 향해 선언하신 심판을 염두에 두고 있었습니다. 그러나 창세기 1:2은 땅이 혼돈(황폐)한 상태, 즉 아직 빛과 어둠, 물과 물, 땅과 바다 사이에 구분이 없는 상태, 즉 형태가 없는 상태였다고 보도하고 있을 뿐입니다. 창세기 1:3-10에 묘사된 하나님의 사역들이 땅의 이러한 혼돈된(황폐한) 상태를 종식시켰습니다. 마찬가지로 원래의 땅은 공허하고 식물과 나무 등의 장식물들이 없었으며, 아직 어떤 생물도 살지 않았습니다. 창세기 1:11 이하에서 열거된 하나님의 사역들이 이러한 땅의 공허함에 종지부를 찍었습니다. 하나님께서 땅을 창조하신 목적은 땅을 공허하게 있도록 하기 위함이 아니라 사람들이 그 땅에 거주하게 하기 위함이었습니다(사 45:18). 그러므로 혼돈과 공허 가운데 있었던 땅을 정리하고 완성시키는 하나님의 사역은 두 가지로 구분됩니다. 첫 번째 사역은 빛의 창조로부터 시작합니다. 빛으로 인해 존재의 구별과 분리가 생기고, 형태와 모양, 명암과 색상이 생기게 되었습니다. 그리고 두 번째 사역은 해와 달과 별 등의 빛을 담아내는 광명체들을 창조하는 것으로부터 시작합니다. 이로 인해 땅에 생물들, 즉 새와 물고기와 동물과 사람이 거주할 수 있게 되었습니다.

성경의 반복되는 증언에 따르면 모든 창조의 사역은 6일 동안 이루어졌습니다(창 2:1-2; 출 20:11; 31:17). 그러나 이 6일에 대한 해석에는 오랫동안 많은 자유로운 사색들과 주목할 만한 의견의 차이가 존재해왔습니다. 심지어 아우구스티누스와 같은 인물조차도 하나님께서 모든 것을 한 번에 동시에 창조하셨으며, 이 6일은 연속적인 시간의 분할이 아니라 창조물의 순서와 질서를 볼 수 있는 관점에 불과하다고 주장했습니다. 반면에 창조의 날은 24시간보다 훨씬 더 긴 기간이라고 생각하는 사람들도 있습니다.

성경은 분명히 저녁부터 아침까지로 계산되는 날에 대해 이야기하고 있으며, 이 날은 일주일의 순서와 이스라엘 절기 체계의 기초가 됩니다. 성경 자체에도 우리의 일상적인 시간의 단위와는 다른, 지구의 회전으로 결정되는 날을 고려해야만 하는 근거가 있습니다.

첫째로, 창세기 1:1과 2절에서 언급된 내용이 첫째 날 이전에 일어난 것인지 아니면 첫째 날 안에 포함되는 것인지 확실치 않습니다. 첫 번째 견해에 대한 지지는 5절에 따라 첫째 날이 빛의 창조로 시작하고 밤을 지나 다음 아침에 끝난다는 사실에 근거합니다. 하지만 창세기 1:1과 2절의 사건들을 첫째 날에 속한 것으로 본다고 할지라도 그날은 처음에 오랫동안 어둠에 싸여 있었던 매우 비정상적인 날을 의미합니다. 그리고 그 어둠의 상태가 얼마나 오랫동안 지속되었는가에 대해서는 성경이 구체적으로 언급하고 있지 않습니다.

둘째로, 창세기 1:3-13까지의 첫 번째 사흘간은 우리의 날들과는 분명히 달랐습니다. 우리의 하루는 지구가 자전과 그 자전에 따르는 태양과의 관계를 통해서 24시간으로 이루어지지만, 창세기가 보도하는 첫 번째 사흘은 그렇게 형성된 것이 아닙니다. 이 사흘간에도 빛의 나타남과 사라짐으로 인해 각각의 날이 구분된 것은 사실이지만, 태양과 달과 별은 나흘째 날에야 비로소 창조되었다고 성경은 보도하고 있습니다.

셋째로, 두 번째의 사흘간은 일반적인 방식으로 형성되었을 가능성이 높습니다. 그러나 천사와 인간의 타락, 그리고 그 이후에 발생한 홍수로 인해 우주에 여러 가지 변화가 발생했다는 사실을 고려하고(창 3:14; 8:21; 마 4:8-9), 모든 영역에서 생성의 기간이 정상적인 성장의 기간과 상당한 차이가 있다는 점을 주목한다면, 이 두 번째 사흘 역시 우리가 살아가는 일상적인 날과는 여러 면에서 차이가 있습니다.

마지막으로, 창세기 1장과 2장에서 여섯째 날에 일어났던 모든 일은 우리의 하루와 동일한 시간 안에 모두 포함시키기가 어렵다는 점을 고려해야만 합니다. 여섯째 날에는 동물의 창조(창 1:24-25), 아담의 창조(창 1:26; 2:7), 동산 식물과 나무의 창조, 시험적인 명령의 선포(창 2:8-14; 2:16-17), 아담에게 동물을 데려와 이름을 짓게 하심(창 2:18, 20), 그리고 아담을 깊은 잠에 빠지게 하시고 하와를 창조하신 사건(창 2:21-23) 등이 발생했기 때문입니다.

그러나 이 모든 것을 떠나, 그 엿새는 하늘과 땅과 만물을 완성한 창조의 주간으로 남아 있습니다. 엿새의 날들은 피조물들이 차례로 존재하게 된 시간적 순서를 가리키지만, 동시에 그 피조물들 사이의 계층 관계도 나타냅니다. 이 계층 질서는 우리가 일상에서도 여전히 관찰할 수 있는 것입니다. 그리고 그 어떠한 과학적 연구도 이 순서와 질서를 뒤집어 바꿀 수 없습니다. 순서와 질서에 있어서 형체가 없는 것들이 형체 있는 것들에 선행하고, 무기물이 유기물에 선행하며, 식물이 동물에 선행하고, 동물이 인간에 선행하기 때문입니다. 그리고 인간은 창조의 면류관이고, 주께서 땅을 예비하시며, 땅 위에 모든 것들을 지으신 것은 인간을 위한 것이고, 인간 창조에서 땅의 창조가 마무리됩니다. 그래서 성경은 하늘과 천사들의 창조에 대해서는 거의 언급하지 않고 있고, 관심을 주로 땅에 집중하고 있습니다. 천문학적 의미에서 지구는 작고 하찮은 별일 수 있습니다. 지구는 질량과 무게 면에서 다른 수천 개의 행성과 태양과 별들에 못 미칠 수 있습니다. 그러나 종교적이고 도덕적인 의미에서 지구는 여전히 우주의 중심으로 남아 있습니다. 오직 지구만이 인간의 거처로 선택되었고, 모든 악의 세력에 맞서 싸우는 투쟁의 장이 되었으며, 하늘 왕국이 건설될 장소가 되었습니다.

성경에서는 창조된 모든 것들을 하늘과 땅과 만물이라는 명칭 또는 **세상**이라는 이름으로 요약합니다(창 2:1). 성경에서 **세상**으로 번역된 원어들은 때로는 지구의 구체적 형태나 지역을 의미하기도 하고(삼상 2:8; 잠 8:31),

때로는 인간이 거주하는 땅을 의미하기도 합니다(마 24:14; 눅 2:1). 그리고 때로는 이 원어들이 세상의 일시적이고 변화무쌍하며 지나가는 모습을 강조하는 데 사용되기도 하고(시 49:2; 눅 1:70; 엡 1:21), 때로는 모든 피조물의 전체를 통칭하는 의미로 사용되기도 합니다(요 1:10; 행 17:24). 여기서 이 두 가지 의미가 특히 풍부한 내용을 담고 있습니다. 우리는 세상을 항상 이 두 가지 관점에서 바라볼 수 있습니다. 즉 우리는 세상을 넓이와 길이의 관점에서 바라볼 수가 있습니다.

첫 번째 경우에 세상은 하나의 통일체이며 하나의 연관된 전체이지만, 그 통일체 안에 측량할 수 없을 만큼 풍부한 다양성이 있음을 보여줍니다. 태초에 세상이 창조되고 형성된 때부터 세상은 하늘과 땅, 보이는 것들과 보이지 않는 것들, 천사와 인간, 식물과 동물, 생물과 무생물, 영적인 존재와 영적이지 못한 존재를 포함하고 있었습니다. 그리고 이 모든 피조물들은 또다시 무한한 갈래의 다양성으로 나누어집니다. 천사들 사이에는 보좌와 권능, 통치와 권세가 있으며, 인간들 사이에는 남성과 여성, 부모와 자녀, 통치자들과 피지배자들, 민족과 나라, 언어와 방언이 있습니다. 그리고 같은 방식으로 식물과 동물은 물론이거니와 광물조차도 계층들과 그룹들, 과(科)와 속(屬), 종(種)과 변종(變種)으로 나누어져 있습니다. 모든 피조물들은 하나님으로부터 받은 고유한 속성을 지니고 있으며(창 1:11, 21 이하), 각자 고유한 법칙에 종속됩니다. 그것들은 시간의 순서에 있어서 차례차례로 창조되어 계속해서 낮은 자리나 높은 자리에서 존재한다는 의미에서 차례대로 존재할 뿐만 아니라, 그것들은 서로 나란히 존재하며 오늘날까지도 계속해서 나란히 존재합니다. 창조는 단일한 형태가 아니라 다양한 형태를 지니고 있으며, 그 전체와 모든 부분에 있어서 매우 풍부하고 아름다운 다양성을 드러냅니다.

동시에 세상은 시간의 흐름 속에서도 그 존재를 유지하며 발전을 지속하고 있습니다. 하나님께서 만드신 모든 것이 매우 좋았으나(창 1:31), 그렇다고 해서 세상이 이미 될 수 있는 모든 것을 다 이루었다는 뜻은 아닙니다. 마치 사람이 하나님의 형상대로 창조되었지만 자신의 소명과 목적을 이루기 위해서 행동하고 실천해야만 하듯이, 세상도 창조되었을 때 이미 완성된 것이 아니라 시작의 자리에 놓여 있었습니다. 세상은 하나님께서 부여하신 덕목들을 더욱 풍부하고 분명하게 드러내야만 하는 기나긴 역사를 앞에 두고 있었습니다. 그러므로 창조와 발전은 서로를 배제하지 않습니다. 오히려 창조는 모든 발전의 시작이자 출발점입니다. 하나님께서 다양한 종류의 피조물들이 고유한 성질, 생각, 힘, 법칙을 부여받은 다채롭고 풍요로운 세상을 창조하셨기 때문에, 세상은 발전이 가능합니다. 모든 발전은 창조에서 그 출발점과 동시에 방향과 목표를 얻게 됩니다. 비록 죄가 이 발전에 혼란과 파괴를 가져왔다고 할지라도 하나님께서는 자신의 작정을 이루시고, 세상을 유지하시며, 그 궁극적인 목표를 향해 세상을 이끌어 가십니다.

성경이 이와 같은 방식으로 세상을 언급할 때, 단 **하나**의 세상만이 존재한다는 생각을 암묵적으로 전제하고 있습니다. 그러나 철학자들의 체계에서는 이 문제에 대해서 종종 완전히 다른 생각이 존재해왔습니다. 그 가운데는 여전히 서로 다른 세계들이 존재하며 지구뿐 아니라 다른 행성들에도 이성을 지닌 생명체가 살고 있다고 믿는 이들이 있습니다. 특히 여러 세계가 연속적으로 존재한다는 생각이 널리 퍼져 있습니다. 즉 그들은 현재의 세계가 유일한 세계가 아니라 무수히 많은 세계가 앞서 존재했으며, 앞으로도 여러 다른 세계가 계속 이어서 존재한다고 주장합니다. 심지어 어떤 사람들은 현재 존재하는 모든 것이 그 이전의 세상에도 완전히 똑같이 존재했었고 앞으로도 똑같이 되풀이해 존재한다는 생각을 덧붙였습니다. 존재하는 모든 것은 끊임없는 과정 속에 존재하며, 모든 것의 나타남과 사라짐, 번영과 쇠퇴, 떠오름과 가라앉음은 영원한 법칙에 종속된다고 여겨졌습니다.

그러나 성경은 이러한 모든 추측과 상상을 묵묵히 무시합니다. 성경은 이 세상이 태초에 하나님에 의해 창조되었고, 수 세기 동안 역사를 거쳐왔으며, 그 역사의 마지막에 하나님의 백성에게는 영원한 안식이 있다고 말합니다. 성경은 지구 이외의 다른 행성에 생물이 살 가능성에 대해서는 아무것도 말하지 않습니다. 세상은 무한히 다양하고, 인간뿐만 아니라 천사들도 있으며, 땅뿐만 아니라 하늘도 있음을 가르칩니다. 그러나 그 외의 문제에 있어서 성경은 오직 사람만이 하나님의 형상대로 창조되었고, 하나님의 아들은 천사의 본성을 취하지 않으시고 사람의 본성을 취하셨으며, 천국이 이 땅에 펼쳐지고 실현될 것이라고 가르칩니다.

마찬가지로 성경은 우리에게 세상은 **유한하다**(eindig)고 가르칩니다. 이런 가르침은 세상은 우선 시작이 있었고 시간과 더불어 창조되었음을 포함합니다. 여기서 세상이 얼마나 오래 존재했는지는 중요하지 않습니다. 세상이 수천 년 또는 수백만 년이나 존재했더라도 하나님만이 영원하시기 때문에 결코 세상은 영원부터 존재해온 것일 수 없고, 세상은 여전히 유한한 것이며, 제한되어 있는 것이며, 시간과 더불어 창조된 것입니다. 성경은 세상의 시작을 가르치면서도 끝이 있을 수 없다고 가르치기 때문에 이 점에 유의하는 것이 중요합니다. 물론 이 세상의 형태는 사라지지만 그 실체와 본질은 사라지지 않기 때문입니다. 그러나 세상이 남아 있고 인간과 천사가 미래에 무한히 계속 존재하더라도 그들은 피조물로 남아 있으며 하나님이 그들을 소유하고 계시기 때문에, 그들은 하나님의 영원에 참여하지는 못합니다. 다른 경륜의 시대에 지금 이 땅과는 완전히 다른 기준에 따라 시간이 계산되더라도, 세상은 시간 안에 존재하며 시간 안에서 계속 그 존재를 유지합니다. 그리고 세상은 시간에 묶여 있는 것과 마찬가지로 또한 여전히 공간에 묶여 있습니다. 최근 과학의 발전으로 우리의 세계를 바라보는 우리의 시야가 무한히 확장되어 선조들에 비해서 세상이 훨씬 더 확장되었고, 별들의 숫자와 크기가 그 자체로 하나의 세계를 이루고 있을 뿐만 아니라, 별들이 지구에서 떨어져 있는 거리가 우리의 상상을 초월합니다. 그러나 하나님이 무한하신 것처럼 세상은 무한하지 않습니다. 세상이 끝이 없을 수도 있지만, 끝이 없다는 것과 무한한 것은 정도의 차이가 아니라 본질적인 차이입니다. 우리는 세상 밖의 시간과 공간을 상상할 수 없으며 우주의 가장자리에 도달하여 빈 공간을 바라보는 것에 대해서도 상상할 수 없습니다. 하지만 시간과 공간은 세상만큼 넓고 시간과 공간의 길이와 넓이만큼 그것들의 속은 피조물로 가득 채워져 있습니다. 그러나 모든 것이 우리의 지성과 상상력을 훨씬 뛰어넘는다고 할지라도, 그리고 유한한 부분의 합이 아무리 표현할 수 없을 정도로 크고 넓다고 할지라도, 그 모든 전체는 결코 무한한 것이 될 수 없기에 유한할 뿐입니다. 오직 하나님만이 영원하시고, 편재하시며, 무한하십니다.

　　마지막으로 성경은 또한 우리에게 세상이 여전히 **좋다**(goed)는 사실을 믿어야만 한다고 가르칩니다. 오늘날 이 말을 하는 데는 상당한 용기가 필요합니다. 비록 18세기는 매우 낙관적인 시각을 가지고 모든 것을 긍정적으로 보았고, 하나님은 모든 세상 중에서 가장 좋은 세상을 창조하셨으며, 그러기에 더 좋은 세상은 존재하지 않는다고 가르쳤습니다. 그러나 19세기와 우리 세기인 20세기에 들어와서 인생과 세계와 사회에 대해서 전혀 다른 관점을 갖게 되었습니다. 시인들과 철학자들과 예술가들은 오늘날 모든 것이 고통이며, 세상은 가능한 한 나쁘고 더 나빠지면 존재할 수조차 없다고 우리에게 가르칩니다. 많은 사람이 세상에 존재하는 모든 것들은 멸망할 가치밖에 없다고 생각하며 말하고 있습니다. 일부 사람들은 삶에서 즐길 수 있는 것들을 최대한 즐기려고 "내일 죽을지 모르니 먹고 마시자!"

라는 구호를 외치고 있으며, 또 다른 일부의 사람들은 절망과 삶에 대한 환멸에 빠지거나 미래의 사회주의적인 유토피아나 사후 세계의 복락 혹은 열반(涅槃, nirvana)을 꿈꾸며 현재의 세상이 주지 못하는 어떤 희망을 희구합니다.

그러나 성경은 이 문제에 대해 다른 견해를 취합니다. 첫째, 성경은 하나님께서 태초에 세상을 창조하셨을 때 그것은 선하고 하나님 보시기에 매우 좋았다고 말씀합니다(창 1:31). 둘째, 성경은 죄가 들어온 이후 땅은 저주를 받았고, 인간은 부패와 죽음에 처해졌으며, 모든 피조물이 헛됨에 사로잡히게 되었다고 덧붙입니다. 인생의 연약함과 덧없음, 존재하는 모든 것의 무가치함과 하찮음, 고통의 깊이와 아픔이 성경만큼 감동적으로 묘사된 곳은 없습니다. 그러나 성경은 여기서 멈추지 않고 더 나아가서 셋째로, 이 타락하고 죄악이 관영하고 허망한 세상에서도 하나님의 뜻이 성취되고 있고, 세상이 하나님의 인도하심을 따라 나아가고 있는 목적지로 인해 세상은 다시금 좋다 혹은 선하다고 말합니다. 세상은 죄에도 불구하고 하나님께서 자신의 덕을 드러내시는 도구이고, 그분의 이름을 영광스럽게 하는 수단으로 여전히 존재하고 있으며, 앞으로도 그러할 것입니다. 마지막 넷째로, 성경은 모든 고통과 압제 속에서도 우리가 하나님의 영광에 우리의 뜻을 복종시키고 우리의 뜻을 그분의 영광을 섬기는 도구로 삼을 때, 세상은 우리에게 다시 선해질 것이며 우리는 하나님의 영광을 경험할 수 있게 될 것이라고 약속합니다. 하나님을 사랑하는 자들에게는 모든 것이 협력하여 선을 이룹니다(롬 8:28). 그들은 환난 중에도 기뻐하며(롬 5:3), 그들의 믿음은 세상을 이기는 승리가 됩니다(요일 5:4).

이 모든 논의는 자연스럽게 우리를 창조에서 **섭리**(攝理, Voorzienigheid, *providentia*)로 나아가게 해줍니다. 사실 세상이 피조물 전체에 있어서나 각각에 있어서나 하나님의 창조 사역으로 인해 존재로 부름을 받은 순간부터 세상은 곧바로 하나님 섭리의 손안으로 들어가게 됩니다. 여기에는 점진적인 과도기나 어떤 분리나 단절도 없습니다. 피조물들이 피조물이기 때문에 스스로 발생할 수 없는 것처럼, 그들은 또한 한순간도 스스로 존재할 수 없습니다. 섭리는 창조에 바로 이어지며 창조는 곧바로 직접 섭리 안으로 들어갑니다.

이로부터 창조와 섭리 사이에 깊은 연관성과 밀접한 관계가 있음을 알 수 있습니다. 그리고 이신론의 온갖 위협에 맞서서 창조와 섭리의 이러한 끊을 수 없는 연관성을 유지하는 것이 대단히 중요합니다. 이신론이란 본래의 창조는 인정하지만 창조 이후 하나님이 즉각적으로 세상으로부터 완전히 물러나 세상을 스스로의 운명에 맡겨버렸다고 주장하는 사상입니다. 이신론에 따르면, 창조는 단지 세상에 독자적인 존재를 부여하는 역할만 할 뿐입니다. 칸트와 다윈(Charles Darwin) 같은 인물들조차 이런 의미의 창조 사상을 수용했습니다. 그러나 이신론에 따르면 창조는 하나님이 세상에 완전한 독립성과 풍부한 은사와 능력을 부여하신 것으로서, 세상은 완전히 자력으로 존재하며 모든 경우 스스로 자신의 존재를 유지할 수 있습니다. 이신론에서는 세상을 흔히 시계에 비유하는데, 시계가 한번 태엽이 감기면 스스로 움직이다가 저절로 멈추는 것처럼 세상도 그렇게 움직인다고 생각합니다. 이로 인해 인간의 이성은 결코 계시에 의존할 필요가 없으며 필요한 모든 진리를 자신의 힘과 방법으로 발견할 수 있다고 여겨지게 되었습니다. 이신론은 자연스럽게 이성을 통해 모든 진리를 스스로 발견할 수 있다는 사상, 즉 이성주의(理性主義, rationalisme)를 수반하게 되었습니다. 마찬가지로 이신론은 인간의 의지에 대한 소위 펠라기우스주의를 불러오는데, 펠라기우스주의에 따르면 인간은 자신의 의지에 의해서 스스로 구원에 이를 수 있는 능력이 있습니다. 이신론은 인간의 이성뿐 아니라 의지도 독립적으로 창조되었으며, 상실될 수 없는 은사와 능력을 부여받았으므로 인간이 구원에 이르기 위해 **중보자**의 사역이 필요 없다고 가르칩니다.

이신론의 흐름에 대항해 창조와 섭리 사이의 관계를 견지하는 것이 중요합니다. 성경은 하나님의 섭리 사역을 생명을 수여하시는 것(욥 33:4; 느 9:6), 새롭게 하시는 것(시 104:30), 보호하시는 것(시 36:7), 말씀하시는 것(시 33:9), 뜻하시는 것(계 4:11), 일하시는 것(요 5:17), 능력의 말씀으로 만물을 붙드시는 것(히 1:3), 만물을 돌보시는 것(벧전 5:7), 그리고 심지어 만물을 창조하시는 것(시 104:30; 사 45:7)으로 묘사합니다. 이 모든 표현에는 하나님께서 세상을 창조하신 이후에 세상을 그대로 내버려두시거나 단지 멀리서 관찰만 하지 않으신다는 의미가 담겨 있습니다. 섭리라는 용어는 세상의 창조 이후에 결코 살아 계신 하나님과 그분의 활동을 무시하거나 뒤로 물러나 있게 해서는 안 된다는 것을 뜻합니다. 그것은 하나님이 사물들을 예견하고 계시고 그 사물들이 스스로의 길을 가더라도 미리 앞서서 보고 계신다는 의미일 뿐만 아니라, 하나님이 세상에 필요한 모든 것을 공급하신다는 의미도 담고 있습니다(창 22:8; 삼상 16:1; 겔 20:6; 히 11:40). 섭리는 하나님의 지성뿐 아니라 그분의 의지와 계획을 실천하는 행위이며, 세상을 매 순간 유지시키시는 활동입니다.

보통 섭리의 첫 번째 활동으로 여겨지는 **보존**은 단순히 하나님께서 수동적으로 세상을 지켜시보거나 그냥 존재하게 **놓아두시는 것**이 아니라, 적극적으로 세상을 **존재케 하시는 것**입니다. 이것이 참된 의미로 세상의 존재를 보존하는 것입니다. 하이델베르크 교리문답서는 섭리에 대해 하나님의 전능하시고 편재하시는 능력으로 묘사하며, 하나님께서 하늘과 땅, 그리고 모든 만물을 마치 자신의 손으로 붙드시듯 보존하시는 것이라고 설명합니다. 하나님께서는 세상을 처음 창조하셨던 것만큼이나 세상을 지속적으로 보존하시기 위해 전능하시고 신성하신 능력을 발휘하십니다. 하나님의 이러한 능력이 없다면 단 한 순간도 피조물은 존재할 수 없을 것입니다. 하나님께서 그 손을 거두시고 그 권능을 멈추신다면 모든 것은 곧장 무로 돌아가고 말 것입니다. 오직 하나님이 자신의 말씀과 영을 보내시고(시 104:30; 107:26), 말씀하시고 명령하시고 뜻하지(시 33:9; 147:15; 계 4:11) 않으신다면, 만물은 존재할 수도 없고 보존될 수도 없습니다.

그리고 그 힘은 멀리서 작용하지 않고 가까이에서 작용합니다. 그 힘은 어디에나 존재하는 힘입니다. 하나님께서는 자신의 모든 덕과 온 존재로 전 세계와 모든 피조물 가운데 현존하십니다. 우리는 그 안에서 살고 움직이며 존재합니다(행 17:28). 그분은 우리 각 사람에게서 멀리 계시지 않습니다(행 17:27). 그분은 가까이 계신 하나님이시며, 멀리 계신 하나님이 아니십니다. 그 누구도 주님이 보지 못하실 은밀한 곳에 자신을 숨길 수 없습니다. 그분은 하늘과 땅에 충만하십니다(렘 23:23). 누가 그분의 영 앞에서 벗어날 수 있으며, 누가 그분의 얼굴을 피할 수 있겠습니까? 그분은 하늘에 계시고 죽은 자들의 세계에도 계시며, 바다 끝에도 계시고, 깊은 어둠 속에도 계십니다(시 139:7-10). 그분의 섭리와 보존하시는 능력은 들의 백합화에도(마 6:28), 하늘을 나는 새에게도(마 6:26), 심지어 머리카락 하나에까지도(마 10:30) 미칩니다. 모든 피조물은 존재하는 동안 그 존재의 성격에 따라 존재하며, 하나님에 의해 존재합니다. 모든 만물은 하나님에게서 나왔으며 또한 하나님으로 말미암아 존재합니다(롬 11:36). 하나님은 아들을 통해 세상을 창조하셨으며, 아들은 자신의 능력의 말씀으로 모든 만물을 지속적으로 붙드십니다(히 1:2-3). 만물보다 먼저 계신 아들로 말미암아 아들 안에서 모든 것이 함께 존재하며(골 1:17), 자신의 영으로 모든 것을 창조하시고 새롭게 하십니다(시 104:30).

• • •

창조와 섭리 사이의 깊은 관계로 인해 사람들은 섭리를 때때로 **지속적 창조**(持續的 創造, voortdurende schepping) 또는 **계속적 창조**(繼續的 創造, voortgaande schepping, *continua creatio*)라고 부르기도 합니다. 이 용어는 좋은 의미로 이해될 수 있지만, 오해되어서는 안 됩니다. 창조와 섭리 사이의 관계와 연관성을 인정하고 유지해야 하는 진지함과 마찬가지로, 이 둘의 차이 또한 분명하게 인정되고 인식되며 존중되어야만 합니다. 만약 우리가 이러한 차이를 무시한다면, 창조와 섭리를 동일시하게 되어 범신론(신과 자연을 하나로 보는 관점)의 오류에 빠질 위험이 있습니다. 범신론은 하나님과 세계의 본질적 차이를 무시하고 하나님과 세계를 동일시하거나 동일한 존재의 두 가지 측면으로 간주합니다. 이렇게 되면 하나님은 세계의 본질로 간주되시고 세계는 신의 현현이 되어버리고 맙니다. 그리하여 하나님과 세계의 관계는 마치 바다와 파도, 존재와 존재의 형식들 혹은 동일한 실재의 불가시적 측면과 가시적 측면으로 이해되고 맙니다.

성경은 범신론의 오류를 이신론(하나님을 창조 이후 세상에 관여하지 않는 존재로 보는 관점)만큼이나 신중하게 비판합니다. 이는 하나님께서 태초에 창조를 시작하시고 창조 사역을 마치신 후 안식하시는 모습에서 잘 드러납니다(창 2:2; 출 20:11; 31:17).

창조에서는 어떤 사건이 발생하고, 그 후에 그 사건이 완성됩니다. 그러나 이전에 분명히 설명되었듯이, 하나님께서 안식하신다는 것은 모든 활동을 멈추신다는 뜻이 아닙니다. 섭리 역시 하나님의 사역이기 때문입니다

(요 5:17). 하지만 안식하셨다는 말은 창조라는 특정한 사역을 멈추신 것입니다. 만약 창조와 섭리가 노동과 휴식의 관계로 이해된다면, 이는 그 둘이 서로 관련이 있지만 동시에 구별된다는 것을 의미합니다. 창조가 무에서부터 만물을 존재하게 하는 사역이라면, 보존은 이미 존재로 부르심을 받은 만물이 계속 유지되도록 하는 사역입니다. 그러므로 창조를 통해 세계는 독립적으로 존재하는 것은 아니지만, 하나님과 본질에 있어서 구별된 존재와 실체를 부여받게 되는 것입니다. 하나님과 세계는 이름이나 형태에서가 아니라 본질에 있어서 서로 다릅니다. 이 둘의 차이는 영원과 시간, 무한과 유한, 창조주와 피조물의 차이와 같습니다.

하나님과 세상 사이의 본질적 차이를 유지하는 것은 매우 중요한 의미를 지닙니다. 이 차이를 무시하거나 부정하는 사람은 신앙을 왜곡하고, 하나님을 피조물의 수준으로 끌어내리며, 바울이 이방인들을 비판할 때 언급한 것과 동일한 죄를 짓게 됩니다. 바울은 이방인들이 하나님을 알면서도 하나님을 영화롭게 하지 않고 감사하지도 않았다고 말합니다(롬 1:21). 그러나 이와 더불어 하나님과 세상, 창조와 섭리의 차이를 결코 잊어서는 안 되는 또 다른 이유가 있습니다.

만약 하나님이 세상과 동일하며, 따라서 본질에 있어서 인간과 구별되지 않는다면, 인간의 모든 생각과 행동은 하나님께 직접적인 책임이 돌아가고 맙니다. 그러면 죄 역시 하나님의 책임이 될 것이며, 이렇게 되면 사실상 죄는 더 이상 존재하지 않게 되는 것입니다. 성경은 한편으로 인간의 모든 생각과 행동, 심지어 모든 죄도 하나님의 섭리 아래에 놓여 있다고 강력하게 말합니다. 인간은 하나님에게서 결코 독립될 수 없는 존재입니다. 하나님은 하늘에서 모든 인생을 굽어보십니다(시 33:13). 그분은 그들 모두의 마음을 지으시고 그들의 모든 행위를 살피십니다(시 33:15). 하나님은 모든 사람의 거처를 정하시며(신 32:8; 행 17:26), 그들의 모든 길을 주관하십니다(잠 5:21; 렘 10:23). 하나님은 하늘의 군대와 땅에 거하는 모든 사람을 자신의 뜻에 따라 행하게 하십니다(단 4:35). 그들은 토기장이의 손에 있는 진흙이나 톱질하는 자의 손에 있는 톱과 같이 하나님의 손안에 있습니다(사 29:16; 45:9; 렘 18:6; 롬 9:20-21). 인간이 죄인이 될 때, 인간은 그로 인해 하나님으로부터 자유로워지는 것이 아니라 오히려 인간의 의존성은 다른 성격을 띠게 됩니다. 그것은 합리적이고 도덕적인 성격을 잃게 되는 것이고 단순한 피조물의 굴복으로 변하게 되는 것입니다. 죄의 노예가 되는 인간은 하나님의 손에서 하나님이 사용하시는 단순한 도구로 전락하게 되는 것입니다. 이처럼 성경은 하나님이 인간의 마음을 완악하게 하시고 강퍅하게 하시며 눈을 멀게 하신다고 말할 수 있었습니다(출 4:21; 신 2:30; 수 11:20; 롬 9:18). 하나님은 거짓말하는 영을 예언자들의 입에 집어넣으시고(왕상 22:23), 사탄이 다윗을 충동질해 백성의 숫자를 세게 하시며(삼하 24:1; 대상 21:1), 시므이를 보내 다윗을 저주하게 하셨으며(삼하 16:10), 사람들을 마음의 정욕대로 더러움에 내버려두시며(롬 1:24), 사람들에게 미혹의 역사를 보내시어 거짓된 것을 믿게 하십니다(살후 2:11). 그분은 또한 그리스도를 많은 사람을 일으키는 자로서뿐만 아니라 넘어지게 하는 자로 세우십니다(눅 2:34).

　　그러나 성경은 또한 하나님의 섭리가 죄에 대해 행사되는 만큼이나 죄의 기원이 하나님이 아니라 사람에게 있으며, 죄는 하나님의 책임이 아니라 오직 사람의 책임이라고 확고하며 단호하게 주장합니다. 주님은 의로우시고, 거룩하시며, 악과 거리가 머시고(신 42:4; 욥 34:10), 어둠이 없는 빛이시며(요일 1:5), 아무도 유혹하지 않으시고(약 1:13), 선하고 순결한 모든 것이 넘쳐나는 샘이십니다(시 36:10; 약 1:17). 주님은 자신의 율법과 모든 사람의 양심(출 20장)에서 죄를 금하시고(롬 2:14-15), 악행을 기뻐하지 않으시며(시 5:5), 악을 미워하시고, 악에 대해 진노를 발하시며(롬 1:18), 이 땅에서의 형벌과 영원한 형벌로 악을 향해 분노하는 분이십니다(롬 2:8).

성경의 두 가지 가르침, 즉 죄가 처음부터 끝까지 하나님의 섭리 아래에 있지만 죄의 책임은 인간에게 있다는 가르침은 하나님과 세상이 분리되지 않으면서도 본질에 있어서 구별될 때만 상호 연관이 가능합니다. 신학은 하나님의 섭리와 관련해 보존에 이어서 두 번째로 **협력**(協力, medewerking, *cooperatio*)을 언급함으로써 이를 시도합니다. 협력이라는 용어를 통해서 표현하고자 하는 사상은 하나님이 모든 존재와 사건의 첫 번째 원인이시지만 피조물도 두 번째 원인으로서 하나님 안에서, 하나님을 통해 작용하며 첫 번째 원인과 협력한다는 뜻을 표현하기 위함입니다.

생명이 없고 무생물인 피조물에서도 두 번째 원인을 말할 수 있습니다. 하나님께서 악인과 선인에게 햇빛을 비춰주시고, 의인과 불의한 자에게 비를 내리시지만(마 5:45), 그 과정에서 해와 구름을 동원해 빛과 비를 지상에 내리게 하는 수단으로 사용하십니다. 그러나 하나님과 피조물 사이의 구별은 이성적 피조물에게 더욱 중요합니다. 왜냐하면 이들은 하나님으로부터 이성을 받아 스스로 다스리고 통제하도록 창조되었기 때문입니다. 이성적 피조물의 모든 존재와 생명, 모든 재능과 능력은 하나님께로부터 왔으며, 그들이 이 재능과 능력을 어떻게 사용하든지 간에 그들은 하나님의 섭리 아래에 있습니다. 하지만 첫 번째 원인과 두 번째 원인, 즉 하나님과 인간 사이에는 여전히 구별이 있습니다. 인간이 선을 행할 때도 하나님께서는 인간 안에서 그 기쁘신 뜻에 따라 소원을 두고 행하게 하시지만, 인간이 스스로 원하고 행동합니다. 마찬가지로 인간이 악을 행할 때도 하나님께서는 생명과 능력을 허락하시지만, 죄는 오로지 인간만이 범하며, 그 책임도 인간에게 있습니다. 우리는 인생에서 하나님의 섭리가 던지는 수수께끼를 완전히 이해할 수는 없습니다. 그러나 하나님과 세상은 결코 분리가 안 되지만 항상 구별된다는 고백은 우리가 그 수수께끼에 대한 해답을 찾기 위한 방향을 제시하며, 좌측이나 우측의 양극단으로 치우치지 않도록 우리를 지켜줍니다.

• • •

이렇게 이해하면, 창조와 섭리 교리는 격려와 위로로 가득 차 있습니다. 세상에는 삶의 의욕을 꺾고 행동할 힘을 빼앗아 가는 것들이 너무도 많습니다. 우리가 인생길에서 만나는 온갖 불행과 실망, 때로는 삶을 파괴하는 끔찍한 재난과 참사로 말미암아 수많은 사람이 이름 모를 두려움 속에서 고통 가운데 죽어갑니다. 그뿐만 아니라 일상 속에서 평범하게 살아가는 삶의 과정에서도 종종 하나님의 섭리를 의심하게 만드는 일들이 발생합니다. 신비는 모든 인간 자녀의 삶과 운명이 아닙니까? 불안과 두려움이라는 벌레가 모든 존재를 갉아먹고 있지 않습니까? 하나님이 자신의 피조물과 다투고, 우리가 그분의 진노로 인해 멸망하며, 그분의 진노로 인해 두려워 떠는 것이 사실이 아닙니까? 그렇습니다. 불신자들과 경박한 자들뿐만 아니라 하나님의 자녀들까지도 대단히 심각하고 끔찍한 현실의 무게에 사로잡혀 있습니다. 그리고 때때로 인류가 하나님에 의해 이 땅에 창조된 것이 헛된 일이 아닌가 하는 의문이 마음속에서 입술로 터져 나오기도 합니다.

그러나 그리스도인은 이러한 의심에서 벗어나 하나님의 창조와 섭리에 대한 믿음으로 곧 다시 고개를 높이 들게 됩니다. 악마가 아니라 전능하신 하나님, 우리 주 예수 그리스도의 아버지께서 세상을 창조하셨습니다. 이 세상은 전체와 각 부분이 그분의 손으로 행하신 작품, 즉 오직 그분의 손으로만 행하신 작품입니다. 그리고 이 세상을 창조하신 후에도 그분은 이 세상을 그냥 내버려두지 않으십니다. 그분은 전능하시고 편재하시는 능력으로 이 세상을 유지하십니다. 그분은 자신의 능력으로 모든 피조물에 개입하시고 그분이 정하신 목적을 향해 모든 피조물이 흘러가고 협력하도록 통치하고 다스리십니다. 하나님의 섭리는 보존과 협력과 더불어 세 번째 부분으로서 **통치**(統治, regeering, *regenum*)를 포함합니다. 하나님은 만왕의 왕이시고, 만주의 주이시며(딤전 6:15; 계 19:6), 그분의 나라는 영원히 지속됩니다(딤전 1:17). 우연과 운명, 자의와 강박, 변덕스러운 행운과 철학적 필연은 자연과 역사, 인류의 삶과 운명을 지배하지 못합니다. 그러나 두 번째 원인의 배후에는 전능하신 하나님과 신실하신 아버지의 전능하신 뜻이 숨어서 역사하고 있습니다.

자신이 하나님의 자녀임을 아는 사람 외에는 그 누구도 이러한 사실을 진정 마음으로 믿고 입술로 고백할 수 없음은 두말할 필요도 없습니다. 섭리에 대한 믿음은 구원에 대한 믿음과 밀접하게 연관되어 있습니다.

하나님의 섭리는 자연과 역사 속에서 드러나는 일반계시를 통해 부분적으로 알 수 있는 진리에 속합니다. 이방인들도 종종 하나님의 섭리를 아름답게 표현하고 설명했습니다. 그들 중 어떤 사람은 신들이 모든 것을 보고 듣고, 어느 곳에나 있으며, 동시에 모든 것을 돌본다고 말했습니다. 또 다른 어떤 사람은 우주의 질서와 구조가 하나님에 의해 그리고 하나님을 위해 보존된다고 말했습니다. 그러나 그들 중 그 누구도 그리스도인들의 고백, 즉 만물을 보존하고 다스리시는 바로 그 하나님이 그분의 아들인 그리스도를 통해서 우리 하나님이자 아버지가 되셨다는 사실을 알지 못했습니다. 그래서 하나님의 섭리에 대한 믿음은 종종 의심으로 흔들리게 되었고, 인생의 역경 앞에서 지속해서 유지되지 못했습니다.

18세기는 매우 낙관적인 시대였고 하나님께서 가능한 한 가장 좋은 세상을 창조하셨다고 생각했습니다. 그러나 1755년 리스본(Lissabon)에서 끔찍한 지진이 발생해 도시 대부분이 파괴되었을 때, 많은 사람이 하나님의 섭리를 비방하며 그 실재를 부인하기 시작했습니다. 그러나 자신들의 죄 용서와 영혼의 구원에서 하나님의 사랑을 경험했던 그리스도인들은 사도 바울과 더불어 환난이나 곤고나 핍박이나 기근이나 적신이나 위험이나 칼이라고 할지라도 우리를 우리 주 그리스도 예수 안에 있는 하나님의 사랑에서 끊을 수 없을 것이라고 확신에 차서 외쳤습니다(롬 8:35). 만일 하나님이 우리를 위하시면 누가 우리를 대적할 수 있겠습니까?(롬 8:31) 비록 무화과나무가 꽃을 피우지 못하고 포도나무에 열매가 없으며 감람나무에 소출이 없으며 밭에 식물이 없으며 우리 안에 양이 없으며 외양간에 소가 없을지라도 나는 야웨로 인해 즐거워하며 나의 구원의 하나님으로 인해 기뻐할 것입니다(합 3:17-18).

그리스도인들은 이런 마음의 기쁨 속에서 온 땅과 더불어 주님을 찬양합니다. "여호와께서 다스리시니 땅이 즐거워하며 섬들이 기뻐하리라!"(시 97:1)

1. 창조와 섭리의 개념을 설명하고, 두 개념이 서로 어떤 관계에 있는지 말해 볼 수 있을까요?

2. 섭리 신앙이 신자들에게 주는 유익에는 무엇이 있을까요?

3. 창조와 진화에 대한 논쟁 속에서 그리스도인들은 어떻게 성경의 창조 신앙과 현대 과학 지식을 함께 조화시킬 수 있을까요?

4. 하나님의 작정(경륜)과 인간의 자유 의지는 어떻게 조화를 이룰 수 있을까요? 즉 하나님이 모든 일을 미리 정하셨다면, 인간의 자유와 책임은 어떻게 이해해야 할까요?

5. 우주와 자연의 법칙을 하나님의 의지와 어떻게 연관해서 생각할 수 있을까요?

6. 범신론이나 유물론적 세계관은 어떤 한계를 가지고 있으며, 이에 대해 성경적 신론은 어떤 비판과 대안을 제시합니까?

7. 하나님의 섭리 개념은 이 세상에서 일어나는 악과 고난의 문제에 대해 어떤 신학적 답변을 제공합니까? 악의 문제에 대해 섭리 신앙이 줄 수 있는 답변에 대해서 설명해봅시다.

8. 하나님께서 말씀으로 세상을 창조하셨다는 가르침은 현대 커뮤니케이션 이
론과 어떻게 연결될 수 있을까요?

9. 창조 신앙은 오늘날의 기후 변화나 환경 파괴의 상황에서 어떤 실천 방안을
제시할 수 있을까요?

10. 하나님의 작정(경륜)과 인간의 역사 사이에서 하나님의 섭리는 신자들에게
어떤 비판적 통찰을 제공할 수 있을까요?

제12장

인간의 기원, 본질, 그리고 목적

창세기 첫 장에 나타나는 하늘과 땅의 기원에 대한 이야기는 인간 창조로 끝을 맺습니다. 다른 창조물 즉 하늘과 땅, 해와 달과 별들, 식물과 동물의 창조에 대해서는 간단하게 언급되고 있으며, 천사의 창조에 대해서는 전혀 언급되고 있지 않습니다. 그러나 성경이 인간의 창조에 이르러서는 인간의 창조 사실뿐만 아니라 창조 방식까지도 길고 상세하게 설명하고 있고 더욱이 창세기 2장에서는 다시금 인간 창조의 내력을 자세하게 다루고 있습니다.

이렇게 창세기가 인간의 기원에 특별한 주의를 기울이는 것은 이미 인간이 창조 사역 전체의 목표이고 목적이며 중심이고 왕관임을 증명합니다. 여기에 더해 모든 창조물보다 뛰어난 인간의 지위와 가치를 밝히는 여러 가지 요소들이 추가로 등장합니다.

첫째로, 인간의 창조에 앞서 하나님의 특별한 협의가 있었습니다. 다른 피조물을 창조할 때는 단지 하나님이 말씀하셔서 그것들이 존재하게 되었다고 보도합니다. 그러나 하나님이 인간을 창조하실 때는 자신의 형상과 모양을 따라 인간을 만들기 위해 먼저 협의하시고 결의하셨습니다. 이러한 사실은 인간의 창조가 하나님의 깊은 지혜와 선함, 전능함에 기반을 둔 계획이었음을 잘 보여줍니다. 그 어떤 피조물도 우연히 생겨나지 않았습니다. 그러나 다른 피조물의 경우보다 인간의 경우에 하나님의 계획과 결단이 훨씬 더 분명하게 드러나고 있습니다.

둘째로, 하나님의 구체적인 협의에서도 인간이 하나님의 형상과 모양을 따라 창조되었다는 점이 특별히 강조됩니다. 따라서 다른 모든 피조물과 달리 인간은 하나님과 특별한 관계 가운데 있다는 사실이 드러나고 있습니다. 성경에서 하나님의 형상으로 창조되었거나, 하나님의 형상을 지니고 있다고 언급된 피조물은 인간 외에는 없습니다. 천사들조차도 하나님의 형상으로 창조되었다는 표현이 성경에는 전혀 나타나고 있지 않습니다. 천사들은 하나님의 속성 중 일부나 여러 속성을 반영할 수는 있지만, 오직 인간만이 하나님의 형상과 모양을 따라 창조되었습니다.

셋째로, 또한 성경은 하나님께서 단 한 사람이 아니라 사람들을 자신의 형상대로 창조하셨다고 강조합니다. 창세기 1:27의 마지막 부분에서 이 사람들은 남자와 여자로 함께 언급되고 있습니다. 단지 남자만이 아니라 여자도 하나님의 형상에 포함되어 있으며, 남자와 여자가 서로의 관계와 결속 속에서 하나님의 형상을 지닌 존재들로 묘사되고 있습니다. 따라서 창세기 1:28에서 하나님이 그들에게 주신 번성의 축복에 비추어볼 때, 이들은 단지 자신들만 하나님의 형상을 지니고 있지 않고 그들의 후손들도 하나님의 형상을 지니고 있습니다. 인간의 모든 구성원과 인류 전체는 본래 하나님의 형상과 모양으로 창조되었습니다.

마지막으로, 인간이 하나님의 형상으로 창조되었다는 사실이 무엇보다도 모든 생물에 대한 인간의 통치와 온 땅의 정복에서 드러나야만 한다고 성경은 명시하고 있습니다. 인간은 하나님의 자녀이기 때문에 동시에 땅의 왕입니다. 인간에게 주어진 하나님의 자녀 신분과 세상의 상속자 신분은 창조 때부터 서로 불가분의 관계로 맺어져 있습니다.

창세기 1장의 인간 창조 이야기는 두 번째 장인 창세기 2:4 이하, 25절에서 확장되고 보완됩니다. 사람들은 때때로 창세기 2장을 두 번째 창조 이야기라는 이름으로 잘못 부르기도 합니다. 왜냐하면 하늘과 땅의 창조가 이 장에는 전제되어 있고, 4절 하반절에서도 언급되어 있는데, 이것은 하나님이 땅의 흙으로 사람을 지으신 방식을(창 2:7) 소개하기 위함입니다. 2장 전체의 강조점은 인간 창조에 있고 인간 창조가 어떤 방식으로 일어났는지에 있습니다. 창세기 2장은 인간의 형성에 관한 세부 사항을 상세하게 설명하고 있다는 점을 제외하고는 1장과 큰 차이점이 없습니다.

창세기 1장에서는 하늘과 땅의 창조에 대해서 이야기하고 있으며, 인간의 창조가 1장 창조 사건의 정점을 이루고 있습니다. 인간은 하나님의 전능하심으로 창조된 마지막 피조물입니다. 인간은 피조물 가운데 마지막으로 지음을 받은 자연의 주인이며 땅의 왕입니다. 그러나 두 번째 장인 창세기 2:4 이하에서는 인간으로부터 시작해 인간으로 진행되고, 인간을 중심에 놓고 인간 창조에서 어떠한 일이 일어났으며, 남자와 여자에게서 무슨 일이 일어났고, 인간을 위해 어떤 거처가 정해졌으며, 인간에게 무슨 사명이 부여되었고, 인간의 목적과 운명이 무엇인지에 대해서 보도하고 있습니다. 창세기 1장이 창조의 목적으로서의 인간에 대해 말하고 있다면, 창세기 2장은 역사의 시작으로서의 인간에 대해 말하고 있습니다. 창세기 1장의 내용은 창조 사역이라는 제목으로 요약할 수 있으며, 창세기 2장의 내용은 낙원이라는 제목으로 요약할 수 있습니다.

창세기 2장은 인간의 기원에 대해 세 가지 특별한 사항을 이야기합니다. 이는 창세기 1장에서 일반적인 표현으로 이야기된 것을 보완하는 역할을 합니다.

　첫 번째 사항으로서, 창세기 2장은 인간의 최초 거주지에 대해 비교적 상세히 다룹니다. 창세기 1장에서는 단지 일반적으로 인간이 하나님의 형상으로 창조되었으며 온 땅의 지배자가 되었다고만 말합니다. 그러나 인간이 이 넓은 지면 가운데 어디에서 처음으로 빛을 보았고 어디에서 처음 거주하게 되었는지에 대해서는 한마디도 언급하지 않습니다. 그러나 창세기 2장의 창조 이야기는 이런 것들을 보완해주고 있습니다. 하나님께서 하늘과 땅을 창조하시고 해와 달과 별들과 식물들과 공중의 새들과 수중과 육지의 동물들에게 존재를 부여하신 후에도 아직 인간이 거주할 특정한 장소가 마련되지 않았다는 것입니다. 그래서 하나님께서는 인간을 창조하시기 전에 쉬시고 그가 거주할 에덴동산을 준비하십니다. 이 동산은 팔레스타인 동쪽에 있는 에덴이라는 지역에 만들어졌습니다. 그리고 그 동산은 특별한 방식으로 마련되었습니다. 하나님은 에덴동산에서 땅으로부터 여러 나무가 자라나게 하셨고, 그 나무들은 보기에 탐스럽고 음식으로도 유용했습니다. 그 나무들 가운데 두 종류의 나무가 특별히 언급되는데, 하나는 동산 한가운데에 심긴 생명나무이며, 또 다른 하나는 선악을 알게 하는 나무입니다. 에덴동산에는 에덴 지역의 높은 곳에서 시작된 강이 하나 있었는데, 그 강은 동산을 가로질러 흐르다가 네 개의 강으로 나누어져서 비손, 기혼, 티그리스, 유프라테스강이 되었습니다.

　에덴과 에덴동산이 어디에 위치하고 있었는지를 정하는 데는 수 세기에 걸쳐 많은 노력과 연구가 있었습니다. 에덴에서 시작되어 동산을 가로지른 하나의 강과 그 강이 갈라져 형성된 네 개의 강, 그리고 에덴이라는 지역명과 그 지역 내에 위치하고 있었던 동산에 대해서 여러 가설이 제기되었습니다. 그러나 이러한 가설들은 여전히 가설로만 남아 있으며, 결정적인 증거가 되지는 못합니다. 그럼에도 두 가지 가설이 특히 이목을 끕니다. 첫 번째 가설은 에덴이 북쪽, 즉 아르메니아(Armeni)에 위치했다는 견해이고, 두 번째 가설은 에덴이 보다 더 남쪽인 바빌로니아(Babyloni)에 위치했을 가능성이 있다는 견해입니다. 이 두 가설 사이에서 어느 가설이 옳은지는 결정하기가 어렵습니다. 성경에 포함된 자료들은 오늘날 우리가 에덴의 정확한 위치를 확실히 지지할 수 있도록 충분하지 못하기 때문입니다. 그러나 인류가 아담과 하와에게서 유래했고, 에덴에서 추방되었어도 그 후손들이 그 주변에 머물렀다는 점(창 4:16), 노아의 방주가 홍수 후 동쪽 아르메니아의 아라랏산 위에 멈췄다는 점(창 8:4), 그리고 새로운 인류가 바벨에서 지구 곳곳으로 퍼져나갔다는 점(창 11:8-9)을 고려한다면, 인류의 요람이 된 첫 거주지는 아르메니아와 시날 사이의 지역이었다는 것은 의심할 여지가 없습니다. 최근의 연구도 성경의 이러한 견해를 강화시켜주고 있습니다. 과거에 과학은 인류의 최초 거주지를 전 세계의 여러 지역에서 찾아보려고 시도했지만, 이제는 점점 더 그 주장을 철회하고 있습니다. 민족학과 문명사와 언어학과 역사학, 이 모든 학문은 아시아가 인류의 요람이었음을 지적하고 있습니다.

창세기 2장에서 주목할 만한 두 번째 사항은 하나님이 최초의 인간에게 주신 금지명령입니다. 이 최초의 인간은 단순히 **그 사람**(de mensch)이라는 뜻의 **하-아담**(*ha-adam*)이라 불렸습니다. 그는 한동안 홀로 있었는데 그와 동등한 다른 사람이 없었기 때문입니다. 창세기 4:25에서 비로소 아담이라는 이름이 정관사 없이 고유명사로 나타납니다. 이를 통해 최초의 인간이 유일한 인간으로서 인류의 기원과 시작, 그리고 대표가 되었음을 알 수 있습니다. 그는 하나님으로부터 두 가지 임무를 받았습니다. **첫 번째** 임무는 에덴동산을 경작하고 지키는 일이었고, 둘째 임무는 동산의 모든 나무의 열매를 임의로 자유롭게 먹되, 선악을 알게 하는 나무의 열매는 먹지 않는 것이었습니다.

아담의 첫 번째 임무는 인간이 땅과 맺는 관계를 설명해주며, 그의 두 번째 임무는 인간이 하늘과 맺는 관계를 설명해줍니다. 아담은 땅을 복종시키고 다스려야 했습니다. 이 과제는 두 가지 의미가 있습니다. 하나는 땅을 경작하고 개발하여 하나님이 땅의 깊은 곳에 인간을 위해 저장해두신 모든 보화를 발굴해내는 것이고, 또 다른 하나는 땅을 지키고 보호하며 온갖 악의 세력으로부터 그 땅을 안전하게 보호하고 보존하는 것입니다. 현재 모든 피조물이 부패 가운데 탄식하고 있습니다. 인간은 그 부패로부터 땅을 안전하게 지켜야만 하는 의무가 있습니다.

그러나 인간이 이 땅을 향한 소명을 완수하려면 하늘과 맺은 끈을 끊지 말아야 하고, 하나님의 말씀을 믿으며 모든 유혹에도 불구하고 그분의 명령에 순종해야 합니다. 이 두 가지 과제는 사실상 원리적으로는 하나입니다. 아담은 땅을 다스려야 합니다. 땅을 다스리되 아무것도 하지 않고 나태해서는 안 되며, 마음과 손과 머리로 노동하면서 땅을 다스려야만 합니다.

그러나 인간이 땅을 다스리기 위해서는 자신의 창조주이자 율법을 세우신 하나님을 섬겨야만 했습니다. 노동과 안식, 지배와 봉사, 지상과 천상의 소명, 문명과 종교, 문화와 예배는 시작부터 함께 있었고, 서로 연결되어 있었으며, 이 모든 것은 인간의 위대하고 거룩하며 영광스러운 목적을 지향합니다. 인간이 땅을 정복하기 위해서 하는 모든 일, 곧 농업과 목축과 산업과 상업과 과학을 위시한 모든 활동은 하나님께서 인간에게 부여하신 거룩한 소명을 수행하는 행위입니다. 그러나 이러한 소명이 진정한 것이 되려면 하나님의 말씀에 의존하고 그 말씀에 순종함으로써 그 소명이 이루어져야만 합니다. 종교는 삶 전체에 생기를 불어넣어주고 거룩하게 하는 원칙이 되어 인간의 모든 삶이 하나님을 섬기는 일이 되게 해줍니다.

창세기 2장에서 주목해야만 하는 세 번째 사항은 남자에게 여자를 주신 것과 결혼제도의 제정입니다. 아담은 하나님으로부터 이미 많은 것을 받았습니다. 인간은 비록 흙으로 지음을 받았지만, 그는 하나님의 형상을 지닌 존재였습니다. 아담은 아름다운 장소인 동산에 살고 있었고, 그곳은 보기에 아름답고 먹기도 좋은 것들로 풍족하게 채워져 있었습니다. 또한 아담에게는 동산을 경작하고 땅을 다스리는 소명이 주어졌습니다. 그리고 하나님의 명령에 따라 모든 나무의 열매를 자유롭게 먹되, 오직 단 하나의 나무, 즉 선악을 알게 하는 나무의 열매만은 먹어서는 안 된다는 명령이 주어졌습니다. 첫 사람 아담은 이렇게 하나님으로부터 많은 축복을 받았고 감사할 일이 많았으나 만족하지 않았습니다. 하나님은 그 이유를 친히 말씀해주셨습니다. 그 이유는 아담이 홀로 있었기 때문입니다. 사람이 혼자 있는 것이 좋지 않습니다. 인간은 혼자 살도록 창조되지 않았고 고독은 인간의 본성에 어울리지 않았습니다. 인간의 본성은 사교적이고 자신을 표현합니다. 마음을 열어 감정을 드러내고, 자신의 감각과 생각을 이해하고 공감할 수 있는 존재에게 그것들을 전달합니다. 혼자 산다는 것은 빈곤이고 버려짐이며, 서서히 소멸하고 쇠퇴하는 것입니다. 혼자 산다는 것은 얼마나 외로운 일입니까!

그리고 인간을 표현과 소통의 존재로 지으신 하나님만이 자신의 크신 은총과 능력을 따라 인간의 필요를 채워주실 수 있습니다. 하나님만이 그를 위해, 그의 곁에서, 그를 돕는 배필을 창조하실 수 있습니다. 창세기 2:19-21에 하나님께서 땅의 모든 동물과 하늘의 새들을 지으시고 그것들을 아담에게 데려오신 장면이 나오는데, 이는 그 모든 피조물 가운데 아담에게 배필이자 도움이 될 만한 존재가 있는지를 보시기 위함이었습니다. 이 구절들의 목적은 동물과 인간이 창조된 시간적 순서를 말하려는 것이 아니라, **서열** 순서(zakelijke orde), 즉 두 종류의 생물들이 서로를 향해 서 있는 실질적 순서를 보여주기 위한 것입니다. 이러한 서열 관계는 첫 번째 서열에 있는 인간이 동물에게 이름을 지어주었다는 사실에서 나타납니다.

그래서 아담은 모든 피조물을 알았고, 그들의 본질을 꿰뚫어 보았으며, 각 피조물이 세상에서 차지해야 할 자리를 정해줄 수 있었습니다. 그가 그 많은 피조물 가운데서도 자신과 가까운 존재를 발견하지 못한 것은 그의 무지나 어리석은 자만심 때문이 아니었습니다. 그것은 그와 다른 피조물들 사이에 본질적인 차이가 있었기 때문입니다. 인간과 동물 사이에는 여러 가지 공통점이 있지만, 단순한 정도의 차이가 아니라 존재에 있어서 본질적인 차이가 있습니다. 인간과 동물은 모두 신체를 가진 존재이고, 음식과 음료, 번식과 확장에 대한 세속적 욕구를 공유합니다. 둘 다 후각, 미각, 촉각, 시각, 청각의 오감을 가지고 있고, 지각, 상상력, 상상된 이미지들 사이의 연결 등 인식의 낮은 기능에서도 서로 유사성을 가지고 있습니다. 그러나 인간은 동물과는 본질적으로 다른 존재입니다. 인간은 지성과 이성과 의지를 지니고 있으며, 그 결과로 언어와 종교, 도덕과 정의, 학문과 예술을 소유하고 있습니다. 인간은 비록 흙에서 창조되었지만, 위로부터 생명의 숨결을 받았습니다. 그는 육체적 존재인 동시에 영적이고 이성적이며 도덕적 존재입니다. 그래서 아담은 그 많은 피조물들 가운데서 자신과 관련이 있는 존재나 도움을 줄 존재를 찾지 못했습니다. 아담은 모든 피조물들에게 이름을 지어주었지만, 그 누구도 **인간**(mensch)이라는 고귀하고 숭고한 이름에 합당하지 않았습니다.

그리고 인간이 원하는 것을 찾지 못했을 때, 하나님은 인간의 지식과 의지와 노력에 의하지 않고 인간 스스로는 도저히 구할 수 없는 것을 인간에게 주셨습니다. 최고의 축복은 수고와 대가 없이 우리에게 **선물**(gaven)로 주어졌습니다. 우리는 그것을 우리의 수고로 얻거나 획득하지 않았고 값없이 선물로 받았습니다. 지상에서 인간에게 주어질 수 있는 가장 풍요롭고 귀한 선물은 여성입니다. 인간은 깊은 잠 속에서, 무의식 속에서, 의지적인 노력이나 손의 수고도 하지 않고 이 선물을 받았습니다. 이를 위해서 찾고,

살피며, 구하고, 필요를 느끼며, **기도**가 선행되기는 했지만, 하나님은 오직 자신의 자유로운 주권적 결정으로 우리에게 선물을 베푸시고, 마치 자신이 직접 손으로 여자를 남자에게 이끄신 것과도 같습니다.

아담이 잠에서 깨어나 자기 앞에 있는 여자를 보고 처음으로 느낀 감정은 경탄과 감사였습니다. 아담은 그녀에게 낯섦을 느끼지 않았고, 즉시 그녀가 자신과 같은 본성을 지닌 존재라는 사실을 알아보았습니다. 그가 그녀를 알아보았다는 것은 그가 자신에게 필요하지만 결핍되어 있으며, 그래서 찾고 있었지만 스스로 채울 수 없었던 바로 그것을 발견한 것이었습니다. 그의 감탄은 지상에서의 최초의 결혼 찬가에서 잘 표현되었습니다. 그 찬가는 땅 위에 울려 퍼졌습니다. "이는 내 뼈 중의 뼈요, 살 중의 살이라. 이것을 남자에게서 취하였은즉 여자라 하리라"(창 2:23). 아담은 인류의 근원이며 머리가 됩니다. 여자는 그저 남자의 **곁에** 존재하는 것이 아니라 남자로**부터** 창조되었습니다(고전 11:8). 아담의 몸을 구성하는 재료가 흙에서 왔듯이 아담의 갈빗대가 하와의 존재에 기초가 되었습니다. 그러나 첫 남자가 흙에서 형성되어 위로부터 오는 생명의 숨결로 사람이 되었듯이 첫 여자는 아담의 갈빗대에서 취해 하나님의 창조적 전능으로 사람이 되었습니다. 그녀는 아담에게서 나왔으나 아담과는 또 다른 존재였습니다. 그녀는 아담과 관련이 있지만 그와는 구별된 존재로서, 같은 종에 속하지만 그와는 다른 그녀 자신의 독자적인 위치를 차지합니다. 그녀는 의존적이면서도 자유롭고, 아담 **이후에**, 아담으로**부터** 유래했으나, 그 존재는 하나님께만 의존합니다. 이렇게 하여 그녀는 남자에게 도움을 주는 존재가 되었습니다. 그녀는 남자가 땅을 다스리는 그의 소명을 수행할 수 있도록 돕기 위한 배필입니다. 그녀는 남자의 정부도, 노예도 아닌 자립적이고 자유로운 존재로서 남자에게 도움을 주는 존재가 되었습니다. 그녀는 남자에 의해 창조된 것이 아니라 하나님에 의해 창조된 존재이고, 하나님께 책임을 지는 존재이며, 남자에게는 아무런 노력 없이 선물로 주어진 존재입니다.

• • •

따라서 성경은 인간의 기원을 남자와 여자의 기원과 관련시킵니다. 이것이 결혼제도와 인류의 기원에 대한 성경의 사상입니다. 그러나 오늘날 우리는 과학이라는 이름과 권위를 앞세워 이 모든 것에 대해 완전히 다른 생각을 하게 되었습니다. 그리고 이러한 생각은 점점 더 대중들에게 침투해 들어와서 세계관과 인생관에 심대한 영향을 미치게 되었습니다. 그러므로 우리는 이러한 과학에 의존한 새로운 생각에 대해서 잠시 시간을 할애하여 그 새로운 생각이 근거하는 기초를 점검하고 평가할 필요가 있습니다.

성경이 인류의 기원에 대해서 설명하는 이야기를 거부하게 되면 당연히 그것에 대한 다른 설명을 찾아야만 합니다. 인간은 이미 존재하고 있으므로 인간이 어디서부터 왔는지에 대한 질문을 피할 수가 없습니다. 만약 그가 하나님의 창조적 전능으로부터 기원하지 않았다면, 다른 방식으로 생겨났다고 보아야 합니다. 그렇게 되면, 인간이 이전의 저급한 존재로부터 서서히 발전하여 현재의 높은 위치에 이르게 되었다고 상상할 수밖에 없습니다. 그리하여 **발전**(發展, *ontwikkeling, Entwicklung*), 곧 **진화**(進化, *evolutie, evolutio*)는 오늘날 기원과 피조물의 본질에 대한 모든 질문에 해답을 주는 마법의 단어가 되어버렸습니다. 여기서 자연스럽게 창조 교리가 거부되기 때문에, 진화론자들은 태초에 그 무언가가 존재하고 있었다는 사실을 주장합니다. 왜냐하면 무로부터는(*uit niets*) 아무것도 생겨날 수는 없기 **때문입니다.** 그래서 진화론자들은 물질과 에너지와 운동이 영원히 존재해왔다는 전적으로 불가능하고 임의적인 가정을 전제로 삼습니다. 그리고 그들은 우리의 태양계가 생겨나기 이전에 세계는 혼돈의 상태인 가스 형태의 덩어리로 되어 있었다는 논지를 덧붙입니다. 바로 그러한 상태에서 진화가 시작되었으며, 그것으로부터 점차 이 세상과 세상에 속한 모든 존재가 발전되어 나왔다고 주장합니다. 진화로 인해 태양계와 지구가 생겨났고, 진화가 지층과 광물을 형성시켰으며, 수많은 세월 동안 끊임없는 진화로 인해 무생물에서 생명체가 나오게 되었습니다. 진화는 점차 식물과 동물과 인간에게 존재를 부여했습니다. 인간 세계에서 성의 구별, 결혼, 가정, 사회, 국가, 언어, 종교, 도덕, 법, 학문, 예술, 그리고 문명의 모든 재화를 체계적으로 생겨나게 한 것도 다름 아닌 진화입니다. 만약 물질과 에너지와 운동이 영원히 존재했다는 단 하나의 가정만 인정된다면, 더 이상 하나님을 전제할 필요가 없습니다. 그렇게 되면 세상은 스스로를 설명할 수 있으며, 과학은 하나님을 완전히 불필요한 존재로 만들었다고 진화론은 주장합니다.

진화론은 인류의 기원에 대한 설명을 대체로 다음과 같은 과정으로 제시합니다. 땅이 식고 생명체가 생겨날 수 있는 환경이 조성되었을 때, 당시에 존재했던 환경에서 아마도 처음에는 무생물의 단백질 화합물이 형성되었습니다. 이 단백질 화합물은 여러 영향에 의해 다양한 특성을 띠게 되었고, 이러한 단백질 화합물들이 서로 결합하고 혼합되면서 최초의 생명체의 배아가 되는 원형질, 곧 생명의 씨앗을 만들어냈습니다. 이로 인해 생명체의 발달, 즉 생물의 발전 과정이 시작되었고, 이 발전 과정은 아마도 약 1억 년에 걸쳐 이루어졌습니다.

이러한 원형질은 세포의 단백질과 유사한 독립체를 형성하는데, 이는 오늘날 생명체들인 식물과 동물과 인간의 기본 구성요소로 간주됩니다. 단세포 생물인 원형 동물(protozoën)이 가장 오래된 생명체로 생겨났습니다. 시간이 흐르면서 원형 동물들은 움직임의 유무, 즉 움직일 수 있느냐 없느냐에 따라 점차 식물이나 동물로 발전했습니다. 동물 중에서는 가장 낮은 단계로서 아주 작은 벌레와 유사한 생명체인 적충류(滴蟲類. infusoriën)가 있으며, 이것들로부터 다양한 과도기와 중간 형태를 거쳐 점차 고등 동물들로 발전하게 되었습니다. 고등 동물들은 척추동물, 절지동물, 연체동물, 방사대칭 동물 등이 있습니다. 척추동물들은 다시 어류, 양서류, 조류, 포유류의 네 가지로 나뉩니다. 포유류는 또 세 가지 종류로 구분되는데, 단공류(오리너구리 동물), 유대류, 태반류라고 합니다. 태반류는 설치류, 유제류, 맹수류, 영장류로 나뉩니다. 마지막으로 영장류는 세 종류로 구분되는데, 이는 원숭이와 비슷한 반원숭이류, 원숭이류, 그리고 인간과 비슷한 유인원류로 분류됩니다.

진화론에 따르면, 인간의 신체 구조를 다양한 동물과 비교해보았을 때, 인간은 점차 척추동물, 포유류, 태반류, 영장류와 밀접한 관계가 있습니다. 그리고 인간은 특히 아시아의 오랑우탄과 긴팔원숭이, 아프리카의 고릴라와 침팬지와 같은 유인원들과 가장 가까운 친족 관계를 맺고 있습니다. 이들은 인간과 가장 가까운 친족으로, 크기나 형태 등에서 인간과 차이가 있지만 신체 구조의 기본적인 면에서 인간과 유사합니다. 그러나 인간은 현재 살아 있는 이 유인원들로부터 직접적으로 유래한 것이 아니라 이미 오래전에 멸종한 인간과 비슷한 유인원으로부터 유래한 것으로 추정됩니다. 이 멸종된 유인원은 인간과 원숭이의 공통 조상으로서 인간 쪽에 좀 더 가까운 모습이었을 수도 있고 원숭이 쪽에 가까운 모습이었을 수도 있다고 추정합니다. 따라서 원숭이류와 인간은 혈연관계로 연결되어 같은 과에 속하지만, 형제나 자매라기보다는 사촌 관계로 보는 것이 적절합니다.

이것이 진화론의 기본적인 생각입니다. 진화론은 생물이 존재하기 위해서 그러한 진화의 과정이 있었을 것이라고 상상합니다. 그러나 진화론은 또한 이 모든 일련의 과정이 어떻게 일어났는지를 설명해야만 했습니다. 식물과 동물과 인간이 서로 단절되지 않고 끊임없이 발전하는 연속적인 계열들을 형성한다고 말할 수는 있었습니다. 그러나 이러한 발전이 실제로 가능하다는 것을 어느 정도 증명해야만 했습니다. 예를 들어 원숭이가 점차 인간으로 변할 수 있었다는 것을 증명해야만 했습니다. 1859년에 찰스 다윈이 이러한 증명을 시도했습니다. 다윈은 장미나 비둘기와 같은 식물과 동물이 인위적인 선택 번식에 의해 점차적으로 크게 변화할 수 있다는 것을 관찰했습니다. 그리고 자연에서도 이러한 선택 번식이 작용할 수 있을지에 대해 생각했습니다. 인간이 개입해 통제하지 않더라도 자연에는 무의식적이고 자발적인 선택이 있을 수 있다는 것입니다. 이러한 생각이 다윈에게 영감을 주었습니다. 다윈은 이러한 자연 선택을 통해 어떻게 식물과 동물이 점차 변화의 과정을 거치며 자신의 신체적 단점을 극복하고 보완할 수 있었는지, 그리고 생존 경쟁에서 더 잘 준비되어 다른 생명체들보다 지속적인 생명력을 얻을 수 있게 되었는지를 설명할 수 있었습니다. 생명은 온 세상에서 항상 존재를 위한 투쟁입니다. 겉으로 보면 자연 속에 평화가 있는 것처럼 보일 수 있겠지만, 이는 단지 자연의 겉모습에 불과합니다. 오히려 자연의 도처에서 생존과 생존의 필수 요건들을 얻기 위한 투쟁이 벌어지고 있습니다. 지구는 너무 작고 자원이 부족하여 태어나는 모든 생명체에게 적절한 식량을 제공할 수 없기 때문입니다. 이 때문에 수많은 생명체가 생존을 위한 필수적인 속성들의 부족으로 인해 죽어가며, 오직 가장 강한 자들만이 살아남습니다. 그리고 이렇게 가장 강한 생명체들은 그들이 서서히 획득한 유리한 속성들을 후손들에게 물려줍니다.

이렇게 하여 점진적인 발전과 더 높은 단계로의 진화가 이루어집니다. 다윈에 따르면 자연 선택, 생존 경쟁, 그리고 기존의 속성들과 새롭게 얻은 속성들의 유전은 새로운 종의 발생과 동물에서 인간으로의 진화를 설명해 주는 요소가 됩니다.

· · ·

이러한 진화론을 평가할 때 무엇보다 중요한 것은 진화론이 근거로 삼는 **사실들**(feiten)과 그 사실에 덧붙여진 **철학적 관점들**(wijsgeeringe beschouwing)을 명확히 구분하는 것입니다. 진화론이 주장하는 사실들이란 인간이 다른 생명체들, 특히 고등 동물들, 그중에서도 특히 원숭이들과 여러 면에서 유사하다는 것에 있습니다. 이러한 사실들은 대부분 오래전부터 알려져 있었습니다. 인간의 신체 구조, 신체 기관과 그 기능, 감각, 지각, 인식과 사고의 연결 등에서 나타나는 원숭이와의 유사성은 누구나 쉽게 알아차릴 수 있으며 부정할 수 없는 사실입니다. 그러나 최근에 해부학, 생명 과학, 생리학, 그리고 심리학은 이러한 유사성을 더욱 정밀하고 철저하게 연구했으며, 인간과 원숭이 사이의 유사성의 종류를 늘리고, 그 유사성을 강화했습니다. 여러 다른 과학 분야들도 인간과 동물 사이의 이러한 유사성을 확인하고 확장하는 데 기여했습니다. 출생 전 모태에서의 인간 인체에 관한 연구는 인간이 존재의 가장 초기 단계에서 물고기, 양서류, 그리고 하등 포유류와 유사한 모습을 띤다는 것을 보여줍니다. 고대의 환경을 연구하는 고생물학(palaeontologie)은 해골, 뼈, 두개골, 도구, 장식품, 주거지 등 인간의 유물들을 발견했으며, 이는 오래전 인간이 특정 지역에서 매우 단순한 방식으로 살았음을 보여줍니다. 그리고 민족학 연구는 문명화된 민족들과 정신적·신체적으로 큰 차이를 보이는 부족들과 민족들이 있었음을 알려주었습니다.

서로 다른 분야들에서 수집된 이러한 사실들이 알려지게 되었을 때 철학자들은 이것들을 종합해 하나의 가설을 서둘러 세우고자 했습니다. 그들은 만물, 그중에서도 특별히 인간이 점진적으로 진화했다는 가설을 세우고자 했습니다. 이러한 발전 내지는 진화 사상은 이러한 사실들이 발견된 이후에 등장한 것이 아닙니다. 진화론은 그 사실들이 발견되기 훨씬 오래전부터 존재해왔고, 다양한 철학자에 의해 옹호되었으며, 이제 부분적으로 새롭게 발견된 사실들에 적용되었습니다. 그리하여 사람들은 옛 가설이 확실한 사실들 위에 놓이게 되었다고 믿게 되었습니다. 그리하여 영원한 물질과 힘(에너지)의 수수께끼 하나를 제외하고는 세상의 모든 수수께끼가 풀리고 모든 비밀이 밝혀졌다는 환희의 함성이 터져나왔습니다. 그러나 이 자랑스러운 진화론의 건축물이 완성되자 이 사상에 대한 공격과 파괴가 시작되었습니다. 어떤 유명한 철학자는 말하기를 다윈주의(Darwinisme)는 1860년대에 등장하여 1870년대에 승승장구했고, 1880년대에 절정에 달했다가, 1890년대에 일부의 사람들에게서 의심을 받았으며, 동시대의 많은 사람에 의해 강력하게 비판받았고 합니다.

다양한 종의 발생 방식에 대한 다윈의 설명에 무엇보다도 날카로운 비판이 제기되었습니다. 적자생존과 자연 선택은 결코 만족스러운 설명이 될 수 없음이 드러났습니다. 식물 세계와 동물 세계와 인간 세계에는 그것들의 본성과 존재에 심각한 영향을 미치는 격렬한 투쟁 내지 경쟁이 존재하는 것이 사실입니다. 그러나 이러한 투쟁 내지 경쟁이 새로운 종을 생산할 수 있다는 것은 결코 증명된 적이 없습니다. 생존 경쟁은 연습과 노력을 통해 적성과 능력, 그리고 기관과 힘을 강화하는 데 도움이 될 수 있습니다. 생존 경쟁은 존재하는 것을 발전시킬 수는 있지만 존재하지 않는 것을 새롭게 생산할 수는 없습니다. 모든 사람이 또한 자신의 경험을 통해 알고 있듯이 투쟁은 언제 어디서나 존재하며, 투쟁 외에는 아무것도 없다는 것은 과장된 표현입니다.

물론 세상에는 미움과 적대감만 있지 않고 사랑과 협력과 도움도 존재합니다. 세상에 있는 모든 존재가 서로 싸우고 투쟁하거나 경쟁한다는 사상은 18세기에 자연이 고요와 평화로 가득 차 있다고 보았던 관점만큼이나 편협합니다. 자연의 풍요로운 식탁에는 많은 사람을 위한 자리들이 마련되어 있으며, 하나님께서 사람들에게 거처로 주신 이 지구는 무한한 자원들을 보유하고 있습니다. 실제로 이 땅에서 발생하는 많은 사실과 현상들이 생존 경쟁과는 아무런 관련이 없습니다. 예를 들어 달팽이 껍질의 색깔과 무늬, 많은 척추동물의 하복부의 검은 색, 노년의 흰머리, 가을의 붉게 물든 단풍 등이 생존 경쟁과 무슨 상관이 있습니까? 그리고 그 투쟁에서 언제나 강한 개체만이 승리하고 약한 개체가 항상 패배하는 것도 아닙니다. 이른바 우연, 즉 행운이나 불운의 상황이 우리의 모든 계산을 무색하게 만들 때가 종종 있습니다. 때로는 강한 사람이 한창 젊고 건강할 때 세상을 떠나기도 하고, 허약하고 병든 남자나 여자가 오래오래 생존하기도 합니다.

그래서 한 네덜란드 학자가 다윈의 자연 선택설 대신 "돌연변이설"이라는 다른 이론을 제시하기도 했습니다. 이 이론에 따르면 종의 변화가 규칙적이고 점진적으로 일어나는 것이 아니라 때때로 갑작스럽고 비약적으로 발생한다는 것입니다. 그러나 이런 변화가 단지 종 내의 변화인지 아니면 새로운 종의 탄생을 의미하는 것인지는 의문입니다. 그리고 이러한 의문에 대한 답변은 "종"이라는 개념을 어떻게 정의하느냐에 달려 있습니다.

다윈이 주장한 바와 같이 생존 경쟁, 자연 선택, 그리고 적자생존뿐만 아니라 진화를 더 높은 수준으로 끌어올리기 위해 그가 제안한 후천적 속성들의 유전 역시 많은 사람들 사이에서 신뢰를 잃게 되었습니다. 부모로부터 자녀에게 자연적이고 타고난 속성들이 유전된다는 것은 종의 고정성을 의미하기에 다윈주의를 지지하기보다는 오히려 반대의 논거로 작용합니다. 오랜 세월 동안 인간에게서 태어나는 것은 항상 인간일 뿐입니다. 그러나 후천적으로 획득된 속성이 유전되는가에 대한 문제는 오늘날 매우 다양한 견해가 있어 확실히 말할 수가 없습니다. 확실한 것은 후천적 속성은 종종 부모로부터 자녀에게 전해지지 않는다는 사실입니다. 예를 들어 일부 민족 사이에서 세대에 걸쳐 행해진 할례는 자녀에게 유전적 흔적을 남기지 않으며, 매번 새로운 아이에게 다시 시행되어야만 합니다. 유전은 일정한 한계 내에서만 이루어지며 종을 변화시키지는 않습니다. 만약 변화가 인위적으로 발생했다면 그것은 인위적으로 유지되지 않으면 다시 사라집니다. 다윈주의는 유전이나 변이 중 어느 것도 제대로 설명해주지 못합니다. 유전이나 변이가 존재한다는 것은 의심할 수 없는 사실입니다. 그러나 그 양자의 상관관계와 연관성은 여전히 우리 지식의 한계를 넘어섭니다.

그래서 점점 더 많은 과학자가 원래 의미의 다윈주의, 즉 생존 경쟁(적자생존)과 자연 선택, 그리고 후천적 속성의 유전을 통해 종의 변화를 설명하려는 다윈주의를 포기하게 되었습니다. 다윈의 이론에 대한 최초의 가장 중요한 비판자 중 한 사람은 다윈주의의 미래에 대해서 예언했는데, 그의 예언은 문자 그대로 실현되었습니다. 그는 생명의 수수께끼를 설명하려는 이 시도가 19세기 말까지 유지되지 못할 것이라고 했고, 그의 예언은 그대로 적중했습니다. 그러나 여기서 더욱 중요한 사실은 다윈의 설명 방식뿐만 아니라 진화론 자체에 대해서도 비판이 제기되었다는 것입니다. 물론 사실은 여전히 사실로 남아 있으므로 부정할 수도 없고 부정해서도 안 됩니다. 그러나 이론은 사실과 다릅니다. 이론은 사실들을 토대로 하는 사고에 의해 구축되는 것이기 때문입니다. 그런데 진화론은 시간이 갈수록 사실들과 맞지 않으며, 심지어 사실들과 모순된다는 것이 드러났습니다.

진화론자들이 부지런히 찾던 유인원과 인간의 중간 형태는 지금까지 어디서도 발견되지 않았습니다. 어머니의 자궁 안에서 이루어지는 인간의 신체 발달에 관한 연구는 출생 전 다른 동물의 신체 발달과 약간의 외형적 유사성을 보여주지만, 동물의 태아에서 인간은 진화하지 않으며 반대로 인간의 태아에서 동물 역시 진화하지 않기 때문에, 이러한 유사성은 외형적인 것에 불과합니다. 따라서 우리가 내면적 차이를 관찰할 수는 없지만, 잉태의 순간부터 인간과 동물이 나누어진다는 사실을 잊어서는 안 됩니다. 생명과 생명 현상을 연구하는 과학인 생물학은 지금까지 생명체가 저절로 생겨났다는 가설에 대한 증거를 거의 제시하지 못했으며, 이제는 많은 사람이 그 불가능성을 인정하고 특별한 생명력 내지는 생명 에너지에 대한 이전의 사상을 새롭게 제기하고 있습니다. 연구가 계속되면서 물리학과 화학은 무한히 작은 미시 세계의 신비와 경이를 점점 더 많이 밝혀내었고, 많은 사람이 사물의 근본 구성 요소는 물질이 아니라 힘, 즉 에너지라는 견해로 다시금 되돌아가게 되었습니다. 그리고 더 이상 언급하지 않더라도 의식과 의지의 자유와 이성과 양심과 언어와 종교와 도덕성 등을 오로지 진화의 산물로만 설명하려는 모든 시도는 지금까지 성공을 거두지 못했습니다. 이러한 모든 현상의 기원은 물론이거니와 만물의 기원 또한 과학적으로 베일에 싸여 있습니다.

여기서 마지막으로 지적해야 하는 중요한 사안이 있습니다. 인간이 역사 속에서 등장했을 때 그는 몸과 마음이 이미 인간으로 존재했으며 지능과 의지, 이성, 양심, 사고, 언어, 종교, 도덕성, 결혼과 가족 등과 같은 모든 인간적인 특성과 활동을 이미 어느 곳에서나 가지고 있었다는 사실입니다. 이 모든 특성과 현상이 점진적으로 진화했다면, 이러한 진화는 우리가 직접적으로 아는 것이 아무것도 없으며 후대의 몇 가지 자료를 통해서 추측할 수밖에 없는 선사 시대에 일어났을 것입니다. 그러므로 이러한 선사 시대에 접근하여 사물의 기원을 찾으려는 학문은 본질상 추측과 가설에 **반드시 의존할 수밖에 없습니다**(moet). 이러한 가설에 대해 엄밀한 증거를 제시하는 것은 불가능합니다. 그리고 역사 시대의 사실들로도 진화론의 가설, 특히 인간이 동물로부터 유래했다는 가설을 지지하는 것이 불가능합니다. 이러한 이론을 구성하고 있는 모든 요소를 고려해본다면, 결국 남는 것은 하나님 없이 모든 사물과 현상을 자체 속에서 설명하려는 철학적 세계관뿐입니다. 진화론의 지지자 중 한 사람이 이러한 사실을 솔직하게 밝힌 적이 있습니다. 우리는 계통 발생론과 기적 사이에서 하나를 선택해야만 하는데, 기적은 과학적 입장에서 절대적으로 불가능한 것이기 때문에 결국 계통 발생론을 선택할 수밖에 없다는 것입니다. 그러나 이로 인해 계통 발생론은 엄밀한 과학의 산물이 아니라 유물론적인 철학 내지는 범신론적인 철학의 가설이라는 사실이 드러납니다. 이것은 누군가가 몇 년 전에 말했던 것처럼 사실을 설명하기 위한 가설이 아니라 오히려 가설을 옳은 것으로 만들기 위해 사실을 구성하는 것에 불과합니다.

사람의 기원에 대한 생각은 그의 본질에 대한 생각과 가장 밀접하게 연결되어 있습니다. 그러나 오늘날 많은 사람은 이와는 다르게 말하면서 다음과 같이 표현합니다. 세계와 인간이 그 기원과 과거의 발전에 대해서 어떻게 생각하든 오늘날에도 그 모습 그대로 존재하며 또한 그렇게 남아 있을 것이라고 설명합니다.

이러한 견해는 물론 전적으로 옳습니다. 우리가 올바르게 생각하든 그릇되게 생각하든 현실은 전혀 변하지 않고 그대로 유지됩니다. 사물의 기원 역시 마찬가지입니다. 이 세상과 인류가 이런 방식으로든 저런 방식으로든, 예를 들어 아주 오랜 시간에 걸쳐서 아주 작은 변화들을 거치면서 점진적으로 발전해왔다고 상상하더라도 그러한 상상이 사물의 기원을 바꾸어놓은 것은 아닙니다. 세상은 우리가 생각하거나 원하는 방식으로 생겨난 것이 아니라 그것이 본래 생겨난 방식을 따라 그대로 형성된 것입니다. 그러나 우리가 사물의 기원에 대해 가지고 있는 **생각**(gedacht)은 그 본질에 대해 가지고 있는 **생각**과 떼려야 뗄 수 없는 관계를 맺고 있습니다.

첫 번째 생각이 잘못된 것이라면 두 번째 생각도 옳을 수 없습니다. 만약 우리가 지구와 자연계의 모든 영역, 모든 생명체, 특히 인간이 하나님 없이 오직 세계에 내재하는 에너지의 진화로만 생겨났다고 생각한다면, 이러한 생각은 세계와 인간의 **본질**(wezen)에 대한 우리의 생각에 큰 영향을 미칠 것이 분명합니다.

세계와 인간은 **그 자체로**(in zichzelven) 완전히 동일하며 우리의 생각이나 관념과 무관하게 존재합니다. 그러나 세계와 인간은 그들의 기원과 발생에 대해서 우리가 어떻게 생각하느냐에 따라 가치와 의미가 다르게 보이거나, 가치와 의미가 증가하거나 감소하게 됩니다.

이것은 너무나 명백해 더 이상의 추가 설명이나 확인이 필요하지 않습니다. 그러나 사물의 기원에 대해 우리가 원하고 바라는 대로 생각할 수 있다는 견해가 거듭 주장되고 있습니다. 예를 들면 성경, 이스라엘 종교, 그리스도의 인격, 신앙, 도덕 등에 대한 논의에서도 우리가 원하는 대로 생각해버리는 그릇된 생각이 계속해서 나타나고 있습니다. 그리고 인간의 본질에 대한 이론에서 이러한 생각이 허구적이라는 사실을 논증하는 것은 유익한 일이고, 그것을 논증하는 일은 그렇게 어렵지 않습니다. 인간이 하나님 없이 단지 자연의 맹목적인 작용으로 동물에서 점차 발전해왔다면, 인간은 본질에 있어서 동물과 다를 수 없으며, 인간은 발전의 가장 높은 단계에서도 여전히 동물로 남을 것이 자명하기 때문입니다. 그렇다면 육체와 구별되는 영혼이라든가 도덕적 자유라든가 영혼의 불멸성에 대한 여지는 남아 있지 않으며, 종교, 진리, 도덕성, 아름다움 등은 적절하고 절대적인 성격을 상실하게 되고 맙니다.

이러한 결론들은 진화론의 지지자들에게 억지로 강요된 것이 아니라 그들 스스로가 진화론으로부터 도출한 결과입니다. 예를 들어 다윈은 인간이 벌처럼 완전히 동일한 조건에서 성장했다면 미혼 여성들이 일벌처럼 자신의 남자 형제들을 죽이는 것이 신성한 의무라고 여겼을 것이고, 어머니들도 생식에 방해를 받지 않기 위해 생식 능력이 있는 딸들을 죽이려 했을 것이며, 그 누구도 그렇게 하는 것을 방해하려 하지 않을 것이라고 말했습니다. 그러므로 도덕법 전체, 즉 도덕법의 형식과 내용은 모두 환경의 산물이며, 따라서 이러한 환경이 변함에 따라 도덕법도 변합니다. 그렇게 보면 선과 악도, 진리와 거짓도 상대적인 개념일 뿐이며, 그 의미와 가치 또한 유행처럼 시간과 장소의 변화에 따라 달라집니다. 마찬가지로, 어떤 사람들에 따르면 종교는 인간이 자연과의 투쟁에서 무력함을 느낄 때 사용한 일시적 도구에 불과하며 지금도 민중을 위한 아편으로 작용하지만, 장기적으로 인간이 완전한 자유에 도달하면 종교는 자연스럽게 소멸하고 사라질 것입니다. 죄와 범죄, 부도덕과 살인 같은 것은 인간을 죄인으로 만들지 않으며 인간이 예전에 살았던 미개한 상태의 잔재일 뿐이라는 것입니다. 인간이 발전하고 사회가 개선될수록 이러한 것들은 점점 줄어들게 될 것입니다. 범죄자들은 어린아이, 동물, 혹은 정신병자로 간주해야만 하고, 이에 맞게 대우받아야 하며, 감옥은 교정시설로 대체되어야만 합니다. 한마디로 인간이 신적인 기원이 아니라 동물적인 기원에서 자기 스스로 점진적으로 진화되어 나왔다면, 인간은 모든 것을 자기 자신에게 의지하고, 자신이 자신의 입법자이자 주인이며 주님이 되는 것입니다. 이 모든 유물론적 또는 범신론적 진화론으로부터 파생되는 결론들은 오늘날의 과학뿐만 아니라 문학, 예술, 그리고 삶의 일상 속에서도 매우 명백하게 드러나고 있습니다.

그러나 현실은 전혀 다르게 가르칩니다. 인간은 오로지 자기 자신을 통해 모든 것을 이루었고 그 어떤 것에도 구속되지 않는다고 상상할 수 있습니다. 그러나 인간은 모든 면에서 의존적인 피조물이며 자신이 마음대로만 행할 수 있는 존재가 아닙니다. 육체적 삶에 있어서도 인간은 호흡과 혈액순환, 소화와 생식의 법칙에 매여 있습니다. 그 법칙을 어기고 무시하면 건강을 해치게 되고, 자신의 생명을 유지할 수 없습니다. 이는 인간의 정신적 삶과 영적인 삶에도 마찬가지입니다. 인간은 자기 마음대로 생각할 수 없으며, 스스로 만든 법칙이 아니라 사고 안에 내재 되어서 행위를 통하여 드러나는 법칙에 얽매여 있습니다. 이러한 사고의 법칙을 무시하면 인간은 오류와 거짓 속에 얽혀 들어가게 될 것입니다. 또한 인간은 자신이 원하는 의지대로 행동할 수 없습니다. 그의 의지는 이성의 훈육과 양심의 가르침에 아래 놓여 있으며, 만일 이러한 이성의 훈육을 무시하고 자신의 의지와 행동을 제멋대로 행사한다면, 그 결과 자책과 자괴감, 후회와 회한, 참회와 양심의 가책이 뒤따를 것입니다.

　육체의 삶과 마찬가지로 영혼의 삶 역시 임의로 세워진 것이 아닙니다. 영혼의 삶은 무질서나 혼란의 상태에 있지 않고, 모든 방면과 그 활동에 있어서 영혼이 매여 있는 법칙에 의해 규정되어 있습니다. 영혼은 진, 선, 미의 법칙에 매여 있습니다. 그리고 이러한 사실은 영혼이 스스로 만들어진 것이 아님을 입증합니다. 한마디로 인간은 본래부터 스스로의 본성과 본질을 가지고 있으며, 이러한 인간의 본성과 본질은 결코 함부로 거스르거나 침해될 수 없습니다. 인간의 본성은 진화론의 지지자들이 주장하는 이론들, 즉 인간의 본성과 변하지 않는 인간의 속성들, 인간에게 부여된 사고와 도덕 법칙들, 그리고 타고난 종교적 성향보다도 더 강력합니다. 이렇게 인간의 본질에 대한 생각은 인간의 기원에 대한 생각과 충돌합니다.

　하지만 성경은 인간의 본질에 대한 생각과 기원에 대한 생각 사이에 완전한 일치를 보여줍니다. 인간의 본질은 인간의 기원에 상응합니다. 인간의 몸은 비록 땅의 흙으로 지음을 받았지만, 하나님에 의해서 위로부터 생명의 숨결을 받아 창조되었기에, 인간은 고유의 본질과 본성을 지니고 있습니다. 그리고 인간의 본질은 인간이 **하나님의 형상**이며 **하나님의 모양**을 반영하는 것에 있습니다.

하나님의 형상을 지닌 인간은 동물과도 천사와도 구별됩니다. 인간은 동물 및 천사와 공통된 특징을 가지고 있지만 자신의 고유한 본성으로 인해 이 둘과 구별됩니다.

다른 모든 피조물과 마찬가지로 동물들도 하나님에 의해 창조되었습니다. 동물들은 저절로 생겨나지 않았고 하나님의 특별한 말씀과 권능으로 존재하게 되었습니다. 식물들처럼 동물들도 즉시 다양한 종류로 창조되었습니다. 모든 인간은 최초의 부부로부터 비롯되어 하나의 인류를 이루지만, 동물들은 그렇지 않습니다. 동물들에게는 각각의 조상이 있다고 할 수 있습니다. 흥미롭게도 동물학(동물 연구)은 아직 모든 동물을 한 가지 유형으로 추론해내지 못하고 있습니다. 동물학은 처음부터 동물을 일곱 가지 또는 네 가지 주요 그룹이나 기본 형태(유형)로 나누는 것으로 시작합니다.

이와 관련해 대부분의 동물 종이 전 세계에 고루 분포되어 있지 않고 특정 지역에 서식한다는 점도 주목해야만 합니다. 물고기는 물에서 서식하고 새는 공중에서 서식하며 대부분의 육지 동물은 특정 지역에 제한되어 서식하고 있습니다. 북극곰은 북극에서만, 오리너구리는 오로지 호주에서만 볼 수 있습니다. 창세기에서도 하나님이 식물과 동물을 그 종류대로, 즉 각기 종류대로 창조하셨다고 명시하고 있습니다(창 1:11). 이는 하나님께서 원래 창조하신 종류들이 현재의 과학, 예를 들어 린네(Linnaeus)의 동식물 분류법과 정확히 일치한다는 뜻은 아닙니다. 첫째, 우리의 분류 방식은 언제나 오류가 있을 수 있고, 따라서 개정될 수 있습니다. 우리의 동물학이 아직 불완전하기 때문에 같은 종 내에서도 변종을 종으로 보는가 하면, 반대로 종을 변종으로 보기도 하기 때문입니다. 인위적이고 과학적인 종의 개념을 설정하는 것은 대단히 어려운 일이고 우리가 아직 찾고 있는 자연적인 종의 개념과는 크게 다릅니다. 둘째, 세월이 흐르면서 많은 동물이 멸종하거나 사라졌습니다. 지층에 보존된 완전한 화석이나 훼손된 화석에서 맘모스, 동굴 하이에나, 물고기 도마뱀 등 현재는 존재하지 않는 여러 동물의 종들이 과거에 무수하게 존재하고 있었음을 알 수 있습니다. 셋째, 자연의 여러 영향으로 인해 동물 세계에 커다란 변형과 변이가 일어나서 원래의 기본 형태를 찾아내기가 어려운 경우가 많습니다.

그러므로 식물의 창조와 마찬가지로 동물의 창조에서도 그 창조는 하나님의 특별한 권능의 행위로 시작되었고 그 과정에서 자연이 간접적으로 역할을 했다는 점은 주목할 만합니다. 창세기 1:11에서 하나님은 "땅이 식물, 씨 맺는 채소와 열매 맺는 나무들을 내라고" 명령하시며, 12절에서는 하나님의 명령을 따라 "땅이 그렇게 했다"라고 기록하고 있습니다. 이와 마찬가지로 창세기 1:20에서는 하나님이 "물들은 생물을 번성하게 하라. 땅 위 하늘의 궁창에는 새가 날으라"라고 명령하시며, 21절에서는 그렇게 이루어졌음을 보도하고 있습니다. 24절에서는 또한 "땅은 생물을 그 종류대로 내되 가축과 기는 것과 땅의 짐승을 종류대로 내라"고 명령하셨으며 그것은 그대로 되었음을 보도하고 있습니다. 하나님께서 모든 식물과 동물을 창조하심에 있어서 자연 자체는 그분에 의해 도구로 사용되었습니다. **자연**은 하나님의 말씀으로 능력과 목적을 부여받아 다양한 종류의 생명체들을 풍성히 낳는 주체가 되었습니다.

이 독특한 동물의 기원은 그것들의 존재에 대한 이해를 밝혀줍니다. 이러한 기원은 동물이 인간보다 땅과 자연에 훨씬 더 밀접하게 연결되어 있음을 보여주고 있습니다. 동물은 생명체로서 무생물, 즉 무생명적인 창조물과 구별되며, 이 때문에 동물들은 종종 "살아 있는 영혼"(levende zielen)이라고 불립니다(창 1:20, 21, 24). 일반적인 의미로 사용되는 생명의 원리에서 동물들 역시 "영혼"을 가지고 있습니다(창 2:19; 9:4, 10, 12, 16; 레 11:10;

17:11). 그러나 동물의 영혼 속에 있는 **생명**의 원리는 자연과 물질의 신진
대사에 너무나 긴밀하게 연결되어 있어서 독립적이고 자립적인 존재가 될
수 없으며, 물질의 신진대사에서 분리되어 존재할 수 없습니다. 따라서 동
물은 죽음과 함께 그 영혼도 소멸하게 됩니다. 이로 인해 동물들, 적어도 고
등 동물의 종들은 인간과 동일한 감각(청각, 시각, 후각, 미각, 촉각)을 지니고
인식할 수 있고, 이미지나 감각적 관념을 형성하며, 그것들을 연결할 수 있
지만, 이성을 지니고 있지는 않습니다. 따라서 동물들은 그것들의 인식에
있어서 구체적이고 개별적인 것에 얽매여 있고, 이를 일반적인 관념들(표상
들)로 전환하거나, 그 관념들을 통해 판단을 내리며, 그 판단으로부터 결론
을 도출하고, 그 결론을 의지에 따라 실천할 수 없습니다. 동물들은 감각적
인식과 관념들, 그리고 그 관념들을 연결할 능력을 가지고 있으며 본능과
욕구와 충동성을 지니고 있습니다. 그러나 인간에게만 고유한 고차원적 인
지 능력과 고상한 욕구는 동물들에게는 결핍되어 있고, 이성과 의지 또한
그들에게는 존재하지 않습니다. 이 모든 사실은 동물들에게 언어나 종교나
도덕성이나 미적 감각이 없다는 것에서 잘 나타납니다. 동물들에게는 신이
나 보이지 않는 것이나 진리나 선함이나 아름다움에 대한 관념이 없습니
다.

이 모든 점에서 인간은 동물보다 훨씬 높은 존재로 자리하며, 인간과
동물 사이에는 점진적인 연결이 아니라 깊은 단절이 있습니다. 인간의 본
질을 이루는 이성, 의지, 사고와 언어, 종교와 도덕성 등은 동물에게는 찾아
볼 수 없는 것들입니다. 그래서 동물은 인간을 이해할 수 없지만 인간은 동
물을 이해할 수 있습니다. 오늘날 심리학은 인간의 영혼을 동물의 영혼에
서 설명하려고 하지만, 이는 거꾸로 된 접근 방식입니다. 인간의 영혼은 동
물의 영혼을 설명하는 열쇠가 됩니다. 인간은 동물에게 없는 것을 지니고
있을 뿐만 아니라 동물에게 고유한 것도 함께 지니고 있습니다.

그렇다고 해서 인간이 이미 동물에 대한 모든 것을 알고 있다는 뜻은 아닙니다. 세상 전체는 인간에게 해결해야만 하는 문제를 제기하며, 인간은 그 문제에 대한 해결책을 찾고 있고 찾을 수 있습니다. 마찬가지로 모든 동물 역시 인간에게 살아 숨 쉬는 수수께끼가 아닐 수 없습니다. 동물의 존재 의미는 단순히 인간에게 유익하며, 양식과 옷과 장식물을 제공해주는 데만 있지 않습니다. 땅을 정복하고 다스리는 일에는 인간이 단순히 이기적으로 땅의 모든 것을 자기 이익에 맞게 사용하는 것보다 더 깊은 의미가 담겨 있습니다. 동물의 세계는 우리의 학문과 예술, 그리고 우리의 종교와 도덕을 위해서도 중요한 의미를 지니고 있습니다. 하나님께서는 동물을 통해 우리에게 많은 것을 말씀하십니다. 하나님은 온 세상 및 식물의 세계와 동물의 세계를 통해서 자기의 생각과 말씀을 우리에게 들려주십니다. 그리고 식물학과 동물학이 이러한 하나님의 생각들을 탐구할 때, 그것들은 모든 자연 과학과 마찬가지로 훌륭한 학문이 됩니다. 그러므로 어떤 인간도, 특히 그리스도인이라면 그 누구도 이러한 학문들을 무시해서는 안 될 것입니다. 또한 동물의 세계가 인간에게 던지는 윤리적(도덕적) 의미는 실로 깊고 다양합니다! 동물은 인간이 윤리적으로 지켜야만 하는 최저 하한선을 보여줍니다. 인간은 이 하한선을 뛰어넘어 위로 높이 올라가야 하며, 어떤 일이 있어도 결코 그 하한선 아래로 떨어져서는 안 됩니다. 인간이 이성의 빛을 꺼버리고 하늘과의 연결을 끊어버리며 땅에서 모든 쾌락과 만족을 추구한다면, 그는 동물처럼 될 수 있고 심지어 동물 이하로 전락할 수도 있습니다. 동물들은 우리의 미덕과 악행의 상징입니다. 개는 충성의 상징이고, 거미는 근면의 상징이며, 사자는 용기의 상징이고, 양은 순수함의 상징이며, 비둘기는 진실함의 상징이고, 사슴은 하나님을 갈망하는 영혼의 상징입니다. 반면 여우는 교활함의 상징이고, 벌레는 비참함의 상징이며, 호랑이는 잔혹함의 상징이고, 돼지는 비열함의 상징이고, 뱀은 악마적인 계략의 상징입니다. 그리고 인간과 형태에 있어서 가장 가까운 원숭이는 위로 부터 오는 영혼 없는 육체적 조직의 우월성이 무엇을 의미하는지를 우리에 게 잘 보여주는 상징입니다. 원숭이 안에서 인간은 자기자신의 우스꽝스러 운 풍자만화를 보게 됩니다.

• • •

인간이 하나님의 형상으로 인해 아래로는 동물과 구분되듯이, 그는 그분의 형상으로 인해 위로는 천사들과도 구분됩니다. 천사들의 실재는 성경을 떠나서 과학적 논거로는 입증될 수 없습니다. 과학은 천사의 존재에 대해 아무것도 알지 못하고, 그들이 존재한다는 것을 증명할 수 없으며, 그렇다고 해서 그 반대로 천사가 존재하지 않는다는 것도 증명할 수 없습니다. 그렇지만 인간보다 높은 존재들에 대한 믿음은 모든 민족과 모든 종교에서 나타나는 보편적인 현상이라는 것을 주목할 필요가 있습니다. 사람들은 성경이 천사들의 존재에 대해 증언하는 것을 거부하더라도 결국에는 다양한 미신적 형태로 초자연적 존재들에 대한 믿음으로 되돌아오게 된다는 것입니다. 오늘날의 세대는 그러한 사실을 너무나 풍부한 예시를 통해서 잘 보여주고 있습니다. 더 이상 천사와 악마를 믿지는 않지만 그 대신에 많은 사람은 세상에 잠재하고 있는 힘, 신비로운 자연의 능력, 유령, 영적인 형상들, 죽은 자들에게서 오는 계시, 영혼을 가진 별들, 생명체가 서식하는 행성들, 살아 있는 원자들에 대한 믿음(신앙)으로 되돌아가고 있습니다. 그러나 성경은 고대와 현대의 이러한 신념들에 대해서 반대합니다. 그러한 신념의 기초가 거짓이든 참이든, 성경은 그러한 신념 내지는 신앙에 동의하지 않습니다. 성경은 점복(레 19:31; 20:27; 신 18:10-14), 주술(신 18:10; 렘 27:10; 계 21:8), 점성술(레 19:26; 사 47:13; 미 5:11), 강신술(신 18:11), 신탁(레 19:26; 신

18:10), 마술(신 18:11; 사 47:9) 등을 금지하고 있으며, 모든 종류의 불신앙과 미신을 배격하고 있습니다. 그리스도교와 미신은 서로 철천지원수입니다. 과학과 계몽과 문명이 아니라 오직 하나님의 말씀에 대한 믿음만이 우리를 미신으로부터 지켜줄 수 있습니다. 성경은 인간을 근본적으로 하나님께 의존하도록 해주고, 동시에 모든 피조물로부터 자유롭게 해줍니다. 성경은 인간을 자연과 올바른 관계를 맺도록 이끌어주고, 그로 인해서 참된 자연과학을 가능케 해줍니다.

그러나 성경은 천사들이 존재한다고 가르칩니다. 천사들은 인간의 상상력이 만들어낸 신화적 피조물이 아니고, 신비한 힘의 의인화도 아니며, 높은 지위로 승격된 죽은 자들도 아닙니다. 천사들은 하나님에 의해 창조되었고, 하나님의 뜻에 복종하며, 그분의 사역을 위해 부르심을 받은 영적 존재들입니다. 따라서 우리는 성경의 빛을 통해서 천사들에 대해 분명하게 이해할 수 있습니다. 천사들은 이방 종교의 신화적 형태들과는 전혀 관련이 없습니다. 천사들은 지식(마 18:10; 24:36)과 능력(시 103:20; 골 1:16) 면에서 인간보다 훨씬 우월하지만, 그들도 하나님과 그분의 말씀에 의해 창조되었고(요 1:3; 골 1:16), 인간과 동일한 이성과 도덕적 본성을 지니고 있습니다. 예를 들어 선한 천사들은 하나님의 말씀에 순종하고, 그분의 뜻을 행하며(시 103:20-21), 또한 악한 천사들은 진리에 서 있지 않고(요 8:44), 사람들을 속이며(엡 6:11), 죄악을 범합니다(벧후 2:4).

그러나 천사와 인간 사이의 이러한 유사성에도 불구하고 그들 사이에는 여전히 큰 차이가 존재합니다. 첫째로, 이 차이는 천사가 영혼과 육체로 구성되지 않고 순수한 영적 존재라는 점에서 비롯합니다(히 1:14). 물론 천사들은 계시의 시기에 종종 육체의 형태로 나타나기도 했지만, 그들이 나타났던 다양한 형태(창 18:2; 삿 18:3; 계 19:14)는 그 형태들이 임시적이며 그들의 임무에 따라 그 형태들이 달라지는 것을 나타냅니다. 천사들은 결코 영혼들, 곧 살아 있는 영혼들로 불리지 않는데, 이는 동물과 인간이 그와 같이 불리는 것과 대조적입니다. 영혼(ziel)과 영(geest)은 다음과 같은 점에서 서로 다릅니다. 영혼 역시 본질에 있어서 영적이지만 물질이 아니라 눈에는 보이지 않습니다. 영혼은 심지어 인간에게도 독립적인 영적 실체를 이루고 있지만, 그것은 언제나 육체와 결부된 영적 힘이고 영적 실체라는 점입니다. 영혼은 육체와 어우러지고, 육체가 없이는 불완전합니다. 영혼은 육체적인 삶을 위해 조직된 영이라고 할 수 있습니다. 이러한 영혼은 동물에게, 특히 인간에게 고유한 것입니다. 인간이 죽음으로 인해 육체를 잃게 되더라도 영혼은 여전히 존재하지만 결핍되고 벌거벗은 상태에 놓이게 되며, 종말의 때, 부활 때에 그러한 결핍을 회복하게 됩니다. 그러나 천사들은 영혼이 아니고, 결코 육체적 삶을 위해 창조된 존재가 아닙니다. 그들은 땅이 아니라 하늘을 거처로 부여받았고, 순수한 영으로만 존재합니다. 이로 인해 천사들은 인간보다 큰 이점을 가지는데, 인간보다 더 높은 지식과 능력을 지니고 있고, 시간과 공간에 대해 훨씬 더 자유로운 관계에 놓여 있어서 다른 피조물들보다 자유로운 이동이 가능하며, 하나님의 명령을 이 땅에서 수행하기에 매우 적합합니다.

하지만 천사와 인간의 두 번째 차이는 이것입니다. 천사들은 순수한 영들이기 때문에 그들은 상대적으로 서로에게 독립적인 존재로 서 있습니다. 그들은 태초에 동시에 창조되었고 계속해서 서로 함께 존재해왔습니다. 그들은 하나의 유기적 전체나 하나의 종을 이루지 않습니다. 물론 그들 사이에는 자연적인 질서가 있고 성경에 따르면 수천, 수만의 천사들이 존재합니다(신 33:2; 단 7:10; 계 5:11). 이들은 그룹들(Cherubijnen, 창 3:24), 스랍들(Serafijnen, 사 6장), 보좌, 권세, 주권과 능력 등의 여러 계급으로 나뉘어 있습니다(엡 1:21; 3:13; 골 1:16; 2:10). 이들 가운데 가브리엘과 미카엘이 차지하고 있는 지위는 특별합니다(단 8:16; 9:21; 10:13, 21; 눅 1:19, 26). 그러나 천사들은 하나의 종을 이루고 있지 않고, 서로 혈연관계로 맺어져 있지도 않으며, 서로에게서 유래하지도 않았습니다. 우리는 인류(menschheid)라고 말할 수 있지만, 천사들은 "천사류"(engelheid)라고 말할 수는 없습니다. 그리스도께서 인간의 본성을 취하셨을 때, **모든**(alle) 인간과 일순간에 관계를 맺으셨고 그들의 혈족 곧 육신을 따라 그들의 형제가 되셨습니다. 그러나 천사들은 서로 나란히 존재하고 각자가 서로 독립해서 서 있기 때문에 그들 중 일부는 타락할 수도 있으며 다른 일부는 하나님 곁에 신실하게 머무를 수도 있습니다.

이와 관련해 이제 세 번째 차이점이 있습니다. 천사들은 영적인 존재이고, 땅과 관계를 맺지 않으며, 서로 간에 혈연관계도 없기 때문에 남자와 여자, 아버지와 어머니, 부모와 자식, 형제와 자매 등의 관계에 있어서 차이점을 알지 못합니다. 그러므로 천사들은 인간이 경험하는 관계와 감정과 욕구와 의무로 이루어진 세계 전체에 대해서 전혀 경험적으로 알지 못합니다. 천사들은 인간들보다 더 강할지는 몰라도 그만큼 다재다능할 수 없으며, 인간들보다 훨씬 더 좁은 관계에서 살아갑니다. 그러므로 감정의 풍부함과 깊이에 있어서 인간은 천사를 훨씬 더 능가합니다. 예수께서는 마태복음 22:30에서 결혼은 현세에서 끝난다고 말씀하십니다. 그렇지만 지상에서의 남녀 관계는 인간의 정신적 부유함을 증대시켰으며, 이 부유함은 부활 때도 사라지지 않고 영원히 보존될 것입니다.

하나님께서 우리에게 주신 가장 풍성한 계시가 "성부"의 이름 안에 있고, 우리와 같은 존재가 되시며 우리의 예언자이시고 제사장이시며 왕이신 "성자"의 이름 안에 있고, 교회 안에 부어져 하나님을 우리 안에 거하게 하시는 "성령"의 이름 안에 있다는 사실을 고려할 때, 천사가 아니라 인간이 하나님의 형상을 따라 창조되었음을 깨닫게 됩니다. 천사들은 하나님의 권능과 지혜와 선하심을 경험하지만 인간은 하나님의 영원하신 자비에 참여합니다. 하나님은 천사들의 주님이시지만 그들의 아버지는 아니십니다. 그리스도는 천사들의 머리이시지만 그들의 화해자와 구원자는 아니십니다. 성령은 천사들의 인도자이시지만 천사들이 하나님의 자녀이자 상속자이며 그리스도와 공동의 상속자임을 그들의 영과 더불어 증언하지 않으십니다. 그래서 천사들은 땅을 주목합니다. 하나님의 가장 풍성한 은혜가 땅에서 나타나고, 땅에서 하늘과 지옥 사이의 싸움이 벌어지며, 땅에서 교회가 성자의 몸으로 형성되고, 땅에서 언젠가 하나님의 적들에 대한 최종 승리가 이루어질 것이기 때문입니다. 따라서 천사들은 땅에서 계시되는 구원의 신비를 보기를 사모하며, 하나님이 갖고 계신 여러 방면의 지혜를 교회로부터 배워서 알기를 사모합니다(엡 3:10; 벧전 1:12).

천사들은 많은 부분에 있어서 우리와 관계를 맺고 있으며 우리 역시 그들과 관계를 맺고 있습니다. 천사들의 존재와 활동에 대한 믿음은 우리가 하나님을 온전히 신뢰하고 온 마음을 다해 사랑하며 그분을 두려워하고 존경하는 믿음과는 동일한 가치를 가지고 있지는 않습니다. 우리는 어떠한 피조물이나 천사에게조차도 신뢰를 두어서는 안 되고, 그들을 예배하거나 어떤 형태로든 종교적인 존경을 표현해서는 안 됩니다(신 6:13; 마 4:10; 계 22:9). 그리고 각 사람을 특별히 보호하는 역할을 맡은 수호천사나 우리를 위한 천사들의 중보 기도에 대한 언급은 성경 어디에도 존재하지 않습니다. 그렇다고 해서 천사들의 존재에 대한 믿음이 무의미하거나 가치 없는 것은 아닙니다. 오히려 천사들은 계시가 주어졌던 시기에 중요한 역할을 했습니다. 천사들은 예수의 삶에서 모든 중요한 순간에 나타났었고, 언젠가 예수와 함께 하늘의 구름을 타고 나타날 것입니다. 모든 천사는 언제나 구원받을 상속자들을 위해 봉사하도록 보내심을 받고, 그들을 섬기는 영들입니다(히 1:14). 천사들은 죄인의 회개를 기뻐하고(눅 15:10), 믿는 자들을 지키며(시 34:7; 91:11), 어린 자들을 보호하고(마 18:10), 역사를 통해 교회의 나아가는 길에 뒤따르며(엡 3:10), 하나님의 자녀들을 아브라함의 품으로 안아 옮깁니다(눅 16:22).

그러므로 우리는 천사들에 대해 존경심을 가지고 있어야 하고 그들에 대해서 존경스럽게 말해야 하며 우리의 회개를 통해 그들에게 기쁨을 주어야 합니다. 하나님의 말씀에 순종하고 하나님을 섬기는 일에 있어서 천사들의 모범을 따라야 합니다. 교회 안에서 우리의 마음과 삶으로 인해 천사들이 여러 방면에서 하나님의 지혜를 볼 수 있도록 해주어야만 합니다. 우리는 천사들의 성회를 기억하고 그들과 더불어 하나님의 위대한 사역을 선포해야 합니다. 천사와 인간 사이에는 차이가 있지만 투쟁이나 갈등은 없습니다. 차이는 있지만 일치도 있습니다. 구별은 있지만 교제도 있습니다. 우리는 시온산과 살아 계신 하나님의 도성인 하늘의 예루살렘에 도착하게 될 것이고 그곳에서 천만 천사들과도 함께 있게 될 것이며 우리의 죄로 인해 끊어졌던 연합과 사랑의 유대를 다시 회복하게 될 것입니다(히 12:22). 하나님의 크고 풍요로운 창조세계 속에서 천사들이나 우리나 각자의 위치가 있으며, 그 위치에서 각자의 사명을 수행하게 될 것입니다. 천사들은 하나님의 아들들이고, 강인한 용사들이며, 하나님의 군대입니다. 인간은 하나님의 형상을 따라 창조되었고 하나님의 **자손입니다**(geslacht).

• • •

인간을 다른 피조물과 구분 짓는 특징이 하나님의 형상이라면, 우리에게 그 내용에 대해 명확한 이해가 요청됩니다.

우리는 창세기 1:26에서 하나님이 인간을 자신의 **형상**과 **모양**을 따라 창조하시어 모든 피조물, 특히 모든 살아 있는 피조물을 다스리게 하셨음을 보게 됩니다. 여기서는 세 가지 사안에 주목할 필요가 있습니다.

첫째, 하나님과 인간의 닮은 점이 두 단어로 표현되는데, 바로 **형상**과 **모양**입니다. 이 두 단어는 많은 사람이 생각하는 것처럼 본질상 서로 다른 의미의 단어들이 아닙니다. 이 두 단어는 서로의 의미를 보완하고 강화하기 위해 함께 사용되고 있습니다. 이 두 단어는 인간이 하나님과 유사하거나 실패한 초상화가 아니라 하나님을 전적으로 완전하게 닮은 형상임을 알려줍니다. 인간이 하나님의 축소판이라면 하나님은 무한히 큰 인간의 확대판입니다. 인간은 하나님을 닮아 있기 때문입니다. 그는 하나님보다 무한히 낮은 존재이지만 하나님과 관계를 맺고 있습니다. 인간은 피조물로서 하나님께 절대적으로 의존하지만 동시에 인간으로서 독립적이고 자유로운 존재입니다. 그러므로 속박과 자유, 의존과 독립, 하나님과의 무한한 거리와 친밀한 유대가 놀랍고도 불가해한 방식으로 인간 안에서 서로 결합되어 있습니다. 어떻게 이토록 작은 피조물이 동시에 하나님의 형상일 수 있을까요? 이것은 우리의 이해를 초월하는 질문이 아닐 수 없습니다.

둘째, 하나님이 인간들을 자신의 형상과 모양대로 창조하셨다고 합니다. 처음부터 하나님은 한 명의 인간만 자신의 형상대로 창조하고자 계획하지 않으셨고 다수의 인간을 자신의 형상으로 창조할 계획을 갖고 계셨습니다. 그래서 하나님은 인간을 즉시 남자와 여자로 창조하셨으며 서로 독립적으로 살아가지 않고 서로 관계를 맺고 교제하면서 살도록 인간을 남녀 두 사람으로 지으셨습니다. 창세기 1:27에 보면 하나님은 남자와 여자 중 한 사람만이 아니라 두 사람 모두를 하나님의 형상으로 만드셨습니다. 하나님의 형상은 남자 혼자만도 아니고 여자 혼자만도 아니며, 남녀가 함께 있을 때 드러나고 각각의 남자와 각각의 여자에게는 특별한 방식과 차원에서 하나님의 형상이 드러납니다.

바울은 고린도전서 11:7에서 남자는 하나님의 형상이고 영광이며 여자는 남자의 영광이라고 말합니다. 그리고 이 본문은 종종 여자가 하나님의 형상이 아니라든가 여성을 남성보다 훨씬 낮게 여기는 주장에 대한 근거 구절로서 오용되어왔습니다. 그러나 사도는 이 본문에서 남성과 여성 그 자체에 대해서가 아니라 결혼 안에서 남녀의 관계에 대해 설명하고 있습니다. 바울은 여자가 아니라 남자가 머리이며 남자가 여자에게서 나오는 것이 아니라 여자가 남자에게서 나왔다는 사실에서 남녀의 관계를 근거 짓고 있습니다. 남자가 먼저 창조되었고 먼저 하나님의 형상으로 지음을 받았으며 남자에게 하나님께서는 처음으로 자신의 영광을 나타내셨습니다. 여자가 이 모든 것을 남자와 더불어 누리는 것은 남자를 통해서 간접적으로 이루어집니다. 여자도 하나님의 형상을 받았습니다. 그러나 여자는 남자보다는 뒤에, 남자에 의존해서, 남자를 통해서 하나님의 형상을 중재받습니다. 그러므로 남자는 직접적이고 근원적인 의미로 하나님의 형상과 영광이며, 여자는 남자의 영광이라는 점에서 간접적인 의미로 하나님의 형상입니다. 창세기 1장과 창세기 2장의 내용은 각 장이 따로따로 해석되어서는 안 되고 서로 연결해서 해석되어야만 합니다. 창세기 2장에서 여자가 창조되는 방식은 그녀가 남자와 함께 하나님의 형상을 받게 되는 방식을 나타냅니다(창 1:27). 이러한 사실에는 하나님의 형상이 남녀라는 성별과 재능들과 능력들과 더불어 다수의 인간 속에 놓여 있으며 또한 한 걸음 더 나아가 타락 이후에는 새로운 인류로서 그리스도의 교회 공동체 안에서 완전한 성취에 이르게 된다는 사실이 함축되어 있습니다.

셋째, 창세기 1:26은 하나님께서 인간을 자신의 형상대로 창조하신 데는 목적이 있음을 가르쳐줍니다. 인간은 모든 살아 있는 피조물들을 통치하고 생육하며 번성하여 땅에 충만하며 그것들을 다스리는 것이라는 사명을 받은 존재입니다. 이러한 **땅에 대한 다스림**을 지금 **문화**라는 일반적인 이름으로 요약한다면 이것은 넓은 의미에서 하나님께서 인간을 자신의 형상대로 창조하신 목적이 됩니다. 따라서 제의와 문화, 종교와 문명, 그리고 그리스도교와 인류가 서로 상충되는 것이 아닙니다. 오히려 하나님께서 인간에게 자신의 형상을 주신 이유는 인간이 온 땅을 다스림으로써 하나님의 형상을 나타내도록 하기 위함입니다. 그리고 이 땅을 다스리는 권세는 단지 가장 오래된 직업들, 예를 들면 사냥과 어업, 농업과 목축업, 그리고 서비스업에만 국한되지 않고 무역과 공업, 금융업, 광산과 지하자원의 채굴, 그리고 과학과 예술에까지 확장됩니다. 이러한 모든 문화는 인간에게서 끝나지 않고 하나님의 형상이자 자신의 모든 노동 위에 하나님의 영이라는 인장이 찍힌 인간을 통해서 처음이자 마지막인 하나님께로 돌아갑니다.

• • •

하나님의 형상에 대한 이러한 내용은 계시가 진행됨에 따라 점점 더 폭넓게 펼쳐지게 되었습니다. 그리고 인간이 타락 이후에도 여전히 하나님의 형상으로 불린다는 점 역시 주목해야 합니다.

창세기 5:1-3에서는 하나님께서 인간, 곧 남자와 여자를 자신의 형상으로 창조하시고 그들에게 복을 주시어 아담이 자신의 형상과 닮은 아들을 낳았다고 보도하고 있습니다. 창세기 9:6에서는 하나님께서 인간을 자신의 형상대로 지으셨기 때문에 살인을 금지하고 있습니다. 시편 8편의 저자는 하늘과 땅에 가득 찬 하나님의 영광과 위엄을 찬양하며, 또한 하나님의 손으로 만드신 모든 것을 위임받아 다스리는 미천한 인간에게서 하나님의 영광과 위엄이 너무나 찬란하게 드러나고 있음을 찬양합니다. 바울은 아레오파고스에서 아테네 사람들에게 설교할 때 거기 출신의 시인 중 한 사람 말인 "우리가 그의 소생이라"는 말을 인용했습니다(행 17:28). 야고보서 3:9에서 야고보 사도는 혀의 사악함을 증명하기 위해 다음과 같은 대조법을 사용하고 있습니다. "이것으로 우리가 주 아버지를 찬송하고 또 이것으로 하나님의 형상대로 지음을 받은 사람을 저주"한다는 것입니다. 이처럼 성경은 타락한 인간을 단지 하나님의 형상이라고 부르지 않고 항상 하나님의 형상으로 간주하여 그렇게 부르고 있습니다. 성경은 끊임없이 인간을, 그의 모든 생각과 말과 행동에 대해서 하나님께 책임을 지고 있는 존재이며 하나님을 섬겨야만 하는 이성적이고 도덕적인 존재로 간주하고 있습니다.

그럼에도 인간이 죄로 말미암아 하나님의 형상을 잃어버렸다는 관념이 발견됩니다. 이러한 관념은 성경의 어떤 부분에서도 직접적으로 명확하게 진술되고 있지는 않습니다. 그러나 이러한 관념은 죄악된 인간에 대한 성경 전체의 가르침을 통해 분명하게 추론될 수 있습니다. 우리가 이후에 좀 더 자세하게 살펴보겠지만, 죄는 인간에게서 무죄함과 의로움과 거룩함을 빼앗았고, 인간의 마음을 부패시켰으며, 인간의 지성을 어둡게 했고, 인간의 의지를 악으로 기울어지게 했으며, 인간의 사랑을 변질시켰고, 인간의 몸과 모든 지체를 불의를 섬기는 도구가 되게 만들었습니다. 따라서 인간은 변화되어야만 하고, 거듭나야만 하며, 의롭다 하심을 받아야 하고, 정결하게 씻음을 받아야 하며, 거룩하게 되어야만 합니다. 인간은 이 모든 은혜를 오직 하나님의 형상이신 그리스도와의 교제 안에서만 누릴 수 있습니다(고후 4:4; 골 1:15). 또한 우리는 그리스도의 형상을 본받아야만 합니다(롬 8:29). 믿음을 통해 그리스도와 나누는 교제 속에서 덧입게 되는 새 사람은 하나님의 뜻에 따라 참된 의와 거룩함으로 지음을 받았고(엡 4:24) 자기를 창조하신 분의 형상을 따라 지식에까지 항상 새롭게 됩니다(골 3:10). 믿는 자가 그리스도와의 교제를 통해 얻게 되는 지식과 의와 거룩함의 덕목들은 하나님 안에 그 기원과 모범과 최종적인 목적이 있으며, 그러한 덕목들이 인간을 다시금 이끌어 하나님의 신성한 본성에 참여하게 만듭니다(벧후 1:4).

이러한 성경의 가르침에 근거해 개혁파 신학에서는 하나님의 형상을 넓은 의미와 좁은 의미로 구분하는 전통이 형성되었습니다. 한편으로는 인간이 타락과 불순종 이후에도 여전히 하나님의 형상과 하나님의 소생(자손)으로 불리며, 다른 한편으로는 인간으로 하여금 하나님을 닮게 하는 덕목들인 [참된] 지식과 의와 거룩함을 죄로 말미암아 잃어버렸다가 오직 그리스도와의 교제를 통해서만 회복한다는 사실은 하나님의 형상이 단지 [참된] 지식과 의와 거룩함의 덕목만을 포함하는 것이 아님을 보여줍니다. 이러한 사실이 개혁파 신학자들에 의해 인식되었고, 루터파 신학자들과 로마 가톨릭 신학자들에 대항해 주장되었습니다.

루터파 신학자들은 하나님의 형상을 넓은 의미의 형상과 좁은 의미의 형상으로 구분하지 않습니다. 그리고 설혹 구분한다고 하더라도 그것에 크게 의미를 부여하지 않으며 중요하게도 생각하지 않습니다. 그들에게 하나님의 형상은 원의(原義, oorspronnkelijke gerechtigheid), 즉 [참된] 지식과 의와 거룩함의 덕목 외에 다른 것이 아닙니다. 루터파 신학자들은 하나님의 형상을 단지 좁은 의미로만 이해했으며, 이러한 하나님의 형상을 인간 본성 전체와 연관시킬 필요성을 인식하지 못했습니다. 인간의 종교적이고 도덕적인 삶은 독자적인 영역을 형성하고 인간이 사회와 국가, 예술과 학문에서 부르심을 받아서 수행하는 일들과 아무런 관련이 없으며 아무런 영향도 미치지 못한다는 것입니다. 루터교 그리스도인들은 신앙을 통해 죄 사함과 하나님과의 교제에 참여하게 되면 그것으로 충분하다고 여깁니다. 그들은 그리스도와의 교제 안에서 안식하고 즐거워하지만, 이러한 영적인 삶을 하나님의 작정과 선택, 그리고 인간의 지상에서의 소명 전체와 연관시키는 데는 관심이 없습니다.

그리고 이러한 논리로부터 죄로 인해 자신의 원의를 잃어버린 인간은 하나님의 형상 전체를 박탈당하게 되었다는 사고가 뒤따르게 됩니다. 인간은 하나님의 형상으로서의 원의의 작은 잔재조차도 남아 있지 않은 막대기나 블록 같은 존재가 되어버렸다는 것입니다. 그래서 루터파 신학은 인간에게 여전히 남아 있는 합리적이고 도덕적인 본성을 소홀히 여기고 무시합니다.

이와 반대로 로마 가톨릭 신학에서는 비록 이러한 용어를 잘 사용하지는 않지만 하나님의 형상을 넓은 의미와 좁은 의미로 구별합니다. 로마 가톨릭 신학자들은 이러한 두 가지 개념 사이에 어떤 연관성을 찾으려고 노력합니다. 그렇지만 그들에게 있어서 양자의 연관성은 내적인 연관성이 아니라 외적인 연관성입니다. 그리고 그러한 외적인 연관성은 양자의 본질에 기초한 것이 아니라 인위적으로 설정된 것이며 그런 의미에서 유기적이라기보다 기계적인 것입니다.

로마 가톨릭 신학에 따르면 인간은 [참된] 지식과 의와 거룩함(좁은 의미에서의 하나님의 형상)을 가지지 않고도 생각될 수 있으며, 실제로 그렇게 존재할 수도 있습니다. 인간은 참된 지식과 의와 거룩함이 없이도 여전히 종교적이고 도덕적인 삶을 살 수 있다고 로마 가톨릭 신학은 가르칩니다. 그렇지만 여기서 말하는 종교성과 도덕성이란 자연 종교와 자연 도덕의 범위에 제한된 종교성이고 도덕성이며, 이것들은 천국의 복락과 하나님과의 직접적인 대면으로 인도해줄 수 없습니다. 게다가 추상적으로 보았을 때 이러한 좁은 의미의 하나님 형상이 없어도 자연인으로서의 인간은 자연 종교와 자연 도덕의 의무를 수행하는 것이 가능할 수도 있는 것으로 보이지만, 현실적으로 보았을 때 그것은 매우 어렵습니다. 왜냐하면 인간은 물질적이고 육체적이며 감각적인 존재이기 때문입니다. 그리고 이러한 인간의 감각적 본성 안에는 항상 욕망이 내재되어 있습니다. 욕망 자체는 죄가 아닐 수 있지만, 그것은 죄를 짓도록 이끄는 매우 강력한 계기가 될 수 있습니다. 욕망은 본질에 있어서 육체적이기 때문에 영혼과 대립하는 성향을 가지고 있습니다. 그리고 이로 인해 이성이나 의지가 육체의 힘에 지배당할 위험이 항상 도사리고 있습니다.

로마 가톨릭 신학에 따르면 이러한 두 가지 이유로 인해 하나님께서는 자신의 값없이 주시는 은혜로 자연인인 인간에게 좁은 의미에서 말하는 하나님의 형상을 덧붙이셨습니다. 하나님께서는 인간을 이러한 형상 없이도 창조하실 수 있었지만, 만약 그렇게 하실 경우 인간이 너무나 쉽게 육체적 욕망의 먹잇감이 될 것이라는 사실을 아셨습니다. 하나님께서는 또한 인간을 단순히 이 세상에서 가능한 상태로만 머물게 하시지 않고 하나님의 직접적인 임재 안에서 하늘의 영광이라는 더 높은 상태로 고양시키기를 원하셨기 때문에 그분은 인간에게 본래의 의로움, 즉 원의를 덧붙이셔서 인간을 자연적 상태보다 더 높은 초자연적 위치로 끌어올리셨습니다. 그리하여 두 가지 목적이 이루어졌습니다. 첫째, 덧붙여진 이 초자연적인 은혜의 도움으로 인간은 본성적으로 육체에 내재하는 욕망을 쉽게 억제하고 통제할 수 있게 되었습니다. 그리고 둘째, 본래의 의로움(원의: 좁은 의미에서 말하는 하나님의 형상)에 의해 주어진 초자연적인 의무들을 수행함으로써 이에 상응하는 초자연적인 지복(至福), 즉 천국에서 누리는 복락을 얻을 수 있게 되었습니다. 따라서 로마 가톨릭 신학에서 초자연적으로 덧붙여진 은혜(원의)는 두 가지 역할에 봉사합니다. 하나는 육체를 통제하는 역할이며, 또 다른 하나는 공로를 쌓아 천국에 이를 수 있는 길을 예비하는 역할입니다.

개혁파 신학은 루터파 신학과 로마 가톨릭 신학 사이에서 중재적인 입장을 견지합니다. 성경에 따르면 하나님의 형상은 본래의 의로움(원의)보다 더 넓고 포괄적인 개념입니다. 본래의 의로움은 죄로 인해 상실되었지만, 인간은 여전히 하나님의 형상이고 그의 소생(자손)이라는 이름을 지니고 있습니다. 인간 안에는 여전히 *그가 원래 창조되었던 상태로서*의 하나님 형상의 작은 흔적들이 잔존하고 있습니다. 따라서 본래의 의로움(원의)은 인간의 본성에 대해 완전히 독립적으로 존재하고, 나중에 외부에서 인간 본성에 덧붙여진 은사(*donum superaditum*)가 아닙니다. 인간이 먼저 단순하게 자연적 존재로만 존재하다가 후에 본래의 의로움이 외부에서 덧붙여졌다고 볼 수 없습니다. 오히려 인간은 본래의 의로움과 더불어 창조되었습니다. 그러므로 인간이라는 개념 속에 본래의 의로움이 본질적으로 포함되어 있으며 본래의 의로움이 없는 인간을 상상할 수도 없거니와 그러한 인간은 존재할 수도 없습니다. 좁은 의미로서의 하나님의 형상은 넓은 의미로서의 하나님의 형상과 밀접하게 관련되어 있습니다. 인간은 단순히 하나님의 형상을 **지니고 있는**(draagt) 것이 아니라 인간이 하나님의 형상**입니다**(is). 하나님의 형상은 인간 자체와 일치하며 인간 안에 있는 인간성으로까지 확장됩니다. 인간이 죄의 상태에서도 여전히 인간으로 남아 있는 한 그는 여전히 하나님의 형상의 흔적들(overblijfselen)을 간직하고 있습니다. 그러나 인간이 하나님의 형상을 상실한 분량만큼 그는 진실하고 온전한 인간이기를 멈추게 됩니다.

좁은 의미에서 하나님의 형상은 결국 인간의 영적 건강 외에 다른 것을 의미하지 않습니다. 인간이 몸과 영혼에 병이 들거나 심지어 정신적으로 이상이 있을지라도 그는 여전히 인간으로 남아 있습니다. 그렇지만 그는 인간의 조화에 속한 그 무언가를 잃어버렸으며, 그 대신 그 조화에 상충하는 그 무언인가를 얻게 됩니다. 이와 마찬가지로, 인간이 죄로 인해 본래의 의로움(원의)을 잃게 될 경우, 그는 여전히 인간으로 남아 있겠지만 인간의 본질적인 개념에서 떼어놓을 수 없는 그 무엇인가를 잃어버렸고 그 대신에 인간의 본질적인 개념에서 배제되는 그 무엇인가를 얻었습니다. 인간이 하나님의 형상을 잃어버렸다고 해서 나무나 돌처럼 무감각한 존재가 되어버린 것은 아닙니다. 그는 여전히 이성과 도덕성을 지닌 본성을 유지하고 있습니다. 그렇지만 인간은 단순히 자신의 본성에 속하지 않는 그 무언인가를 잃어버린 것이 아니라, 그의 전체 본성을 침해하고 타락시키는 그 무엇인가를 대신 얻은 것입니다. 본래의 의로움(원의)이 인간의 영적 건강이었다면 죄는 인간의 영적 질병입니다. 죄는 도덕적 부패이자 영적 죽음이며, 성경의 표현을 따른다면 죄와 허물 속에서의 죽음입니다.

　　이러한 하나님의 형상에 대한 관점은 성경의 가르침을 온전히 반영하는 것인 동시에 자연과 은혜(은총), 창조와 재창조 사이의 관계와 구분을 유지하게 해주는 것입니다. 이러한 이해는 인간이 타락 이후에도 여전히 인간으로 남을 수 있도록 하신 하나님의 은혜를 감사하게 하며 진심으로 인정하게 해줍니다. 그리고 또한 인간을 이성적이고 도덕적이며 책임감 있는 존재로 간주하고 대하시는 하나님의 섭리를 인정하게 해줍니다. 그러나 동시에 이러한 관점은 인간이 하나님의 형상을 잃어버려 완전히 타락하게 되었으며 모든 악에 기울어져 있다는 사실을 확고히 견지합니다. 인간의 삶과 역사가 이러한 사실을 확증해주고 있습니다. 아무리 깊이 타락했어도 여전히 인간의 본성은 유지되고 있고, 인간이 세상에서 아무리 위대한 성취에 도달한다고 할지라도 인간은 여전히 작고 미천하며 죄책을 가지고 있고 불순한 존재입니다. 오직 하나님의 형상만이 인간을 참되고 온전한 인간이 되게 해줍니다.

• • •

지금부터 하나님 형상의 내용에 대해서 간략히 살펴보도록 합시다. 첫째로, 여기서 우선 주목하게 되는 것은 인간의 영적 본성입니다. 인간은 육체적 존재이면서 동시에 영적 존재로서, 그는 본질에 있어서 영혼을 지닌 존재입니다. 그리고 이러한 영혼(zeel)은 그 핵심에서 영(geest)입니다. 이것은 인간 영혼의 기원, 본질, 그리고 영혼의 영속성에 대한 성경의 가르침에서 명백히 드러납니다. 먼저 영혼의 기원에 대해서는 아담이 다른 동물들과는 달리 위로부터 생기를 받았다고 보도되고 있으며(창 2:7), 그리고 이와 같은 사실은 모든 인간에게도 적용됩니다. 하나님께서는 모든 사람에게 영을 주시며(전 12:7) 사람 안에 영을 지으시는 분이시기 때문입니다(슥 12:1). 따라서 하나님은 육신의 아버지와 구별해서 영들의 아버지로 불립니다(히 12:9). 인간 영혼의 이러한 특별한 기원은 영혼의 본질을 결정짓습니다. 성경은 때때로 동물에게도 영혼(생명)이 있음을 인정하지만(창 2:19; 9:4 등), 이 경우에 영혼은 생명의 원리를 의미하는 넓은 의미로 사용됩니다. 그러나 인간은 동물보다 더 높은 차원의 영혼을 가지고 있습니다. 즉 인간은 그 핵심과 본질이 영으로서의 영혼을 소유하고 있습니다. 이러한 사실은 성경이 인간에게는 고유한 영을 인정하면서도, 동물에게는 이러한 영에 대해서 전혀 언급하고 있지 않는다는 점에서 드러납니다. 동물들은 물론 하나님의 영에 의해 창조되고 유지된다는 점에서(시 104:30) 영과 관련이 있다고 할 수는 있지만, 그렇다고 해서 그들 각각이 독립적인 고유의 영을 가지고 있는 것은 아닙니다. 반면에 인간은 각자가 고유한 영을 가지고 있습니다(신 2:30; 사 15:19; 겔 3:14; 눅 23:46; 행 7:59; 고전 2:11; 5:3-4). 이러한 영적 본성 덕분에 인간의 영혼은 불멸합니다. 동물들처럼 육체가 죽을 때 영혼이 함께 죽는 것이 아니라, 인간의 영혼은 육체가 죽을 때 하나님께로 돌아갑니다(전 12:7). 인간의 영혼은 육체처럼 죽임을 당할 수 없으며(마 10:28), 영으로 계속해서 존재합니다(히 12:13; 벧전 3:19).

이러한 인간 영혼의 영적 본성은 인간을 동물보다 높은 위치에 있게 해주며, 그 위치를 천사와 동등하게 만들어줍니다. 인간은 실로 감각적 세계에 속해 있으며 땅에서 태어났지만 자기 속에 선험적으로 존재하는 불멸의 영으로 인해 땅을 초월해 있습니다. 그리고 인간은 하나님 나라의 자유를 누리며 영들의 나라로 들어갑니다. 인간은 자신의 영적인 본성으로 인해 영이시며(요 4:24) 영원 속에 거하시는 하나님과 관계를 맺고 있습니다

(사 57:15).

둘째로, 하나님의 형상은 인간의 영에게 부여된 능력과 힘을 통해서 나타납니다. 고등 동물들도 지각을 통해 표상들(이미지들)을 형성하고, 이것들을 서로 연결할 수 있지만, 그 이상으로 나아가지는 못합니다. 그러나 인간은 이와 달리 표상들의 세계를 넘어서 개념들과 이념들의 영역으로 나아갑니다. 사유(생각)는 단순히 뇌의 움직임이나 분비 작용으로 설명될 수 없는 영적인 활동입니다. 인간은 사유를 통해 개별적인 것에서 보편적인 것을 추론해낼 수 있고, 보이는 것에서 보이지 않는 영역으로 올라갈 수 있으며, 진리와 선과 아름다움에 대한 이념들을 형성할 수 있습니다. 그리고 또한 피조물들로부터 하나님의 영원한 능력과 신성을 이해하는 법을 배웁니다. 인간의 의지는 단순한 감각적 욕망과는 구별됩니다. 인간은 의지를 통해 물질세계에서 벗어나 보이지 않는 초감각적인 가치를 추구합니다. 그러나 인간의 애정조차도 물질세계 안에 있는 유용하고 즐거운 것들에 의해서만 감동받지 않고 숫자로 계산할 수 없는 이념적이고 영적인 선들에 의해서도 자극받습니다. 이 모든 능력과 활동은 자의식을 출발점이자 중심으로 삼습니다. 인간은 자의식을 수단으로 삼아 자기 자신을 알게 되고 자신의 존재와 이성적이고 도덕적인 본성의 고유성에 대한 지울 수 없는 인식을 내면에 간직하게 됩니다. 그 외에도 인간의 이러한 특별한 능력들은 언어와 종교와 도덕성과 법률과 예술과 과학 안에서 드러납니다. 이 모든 것은 다른 많은 것들과 더불어 인간 세계에만 존재하는 현상이지 동물들에게서는 찾아볼 수 없는 것들입니다.

이 모든 능력과 활동들은 하나님의 형상을 드러내는 특징들입니다. 왜냐하면 자연과 성경 안에서 나타나는 계시에 따르면 하나님은 무의식적이고 맹목적인 충동이 아니라, 인격적이고, 자의식적이며, 지성적이고, 의지적인 존재이시기 때문입니다. 성경은 심지어 분노, 질투, 증오, 복수, 자비,

긍휼, 사랑 등과 같은 감정과 열정조차도 하나님께 거리낌 없이 귀속시킵니다. 물론 이러한 것들은 하나님께서 수동적으로 겪으시는 감정이 아니라 하나님의 전능하시고 거룩하시며 사랑이 넘치는 본성에서 비롯된 활동으로 묘사됩니다. 인간이 이 모든 능력과 활동에서 하나님의 형상을 따라 창조된 존재가 아니었다면 성경은 하나님을 이처럼 인간적인 방식으로 묘사하지 않았을 것입니다.

셋째로, 이러한 사안은 인간의 육체에 대해서도 마찬가지입니다. 인간의 육체 역시 하나님의 형상에서 배제되지 않았습니다. 물론 성경은 요한복음 4:24에서 하나님은 영이시라고 명시적으로 언급하고 있으며 하나님께 어떤 육체를 귀속시키지 않습니다. 그러나 하나님은 육체와 모든 보이는 세계의 창조자이십니다. 모든 만물, 심지어 물질적인 것조차도 하나님의 곁에 있었던 말씀 속에 그 기원과 존재를 두고 있으며(요 1:3; 골 1:15), 따라서 만물은 하나님의 생각(말씀)과 그분의 영 안에서 안식합니다. 또한 육체는 도구일 뿐 인간이 행하는 모든 활동의 원인이 될 수 없습니다. 예를 들어 소리를 듣는 것은 귀가 아니라 귀를 통해 듣는 인간의 영혼입니다.

그러므로 우리가 육체를 통해 행하는 모든 활동과 그 활동을 가능케 하는 모든 신체 기관도 하나님께 귀속될 수 있습니다. 성경은 하나님의 손과 발, 눈과 귀 등을 언급하며, 인간이 육체를 통해 행할 수 있는 모든 일이 근원적이고 완전한 방식으로 하나님께 속해 있음을 나타냅니다. "귀를 지으신 이가 듣지 아니하시랴? 눈을 만드신 이가 보지 아니하시랴?"(시 94:9) 따라서 육체가 영의 활동을 위한 도구로 사용된다는 점에서, 이는 하나님께서 세상에서 일하시는 방식과의 유사성을 보여줄 뿐만 아니라 하나님의 일하심을 이해할 수 있는 단서도 제공합니다.

• • •

이 모든 것들은 보다 더 넓은 의미에서 하나님의 형상에 속합니다. 그러나 하나님과 인간의 유사성은 첫 사람에게 부여된 좁은 의미에서의 하나님의 형상, 즉 원의에서 훨씬 더 강하게 드러납니다. 성경이 이러한 원의를 강조한다면, 그것은 단지 하나님의 형상이 원의라는 **것**(dat)이 아니라, 무엇보다도 하나님의 형상으로서의 원의가 **무엇인지**(wat)에 관한 것입니다. 중요한 점은 우리가 생각하고 의지하며 사랑하고 미워하는 행위 자체가 아닙니다. 인간이 하나님을 닮았다는 사실은 특히 우리의 생각과 의지뿐 아니라 우리가 미워하고 사랑하는 대상과도 깊은 관련이 있습니다. 지성과 의지, 애정과 증오에 관한 인간의 형식적 능력은 하나님의 뜻을 따라서 올바른 방식으로 그분의 영광을 위해 사용하도록 주어졌습니다. 악마들도 여전히 지식과 의지를 사용할 수 있는 능력이 있지만, 그들은 이러한 능력을 오로지 하나님에 대한 증오와 적대감을 위해서만 사용합니다. 심지어 하나님의 존재를 믿는 믿음 자체도, 그 내용은 본래 좋은 것이지만 악마들에게는 오히려 공포와 심판에 대한 두려움을 불러일으킬 뿐입니다(약 2:19). 예수께서는 스스로 아브라함의 자손이라 여기고 하나님을 아버지라고 부르는 유대인들에게, 만약 그들의 말이 사실이라면 그들은 아브라함의 일들을 행할 것이며 하나님에게서 온 자신을 사랑할 것이라고 말씀하셨습니다. 그러나 그들이 그와는 정반대로 예수를 죽이려 했기 때문에 그들은 자신들이 악마의 자식이며 악마의 욕망을 따르고 있음을 드러낼 뿐이라고 말씀하셨습니다(요 8:39-44). 유대인들이 품었던 욕망과 행위는 그들의 모든 예리한 지성과 열심에도 불구하고 그들을 악마와 닮은 존재로 만들어버렸습니다. 이와 반대로 인간이 하나님을 닮았다는 것은 단순히 지성과 이성, 마음과 의지를 소유하고 있다는 데 있는 것이 아니라 주로 순수하고 [참된] 지식과 완전한 의와 거룩함을 소유하고 있다는 데 있습니다. 이러한 것들이 좁은 의미에서 하나님의 형상을 구성하고 있으며 이러한 것들은 창조 당시 인간에게 주어졌으며 인간을 장식하는 특권이었습니다.

첫 번째 인간에게 주어진 지식은 인간이 모든 것을 알고 있어서 하나님과 자기 자신과 세상에 대해 더 이상 배울 필요가 없었음을 의미하지 않습니다. 왜냐하면 천사들과 축복받는 자들의 지식조차도 여전히 성장할 수 있는 여지가 있으며, 심지어 지상에서 그리스도께서 소유하셨던 지식조차도 생애의 마지막까지 계속 증가할 수 있었기 때문입니다. 그러나 아담은 자신의 상황과 소명에 적합한 충분한 지식을 부여받았으며 그 지식이 순수한 지식이었다는 점은 분명합니다. 그는 온 마음으로 진리를 사랑했습니다. 오류와 의심과 불신앙과 불확실성 같은 모든 불행한 결과를 수반하는 거짓말은 그의 마음속에 자리 잡고 있지 않았습니다. 아담은 진리 안에 거하며 모든 것을 있는 그대로 보고 알고 평가할 수 있었습니다.

이러한 진리에 대한 지식은 의와 거룩함이라는 열매를 맺게 했습니다. 거룩함은 첫 번째 인간이 죄의 모든 오염으로부터 자유로운 존재로 창조되었음을 나타냅니다. 그의 본성은 부패하지 않았으며, 그의 마음에서 악한 생각과 계획과 욕망이 나올 수 없었습니다. 그는 무지한 어린아이처럼 순진한 것이 아니라 하나님을 알고, 또한 자신의 마음에 새겨진 하나님의 율법을 알며, 온 마음으로 그 율법을 사랑했습니다. 그는 진리 안에 있었기 때문에 사랑 안에도 있었습니다. 의란 이렇게 그의 지성이 진리를 알고 그의 의지와 모든 성향이 거룩했기 때문에 그가 하나님의 율법과 완전히 일치했음을 의미합니다. 그는 하나님의 모든 공의의 요구에 온전히 부응했고, 어떤 죄책감도 없이 하나님 앞에 설 수 있었습니다. 진리와 사랑은 하나님과의 평화, 자신과의 평화, 그리고 모든 피조물과의 평화를 가져옵니다. 스스로 올바른 자리에 서 있는 인간은 그가 있어야 할 자리에 서 있었기 때문에 하나님과 모든 피조물과도 그 자체로 올바른 관계를 맺을 수 있었습니다.

우리는 지금 첫 번째 인간이 창조되었던 그런 상태와 상황을 상상조차 할 수 없습니다. 모든 죄로부터 완전히 깨끗하고 자유로운 머리와 마음, 지성과 의지는 우리의 모든 경험의 범위를 훨씬 넘어서는 것입니다. 죄가 우리의 모든 생각과 말, 의지와 행동에 얼마나 깊이 얽혀 있는지를 생각했을 때, 인간에게 그러한 진리와 사랑과 평화의 상태가 과연 가능한 것인가에 대해서 의심마저 들 수 있습니다. 그러나 성경은 이러한 의심을 극복하고 그 의심을 우리에게서 몰아냅니다. 첫째, 성경은 역사의 시작뿐 아니라 역사의 진행 가운데서도 죄 없는 인간을 우리 앞에 나타냅니다. 그는 정당하게 적대자들에게 물을 수 있었습니다. "너희 중에 누가 나를 죄로 책잡겠느냐?"(요 8:46) 그리스도는 참된 인간이셨고, 죄를 짓지 않으셨으며, 그분의 입에는 거짓이 없었습니다(벧전 2:22). 둘째, 성경은 첫 인간 부부가 하나님의 형상을 따라서 알려진 진리의 열매로서의 의와 거룩함 속에서 창조되었음을 가르칩니다. 이를 통해 성경은 죄가 인간 본성의 본질적인 부분이 아니고, 따라서 죄가 인간 본성으로부터 제거될 수 있으며, 분리될 수 있음을 주장합니다.

만약 인간의 가장 최초의 기원에서부터 죄가 인간의 본성에 들어와 있었던 것이라면 죄로부터의 구원은 논리적으로 불가능할 것입니다. 그렇게 되었을 때 죄로부터의 구원은 인간 본성의 파괴와 동일한 의미를 가지게 될 것이기 때문입니다. 그러나 지금 우리는 추상적으로 죄 없는 인간을 상상할 수 있을 뿐만 아니라 그처럼 거룩한 인간이 실제로 존재했음을 알고 있습니다. 그리고 인간이 타락해 죄책감과 불결함에 빠지게 되었을 때 또 다른 인간, 즉 죄 없으신 두 번째 아담(de tweede Adam)이 나타나 타락한 인간들을 모든 죄책으로부터 해방하시고, 모든 더러움에서 그들을 깨끗게 하셨습니다. 하나님의 형상을 따라 인간을 창조하신 일과 인간의 타락 가능성은 구원과 재창조의 가능성을 포함합니다. 그렇지만 처음 것을 부정하는 자는 두 번째 것도 부정할 수밖에 없으며, 인간의 타락을 부인하게 되면 인간은 구원받을 수 없는 존재라는 절망적인 메시지를 말할 수밖에 없습니다. 하지만 인간이 타락할 수 있기 위해서 먼저 올바르게 서 있어야만 했고, 하나님의 형상을 잃어버릴 수 있으려면 먼저 그것을 소유하고 있어야만 했습니다.

• • •

창세기 1:26과 28절에 따르면 하나님이 자신의 형상대로 인간을 창조하신 목적은 인간이 땅을 가득 채우고 정복하며 다스리도록 하기 위함이었습니다. 땅에 대한 이러한 지배는 하나님의 형상을 구성하는 요소가 아니며 때때로 주장되는 것처럼 하나님의 형상 전체의 내용은 더더욱 아닙니다. 그렇다고 해서 땅에 대한 인간의 지배가 단순히 부수적이거나 임의로 추가된 것도 아닙니다. 오히려 땅에 대한 지배와 하나님의 형상에 따른 인간 창조와의 긴밀한 연관성에 대한 강조는 하나님의 형상이 이러한 지배 가운데서 외적으로 드러나고 시간이 지남에 따라 그 내용이 점점 더 많이 나타나고 밝혀져야 함을 명백히 증명해주고 있습니다. 더 나아가 이러한 지배에 대한 묘사에서 그것이 어느 정도까지는 최초의 인간인 아담과 하와에게 천부적 재능으로 즉시 주어졌지만 하나님의 형상에 있어서 대부분의 중요한 부분은 미래에 가서야 비로소 성취될 것이라는 사실이 명백하게 언급되고 있습니다. 하나님께서는 "우리의 형상을 따라 우리의 모양대로 우리가 사람을 만들자"(창 1:26)라고 말씀하셨을 뿐 아니라, 남자와 여자로서 최초의 인간 부부를 창조하신 후에 그들에게 복을 주시며 "생육하고 번성하여 땅에 충만하라. 땅을 정복하라"라고 말씀하셨습니다(창 1:28). 그리고 아담에게 에덴동산을 경작하고 지키라는 임무를 특별히 맡기셨습니다(창 2:15).

이 모든 사실은 인간이 게으름을 위해 창조된 것이 아니라 노동을 위해 창조되었음을 명백히 보여줍니다. 인간은 자신의 성취에 안주하며 쉬기 위해 부름을 받지 않았고 넓은 세상으로 나아가 자신의 말과 의지의 힘으로 세상을 정복해야만 했습니다. 인간은 지상에서 크고 광범위하며 풍성한 과업을 수행하도록 부름을 받았습니다. 그에게 주어진 과업은 오랜 세월에 걸쳐 노력해야만 하는 것들이었습니다. 그는 매우 긴 여정을 제시받았고, 그 여정을 끝까지 걸어가야만 했습니다. 다시 말해서 첫 번째 인간이 창조된 **조건**(toestand)과 그가 부름을 받은 **목적**(bestimming) 사이에는 크나큰 차이와 기나긴 간격이 놓여 있습니다. 이 목적은 인간의 본질과 밀접하게 연결되어 있으며 이러한 인간의 본질은 다시 그의 기원과 연관되어 있지만, 인간의 본질과 인간의 기원이라는 이 두 개념은 분명히 구별됩니다. 인간의 본질, 즉 하나님의 형상을 따라 창조된 그 모습은 인간이 자신의 목적을 향해 나아가는 과정에서 점점 더 풍성하고 충만하게 그 내용을 펼쳐 나가야만 했습니다. 다시 말하자면 인간의 본질은 인류를 통해 땅끝까지 확장되어야만 했고 인간의 손으로 성취된 모든 일에 각인되어야만 했습니다. 세상은 인간을 통해 경작되어야만 했고, 시간이 지날수록 세상이 하나님의 미덕을 더욱더 많이 드러내도록 해야만 했습니다.

따라서 땅을 지배하는 일은 인간이 부름을 받은 **가장 가까이에 있는**(naaste) 목적이었지만, **최종적인**(laatste) 목적은 아니었습니다. 문제의 성경이 이 점을 드러내 보여줍니다. 진정한 노동은 그 자체 안에서 쉼이 없고 끝이 없으며 항상 어떤 결과를 성취하고자 하고, 그 목적이 달성되면 노동은 끝이 나게 됩니다. 단지 노동을 위해 노동하는 것, 계획이나 목적 없이 일하는 것은 절망적인 것이고 이성적인 인간에게 전혀 합당치가 않습니다. 항상 무작정 계속되기만 하는 발전은 진정한 발전이 아닙니다. 발전이란 의도, 과정, 순서, 최종 목표, 그리고 궁극적인 목적을 가리키는 말입니다. 그러므로 인간이 창조 시에 노동을 위해 부름을 받았다는 것은 인간과 그로부터 태어날 인류가 그 노동을 마친 후에는 안식에 들어가게 된다는 사실을 암시하고 있습니다.

일곱 날로 이루어진 주간의 제정은 사물의 본성에서 비롯된 이러한 고찰을 확증하고 강화해줍니다. 하나님께서는 창조 사역에서 여섯째 날까지 일하시고, 일곱째 날에는 모든 일을 마치고 쉬셨습니다. 하나님의 형상대로 창조된 인간은 창조 때부터 이러한 신적인 모범을 따를 권리와 특권을 받았습니다. 인간에게 맡겨진 일, 즉 땅을 가득 채우고 정복하는 일은 하나님께서 수행하시는 창조 활동을 미약하게나마 모방하는 것입니다. 인간의 노동은 계획하에 시작되어 질서 있게 진행되며, 분명한 목표를 지향합니다. 인간은 무의식적으로 움직이는 기계가 아닙니다. 그는 단조로운 반복 속에서 끝없이 돌아가는 쳇바퀴에 갇힌 존재가 아닙니다. 인간은 자신의 노동 속에서도 인간이고 여전히 하나님의 형상이며, 사고하고 의지하며 행동하는 존재입니다. 인간은 자신의 노동과 더불어 무언가를 창조하려 하고, 마침내 자신의 손으로 이룬 일에 만족하며 기뻐합니다. 인간의 노동은 하나님의 노동처럼 안식과 즐거움과 만족으로 귀결됩니다. 여섯 날 동안의 노동과 그 끝에 오는 안식일은 인간의 노동을 고귀하게 만들고, 영적이지 않은 자연의 단조로운 움직임 위로 인간의 노동을 끌어올리며, 인간의 노동 위에 신성한 소명의 인장을 찍습니다. 그러므로 하나님이 목적하신 바에 따라 그분의 안식에 들어가는 자는 누구든지 하나님께서 자기의 일을 즐겁게 쉬신 것과 같이 즐겁게 자기의 일에서 쉼을 얻습니다(히 4:10). 이는 개인 한 사람에게만 해당하는 것이 아니라 교회 공동체와 인류 전체에도 해당하는 것입니다. 세계 역시 세계가 수행해야만 하는 사역이 있고, 세계의 안식일에 이르러 그 사역은 끝나게 됩니다. 하나님의 백성에게는 안식이 남아 있습니다. 매 안식일은 그 안식의 예표이고 미리 맛보는 것이며 그 안식에 대한 예언이며 보증이기도 합니다(히 4:9).

그러므로 하이델베르크 교리문답서는 하나님께서 인간을 선하게 창조하신 것은 창조주 하나님을 알고 마음을 다해 사랑하며 영원한 행복 가운데서 그분을 찬양하며 살도록 **하기 위함**(opdat)이었다고 올바르게 말합니다. 인간의 최종 목적지는 이 땅이 아닌 하늘에 있는 영원한 복락, 즉 하나님의 영광 안에 있습니다. 그러나 이 최종 목적지에 도달하려면 먼저 이 땅에서 자신의 소명을 완수해야 합니다. 하나님의 안식에 들어가려면 먼저 인간이 하나님의 사역을 완수해야 합니다. 하늘로 가는 길은 이 땅을 반드시 통과해 이 땅 너머에 있습니다. 안식일의 입구는 6일간의 노동으로 열립니다. 영생은 일의 도상에서 얻게 됩니다.

• • •

인간의 목적에 관한 이 교리는 창세기 1:26부터 2:3에 나오는 말씀에 전적으로 기초하고 있습니다. 그러나 2장의 나머지 부분에는 반드시 덧붙여져야 할 중요한 요소가 있습니다. 하나님께서 인간을 에덴동산에 두실 때 동산에 있는 모든 나무의 열매를 자유롭게 먹을 수 있는 권리를 주셨지만, 예외적으로 단 하나의 나무, 곧 선악을 알게 하는 나무의 열매를 따 먹지 못하게 하셨습니다. 그분은 그 나무의 열매를 먹지 말라고 하시면서 만약 먹으면 그날로 죽게 될 것이라고 말씀하셨습니다(창 2:16-17). 모든 계명에 단 하나의 **금지**(verbod)가 추가된 것입니다. 아담은 이 계명을 부분적으로는 자신의 마음으로부터 알게 되었고, 부분적으로는 하나님의 말씀으로부터 알게 되었습니다. 이 계명들은 아담이 스스로 고안한 것이 아니라 하나님께서 그에게 본성적으로 심어주시고 알려주신 것입니다. 인간은 종교적으로나 도덕적으로나 자율적이지 않고, 스스로 법을 제정하거나 재판할 수 없으며, 마음대로 행동할 수도 없습니다. 오직 하나님만이 인간의 유일한 입법자이자 재판관이십니다(사 33:22; 요 4:12).

아담이 받은 모든 계명은 결국 하나의 요구로 귀결됩니다. 바로 아담이 하나님의 형상대로 창조되었으므로 그의 모든 생각과 행동, 삶과 노동 속에서 하나님의 형상을 유지해야만 한다는 것입니다. 아담은 자신을 위해 하나님의 형상을 유지해야만 했을 뿐만 아니라 결혼 생활에서, 가정에서, 6일간의 노동과 7일째 되는 날의 안식에서, 생육하고 번성하는 데서, 땅을 정복하고 다스리는 일에서, 그리고 동산을 경작하고 지키는 일에서도 하나님의 형상을 유지해야만 했습니다. 아담은 자신의 길을 가서는 안 되었고 하나님께서 지시하신 그 길을 따라가야만 했습니다.

그러나 아담에게 허락된 모든 계명, 즉 그에게 행동의 자유를 허용하고 온 땅을 그의 노동의 영역으로 지정한 모든 계명은 하나의 금지로 인해 제한되었으며, 그 금지로 인해 더욱더 명확해졌습니다. 선악을 알게 하는 나무의 열매를 먹지 말라는 금지는 하나님의 형상에 속한 것이 아니며, 그 형상의 구성 요소도 아닙니다. 오히려 그 금지는 하나님의 형상에 대한 경계선을 설정하는 것이었습니다. 아담이 이 금지를 어기게 되면 그는 하나님의 형상을 잃게 되고, 하나님과의 교제를 벗어나서 죽음을 맞이하게 됩니다. 이러한 금지를 통해 인간의 순종이 시험받게 되었습니다. 이 금지 곁에서 인간은 하나님의 길을 따를 것인지, 자신의 길을 선택할 것인지, 올바른 길을 계속 갈 것인지, 아니면 그 길을 벗어나서 방황할 것인지, 아버지의 집에서 하나님의 아들로 남을 것인지, 아니면 받은 재산을 들고 먼 나라로 떠날 것인지의 유무가 드러나게 될 것입니다. 따라서 이 금지는 흔히 "시험 계명"(proefgebod)이라고도 불립니다. 이 금지는 어느 정도 임의적인 내용을 담고 있었습니다. 아담과 하와에게 왜 특별히 이 한 나무의 열매를 먹는 것이 금지되었는지는 그 이유를 찾을 길이 없습니다. 그들은 이 금지의 내용을 합리적으로 이해하고 납득해서 순종하는 것이 아니라, 오직 하나님이 명령하신 것이기 때문에 하나님의 권위에 근거하여 순전하게 순종하는 자세로, 그들의 의무로 여기고 그 명령에 존중하며 따라야만 했습니다. 그러므로 열매를 먹는 것이 금지된 나무는 선악을 알게 하는 나무라고 불렸습니다. 이 나무는 인간이 무엇이 선이고 무엇이 악인지 스스로 자의적으로 판단할 것인지, 아니면 하나님께서 주신 계명을 전적으로 신뢰하며 그것에 따라 행동할 것인지를 드러내주는 역할을 했습니다.

그래서 첫 번째 인간은 하나님으로부터 해야 할 많은 일을 부여받았지만, 또한 작지만 **포기해야만 하는** 무언가도 부여받았습니다. 후자의 요구 사안, 즉 하지 말아야만 하는 행동을 포기하는 것이 전자의 요구 사안, 즉 해야만 하는 행동을 하는 것보다 일반적으로 지키기가 훨씬 더 어렵습니다. 예를 들어 건강을 위해 많은 것을 행하고자 하지만, 아무리 건강을 위해서라도 무언가를 포기하는 일은 잘 하려 하지 않습니다. 그저 최소한의 자기 포기를 하는 것뿐인데, 인간은 그러한 포기를 견딜 수 없는 부담으로 여깁니다. 금지된 것에는 신비한 매력이 있는 것 같습니다. 그 매력 때문에 이유(왜)와 내용(무엇)과 방법(어떻게)에 대한 질문을 제기하게 되고, 의심이 생겨나며, 온갖 상상력이 발생하게 됩니다. 최초의 인간은 이 금지의 유혹에 저항해야만 했고 이것은 그가 싸워야만 했던 믿음의 싸움이었습니다. 그리고 그는 하나님의 형상 안에서 창조되었으므로 굳세게 서서 그 싸움에서 이길 수도 있는 힘을 부여받았습니다.

그러나 한 주간, 즉 주 7일의 제도보다 이러한 시험 계명에서 더욱더 분명하게 인간의 목적이 창조와 구별된다는 사실이 드러납니다. 태초에 아담은 그가 될 수 있었던 상태나 마지막에 되어야만 하는 상태에 아직 이르지 못하고 있었습니다. 아담은 낙원에 살고 있었지만 아직 하늘에 이르지 못하고 있었습니다. 그는 최종 목표에 도달하기까지 갈 길이 멀었습니다. 아담은 하나님께서 명하신 것을 행하고 금하신 것을 포기함으로써 영생을 얻어야만 했습니다. 한마디로 첫 인간이 창조 시에 가지고 있었던 **"무죄의 상태"**(staat der onschuld. *status integritatis*)와 그에게 예정되었던 **"영광의 상태"**(staat der heerlijkheid. *status gloriae*) 사이에는 하나의 큰 차이가 존재하고 있었습니다. 이 차이가 무엇인지는 계시의 나머지 부분에서 우리에게 더 자세히 설명될 것입니다.

아담은 밤과 낮의 교차에 따라 잠자고 깨어 있는 일에 의존했지만, 하늘의 예루살렘에는 밤이 없을 것이며(계 21:25; 22:5), 어린양의 피로 구속함을 받은 자들이 하나님의 보좌 앞에 서 있고, 그분의 성전에서 주야로 그분을 섬기게 될 것입니다(계 7:15). 첫 사람은 6일의 노동일과 하루의 안식일에 매여 있었지만 하나님의 백성에게는 그 후에 영원한 안식이 남아 있습니다(히 4:9; 계 14:13). 무죄한 상태에서 인간은 매일 음식과 음료가 필요했지만 미래에는 하나님께서 배와 음식 모두를 폐하실 것입니다(고전 6:13). 최초의 인간 부부는 남자와 여자로 창조되었고 그들은 생육하고 번성하는 축복을 받았지만, 부활 때에는 신자들이 장가도 들지 않고 결혼도 하지 않으며 하늘에 있는 하나님의 천사들과 같이 될 것입니다(마 22:30). 첫 사람 아담은 땅에서 왔고 자연적인 육체를 가졌으며 따라서 살아 있는 영혼, 즉 생령이 되었지만, 부활 때에 신자들은 영적인 몸을 받아 하늘의 사람, 즉 하늘에서 오신 주님의 형상을 지니게 될 것입니다(고전 15:45-49). 아담은 여전히 실수하고, 죄를 지으며, 타락하고, 죽을 수 있는 존재로 창조되었지만, 신자들은 원칙적으로 이 땅에서 이미 그런 죽음의 가능성을 넘어서고 있습니다. 하나님께로부터 난 사람들은 죄를 짓지 않습니다. 이는 하나님의 씨가 그 안에 거하기 때문입니다. 그들은 하나님으로부터 났으므로 죄를 지을 수 없습니다(요일 3:9). 그들은 말세에 나타내기로 예비하신 구원을 얻기

위하여 믿음으로 말미암아 하나님의 능력으로 보호하심을 받았기 때문에
(벧전 1:5) 마지막까지 타락할 수 없습니다. 그리고 그들은 결코 죽을 수 없
습니다. 그리스도를 믿는 사람들은 이미 이 땅에서 영원히 썩지 않을 생명
을 가졌으므로 영원히 죽지 아니할 것이며, 죽어도 살 것이기 때문입니다
(요 11:25-26).

그러나 우리는 첫 번째 인간에 대한 고찰에서 두 가지 극단을 경계해
야 합니다. 한편으로 우리는 성경에 근거해 인간이 곧바로 하나님의 형상
과 모양대로 참된 지식과 의로움과 거룩함 가운데서 창조되었다는 사실을
확고히 해야 합니다. 그는 스스로 성장해야 했던 어린아이가 아니었고, 육
체적으로 성숙했지만 정신적으로는 어떤 내용도 없는 중립적인 존재, 즉
진리와 거짓, 선과 악 사이에서 중립적인 상태로 있지도 않았습니다. 더욱
이 그는 본래 동물적인 존재였고 동물로부터 점진적으로 발전하여 이제 투
쟁과 노력을 통해 인간이 되어가야 했던 존재도 아니었습니다. 이러한 모
든 관념은 성경과 건전한 이성에 비추어보았을 때 결코 조화될 수 없는 모
순적 사고입니다.

그러나 다른 한편으로 그리스도교의 가르침과 설교에서 종종 행해지
는 것처럼 첫 인간의 상태를 과장되게 미화해서는 안 됩니다. 아담은 하나
님으로부터 높은 지위를 받은 것은 사실이지만 여전히 자신이 도달할 수
있는 가장 높은 지위에 오르지는 못했습니다. 인간은 죄를 짓지 않을 수 있
는 능력(het kunnen-niet-zondigen)을 소유했지만, 여전히 죄를 지을 수 없는
능력(het niet-kunnen-zondigen)에 참여하지 못했습니다. 인간은 결코 멸망
하지 않고 죽지 않을 수 있는 영원한 생명을 아직 소유하지는 못했지만 잠
정적인 불멸의 상태를 부여받았는데, 그 존재와 기간은 조건의 충족에 달
려 있었습니다. 인간은 하나님의 형상을 따라 창조되었지만 여전히 자신이
소유한 모든 영광과 더불어 이 형상을 잃어버릴 수도 있었습니다. 그는 낙

원에서 살았지만 이 낙원은 하늘이 아니었고, 그 낙원은 그 자신으로 인해 모든 아름다움과 함께 여전히 몰수당할 수 있었습니다. 아담이 영적으로나 육체적으로 소유한 모든 풍요로움에 한 가지 빠진 것이 있었는데, 그것은 바로 **절대적 확실성**(volstrekte zekerheid)입니다. 우리에게 절대적 확실성이 없는 한 우리의 안식과 즐거움은 아직 완전하지 않습니다. 오늘날 사회나 국가에서 인간이 소유한 모든 것을 지켜주고 보장해주려는 많은 시도가 있다는 사실이 이에 대한 결정적인 증거를 제공해주고 있습니다. 신자들은 그리스도께서 그들의 보증인이 되시며 그들 중 그 누구도 그분의 손에서 잃어버리는 자가 되지 않게 하실 것이기 때문에(요 10:28), 신자들에게는 이 생과 내생이 보장되어 있습니다. 완전한 사랑은 그들에게서 두려움을 내어쫓으며(요일 4:18) 아무것도 그들의 주인이신 그리스도 예수 안에 있는 하나님의 사랑에서 그들을 끊어 놓을 수 없다고 확신합니다(롬 8:38-39). 그러나 낙원에 있었던 인간에게는 이러한 절대적인 확신이 여전히 부족했습니다. 인간은 하나님의 형상 됨과 동시에 영원히 불변하는 선함에 고정되지 않았으며 아무리 많은 것을 소유해도 자신과 후손을 위해 모든 것을 잃을 수 있었습니다. 인간의 기원은 신적인 것이었고 그의 본성 또한 신적인 본성과 관련되어 있었으며 그의 마지막 목적지는 하나님의 직접적인 현존 안에 있는 영원한 복락이었습니다. 그러나 그러한 목적지에 도달할 수 있을지는 그 자신의 선택에 맡겨져 있었고 그 자신의 의지에 달려 있었습니다.

1. 창세기에서 인간이 하나님의 형상이라는 말은 무엇을 의미합니까? 간략히 설명해봅시다.

2. 인간이 하나님의 형상(*imago Dei*)이라는 가르침은 어떤 중요한 의미를 가지며, 오늘날 인간의 존엄성과 인권 논의에 어떻게 적용될 수 있을까요?

3. 인간의 본질을 하나님의 형상으로 규정할 때, 인공 지능과 같은 비인간적인 존재의 기능과 의지의 문제는 어떻게 다루어야 할까요?

4. AI가 인간의 지능과 의지를 모방하거나 초월하는 시대에, 하나님의 형상이라는 관점에서 인간과 기계의 차이를 신학적으로 어떻게 설명할 수 있을까요?

5. 타락 이후에도 인간에게 하나님의 형상이 남아 있다는 가르침의 의미는 무엇일까요?

6. 남자와 여자가 모두 하나님의 형상이라는 성경적 인간 이해와 현대 사회의 젠더 이슈 및 성평등 문제 사이에서 어떤 대화가 가능할까요?

7. "원의"(原義, oorspronkelijke gerechtigheid) 개념이 인간 심리와 사회 관계의 회복 가능성에 대해 어떤 신학적 희망과 실천적 방안을 제시할 수 있을까요?

8. 개혁파 교회와 로마 가톨릭교회 사이에 하나님 형상에 대한 관점 차이는 무엇입니까?

9. 성경의 창조 이야기를 현대의 과학이나 철학적 세계관과 조화시키려는 현대 신학적 방법론에 대해 어떻게 생각하십니까?

10. 인류 기원을 진화가 아닌 창조로 보는 견해가 우리에게 윤리적으로 어떤 중요한 의미를 부여합니까?

11. 하나님의 형상에 기초한 인간 존재론은 죽음, 불멸성, 그리고 인간의 궁극적 목적에 대해 어떤 신학적·철학적 논의를 촉발할 수 있을까요?

제13장

죄와 죽음

창세기 3장은 이미 인간의 타락과 불순종에 대해 우리에게 이야기하고 있습니다. 창조된 후 얼마 되지 않아 인간은 하나님의 명령을 어기는 죄를 범한 것으로 보입니다. 창조와 타락은 동시에 일어난 사건이 아니며 서로 동일시될 수도 없습니다. 이 둘은 속성과 본질에 있어 구별되지만, 시간상으로는 그리 멀리 떨어져 있는 사건들이 아닙니다.

타락은 인간에게서만 발생한 사건이 아니라 십중팔구는 천사들의 세계에서도 발생한 사건입니다. 성경은 천사들의 창조와 타락에 관해서는 자세하게 설명하고 있지 않습니다. 성경은 우리가 인간과 인간의 타락을 올바르게 이해하는 데 필요한 만큼만 알려줄 뿐 더 깊은 탐구나 우리의 호기심을 충족시켜주려고 하지 않습니다. 하지만 우리는 천사들이 존재한다는 것과 그들 가운데 많은 숫자가 타락했다는 것, 이 타락이 세계가 시작될 때 이미 발생했음을 알 수 있습니다. 어떤 이들은 천사들의 창조와 타락을 창세기 1:1 이전의 시간으로 생각하기도 하지만 성경은 그러한 추측에 대해서 전혀 근거를 제공해주고 있지 않습니다.

창세기 1:1은 모든 창조 사역의 시작을 보여줍니다. 창세기 1:31에서는 아마도 하나님께서 지구만이 아니라 전체 창조 사역과 관련해 자신이 만드신 모든 것을 보시고 "보시기에 심히 좋았다"라고 언급하고 계십니다. 그렇다면 천사들의 반역과 불순종은 여섯째 날의 창조 이후에 발생한 것으로 보아야만 합니다.

천사의 타락이 인간의 타락보다 먼저 일어났다는 것은 확실합니다. 죄는 지상에서 먼저 발생한 것이 아니라 하늘에서, 하나님 바로 곁에서, 하나님의 보좌 앞에서 발생했습니다. 하나님을 대적하려는 생각과 욕망과 의지가 천사들의 마음속에서 먼저 일어났고, 아마도 교만이 첫 번째 죄였으며, 따라서 교만은 타락의 시작이자 타락의 원리가 되었을 것입니다. 바울은 교회의 일원이 된 지 얼마 되지 않은 사람을 감독으로 선출하지 말 것을 권고합니다(딤전 3:6). 이런 사람을 감독으로 선출할 경우 그 사람은 지나치게 교만해져서 악마의 심판에 쉽게 빠지게 될 것입니다. 시편에서 묘사하는 것처럼 이 악마의 심판이 악마가 자신의 지혜로 하나님 앞에서 자신을 높였을 때 받았던 심판을 의미한다면, 우리는 여기서 악마의 죄가 자기를 높이고 교만한 데서 시작되었다는 단서를 발견할 수 있습니다.

어쨌든 천사의 타락은 인간의 타락보다 먼저 일어났습니다. 사람이 하나님의 계명을 범한 것은 외부적인 원인 때문이었습니다. 여자는 뱀의 속임수와 유혹에 넘어가서 범죄했습니다(고후 11:3; 딤전 2:14). 뱀은 모든 들짐승 가운데 가장 간교하다고 기록되어 있습니다. 그래서 우리는 뱀을 상징적으로 해석해서는 안 되고, 실제적인 뱀으로 생각해야만 합니다(창 3:1; 마 10:16). 그러나 그 이후의 계시는 분명히 보여주기를 악마의 힘이 뱀을 이용해 인간을 속이고 유혹했다고 합니다. 구약성경에서는 이미 사탄이 인간을 고발하고 유혹하는 자로서 여러 번 언급되고 있습니다(욥 1장; 대상 21:1; 슥 3장). 그러나 어둠의 가공할 힘은 그리스도 안에서 하늘의 신성한 빛이 세상에 임할 때까지는 드러나지 않습니다. 여기서 이 땅의 세계 외에 또 다른 죄의 세계가 있다는 사실이 알려집니다. 악의 영적인 영역이 존재하는데, 그 대상은 수많은 악마들, 악하고 불결한 영들, 일부는 더 악한 귀신들(마 12:45)이며 사탄이 그 수장입니다. 그리고 이 사탄은 여러 가지 이름으로 불립니다. 그는 사탄으로만 아니라 비방하는 자, 곧 마귀로 불리기도 하고(마 13:39), 원수(마 13:39; 눅 10:19)이고, 악한 자(마 6:13; 13:19)이며, 고발자(계 12:10)이고, 시험하는 자(마 4:3)이며, 악과 허무를 의미하는 벨리알(고후 6:15)로도 불리고, 원래 에그론에서 숭배되었던 파리 신 바알세불(왕하 1:2; 마 10:25)로도 불리며, 악마들의 통치자(마 9:34)이고, 공중의 권세 잡은 자(엡 2:2)이며, 세상의 주관자(요 12:31)이고, 이 시대의 신(고후 4:4)이며, 큰 용과 옛 뱀(계 12:9)을 의미하기도 했습니다.

이러한 어둠의 왕국은 창조의 시작부터 존재한 것이 아니라 사탄과 그의 천사들의 타락으로 인해 생겨난 것입니다. 베드로는 천사들이 범죄했고, 그래서 하나님께 형벌을 받게 되었다고 개괄적으로 언급합니다(벧후 2:4). 그러나 유다는 자신의 서신 6절에서 천사들이 저지른 죄의 본질을 더 구체적으로 설명하며 천사들이 자신의 본질, 즉 하나님께서 그들에게 주신 지위와 권위를 지키지 않았고 그들은 하늘에 있는 자신들의 거처를 떠났다고 말하고 있습니다(유 6). 천사들은 하나님께서 그들에게 부여하신 지위에 만족하지 않았으며 다른 것을 탐냈습니다. 이러한 천사들의 반역은 이미 처음부터 일어났습니다. 악마는 처음부터 범죄했으며(요일 3:8) 악마는 처음부터 인간을 파멸시키려 했기 때문입니다. 예수께서도 악마는 처음부터 살인자였고 진리 안에 있지 않았으며 거짓이 그 안에 있는 거짓말쟁이였다고 말씀하셨습니다(요 8:44).

따라서 인간을 유혹한 것은 사탄이었습니다. 사탄은 하나님께서 선악을 알게 하는 나무의 열매를 먹지 말라고 명하신 계명에 유혹을 결부시키는 간교를 획책했습니다. 야고보 사도는 하나님께서는 모든 유혹을 받지 않으시고 결코 아무도 유혹하지 않으신다고 증언합니다(약 1:13). 물론 여기서 말씀하는 것은 하나님께서 결코 사람을 시험하지 않으신다는 뜻은 아닙니다. 성경은 하나님께서 아브라함과 모세와 욥, 그리고 예수님을 시험하셨으며 첫 번째 인간도 시험받았다는 사실을 이야기하고 있습니다. 하지만 어떤 사람이 시험으로 인해 넘어졌을 경우, 그 사람은 곧바로 자신이 타락하게 된 책임을 하나님께 돌리고서 하나님께서 자신을 유혹하셨다고 주장하거나 하나님의 시험은 자신을 반드시 넘어지도록 기획되었다고 말하려는 성향이 있습니다.

우리는 아담이 타락한 후 곧바로 그러한 방식으로 행동했음을 보게 됩니다. 그것은 모든 인간의 은밀한 성향이기도 합니다. 야고보는 이러한 인간의 성향, 즉 하나님께서 인간을 넘어지도록 시험을 기획하셨다고 말하려는 성향에 대해 논박하면서, 하나님은 모든 유혹을 초월해 계시는 분이시며 결코 아무도 유혹하지 않으시는 분임을 강조합니다. 하나님은 누구를 넘어뜨리려는 의도로 시험하지 않으시며, 또한 인간이 감당할 수 있는 능력 이상의 시험을 허락하지 않으십니다(고전 10:13). 아담에게 주어진 시험의 계명은 그의 순종을 드러나도록 하기 위한 것이었지 그의 능력을 초과하는 것이 아니었습니다. 인간적으로 말하자면 아담이 그 계명을 지키는 것은 쉬운 일이었습니다. 왜냐하면 그 계명은 가벼운 금지였고 그에게 주어지고 허락된 모든 것에 비하면 비교할 수 없이 가벼운 것이었기 때문입니다.

그러나 사탄은 하나님께서 선한 의도로 계획하신 것을 항상 악한 의도로 왜곡합니다. 사탄은 시험의 계명을 하나의 유혹으로 만들어버리고 첫 인간의 순종에 대한 은밀한 공격으로 악용했습니다. 사탄의 명백한 목적은 인간을 타락시키는 것이었습니다. 먼저 하나님께서 주신 금지의 계명을 단순히 임의로 부과된 짐, 즉 인간의 자유를 근거 없이 제한하는 짐으로 묘사했습니다. 이렇게 하여 사탄은 하나님 명령의 신적 기원과 정당성을 의심하는 씨앗을 하와의 마음속에 심었습니다. 그리고 이 의심의 씨앗은 불신으로 발전했습니다. 사탄은 하나님께서 그 금지를 주신 이유가 인간이 하나님과 같이 되어 선과 악을 알게 될 것을 두려워했기 때문이라고 생각하도록 만들었습니다. 이러한 불신앙은 상상력을 자극하여 금지된 명령을 어기는 것이 죽음에 이르는 길이 아니라 참된 생명의 길이며 하나님과 같아지는 길처럼 보이게 만들었습니다. 그리고 이러한 상상력은 이후 인간의 욕망에 영향을 미쳤고, 금지된 나무를 다른 왜곡된 시각으로 바라보게 하여 눈을 탐욕스럽게 만들었으며, 마음속에 욕망을 불러일으켰습니다. 그래서 욕망이 잉태되어 의지를 자극하고 죄악된 행동을 낳았습니다. 하와는 이 나무의 열매를 따서 먹었고, 또한 그것을 자기 남편에게도 주어 먹게 했습니다(창 3:1-6).

• • •

성경은 간결하지만 심오한 심리학적 방식으로 타락과 죄의 기원을 서술하고 있습니다. 죄는 여전히 계속 발생하고 있습니다. 먼저 이해력이 흐려지고, 그다음 상상력이 자극되며, 마음속에서 욕망이 일어나고, 결국 의지적 행동에서 그 절정에 이르게 됩니다. 물론 최초의 범죄가 발생한 과정과 그 이후 다른 모든 범죄가 발생하는 과정 사이에는 크나큰 차이가 있습니다. 첫 번째 범죄 이후에 발생한 다른 범죄는 모두 이미 죄로 물든 본성을 인간 안에 전제하고 그 죄의 본성에 뿌리를 내리고 있지만, 창조 시에 아담과 하와에게는 그러한 죄의 본성이 없었습니다. 그들은 하나님의 형상으로 창조되었기 때문입니다. 그러나 그들이 완전하게 창조되었다고 할지라도 타락할 가능성을 가진 존재로 창조되었음을 잊지 말아야만 합니다. 그리고 죄는 항상 그 본성상 불합리하고 자의적인 성격을 지닌다는 점도 유념해야만 합니다. 누군가가 죄를 지으면 그는 항상 자기 자신을 변명하거나 정당화하려고 하지만, 그는 결코 그 일에 성공하지 못합니다. 죄에는 합리적인 근거가 존재하지 않습니다. 죄의 존재는 항상 부당하며 불법적입니다. 마찬가지로 오늘날에도 범죄자가 환경이나 자신의 성향에 의해 죄를 지을 수

밖에 없었다고 설명하려는 시도가 있습니다. 그러나 이러한 설명은 외적이거나 내적인 필연성을 범죄자에게 강요할 뿐입니다. 그리고 정작 범죄자는 자신의 양심 속에서 가장 심한 갈등을 겪게 됩니다. 죄는 이성적으로나 심리적으로나 결코 정당화될 수 있는 성향이나 행위로 환원될 수 없습니다.

우리는 낙원에서 저질러진 최초의 죄에 대해서 이러한 내용을 가장 강력하게 적용하게 됩니다. 오늘날에는 종종 죄를 정당화하지는 않더라도 죄에 대한 책임을 다소 경감시키는 상황들이 존재합니다. 그러나 최초의 인간 부부가 저지른 죄에는 그것을 가볍게 해줄 어떠한 경감 사유도 주장될 수 없습니다. 오히려 그들의 죄에 대한 책임을 더욱 무겁게 만드는 요소들이 존재했습니다. 예컨대 그들에게 시험 계명을 알게 해준 특별계시와 자기 부정을 크게 요구하지 않는 시험 계명의 내용, 그 계명을 어겼을 때의 엄중한 처벌 위협과 끔찍한 결과, 그리고 그들의 거룩한 본성 같은 모든 상황과 요소들이 오히려 그들의 죄책을 가중시키는 역할을 합니다.

우리는 타락의 **가능성**(可能性, mogelijkheid)에 대해서 어느 정도 조망할 수 있겠지만, 그 타락이 어떻게 **실제성**(實際性, werklijkheid)으로 전환되어 현상에서 드러나게 되었는지는 여전히 파악하기가 어렵습니다. 성경은 이러한 타락의 과정을 우리가 이해할 수 있는 방식으로 설명하려는 시도를 전혀 하지 않습니다. 그렇다고 해서 성경은 죄의 본질적인 죄악성을 결코 약하게 표현하고 있지 않습니다. 죄는 거기에 **있지만, 있어서는** 안 되는 것입니다. 우리는 죄로 인해 과거에도 그랬고, 지금도 그러하며, 영원히 하나님의 법과 우리 양심의 증거와 더불어 갈등하고 있습니다.

창세기 3장이 보도하고 있는 타락 이야기는 두 가지 사안을 우리에게 알려줍니다. 한편으로는 죄가 발생하는 심리 과정을 묘사하여 그 진리가 우리 자신의 삶 속에서 매 순간 느껴지게 하며, 다른 한편으로는 죄를 그 비합리적이고 불법적인 본질 그대로 드러나게 합니다. 그리고 이 두 가지를 서로 연결함으로써 인간의 지혜는 수 세기 동안 악의 기원에 대해 생각해온 모든 것을 무한히 초월하게 됩니다. 죄와 고통이 존재한다는 것은 우리가 성경을 통해서만 아는 사실이 아닙니다. 신음하는 모든 피조물이 매일 매 순간 죄와 고통으로 우리에게 외치고 있습니다. 온 세상 역시 타락의 흔적 아래에 놓여 있습니다. 설령 우리 주변의 세상이 타락의 고통을 우리에게 전하지 않는다고 할지라도 우리 양심의 소리가 끊임없이 우리를 책망하고 있으며, 우리 마음 깊은 곳에서 느끼는 말할 수 없는 고통의 증언이 매시간 우리 안에서 이 사실을 상기해주고 있습니다.

그래서 언제 어디서나 인류에게는 이러한 질문이 제기됩니다. 악은 어디서 오는가? 즉 죄의 악과 고통의 악은 어디서 오는가? 이 문제는 존재의 기원에 대한 질문보다도 훨씬 더 강력하게 인간의 사유를 사로잡아왔으며, 인간의 마음과 지성 속에 매 순간 엄습해오는 질문이었습니다. 그러나 여러분은 인간의 지혜가 제시했던 답변과 성경이 제공하는 단순한 답변을 비교해보시기 바랍니다!

물론 이러한 해결책들은 서로 간에 완전히 동일하지는 않습니다. 그러나 그 해결책들 사이에는 분명한 연관성이 있어서 하나로 정리할 수 있습니다. 가장 흔히 받아들여지는 견해는 죄가 인간 **안에** 내재하거나 인간**으로부터** 나오는 것이 아니라 외부에서 들어와 인간에게 달라붙는 것으로 본다는 것입니다. 다시 말하면 인간은 원래 선하고 그의 마음은 타락하지 않았다는 것입니다. 악은 단지 환경, 주변 조건, 인간이 태어나고 자라난 사회 속에 존재할 뿐이라는 것입니다. 그러므로 악이 서식하는 주변의 환경과 조건을 없애고 사회를 개혁하면, 예를 들어 재화를 모든 인간에게 공평하게 분배하면 인간은 자연히 선해질 것이며 악을 행할 이유가 없을 것이라는 견해가 있습니다.

죄의 기원과 본질에 관한 이러한 사상은 언제나 많은 지지자를 얻어왔습니다. 그 이유는 인간이 자신의 잘못을 늘 환경 탓으로 돌리려 하기 때문입니다. 더욱이 18세기 이래로 정치적·사회적 부패에 대한 자각이 커지면서 국가와 사회의 근본적인 변혁이 모든 문제를 해결할 유일한 만병통치약이라고 여겨졌을 때 이러한 사상은 더욱더 유행했습니다. 그러나 19세기에 들어와서 인간 본성이 선하다는 환상은 어느 정도 환멸로 변했습니다. 이로 인해 인간은 본성상 근본적으로 악하다고 생각하는 경우가 많아졌고 그 결과 인간의 구원을 포기하는 사람들도 적지 않습니다.

따라서 인간 죄의 기원을 인간의 감각적 본성에서 찾는 오래된 설명이 다시 주목을 받게 되었습니다. 인간은 영혼을 가지고 있지만, 동시에 육체도 가지고 있습니다. 인간은 영적 존재인 동시에 육체적 존재이기도 합니다. 그리고 이 육체는 본성적으로는 감각적인 성향을 지녔고 다소 불순한 욕망과 저속한 열정을 가지고 있습니다. 따라서 육체는 본성에 있어서 표상들과 관념들과 이념들을 포함하고 있는 영과 대립하고 있습니다. 인간은 태어날 때 수년간 식물 같고 동물 같은 삶을 살다가 그 이후 오랜 세월 동안 감각적인 인식 속에서 살아가는 어린아이로 머물게 됩니다. 따라서 인간 안에서 육체가 오랫동안 지배력을 행사하며 영을 억압하는 것은 자연스러운 일입니다. 그러나 영은 아주 서서히 육체의 지배에서 벗어나며 인류와 개인 안에서 발전을 끊임없이 이어갑니다.

이처럼 사상가들과 철학자들은 죄의 기원에 대해 반복해서 논의해왔습니다. 하지만 근대에 이르러 인간이 동물로부터 나왔고 그의 마음속에는 여전히 동물적인 본능이 존재한다는 이론이 등장했습니다. 그리고 이 이론은 강력한 지지를 얻게 되었습니다.

어떤 사람들은 인간이 영원히 동물로 남을 것이라는 결론을 내립니다. 그러나 다른 어떤 사람들은 인간이 지금까지 그렇게 훌륭하게 발전해 온 것을 보았을 때 미래에는 훨씬 더 큰 발전을 이룰 것이며, 그래서 인간은 아마도 언젠가는 천사가 될 것이라는 희망을 품고 있습니다. 그러나 그것이 무엇을 의미하든 인간이 동물의 후손이라는 사실은 죄 문제에 대한 훌륭한 해결책을 제공하는 것처럼 보였습니다. 인간이 동물로부터 왔다면, 동물적인 성향이 여전히 인간에게 영향을 끼치고 품위의 고삐를 반복적으로 풀어지게 만드는 것은 지극히 자연스러운 일이며 전혀 놀라운 일이 아닙니다.

따라서 많은 사람은 죄에 대해 생각하기를, 죄는 초기 인간의 동물적 상태의 후유증이자 잔재에 불과한 것으로 간주합니다. 정욕과 음행과 도둑질과 강도와 살인 등은 가장 원시적인 인류와 동물들에게서 일상적으로 발생했던 관습이며 오늘날에도 후진적이고 미개한 사람들, 소위 범죄자들 사이에서 여전히 반복되어 나타나는 사건들입니다. 그러나 이렇게 오래되고 원초적인 습관에 빠진 사람들은 실제 범죄자로 보아서는 안 되며, 단지 미개하고, 약하며, 병들었고, 다소 정신적으로 혼란스러운 사람들로 보아야만 한다는 것입니다.

그러므로 그들은 감옥에서 처벌받아서는 안 되고 병원에서 치료받아야 합니다. 상처가 신체에 있다면, 범죄자는 사회에 존재합니다. 죄는 인간이 동물 상태에서 가져온 병이며, 서서히 극복해야만 하는 대상입니다.

이 노선을 따라 죄를 감각과 육체 및 동물적인 성향에서 설명하면, 죄는 물질에 그 기원을 두고 있는 것으로 파악할 수 있습니다. 이러한 생각은 죄가 모든 피조물의 유한성에서 기원한다는 고대의 가르침으로 자연스럽게 이어집니다. 고대에는 빛과 어둠처럼 영과 물질이 영원히 서로 대립하며 결코 완전한 친교를 이룰 수 없다는 사상이 매우 인기 있었습니다. 빛의 하나님은 물질을 창조하지 않았고 창조할 수도 없다고 여겨졌습니다. 물질은 영원부터 하나님과 떨어져 있었고, 형태도 없었으며, 어두워서 모든 빛과 생명으로부터 단절된 상태로 존재했습니다. 비록 물질이 나중에 하나님에 의해 형체를 부여받아 이 세상을 창조하는 데 사용되었더라도, 여전히 영적인 관념(idee)의 충만함을 받아들이고 반영할 힘은 없습니다. 물질 자체가 어두워서 관념의 빛을 통과시키지 못하기 때문입니다.

어떤 경우에는 한 걸음 더 나아가 이러한 어두운 물질이 신적인 기원으로 환원되기도 합니다. 그러면 영원부터 두 신, 즉 빛의 신과 어둠의 신, 선한 신과 악한 신이 나란히 존재하게 됩니다. 또는 선과 악이라는 두 가지 영원한 원리를 하나의 신으로 통합해 신의 본질을 이원적으로 만들어버립니다. 신 안에는 무의식적이고, 어둡고, 감추어진 기반이 있으며, 이 기반에서 의식적이고 밝은 빛의 본성이 위를 향해 솟아오릅니다. 그리하여 전자는 세상의 어둠과 악의 가장 깊은 근원이 되고, 후자는 모든 생명과 빛의 근원이 됩니다.

만약 여기서 한 걸음 더 나아가게 되면, 오늘날의 일부 철학자들이 주창한 사상에 도달하게 됩니다. 이들의 사상에 따르면 신은 그 자체로 어두운 본성이고, 맹목적인 충동이며, 영원한 굶주림이고, 비합리적인 의지일 뿐입니다. 그들은 신이 오직 인간 안에서만 비로소 의식으로 나타나고 빛으로 드러난다고 주장합니다. 이 사상은 성경 계시가 보여주는 사상에 정면으로 반대합니다. 성경은 하나님이 전적으로 빛이시고, 그분에게는 어떠한 어둠도 없으며, 태초에 모든 만물이 말씀으로 창조되었다고 증언합니다. 그러나 오늘날의 철학은 신 자체가 어둠이고, 자연이며, 깊은 심연이고, 세상과 인류 안에서만 비로소 하나님을 위한 빛이 나타난다고 주장합니다. 이러한 관점에 따르면 인간은 불행한 존재가 아니며 하나님으로부터 구원을 받을 필요도 없습니다. 오히려 하나님이 불행한 존재이며 인간으로부터 구원을 기다려야 한다는 결론에 도달하게 됩니다.

많은 사람이 이러한 극단적인 결론을 노골적이고 직설적으로 표현하지는 않지만, 앞서 언급한 죄의 기원에 대한 고찰들은 모두 궁극적으로 이와 같은 극단적인 결론에 도달합니다. 이러한 고찰들은 관점이 다르지만 공통점이 있는데, 그것은 죄의 기원과 근거를 피조물의 의지에서 찾지 않고 사물의 존재와 본질, 즉 창조주 안에서 찾는다는 것입니다. 만약 죄가 환경과 사회와 감각과 육체와 물질 속에 있다고 한다면, 그 죄에 대한 책임은 만물을 창조하시고 유지하시는 창조주에게 돌아가게 되며, 인간은 자신의 죄에서 자유로워집니다. 이 경우 죄는 타락과 함께 시작된 것이 아니라 창조 순간부터 존재하는 것이며, 창조와 타락은 동일한 시점이고, 존재 자체가 죄가 되는 셈입니다. 여기서 도덕적 불완전성은 유한성과 동일시됩니다. 그렇게 되면 구원은 절대적으로 불가능하거나 존재의 소멸, 곧 열반(nirvana)으로 귀결될 수밖에 없습니다.

그러나 하나님의 지혜는 인간의 이러한 사상을 훨씬 초월하여 드러납니다. 인간의 사상은 하나님을 고발하고 자기 자신을 변호합니다. 그러나 하나님의 지혜는 하나님을 의로운 분으로 선언하고 인간을 죄책 속으로 밀어 넣습니다. 성경은 처음부터 끝까지 하나님을 의로운 분으로 변론하고 인간의 죄책을 선언하는 책입니다. 성경은 위대하고 강력한 신정론(神正論, theodicee)을 선포하며, 하나님의 모든 미덕과 모든 행위를 의로운 것으로 묘사합니다. 그뿐만 아니라 성경에는 모든 인간 양심의 고백이 담겨 있습니다. 물론 죄는 하나님의 섭리 밖에서 발생하는 것이 아닙니다. 타락 또한 하나님의 예지와 계획, 그리고 뜻을 벗어나 일어난 것이 아닙니다. 죄의 발전과 역사는 하나님에 의해 인도되고, 끝날 때까지 그분의 주권 아래에 놓여 있습니다. 죄는 하나님을 무력하게 만들지 못합니다. 죄 앞에서도 하나님은 여전히 하나님이시며 지혜와 선하심과 능력 가운데 온전히 머무는 분이십니다.

그러므로 하나님은 지혜로우시고 선하시며 전능하시기 때문에 악으로부터 선을 이끌어낼 수 있습니다. 죄가 그 본성에 반해 하나님의 이름을 영화롭게 하며 그분의 나라를 세우는 데 협력하도록 강제하실 수도 있습니다. 그러나 죄는 여전히 그 죄악된 본성을 유지합니다. 만일 하나님이 어떤 의미에서 죄를 의도하셨다고 말할 수 있다면, 이는 그분의 뜻 없이는 어떤 것도 존재하거나 발생할 수 없기 때문임을 잊어서는 안 됩니다. 하지만 하나님은 죄가 항상 죄로서, 즉 존재해서는 안 되는 어떤 것으로 존재하기를 원하셨습니다. 그러므로 죄는 늘 그분의 명령에 반해 불법적으로 존재하는 것입니다.

성경은 이처럼 하나님을 의롭다고 선언함과 동시에 죄의 본성도 그대로 유지된다고 말합니다. 만일 죄가 피조물의 의지에 기원을 두지 않고 그 의지에 앞서는 존재에서 비롯된다면, 죄는 즉시 윤리적이고 도덕적인 성격을 상실하고 존재와 사물의 본성에서 분리될 수 없는 물리적이고 자연적인 악이 될 것입니다. 그렇게 되면 죄는 독립적인 존재이고 원초적 원리일 뿐만 아니라 옛날 병이 그러했던 것처럼 악한 물질로 여겨질 것입니다. 그러나 성경은 죄가 그런 것이 아니며 그렇게 될 수도 없다고 가르칩니다. 하나님은 만물의 창조주이시며 물질조차도 그분의 창조물입니다. 그리고 창조의 사역을 마치신 후 하나님은 자신이 지으신 모든 피조물을 보시고 심히 좋다고 여기셨습니다.

죄는 사물의 본성에 속하지 않습니다. 죄는 사물의 존재 그 자체 속에 있는 것이 아니라 도덕적 성격을 가진 현상이며, 도덕적 영역에 속하는 것입니다. 죄는 하나님께서 이성적 피조물인 인간에게 주시고 그분의 뜻에 따라 확정하신 도덕법에서 벗어나는 것입니다. 첫 번째 죄는 시험 계명을 어긴 것이고 그 시험 계명과 더불어 동일한 하나님의 권위에 근거하는 도덕법 전체를 어기는 것입니다. 성경이 죄를 가리켜 사용하는 여러 가지 이름들, 즉 범죄, 불순종, 불의, 경건치 않음, 하나님을 대적하는 것 등은 모두 같은 방향을 가리킵니다. 바울은 죄의 인식이 율법으로부터 온다고 말합니다(롬 3:20). 요한은 가장 작은 죄에서 가장 큰 죄에 이르기까지 모든 죄는 불의이고 무법이며 불법이라고 선언합니다(요일 3:4).

만일 죄의 성격이 율법을 어기는 것이라면, 죄는 물질이든 영이든 사물의 본질이나 존재 속에 놓여 있을 수 없습니다. 사물의 본질과 존재는 오직 모든 선의 원천이신 하나님께 빚지고 있기 때문입니다. 그러므로 악은 선보다 **후에**(na) 올 수밖에 없는 것이고, 선을 통해서만 존재할 수 있는 것이며, 선의 부패 외에 다른 것이 아닙니다. 심지어 악한 천사들조차도 죄가 그들의 본성 전체를 부패시켰지만 피조물로서는 여전히 선합니다. 사물의 본질과 존재 안에 있는 선 역시 죄로 인해 완전히 파괴되지 않았고, 단지 다른 방향으로 전환되었으며, 다른 목적을 위해 오용될 뿐입니다. 인간은 죄로 인해 자신의 본질, 곧 자신의 인간적인 본성을 잃지 않았습니다. 인간은 여전히 영혼과 몸, 지성과 의지, 그리고 온갖 종류의 감정과 성향을 가지고 있습니다.

그러나 그 자체로 선하며 빛의 아버지로부터 내려온 이 모든 은사를 인간은 이제 하나님을 대적하는 무기로 삼아 죄악을 섬기는 데 사용하게 되었습니다. 그러므로 죄는 단순한 결핍이 아닙니다. 예를 들어 부자였다가 가난해진 사람이 자신이 과거에 누렸던 것을 잃고 살아야 하는 것과 같이 죄는 인간이 원래 소유했어야 하는 것을 잃어버린 것만을 의미하지 않습니다. 죄는 인간이 참된 인간이 되기 위해 반드시 소유했어야 하는 것을 박탈당하는 것을 의미합니다. 동시에 인간에게 결코 있어서는 안 될 결핍이 더해진 상태이기도 합니다.

오늘날 과학에 따르면 질병은 특정 물질이 아니라 변화된 상태의 생명이고 생명의 법칙은 건강한 신체와 마찬가지로 유지되지만, 그 생명의 기관과 기능은 정상적인 활동을 방해받고 있습니다. 죽은 몸에서도 그 작용은 멈추지 않지만, 그때 일어나는 작용은 파괴적이고 해체적인 성격을 띠고 있습니다. 마찬가지로 죄는 물질이 아니라 인간에게 주어진 모든 은사와 능력을 방해하는 것입니다. 또한 그 은사와 능력이 이제는 하나님께로 향하는 것이 아니라 하나님에게서 멀어지는 다른 방향으로 작용하는 것입니다. 이성과 의지와 감정과 성향과 열정과 영혼의 능력과 육체의 힘은 원래 의의 무기들이었으나 이제는 모두 죄의 신비한 힘으로 인해 불의의 무기로 바뀌게 되었습니다. 인간이 창조될 때 받은 하나님의 형상은 실체가 아니라 본성에 속한 것이었습니다. 따라서 하나님의 형상을 잃어버린 인간은 완전히 왜곡되고 기형이 되어버리고 말았습니다.

인간의 안팎을 있는 그대로 볼 수 있다면 인간의 본질 속에 하나님보다는 사탄과 더 닮은 특징들을 발견하게 될 것입니다(요 8:44). 영적인 건강은 영적인 질환과 죽음으로 대체되었습니다. 그러나 유전자처럼 죄는 인간의 존재를 구성하는 부분이 아닙니다. 성경이 죄의 도덕적 본성을 지지함으로써 동시에 그것과 더불어 인간의 구원 가능성도 지지합니다.

죄는 세상의 본질에 속하지 않고 인간에 의해 세상에 들어왔습니다. 그러므로 죄는 모든 피조물보다 더욱더 강한 하나님의 은혜의 힘으로만 세상에서 제거될 수 있습니다.

• • •

인류의 첫 번째 죄는 홀로 머물러 있지 않았습니다. 그 죄는 인간이 저지른 후 마치 아무 일도 없었던 것처럼 행동할 수 있는 그런 종류의 행위가 아니었습니다. 인간이 스스로 생각과 상상력, 그리고 욕망과 의지 속에 죄를 자리 잡게 하는 순간 그의 내면에는 끔찍한 변화가 일어났습니다. 그것은 아담과 하와가 타락 직후 하나님으로부터 그리고 또한 서로에게서 숨으려고 했다는 사실에서 분명히 드러납니다. 그들은 자신의 눈이 밝아져 벌거벗었다는 것을 깨달았습니다(창 3:7). 그들은 갑자기 서로 다른 관계에 놓인 자신을 발견하고, 이전에는 보지 못했던 서로의 모습을 보게 되었습니다. 그들은 거리낌 없이 서로의 눈을 마주칠 수 없었고, 죄책감과 수치심에 무화과나무 잎으로 몸을 가리려 했습니다. 그러나 두려움 속에서 함께 하나님을 피해 동산 한가운데서 숨은 그들은 공동의 운명체로서 하나 됨을 느꼈습니다.

무화과나무 잎으로 부끄러움과 수치심을 부분적으로 가릴 수는 있었지만, 이것만으로는 하나님 앞에 서 있을 수 없었기 때문에 그들은 동산 나무숲 깊은 곳으로 도망쳤습니다. 하나님의 형상을 잃어버렸고 하나님 앞에서 죄책감과 추함을 느꼈기 때문에 수치심과 두려움이 그들을 사로잡았습니다. 그리고 그것이 죄의 결과였습니다. 우리는 하나님과 우리 자신, 그리고 동료들 앞에서 내면의 영적인 담대함을 잃게 되었습니다. 오직 무죄 의식만이 우리 마음속에서 그러한 내면의 영적 담대함을 불러일으킬 수 있기 때문입니다. 그러나 첫 번째 죄의 끔찍함은 최초의 인간 부부로부터 온 인류에게 퍼져나갔다는 점에서 더욱 분명하게 드러납니다. 잘못된 방향으로 첫발을 내디딘 아담과 하와의 모든 후손은 그들의 첫 조상의 발자취를 따라갔습니다. 죄의 보편성은 모든 사람의 의식에 강요되는 사실이며, 이는 경험의 증언과 성경의 가르침에 의해 의심의 여지 없이 확증됩니다.

전 세계의 모든 장소와 시대에서 죄의 보편성을 보여주는 증언을 모으는 것은 그리 어렵지 않습니다. 가장 단순한 사람부터 가장 많이 배운 사람까지 모두 이에 동의할 것입니다. 죄 없이 태어나는 사람은 한 명도 없으며, 모든 인간은 약점과 결점을 지닌 존재입니다. 인간은 죽을 수밖에 없으며, 많은 질병 가운데는 지성이 어두워지는 증상도 포함됩니다. 여기에는 오류의 불가피성과 오류를 사랑하는 것까지도 포함됩니다. 양심으로부터 자유로운 인간은 아무도 없습니다. 양심은 우리 모두를 겁쟁이로 만들어버립니다. 인류가 짊어져야 할 가장 무거운 짐은 다름 아닌 죄책감입니다. 따라서 인류 역사 곳곳에서 다양한 목소리로 이 사실이 들려옵니다. 인간의 선천적인 선함을 주장하는 사람들도 죄의 탐구를 마치고나면 모든 죄와 범죄의 씨앗이 각 사람의 마음속에 감추어져 있음을 인정할 수밖에 없습니다. 그래서 철학자들은 인간 본성이 근본적으로 악하다고 불평했습니다.

• • •

인류가 스스로에 대해 내리는 이러한 판단을 성경은 확증해줍니다. 창세기 3장에서 인간의 타락을 기록한 후, 성경은 다음 장들에서 죄가 인류 안에서 어떻게 확산되어 증가하게 되었으며 죄가 극에 달해 어떻게 홍수 심판이 불가피하게 되었는지를 보여주고 있습니다. 홍수 이전 세대에 대해 성경은 "사람의 죄악이 세상에 가득하고, 그의 마음의 모든 생각의 계획이 항상 악할 뿐이며, 사람들이 땅을 폭력으로 가득 채웠고, 땅이 하나님 앞에 부패했다"라고 증언하고 있습니다(창 6:5, 11-12). 그러나 이렇게 큰 홍수가 인간의 마음을 변화시키지는 못했습니다. 이후에도 하나님은 노아의 가족에서 비롯된 새로운 인류에 대해 "사람의 마음의 계획이 어릴 때부터 악하다"라고 말씀하셨습니다(창 8:21).

구약의 모든 성도는 이러한 하나님의 증언에 동의합니다. 욥은 그 누구도 더러운 것에서 깨끗한 것을 낼 수 없다고 탄식합니다(욥 14:4). 솔로몬은 성전 봉헌 기도에서 범죄하지 않은 사람은 없다고 고백합니다(왕상 8:46). 시편 14편과 53편에서 주님께서는 하늘에서 인생들을 굽어보시며 하나님을 찾는 지혜로운 자가 있는지를 살피셨지만 오직 타락과 불의만을 보셨고, 모두가 길을 벗어나고 함께 부패해 선을 행하는 자가 없으니 단 한 사람도 없음을 보셨습니다. 그러므로 아무도 주님 앞에 설 수 없습니다. 이는 살아 있는 사람 중에 의로운 자가 없다는 말씀과 같습니다(시 143:2). 잠언은 또한 누가 자신의 마음을 깨끗이 하여 죄에서 벗어났다고 말할 수 있겠는가를 질문합니다(잠 20:9). 땅 위에 의로운 사람은 없고, 선을 행하며 죄를 범하지 않는 사람이 없다는 것입니다(전 7:20).

이 모든 진술은 너무나 보편적이어서 어떤 예외도 허용치 않습니다. 이것들은 자신의 죄나 타인의 죄에 대해 전혀 관심을 두지 않는 악인들의 입에서 나온 것이 아니라, 하나님의 면전에서 자신을 죄인으로 알게 된 경건한 자들의 마음에서 우러나온 말입니다. 이들은 단지 다른 사람들, 즉 공공연히 죄를 짓는 자들이나 하나님을 알지 못하는 이방인들에 대해서만 이러한 판단을 내리지 않고, 먼저 자신과 자기 민족에 대해 이러한 판단을 내리고 있습니다.

성경은 경건한 사람들을 이 땅에서 완전히 거룩하게 산 사람들로 묘사하지 않습니다. 오히려 때때로 그들을 매우 심각한 범죄를 저지른 죄인들로 묘사하고 있습니다. 경건한 자들은 자신들의 의로운 입장을 의식하고 있음에도 불구하고 자신의 죄책을 너무나 깊이 느끼는 사람들이었고, 주님 앞에 나아와 겸손히 자신의 죄를 고백하는 사람들이었습니다(시 6편; 25편; 32편; 38편; 51편; 130편; 143편). 심지어 그들이 백성을 책망하고 백성들의 배교와 신실하지 못함을 지적할 때도, 결국 자신들을 그 백성의 일원으로 간주하며 백성들과 한목소리로 고백했습니다. "우리는 부끄러움 속에 놓여 있고, 우리의 수치가 우리를 덮고 있습니다. 이는 우리와 우리 조상들이 우리의 젊은 시절부터 오늘날까지 야웨 우리 하나님께 죄를 지었기 때문입니다"(렘 3:15; 사 6:5; 53:4-6; 64:6; 단 9:5 이하; 시 106:6).

신약성경 또한 온 인류가 죄에 빠져 있는 이 상태에 대해 조금도 의심하지 않습니다. 복음의 선포 전체가 이러한 전제 위에 세워져 있습니다. 요한이 천국이 가까이 왔음을 선포할 때, 요한은 회개하고 세례를 받을 것을 요구합니다. 그 이유는 할례나 제사나 율법 준수로는 이스라엘 백성에게 하나님 나라에 들어가는 데 필요한 의를 줄 수 없었기 때문입니다. 그러므로 예루살렘과 온 유대 지역에서 많은 사람이 요한에게 나아가 요단강에서 자신들의 죄를 고백하며 세례를 받았습니다(마 3:5-6). 그리스도께서는 세례 요한과 마찬가지로 하나님 나라를 선포하며 등장하셨고, 오직 거듭남과 믿음과 회개만이 그 나라에 들어가는 문을 열 수 있다고 증언하셨습니다(막 1:15; 6:12; 요 3:3).

예수께서는 마태복음 9:12-13에서 건강한 자에게는 의사가 필요하지 않다고 말씀하셨고, 또한 그분은 의인을 부르러 오지 않고 죄인을 부르러 왔다고 말씀하셨습니다. 그러나 이 본문의 전후 문맥을 살펴보면, 예수께서는 여기서 건강한 자와 의인으로 자기 스스로를 높이던 바리새인들을 염두에 두고 계셨습니다. 바리새인들은 예수께서 세리와 죄인들과 함께 식사하시는 것을 비난하며 자신들을 세리와 죄인들보다 훨씬 높은 위치에 놓여 있다고 여겼습니다. 그리고 그들은 자신들이 상상하는 의로움 속에서 예수의 사랑을 구할 필요가 없다고 느꼈습니다.

게다가 마태복음 9:13에서 예수께서는 바리새인들에게 그들이 하나님의 율법이 외적인 제사보다는 내적이고 영적인 자비를 요구한다는 사실을 이해했다면, 자신들도 세리와 죄인들처럼 죄인임을 깨닫고 그분의 이름 안에서 회개할 필요가 있음을 인정했을 것이라고 분명히 말씀하셨습니다. 예수께서는 자신의 사역을 이스라엘 집안의 잃어버린 양들에게 제한하셨지만(마 15:24), 부활 후 제자들에게는 온 세상에 나아가 모든 사람에게 복음을 전파하라고 명령하셨습니다. 이는 구원이 그분의 이름 안에서 믿음을 통해 모든 사람에게 이루어지기 때문입니다(막 16:15-16).

이와 일치하여 사도 바울은 로마서에서 전 세계가 하나님 앞에서 정죄 받을 수밖에 없다는 사실을 길고 상세하게 논증하면서 율법의 행위로 의롭다 하심을 받을 육체가 없다는 사실에 대해 논증합니다(롬 3:19-20). 하나님을 알지도 아니하고 영화롭게 하지 않은 이방인들뿐만 아니라(롬 1:18-32), 자신들의 특권을 자랑하지만 결국 같은 죄를 범하는 유대인들까지(롬 2:1-3:20) 모두가 다 죄 아래에 놓여 있습니다(롬 3:9; 11:32; 갈 3:22). 이는 모든 입이 다물어지고, 오직 하나님의 자비를 통해서만 그들의 구원이 가능하다는 사실을 드러내기 위함입니다.

신약성경에서 말하는 인간의 보편적 죄악성은 복음 전파의 기초에 깊이 자리 잡고 있어서 세상이라는 단어가 매우 부정적인 의미를 띠게 됩니다. 본래 세상과 그 안에 있는 모든 것은 하나님에 의해 창조된 것입니다(요 1:3; 골 1:16; 히 1:2). 그러나 죄로 인해 타락하여 이제 그것들은 하나님을 대적하는 적대적인 세력으로 존재하게 되었습니다. 세상은 말씀으로 말미암아 지음을 받았음에도 불구하고 그 말씀을 알지 못하고(요 1:10), 온전히 악에 속해 있으며(요일 5:19), 사탄을 지배자로 삼고 있습니다(요 14:30; 16:11). 세상의 모든 정욕과 자랑은 다 지나가버리는 것이며(요일 2:16), 누구든지 세상을 사랑하는 자는 아버지의 사랑이 그 안에 없음을 증명하는 것입니다(요일 2:15). 누구든지 세상의 벗이 되고자 하는 자는 하나님과 원수가 되는 것입니다(약 4:4).

* * *

인류와 세계가 처해 있는 이러한 참혹한 상황은 자연스럽게 그 기원과 원인이 무엇인지에 대한 질문을 제기하게 합니다. 최초의 범죄뿐만 아니라 보편적 죄성은 도대체 어디서 오는 것인가? 오직 그리스도를 제외하고 모든 사람이 태어날 때부터 겪게 되는 온 인류의 죄책과 타락은 어디서부터 오는가? 낙원에서 저지른 그 첫 번째 죄와 그 후에 온 땅에 쏟아진 죄악의 홍수 사이에는 어떤 연관성이 있는가? 그리고 그 양자가 서로 관련이 있다면 그 관련성은 어떤 성격을 가지는가?

펠라기우스와 더불어 이러한 연관성을 완전히 부정하는 사람들도 있습니다. 그들에 따르면 모든 죄악된 행위는 그 자체로만 존재하는 것이며, 인간 본성에 어떠한 변화도 일으키지 않으며, 따라서 다음 순간에 얼마든지 선하고 탁월한 행동이 뒤따를 수 있습니다. 아담은 하나님의 계명을 범했지만, 그 후에도 그의 내면과 성품과 의지가 완전히 동일한 상태로 유지되었습니다. 그리하여 최초의 인간 부부에게서 태어난 모든 자손은 아담이 원래부터 가지고 있었던 것과 똑같은 순수하고 무죄한 본성으로 태어났습니다.

펠라기우스를 따르는 사람들은 죄의 본성이나 죄악된 성향, 또는 습성이란 것이 존재하지 않으며, 모든 본성이 하나님에 의해 창조되었고 여전히 선하다고 주장합니다. 따라서 죄란 단지 죄악된 행위들로만 이루어져 있습니다. 이러한 죄악된 행위들은 끊임없이 이어지는 연속적인 흐름이 아니라 선한 행위들로 종종 대체될 수 있는 것이며, 그 행위들은 전적으로 자유로운 의지의 선택에 의해서만 그 사람과 연결됩니다. 이러한 죄악된 행위들이 개인이나 그 주변 사람들에게 미치는 유일한 영향은 나쁜 본보기를 남겨 나쁜 영향을 받게 할 뿐입니다. 우리가 한번 죄악된 행동을 저지르면 같은 행동을 다시 저지르기 쉽고, 다른 사람들도 이러한 행동을 따라 하기 마련입니다. 인류의 보편적인 죄악성은 이러한 방식, 즉 모방(navolging. *imitatio*)으로 설명되어야만 합니다. 물려받는 죄, 즉 상속 죄(erfzonde)의 개념은 존재하지 않고, 모든 사람은 무죄의 상태로 태어났습니다. 그러나 사람들이 보여주는 나쁜 본보기로 인해 동시대 사람들과 후손들이 나쁜 영향을 받습니다. 습관과 관습으로 인해 모든 사람이 똑같이 죄악된 길을 따르게 됩니다. 하지만 몇몇 사람들은 이러한 관습의 힘에 저항하여 자신만의 길을 걸었으며, 이 땅에서 거룩하게 사는 일이 불가능하지 않습니다.

그러나 인간의 보편적 죄악성을 이런 방식으로 설명하려는 시도는 성경과 완전히 모순될 뿐 아니라 너무 피상적이고 불충분해 이론적으로도 지지받기가 어렵습니다. 우리 자신의 경험과 삶에서 드러나는 사실들이 이러한 주장을 반박하기 때문입니다. 우리가 경험으로 보았을 때, 죄악된 행동은 우리와 분리된 무언가가 아니며 더러운 옷처럼 벗어버릴 수 있는 것이 아닙니다. 오히려 죄악된 행동은 우리의 내면적 본성과 깊이 연관되어 있으며, 우리의 본성에 지울 수 없는 흔적을 남깁니다. 우리가 죄악된 행동을 한 이후에는 그 이전과는 같은 사람이 아닙니다. 죄는 우리를 죄책감과 불결함에 사로잡히게 하고, 마음의 평화를 빼앗아가며, 후회와 슬픔에 휩싸이게 합니다. 또한 죄는 우리 안에 악으로 기울어지는 경향을 강화시키고, 결국에는 죄의 힘에 더는 저항할 수 없게 만들며, 가장 작은 유혹에도 쉽게 굴복하게 만듭니다.

더 나아가서 죄가 단지 외부에서만 인간 안으로 들어올 수 있다는 생각은 우리의 경험과 모순됩니다. 물론 나쁜 본보기가 강력한 영향력을 미칠 수 있습니다. 우리는 악한 부모에게서 태어나 신앙과 도덕이 없는 환경에서 자라는 아이들에게서 그러한 사실을 목도할 수 있습니다. 그리고 그와는 반대로 신앙심 깊은 경건한 부모에게서 태어나 종교적이고 도덕적인 환경에서 자라는 것은 매우 큰 축복이 아닐 수 없습니다. 그러나 이러한 현상은 단지 문제의 한 측면에 불과합니다. 그런 나쁜 환경은, 아이가 스스로 악에 대한 성향을 마음속에 지니지 않았다면 그 아이에게 악한 영향을 미칠 수 없었을 것입니다. 그리고 좋은 환경 역시 아이가 태어날 때 선을 행할 수 있는 순수한 마음을 타고났다면 그 아이에게 선한 영향을 미치는 데 결코 실패하지 않았을 것입니다.

그러나 우리는 이보다 더 분명한 진리를 알고 있습니다. 환경은 단지 죄가 우리 안에서 발전하게 하는 계기일 뿐입니다. 죄의 뿌리는 우리 마음속 더 깊은 곳에 뿌리를 내리고 은폐되어 있습니다. 예수께서는 사람의 마음에서 악한 생각들, 간음, 음행, 살인, 그리고 여러 가지 불법이 나온다고 말씀하셨습니다(막 7:21). 그리고 이 말씀은 누구나 겪는 경험으로 확증됩니다. 우리의 의지와 상관없이 더러운 생각과 상상들이 우리의 의식 속에서 일어납니다. 때로 우리가 역경이나 반대에 부딪힐 때 우리 마음속 깊은 곳에 감춰져 있던 사악함이 밖으로 드러납니다. 그 때문에 우리 스스로도 깜짝 놀라서 우리 자신을 피하고 싶어지기도 합니다. "만물보다 거짓되고 심히 부패한 것은 마음이라, 누가 능히 이를 알리요?"(렘 17:9)

결국 악한 본보기를 모방하는 것이 인류 안에서 저질러진 죄의 유일한 기원이라면 죄의 절대적인 보편성을 설명할 수 없었을 것입니다. 펠라기우스는 여기저기에서 죄 없는 사람들이 살았을 수도 있다고 주장했습니다. 그러나 펠라기우스의 설명은 유지될 수 없다는 사실이 더욱 명백히 드러납니다. 왜냐하면 그리스도를 제외하고 모든 죄에서 자유로운 인간은 이 땅에 단 한 명도 존재한 적이 없었기 때문입니다.

우리가 이러한 판단을 하기 위해 모든 사람 한 명 한 명을 일일이 다 알 필요는 없습니다. 무엇보다도 성경이 이러한 관점에서 분명하게 선언하고 있으며 인류의 전체 역사도 이를 증명해주고 있습니다. 그리고 우리의 마음도 다른 사람들의 마음을 올바로 이해하기 위한 열쇠가 됩니다. 결국 우리는 모두 본성적으로나 도덕적으로 같은 운동에 속해 있으며 하나의 통일성을 형성하고 있습니다. 모든 인간은 공통된 하나의 인간 본성을 가지고 있으며 이 본성은 죄에 물들어 있고 불결합니다. 악한 나무가 악한 열매에서 나오는 것이 아니라 악한 열매가 악한 나무에서 나오는 것입니다.

다른 어떤 사람들은 펠라기우스의 가르침에 문제가 있음을 정확히 인식하고 그의 가르침에 약간의 수정을 가했습니다. 그들은 죄의 절대적 보편성이 단순히 악한 본보기를 따르는 것만으로는 설명될 수 없음을 인정했습니다. 그리고 그들은 도덕적 타락이 외부에서만 인간에게 들어오는 것이 아니고, 인간은 태어날 때부터 죄가 내재해 있고 부패한 본성을 부모로부터 받는다고 고백할 수밖에 없다는 점도 인정했습니다. 그러나 그들은 본성적으로 인간에게 내재된 이러한 도덕적 부패가 아직 죄 자체는 아니며, 죄책의 성격을 지니는 것도 아니며, 처벌받을 만한 것도 아니라고 주장합니다. 이러한 도덕적 타락은 인간이 성장하면서 자발적으로 동의하고 자신의 책임으로 받아들이며 자유 의지(*liberum arbitrium*)에 따라 죄의 행위를 선택할 때 비로소 죄가 되고 죄책이 되며 처벌을 받게 된다는 것입니다.

• • •

이러한 반(semi)펠라기우스적인 표현은 상당히 양보한 견해라고 할 수 있지만, 조금만 곰곰이 생각해보면 매우 불만족스러운 견해가 아닐 수 없습니다. 왜냐하면 죄는 항상 불법, 즉 하나님께서 이성적이고 도덕적인 피조물에게 주신 율법으로부터의 범죄와 이탈로 구성되기 때문입니다. 이러한 율법으로부터의 이탈은 인간의 행위에서 발생할 수 있지만, 인간의 성향과 습관, 태어날 때 가지고 나오는 본성에서도 발생할 수 있습니다. 반펠라기우스주의는 이것을 인식하고 인간의 의지적인 행위에 앞서서 선제하는 인간의 도덕적 타락에 대해 말합니다. 그러나 이것을 진지하게 받아들이면, 오늘날 인간의 본성에 내재된 도덕적 타락도 실제로는 죄와 죄책감을 의미하며 따라서 처벌받을 수밖에 없다는 결론을 피할 수 없습니다. 인간은 둘 중 하나입니다. 한편으로는 인간의 본성이 하나님의 율법에 부합하기 때문에 인간을 마땅히 도덕적으로 타락하지 않은 존재로 보거나, 다른 한편으로는 인간의 본성이 도덕적으로 타락해서 하나님의 율법에 부합하지 않고 불법적이며 불의한 것이기 때문에 결과적으로 인간을 죄와 처벌을 받을 수

밖에 없는 존재로 보는 것입니다.

이러한 엄격한 추론에 반대하기란 쉬운 일이 아닙니다. 그런데도 많은 사람은 여전히 인간이 태어날 때부터 자신 속에 가지고 있는 도덕적 타락을 설명하기 위해 **정욕**(begeerlijkheid)이라는 모호한 용어를 사용했습니다. 그렇게 함으로써 그들은 인간 타락의 필연성으로부터 도피하려고 노력하고 있습니다. 물론 이 단어의 사용 자체가 잘못된 것은 아니며, 성경에서도 이 단어는 여러 번 사용되고 있습니다(롬 1:24; 13:14; 약 1:14; 벧전 1:14; 요일 2:16). 그러나 그리스도교회에서 점차적으로 등장한 금욕주의의 영향으로 인해 신학은 종종 정욕이라는 단어를 매우 제한된 의미로 이해해왔습니다. 그래서 신학에서는 정욕을 거의 독점적으로 생식욕(voortplantingsdrift)에 대한 인간의 내적 충동으로 해석했고, 이러한 충동이 창조 시 인간에게 부여되었으며 그 자체로는 죄가 아니었지만 이러한 생식욕에 대한 인간의 내적 충동으로서의 정욕은 인간에게 죄를 쉽게 범하게 하는 동인이라고 생각하게 했습니다.

이러한 정욕 개념에 대해서 이의를 제기한 사람은 다름 아닌 칼뱅입니다. 그는 인간의 타고난 도덕적 타락을 정욕이라고 부르는 것에 대해 반대하지 않았습니다. 그러나 그는 이 단어가 적절한 의미로 이해되어야만 한다고 말합니다. 칼뱅은 우선 욕구(begeerte)와 정욕(begeerlijkheid)을 구분해야만 한다고 지적합니다. 인간은 제한되고 유한하며 의존적인 피조물이기 때문에 많은 것을 필요로 하며, 그로 인해 수많은 욕구를 가지게 된다는 것입니다. 배가 고프면 음식을 갈망하고, 목이 마르면 물을 갈망하며, 피곤하면 휴식을 갈망합니다. 영적인 문제에서도 마찬가지입니다. 사람의 마음은 진리를 갈망하도록 창조되었고 하나님이 창조하신 본성에 따라 사람의 의지는 선을 갈망합니다. 의인의 욕구는 오직 선이라고 잠언은 말합니다(잠 11:28). 솔로몬은 재물이 아니라 지혜를 원했으며, 이는 주님이 보시기에 선한 일이었습니다(왕상 3:5-14). 시편의 저자는 목마른 사슴이 시냇물을 찾기에 갈급함 같이 그 자신이 하나님을 찾기에 갈급하다고 노래합니다(시 42편). 이것은 매우 선하고 고귀한 욕구가 아닐 수 없습니다.

그러므로 첫째, 욕구 자체는 죄가 아닙니다. 그러나 이해력이나 의지와 마찬가지로 욕구도 죄로 인해 부패되어 주님의 율법과 충돌하게 되었습니다. 엄밀히 말하면 자연적인 욕구가 죄가 아니라, 죄로 인해 부패하고 무질서하며 과장되어 지나치게 끓어오르는 욕구가 죄입니다.

둘째, 욕구는 인간의 감각적이고 육체적인 본성뿐만 아니라 영적인 본성에도 절대적으로 내재되어 있다는 사실을 유념해야만 합니다. 생식욕은 자연적으로 유일한 욕구가 아니라 많은 욕구 중 하나입니다. 그것은 창조 당시 사람 안에 심겼기 때문에 그 자체로는 죄가 아닙니다. 그리고 생식에 대한 욕구만 죄로 인해 타락한 것이 아닙니다. 생식욕으로 인해 모든 자연적이고 육체적이며 영적인 욕구가 무질서해지고 통제하기가 어렵게 되었습니다. 사람의 선한 욕구가 악한 정욕들로 뒤바뀌게 되었습니다.

이제 인간의 도덕적 타락을 이런 의미에서 정욕이라고 부른다면 인간의 죄성과 죄책은 의심할 여지 없이 분명합니다. 하나님의 율법은 이러한 정욕을 특별한 계명으로 금지하고 있습니다(출 20:17). 그리고 바울은 율법이 탐내지 말라고 그에게 말하지 않았다면 그는 정욕을 죄로 알지 못했을 것이라고 분명히 말합니다(롬 7:7). 바울이 자신을 알게 되었을 때, 그리고 자신의 행위뿐 아니라 하나님의 율법을 거스르는 자신의 성향과 욕구들도 시험해 보았을 때, 이것들 역시 부패하고 부정하며 금지된 것을 지향하고 있음을 발견했습니다. 바울에게 하나님의 율법이 죄에 대한 지식과 기준의 유일한 원천이듯이 우리에게도 그러해야만 합니다. 어떤 마음속의 소망이나 상상도 죄가 무엇인지를 결정하지 못합니다. 오직 하나님의 율법만이 인간이 외적으로나 내적으로, 육체적으로나 영적으로, 말과 행위로, 그리고 생각과 성향으로 어떻게 하나님 앞에 서야 하는지를 결정해줍니다. 그 율법의 잣대로 재보면 인간의 본성 역시 부패하고 그의 욕구가 죄라는 사실에 의심의 여지가 없습니다. 사람은 잘못 생각하고 행동할 뿐만 아니라 잉태될 때부터 잘못되었습니다.

게다가 정욕이 그 자체로서는 죄가 아니며 의지를 통해서 죄가 된다는 생각은 심리학적으로 불가능한 사고입니다. 왜냐하면 이러한 생각은 인간의 의지는 정욕에 반대되는 중립이고 아직 죄의 영향을 받지 않았으며 본성에 속한 정욕에 굴복할지 말지 그 여부를 자유롭게 결정할 수 있다는 터무니없는 개념에 기반을 두고 있기 때문입니다. 실제적인 경험에 따르면 인간은 건강이나 품위나 시민적 명예 등 온갖 종류의 요인들을 고려하여 자신의 이성과 의지를 사용해 마음속에서 솟아나는 죄의 정욕에 반대하고 이성과 의지가 죄의 행위로 나아가지 않게 막는 일은 확실히 가능합니다. 그리고 자연인 속에서도 정욕과 의무, 성향과 양심, 욕망과 이성 사이의 투쟁이 있습니다.

그러나 이 투쟁은 거듭난 사람 안에서 육과 영, 옛사람과 새사람 사이에서 벌어지는 투쟁과는 근본적으로 다릅니다. 이러한 투쟁은 욕망의 분출을 막기 위해 외부에서 싸우는 싸움일 뿐 성채의 중심부를 관통하거나 악의 뿌리를 공격하는 싸움은 아니기 때문입니다. 그러므로 이 싸움은 죄의 정욕을 억제하고 그것을 제한할 수는 있지만, 내적으로 정욕을 정결케 하고 새롭게 할 수는 없으며 정욕의 죄악된 본성을 전혀 바꾸지 못합니다. 그뿐만 아니라 이성과 의지가 때때로 정욕을 억누르기도 하지만 결국 정욕에 의해 통제되고 이용당하는 경우가 많습니다. 이성과 의지는 원칙적으로 정욕에 대항하지 않으며 그 자체로 정욕에 대해 본성적으로 기쁨을 느끼는 성향을 가지고 있습니다. 이성과 의지는 정욕을 먹이고, 키우며, 변명하고, 정당화하기까지 합니다. 그리고 이성과 의지는 종종 정욕에 사로잡혀 인간의 모든 독립성을 빼앗고 정욕의 노예가 되게 만듭니다. 악한 생각과 악한 욕망은 마음에서 생겨나 이성을 어둡게 하고 의지를 오염시킵니다. 마음은 너무나 교활해서 가장 지성적인 머리조차도 속아 넘어가고 맙니다.

• • •

인류의 보편적 죄성을 설명하려는 두 가지 시도는 모두 인간 개개인의 타락에서 그 원인을 찾는 것으로 요약될 수 있습니다. 펠라기우스주의에 따르면 인류 전체가 타락한 것이 아니라 각각의 개인 스스로가 범죄해서 타락했습니다. 이는 각각의 개인이 완전히 자발적으로 다른 이들의 악한 행동을 본보기로 삼아 행동했기 때문입니다. 반면 반(半)펠라기우스주의에 따르면 각 사람은 죄가 아니라 욕망을 자신의 의지 속으로 받아들여 죄악된 행동으로 변환함으로써 스스로 타락합니다. 그러나 이 두 가지 관점 모두 양심을 통해 누구나 확신할 수 있는 도덕적 사실들을 간과하고 있으며, 수많은 우연적인 의지의 결정으로부터 어떻게 인류의 보편적 죄성이 계속해서 분출할 수 있는지를 설명해주지 못합니다.

그럼에도 이러한 시도는 다르고 낯선 형태이기는 하지만, 최근에 많은 사람들 사이에서 다시금 받아들여지고 있습니다. 과거에도 인간의 전생에 대한 믿음을 가진 사람들이 있었습니다. 하지만 최근 들어서 몇 년 동안 불교의 영향으로 이러한 믿음은 크게 확장되었습니다. 불교 사상은 모든 인간이 영원히 존재했거나 최소한 이 땅에 태어나기 수 세기 전부터 이미 존재하고 있었다고 가르칩니다. 혹은 이러한 견해는 좀 더 철학적인 형식을 사용해 이 땅에서 인간의 감각적이고 지각적인 삶은 상상할 수는 없지만, 여전히 사유될 수 있는 인간의 전생과는 구별되어야만 한다고 주장합니다.

그리고 그들은 이러한 사상과 더불어 인간은 실제의 상태에서나 상상

속에 있는 전생의 상태에서 모두 개인적으로 죄를 짓고 타락했으며, 그것에 대한 형벌로서 이 땅에서 거칠고 물질적인 육체 속에서 살게 되었다는 생각을 이어갑니다. 이렇게 하여 인간은 이생에서 사후의 또 다른 삶을 준비하기 위해 살아가며, 후생에서도 자신의 행위에 따른 보상을 받게 됩니다. 따라서 인간의 삶, 즉 이 땅에 오기 전의 삶, 이 땅에서의 삶, 그리고 이 땅 이후의 삶을 지배하는 단 하나의 법칙이 존재하는데, 그것이 다름 아닌 인과응보의 법칙(de wet der vergelding)입니다. 각자는 자신이 행한 대로 과거에 받았고, 현재에도 받고 있으며, 앞으로도 받을 것입니다. 각자는 자신이 심는 대로 거둘 뿐입니다.

이러한 인도 철학적인 사상은 놀라운 구석이 있습니다. 왜냐하면 한편으로 이 사상은 암묵적으로 이 세상에서 개별 인간의 타락을 위한 자리가 없음을 인정하는 데서 출발하기 때문입니다. 그러나 다른 한편으로 이 사상은 펠라기우스주의 이론 이상으로 인간의 보편적 죄성에 대한 설명을 전혀 제공하지 못합니다. 이 사상은 단지 이 땅에서의 어려움을 아무도 알지 못하는 이전의 존재로 옮겨놓을 뿐입니다. 전생의 존재는 어떠한 근거도 가지고 있지 않으며 단지 인간 공상의 산물일 뿐입니다. 한 걸음 더 나아가서 모든 것을 지배하는 단 하나의 법칙이 인과응보의 법칙뿐이라는 이러한 가르침은 가난한 사람들, 병자들, 고통받는 사람들, 그리고 궁핍한 사람들에게 무정하고 가혹한 교훈이 아닐 수 없습니다. 이러한 사상은 성경이 증언하는 하나님의 은혜의 빛나는 영광과 어두운 대조를 이룹니다.

그러나 여기서 특히 주목해야만 하는 점은 이러한 인도 철학적 관점이 펠라기우스의 가르침과 완전히 일치한다는 것입니다. 그것은 인간의 보편적 죄성의 원인을 각 개인의 타락에서 찾습니다. 이 두 관점은 모두 인류를 무작위로 모인 영혼들의 집합으로 간주하며, 이 영혼들은 영원히 혹은 오랜 세월 동안 서로 함께 살아왔으나 그 기원이나 본질에 있어서 서로 아무런 연관도 없으며 각자 자신의 운명을 책임져야만 한다고 봅니다. 각자는 홀로 스스로 타락했고, 각자는 자신이 자초한 운명을 받았으며, 각자는 가능한 한 자기 스스로 구원을 이루려 노력합니다. 인간들을 하나로 묶는 것은 사실상 그들이 모두 함께 처한 고통뿐이며, 그런 의미에서 연민이 가장 중요한 덕목이라고 여겨집니다. 그러나 더 깊이 생각해보면 이 땅에서 행복하게 사는 사람들이 인과응보의 법칙에 따라 자신들의 덕행을 자랑스럽게 여기며 같은 인과응보의 법칙에 따라 스스로가 자초한 고통을 겪는 불행한 사람들을 경멸의 눈으로 내려다보게 될 가능성이 큽니다.

• • •

우리는 이 모든 것을 명확히 이해해야만 성경이 인간의 보편적인 죄성을 향해 비추는 빛을 올바르게 평가할 수 있습니다. 성경은 헛된 추측에 의존하지 않으며 우리 모두의 의식과 양심 속에 명확하게 자리하고 있는 사실들을 인정하고 존중합니다. 성경은 영혼이 지상에서 육체에 깃들기 이전의 존재에 대해 공상하지 않으며, 개개인의 타락에 대해서도 그러한 타락이 지상에서건 그 이전의 삶에서건 처음부터 존재하고 있었다고 주장하지 않습니다. 성경은 이러한 개인주의적이고 원자론적인 관점 대신 인류를 유기적으로 바라보는 관점을 제시합니다.

인류는 사방에서 우연히 모여 온갖 종류의 협약을 통해서 그럭저럭 공존을 모색해야 하는 영혼들의 집합체가 아닙니다. 오히려 인류는 하나의 통일체이고, 많은 지체를 가진 몸이며, 많은 가지를 가진 나무이고, 많은 시민을 가진 나라(왕국)입니다. 그리고 이러한 통일체는 미래에 외적인 결합을 통해 비로소 이루어지는 것이 아닙니다. 모든 분열과 분쟁에도 불구하고 인류는 이미 하나의 통일체였으며 지금도 그러합니다. 이는 인류가 하나의 기원과 하나의 본성을 가지고 있기 때문입니다. 육체적으로 인류는 하나입니다. 왜냐하면 모든 인류는 한 혈통에서 비롯되었기 때문입니다. 법적이고 윤리적으로도 인류는 하나입니다. 이는 본성적인 통일성을 기초로 해 모든 인류가 동일한 하나님의 법, 곧 행위언약의 법 아래에 놓여 있기 때문입니다.

성경은 여기서 인류가 타락 가운데서도 하나 됨을 유지하고 있었다고 가르칩니다. 성경은 첫 장부터 마지막 장까지 항상 인류를 이러한 관점에서 바라보고 있습니다. 사람들 사이에 신분이나, 계급이나, 직위나, 명예나, 재능의 차이가 있다면, 그리고 하나님께서 이스라엘을 다른 민족들로부터 선택하셔서 자신의 기업으로 삼으셨다고 한다면, 이는 모두 하나님의 은혜로 말미암은 것입니다. 오직 하나님의 은혜가 이러한 구별을 만들었습니다(고전 4:17). 그러나 본래 모든 사람은 그 자체에 있어서 하나님 앞에서 동등합니다. 왜냐하면 그들은 모두 죄인이고, 공통된 죄책을 공유하고 있으며, 똑같이 부정한 행위로 말미암아 오염되어 있고, 그들은 모두 같은 죽음 아래에 놓여 있으며, 따라서 그들 모두에게는 구원이 필요하기 때문입니다. 하나님께서는 모든 사람을 불순종 아래 두셔서 그들 모두에게 자비를 베푸시려 합니다(롬 11:32). 그러므로 그 누구도 교만할 이유가 없으며 그 누구도 절망에 빠질 이유가 없습니다.

성경이 인류에 대해 이러한 통일된 관점을 견지하고 있다는 사실은 더 이상의 논증을 필요로 하지 않습니다. 앞서 언급한 보편적인 죄성에 대한 설명만으로도 성경의 통일된 관점은 충분히 드러나기 때문입니다. 그러나 인류의 이러한 유기적 통일성, 즉 법적이고 도덕적인 관점에서의 통일성은 사도 바울에 의해서 더욱더 의도적이고 심오하게 다루어지고 있습니다.

사도 바울은 로마서에서 먼저 온 세상이 하나님 앞에서 정죄받을 수밖에 없다고 말합니다(롬 1:18-3:20). 그렇게 말하고 난 후 모든 의와 죄 사함,

화해와 생명이 어떻게 그리스도를 통해 이루어졌으며 어떻게 그리스도 안에서 믿는 자들에게 주어지는지를 설명합니다(롬 3:21-5:11). 그리고 그는 로마서 (6장에서 믿음으로 말미암은 의가 맺는 도덕적 열매를 설명하기에 앞서) 5:12부터 21절에서 우리가 그리스도께 감사해야 할 구원의 전체 내용을 간략하게 요약하면서, 세계사적인 맥락 속에서 이러한 구원을 아담으로부터 우리에게 들어온 모든 죄책 및 불행과 대조하고 있습니다.

한 사람으로 말미암아 죄가 세상에 들어왔고 죽음이 모든 사람에게 이르게 되었습니다. 왜냐하면 첫 사람이 저지른 죄는 매우 특별한 성격을 지니고 있었기 때문입니다. 첫 사람이 지은 이 죄는 범죄라고도 불리며(롬 5:15 이하), 아담 이후 모세에 이르기까지 사람들이 저지른 죄와는 질적으로 다른 것입니다. 이 죄는 불순종(롬 5:19)으로도 불리며, 그리스도께서 죽음에 이르기까지 보여주신 완전한 순종과 가장 극명한 대조를 이룹니다(롬 5:19).

그러므로 아담이 지은 죄는 그의 개인에게만 국한되지 않습니다. 이 죄는 온 인류에게 영향을 미칩니다. 한 사람 아담으로 말미암아 죄가 그 개인에게만이 아니라 세상 속으로 들어왔고(롬 5:12), 그 결과로 사망이 모든 사람에게 이르게 되었습니다. 이는 모든 사람이 아담 한 사람 안에서 죄를 지었기 때문입니다.

이러한 바울의 생각은 (그 당시에는 아담의 죄와 같은 범죄를 저지를 수 있는 적극적인 언약의 율법, 즉 특정한 조건과 경고가 포함된 율법이 없었기 때문에) 아담으로부터 모세에 이르기까지 아담과 같은 범죄를 저지를 수 없었던 사람들의 죽음을 그들의 죄 때문이 아니라 아담의 범죄에서 비롯된 것으로 설명한다는 사실에서 증명됩니다. 만약 로마서 5:12 이하의 내용이 이 점에 대해서 다소 불확실하다면, 고린도전서 15:22의 말씀에서 바울은 이러한 불확실성을 말끔하게 제거하고 있습니다.

　　여기서 바울은 모든 사람이 자기 자신, 혹은 그들의 부모나 조상 안에서 죽지 않았고 아담 안에서 죽었다고 말합니다. 이는 사람들이 개인적으로 죄를 지었거나 그들의 부모나 조상이 죄를 지었기 때문에 죽음에 종속된 것이 아니라 아담 안에서 이미 모든 사람이 죽었음을 의미합니다. 아담 안에서 이미 그들의 죽음은 결정되었으며, 그들의 죽음의 원인과 시작은 이미 아담 안에 있습니다. 아담 그 한 사람 안에서 인류는 단순히 죽을 운명이 된 것이 아니라 사실상 객관적인 의미에서 이미 죽은 것입니다. 죽음에 대한 선고는 그때 이미 내려졌으나, 그 죽음의 실행은 다소 시간이 지난 후에 이루어졌습니다.

　　바울은 인류 가운데서 죄의 결과로 인한 죽음 외에는 다른 죽음을 알지 못합니다(롬 6:23). 만일 모든 사람이 아담 안에서 죽었다면, 그들은 또한 아담 안에서 모두 죄를 지은 것입니다. 죄와 죽음은 아담의 범죄를 통해 세상에 들어왔고 모든 사람에게 이르게 되었습니다. 이는 그 범죄가 특별한 성격을 가지고 있었기 때문입니다. 즉, 그 범죄는 특별한 율법을 어긴 것이었으며, 아담이 단지 개인으로서가 아니라 인류의 대표로서 범죄를 행했기 때문입니다.

　　로마서 5:12-14에 나타나는 사도 바울의 생각을 이렇게 이해할 때 비로소 그다음 구절들에서 아담의 범죄로 인해 발생한 결과들에 대한 사도의 논지를 올바르게 이해할 수 있습니다. 그 논지 전체가 기본적으로 동일한 사상의 결과로 나오게 되었습니다. 한 사람(아담)의 범죄로 말미암아 많은 사람(즉, 모든 후손)이 죽었고(롬 5:15), 죄책(하나님께서 재판관으로서 선고하신 심판)이 한 사람의 범죄로 말미암아 모든 인류에게 정죄의 판결로 확대되었으며(롬 5:16), 한 사람의 범죄로 말미암아 죽음이 모든 인류 위에 군림하게 되었고(롬 5:17), 한 사람의 범죄로 말미암아 모든 인류에게 정죄의 판결이 임했으며(롬 5:18), 마지막으로 이것들은 다음과 같이 요약됩니다. 한 사람의 불순종으로 인해 많은 사람(곧, 아담의 모든 후손)이 죄인으로 간주되어 그들 모두가 하나님 앞에서 죄인으로 서게 되었습니다(롬 5:19).

이러한 해석은 바울이 아담과 그리스도 사이에서 이 양자를 비교함으로써 확증됩니다. 로마서 5장의 문맥에서 바울은 아담으로부터 시작된 죄의 기원에 대해서 논구하지 않고 그리스도를 통해 이루어진 구원의 풍성함에 대해 논구하고 있습니다. 바울은 그 구원의 모든 영광을 드러내기 위해서 그리스도로 말미암은 구원을 아담으로부터 인류에게 드리워진 죄와 죽음과 비교하고 대조합니다. 죄와 죽음은 아담으로부터 모든 인류에게 퍼져 나갔습니다. 아담은 여기서 장차 오실 자의 모형(模型, voorbeeld)으로, 즉 예표(豫表, type)로서 등장합니다(롬 5:14).

한 사람 아담 안에서 아담의 단 한 번의 범죄로 말미암아 인류는 정죄를 받았으나, 한 사람 예수 그리스도 안에서 하나님의 단 한 번의 의로운 판결로 말미암아 인류는 자유롭게 되었고 의롭게 되었습니다. 한 사람으로 말미암아 죄의 권세의 힘이 세상 속으로 들어와 모든 사람을 지배하게 되었으며, 마찬가지로 한 사람으로 말미암아 하나님의 은혜가 인류 가운데 들어와 권세를 얻게 되었습니다. 한 사람으로 말미암아 죽음이 죄의 지배에 대한 증명으로서 세상에 들어왔으며, 한 사람, 곧 우리 주 예수 그리스도를 통해서 은혜가 의의 길을 따라 영생으로 인도하는 권세를 얻게 되었습니다. 이처럼 아담과 그리스도 사이의 비교는 모든 면에 적용됩니다. 오직 한 가지 차이점이 있다면 바로 이것, 즉 죄는 강하고 강력하지만, 은혜는 그 풍성함과 넘쳐남에 있어서 죄를 훨씬 더 능가한다는 것입니다.

그리스도교 신학은 원죄 교리에서 이러한 성경의 사상을 간결하게 요약합니다. 원죄 교리를 반박하거나 부정하거나 조롱할 수도 있습니다. 그러나 그렇게 한다고 해서 성경의 증언이 사라지거나 이 교리가 기초하고 있는 **사실들**(feiten)이 무효화되지 않습니다. 사실 전 세계의 역사는 인류가 전체적으로 그리고 각각의 구성원들이 하나님 앞에서 **죄책**(schuldig)을 지닌 존재임을 증명합니다. 그리고 또한 각각의 인류는 **도덕적으로 부패한 본성**(zedelijk bedorven natuur)을 공유하며, 항상 **타락**(墮落, vederfenis)과 **죽음**(dood)에 복종해 있음을 보여줍니다. 원죄는 먼저 **원죄책**(原罪責, erfschuld)을 포함합니다. 아담 안에서 그의 불순종으로 말미암아 그에게서 나온 많은 사람이 하나님의 의로운 심판에 의해 죄인이 되었습니다(롬 5:18).

원죄(原罪, *peccatum origianle*)는 원래의 불결함, 즉 **원오염**(原汚染, erfsmet)으로도 볼 수 있습니다. 모든 인간은 죄 안에서 잉태되고, 불의 가운데서 출생하며(시 51:7), 어릴 때부터 악함을 지니고 있습니다(창 6:5; 8:21; 시 25:7). 이는 더러운 것에서 깨끗한 것이 나올 수 없으며 육으로부터는 오직 육만 태어날 수 있기 때문입니다(욥 14:4; 요 3:6). 이러한 불결함, 즉 오염은 모든 인간에게 영향을 미칠 뿐만 아니라 각 개인의 전 존재에 퍼져 있습니다. 이러한 오염은 마음을 오염시키고, 마음은 어떤 것보다도 간사하고 치명적으로 병들어 있으며, 결코 가늠할 길이 없습니다(렘 17:9). 마음은 생명의 근원일 뿐만 아니라(잠 4:23) 모든 불의의 원천이기도 합니다(막 7:22). 그리고 오염은 마음의 중심에서부터 지성을 어둡게 하고(롬 1:21), 의지를 악으로 기울어지게 하며, 참된 선을 행할 능력을 잃게 만듭니다(요 8:34; 롬 8:7). 또한 이러한 오염은 양심을 더럽히고(딛 1:15), 몸과 모든 지체, 즉 눈과 귀, 손과 발, 입과 혀를 불의의 병기로 만들어버립니다(롬 3:13-17; 6:13). 이러한 죄로 인해 모든 사람은 자신의 "상습적인" 죄, 곧 **자범죄**(自犯罪, *peccatum actuale*)를 짓기 전에 이미 잉태된 순간부터 타락과 죽음에 종속되어 있습니다(롬 5:14). 모든 인간은 이미 아담 안에서 죽었습니다(고전 15:22).

이러한 원죄가 아무리 가혹하게 보일지라도 그것은 인간의 삶 전체를 지배하는 하나의 법칙에 근거합니다. 이 법칙의 존재를 부인할 수 있는 사람은 아무도 없으며 그것이 자신에게 이득이 되는 한 어떤 사람도 그 법칙에 대해서 이의를 제기하지 않습니다.

부모가 자녀를 위해 재산을 모아두고 세상을 떠났을 때 자녀는 부모의 재산을 상속받는 것을 거부하지 않습니다. 이러한 유산은 자녀들이 노력해서 얻은 것이 아닙니다. 때로는 자녀들이 부끄러운 행동으로 인해 그 재산을 받을 자격이 전혀 없는 경우에도, 그리고 또한 그 재산을 부당하게 사용하고 사치스럽게 살아가더라도 부모의 유산을 상속받는 것을 싫어할 자녀들은 없습니다. 만약 부모에게 자녀가 없다면 먼 친척들, 사촌이나 육촌, 팔촌까지 나타나 아무런 양심의 가책 없이 자신들에게 뜻밖에 물려진 유산의 지분을 받아가려고 합니다. 이러한 법칙은 물질적인 재산에도 적용되지만 단지 그것만은 아닙니다. 사회적 지위와 신분, 명예와 명성, 학문과 예술 등 정신적인 재산 역시 자녀들이 부모로부터 물려받습니다. 이 역시 자녀들이 아무런 공로 없이 부모에게서 물려받는 것이지만, 자녀들은 이를 거부하지 않고 그것들을 감사한 마음으로 받습니다. 이와 같은 상속의 법칙, 곧 상속법은 가정마다, 가족마다, 세대마다, 민족마다, 국가와 사회에서, 학문과 예술에서, 그리고 온 인류에 이르기까지 보편적으로 존재합니다. 다음 세대는 이전 세대가 모아놓은 재산으로 살아갑니다. 후손들은 삶의 모든 영역에서 선대의 일에 참여하여 그 일을 계승합니다. 그리고 이 모든 것이 자신에게 이득이 되는 한에서 그 누구도 이러한 하나님의 은혜로운 결정에 반대하지 않습니다.

그러나 동일한 상속의 법칙이 누군가에게 불리하게 작용할 때 상황은 완전히 달라집니다. 자녀들이 가난한 부모를 돕도록 요청받을 때 그들은 갑자기 부모와의 모든 교류의 끈을 끊고 부모를 구제 기관이나 빈민 양로원에 보내버립니다. 혈족 중 한 사람이 신분에 어울리지 않는 결혼을 했거나 부끄러운 행위를 저질렀을 경우 가족들은 갑자기 그 사람과 연을 끊고 그를 냉대하고 예의 있게 대해주지 않습니다. 모든 사람은 정도의 차이는 있겠지만 공동체의 연대가 가져다주는 이익과 안위를 취하고자 하면서도 공동체가 부과하는 책임은 회피하고자 하는 경향이 있습니다. 그러나 이러한 경향 자체가 사람들 사이에서 이익과 책임을 함께 공유하는 공동체적 연대가 존재한다는 사실에 대한 강력한 증거가 됩니다. 이는 부정할 수 없는 하나의 통일성과 공동체성과 연대가 존재하며 작용하고 있음을 보여줍니다.

우리는 이러한 연대가 어떻게 작용하고 있고 어떤 방식으로 영향력을 발휘하며 어떤 경로를 통해 옆에 있는 이웃이나 다음 세대에 영향을 미치는지 정확히 알지는 못합니다. 예를 들면 신체적이고 정신적인 특성들이 부모로부터 자녀와 손자에게 유전되는 법칙은 아직 완전히 파악되지 않고 있습니다. 한 개인이 공동체에서 태어나 공동체에 의해 양육되고, 그 이후 독립성과 자유를 함양받으며, 공동체 안에서 매우 강력하고 영향력 있는 위치를 차지하게 되는 이러한 신비를 우리는 잘 파악하지 못합니다. 우리는 공동체가 어디서부터 끝나고 개인의 독립성과 개별적 책임이 어디서부터 시작되는지 그 경계를 정확히 지정할 수 없습니다. 그러나 인간들 사이에 연대성이 존재한다는 사실, 즉 인간들 사이에 그러한 공동체가 존재하며 사람들이 크든 작든 서로 연대하여 상호 간에 연결되어 있다는 사실을 부정하지는 못합니다. 여기에는 개개인들이 있지만, 동시에 가족들, 친족들, 가문들, 민족들을 묶어 강력한 하나의 단위로 만드는 보이지 않는 끈이 있습니다. 여기에 개인적인 특성이 존재하지만, 비유적으로 말해 "민족혼"도 존재합니다. 여기에는 개인적인 특성들이 있지만, 어떤 특정 집단에만 고유하게 나타나는 사회적 특성들도 있습니다. 특정한 개개인의 죄악들이 있는가 하면, 동시에 보편적이고 민족적인 죄악들도 있으며, 개별적인 책임이 있는가 하면 동시에 공동체적인 책임도 있습니다.

사람들 사이에 존재하는 이 수많은 형태의 연대는 자연스러운 방식으로 소수가 다수를 대리하는 결과를 지속적으로 산출합니다. 우리는 모든 곳에 직접 가 있을 수 없고 모든 일을 직접 할 수도 없습니다. 사람들은 온 지구에 흩어져 살고 있고 서로 먼 거리에서 살고 있습니다. 또한 그들은 모두 같은 시대에 살지 않고 세대를 이어가며 삶을 영위합니다. 게다가 모든 사람이 똑같이 능력 있거나 지혜롭지도 않고 재능과 능력에서 무한히 다양한 차이를 나타냅니다.

따라서 매 순간 소수가 다수의 이름으로 다수를 대신해 사고하고, 말하며, 결정하고, 행동하도록 부름을 받습니다. 재능과 소명의 차이가 없이는, 그리고 대리와 대표가 없이는 실재적으로 공동체는 존재할 수 없습니다. 여러 다양한 지체가 없다면 어떤 몸도 존재할 수 없고, 모든 지체가 하나의 머리에 의해 통제되지 않으며 그 머리가 모든 지체를 대신해서 사고하고 결정하지 않는다면 그 몸은 기능할 수 없습니다. 이와 유사하게 아버지는 자신의 가정을 위해, 이사는 자신의 회사의 이익을 위해, 이사회는 자신의 협회를 위해, 장군은 자신의 군대를 위해, 국민의 대표는 유권자를 위해, 왕은 자신의 왕국을 위해 역할을 담당하고 행동합니다. 그리고 이러한 대표자들의 결정과 행동의 결과를 그들의 아랫사람들이 나누어 수용하고 따르게 됩니다.

하지만 이러한 논의는 여전히 인간 사회의 작고 제한된 범위 내에서만 적용됩니다. 이 경우에도 한 사람이 많은 이들에게 축복이 될 수도 있고 저주가 될 수도 있지만, 그 영향력은 여전히 제한된 범위 안에 머물러 있을 뿐입니다. 나폴레옹과 같은 막강한 권력을 가진 인물조차 그의 지배력과 영향력이 아무리 크다고 할지라도 세계 역사에서 차지하는 위치는 작고 일시적인 것입니다. 그러나 성경은 우리에게 두 사람에 대해 이야기하고 있는데, 이 두 사람은 완전히 독특한 위치를 차지하고 있을 뿐만 아니라 인류의 각기 다른 시대의 중심에 서 있습니다. 그들의 능력과 영향력은 한 민족이나 몇 개의 민족 집단이나 한 나라나 대륙 또는 한두 세기에 국한되지 않으며, 온 인류와 세계 끝까지, 그리고 영원에까지 미칩니다. 이 두 사람은 다름 아닌 아담과 그리스도입니다. 한 사람은 역사의 시작에 서 있고, 다른 한 사람은 역사의 중심에 서 있습니다. 한 사람은 옛 인류의 머리이고, 다른 한 사람은 새 인류의 머리입니다. 한 사람은 세상의 죄와 죽음의 기원이고, 다른 한 사람은 의와 생명의 샘이며 근원입니다.

아담과 그리스도가 인류의 머리로서 차지하는 이 고유한 위치 때문에 이 둘은 오직 서로 간에만 비교될 수 있을 뿐입니다. 인간 사회에서 가족이나 친족이나 민족 등 다양하게 발견되는 모든 형태의 연대는 그것들의 위치와 의미와 영향력에 있어서 어떤 공통점이 존재합니다. 이러한 모든 공통점은 아담과 그리스도가 인류 전체에 미친 영향력을 이해하는 데 도움을 줄 수 있으며, 상속의 법칙이 대단히 고차원적인 종교적 삶과 도덕적인 삶에서도 작용한다는 사실을 이해하는 일에 도움을 줄 수 있습니다. 왜냐하면 이러한 법칙은 단지 독립적으로 존재하지 않고 인간 사회의 유기적 구조 안에 뿌리 깊게 내재해 있기 때문입니다. 그러나 아담과 그리스도는 이 모든 것에 있어서 독자적이고 유일한 위치를 차지하며, 그들의 존재는 세계의 정복자나 위대한 천재조차도 결코 얻을 수 없는 중요한 의미를 인류에게 부여합니다. 아담의 범죄로 인해 우리가 아담의 운명에 참여하게 되었듯이, 오직 그리스도 안에서만 아담의 운명에 사로잡힌 우리가 하나님과 온전히 화해할 수 있게 되었습니다.

첫 번째 사람인 아담 안에서 우리가 정죄받는 것, 그리고 두 번째 사람인 그리스도 안에서 우리가 의롭게 되는 것, 이는 동일한 법칙에 의한 것입니다. 만약 우리의 의지와 상관없이 우리가 아담 안에서 정죄받는 것이 불가능했다면, 같은 방식으로 그리스도 안에서 은혜를 받는 것 역시 불가능했을 것입니다. 우리가 우리의 공로 없이 주어진 선물을 받아들이는 데 아무런 이의가 없다면, 그와 동일한 법칙이 악을 가져올 때 그것에 대해 반대할 권리도 없습니다. 우리가 하나님께서 주시는 복을 받은즉 화도 받지 않겠습니까?(욥 2:10) 그러므로 우리는 아담을 비난하지 말고 우리를 그토록 사랑하신 그리스도께 감사하도록 합시다. 낙원을 되돌아보지 말고 십자가를 향해 나아갑시다. 그 십자가 너머에는 시들지 않는 영광의 면류관이 기다리고 있습니다.

• • •

원죄는 인간이 잉태되어 날 때부터 가지고 태어나는 것으로서 단순히 정지해 있는 속성이 아니라 다양한 죄악이 솟아나는 근본 뿌리입니다. 원죄는 불행한 샘과 같아서 원죄에서 죄가 끊임없이 솟구쳐 나오며, 인간의 마음을 올바른 방향에서 벗어나게 해 하나님과의 교제에서 멀어지게 하며, 파멸과 멸망의 구렁텅이로 떨어지게 합니다. 원죄와 구별되는 죄는 과거에 "자범죄"(dadelijke zonden)라고 불렀던 죄들인데, 인간이 의식적으로나 무의식적으로 하나님의 법을 거슬러 저지르는 모든 범죄가 여기에 포함됩니다. 이러한 죄들은 모두 인간의 마음으로부터 기원합니다(막 7:23). 이 마음이 중생, 즉 거듭남을 통해 새로워지지 않는 한 모든 인간의 마음은 동일하게 죄 가운데 있게 됩니다. 아담의 후손은 모두 공통된 본성을 지녔고, 이러한 본성은 모두 죄로 물들고 오염되어 있습니다. 따라서 그 누구도 자신을 다른 사람들과 분리해 "나에게서 떠나라, 나는 너보다 거룩하다"라고 말할 수 있는 어떤 근거도 갖고 있지 않습니다. 자기의 의를 자랑하는 자들의 교만, 지체 높은 자들의 귀족적인 자만, 지혜 있는 자들의 자부심은 모든 인간이 공유하고 있는 악한 본성에 비추어보았을 때 아무런 근거도 없습니다. 수천 가지의 죄 중에 자신과 아무런 관련이 없다고 말할 수 있는 죄는 하나도 없습니다. 모든 불의의 씨앗은 각자의 마음속에 존재합니다. 범죄자들은 특별한 부류가 아니며 우리가 구성한 사회에서 나온 자들입니다. 그들은 단지 각각의 인간의 내면에 은밀히 숨겨져 소용돌이치고 있는 것들을 드러내 보여주고 있을 뿐입니다.

모든 죄는 공통의 뿌리에서 비롯됩니다. 그러므로 죄는 각 개인의 삶에서뿐만 아니라 가정이나, 가족이나, 가문이나, 민족이나, 사회나, 전 인류의 삶 속에서 서로 유기적으로 연결되어 있습니다. 죄의 종류는 이루 헤아릴 수 없을 정도로 많기 때문에 이를 분류하고, 구분하려는 시도가 오래전부터 있었습니다. 예를 들어, 일곱 가지 주요 죄악들을 교만, 탐욕, 방탕, 음란, 나태, 시기, 분노로 나누거나, 죄를 저지르는 수단에 따라 생각으로 범하는 죄, 말로 범하는 죄, 행동으로 범하는 죄로 나누기도 하고, 육신의 죄와 영적인 죄로 구분하기도 합니다. 또한 죄가 위반하는 계명에 따라서 첫 번째 돌판에 새겨져 있는 계명을 범하는 죄와 두 번째 돌판에 새겨져 있는 계명을 범하는 죄로, 다시 말해 하나님에 대한 죄와 이웃과 우리 자신에 대한 죄로 나눌 수도 있습니다. 혹은 죄의 형태에 따라 소극적인 죄와 적극적인 죄로 구분하기도 하며, 또한 죄의 정도에 따라 숨겨진 죄와 드러난 죄, 은밀한 죄와 공공연한 죄, 인간적인 죄와 악마적인 죄 등으로 나누기도 합니다.

하지만 죄들이 아무리 다양하다고 할지라도 그것들은 결코 단순히 개별적인 행위로서 분리되어 존재하는 것이 아닙니다. 모든 죄는 항상 그 뿌리에서 서로 연결되어 있고 서로에게 끊임없이 영향을 미칩니다. 마치 병에 걸렸을 때 건강한 생명의 원리가 계속해서 작용하는 가운데서도 동시에 방해를 받는 형태로 작동하는 것처럼 죄 속에서도 인간과 인류의 유기적인 생명이 드러납니다. 그러나 이러한 생명은 이제 죄로 인해 원래의 목적과는 정반대의 방향으로 발전하게 됩니다.

우리는 이러한 생각을 "죄는 미끄러운 비탈길과 같다. 어느 정도 함께 가다가 아무 때나 멈춰서 되돌아갈 수가 없다"라는 잘 알려진 속담으로 표현합니다. 한 유명한 시인은 악행이 초래하는 저주에 대해 더욱 심오하게 악행은 끊임없이 악을 낳게 마련이라고 묘사했습니다. 성경은 이 문제에 대해서 온전한 빛을 비추어줍니다. 야고보서 1:14-15에서 인간 안에서 죄의 행위가 유기적인 방식으로 발생하고 있음을 묘사합니다. 어떤 사람이 악으로 유혹을 받을 때, 그 원인은 하나님께 있지 않고 그 자신의 욕망에 있습니다. 그러므로 이러한 욕망이야말로 죄의 어머니입니다. 그러나 이러한 욕망만으로 죄(즉 생각과 말과 행동으로 저지르는 죄악의 행위)를 낳기는 어렵습니다. 욕망이 죄를 낳으려면 먼저 죄가 수정되고 잉태되어야만 합니다. 죄의 수정과 잉태는 이성과 의지가 욕망과 결합할 때 발생합니다. 따라서 욕망이 의지로 말미암아 수정되어 잉태되면 죄의 행위가 탄생하게 됩니다. 이 죄가 스스로 자라서 발전하고 성숙해지면 죄는 다시 죽음을 낳게 됩니다.

모든 개별적인 죄가 그렇듯이, 이와 같은 방식으로 서로 다른 죄들 또한 상호 간에 연결되어 있습니다. 야고보 사도는 이를 지적하여 "누구든지 온 율법을 지키다가 그 하나를 범하면 모든 율법을 범한 것"(약 2:10)이 된다고 말합니다. 이와 같은 율법을 제정하신 하나님은 한 가지 계명만을 제정하신 분이 아니라 모든 계명을 제정하신 분입니다. 그러므로 하나의 계명을 어기는 것은 모든 계명을 제정하신 분의 율법 제정권을 침해하는 것입니다. 따라서 하나의 계명을 어기는 것만으로도 모든 계명의 권위와 권능을 무너뜨리는 것입니다. 율법은 그 기원과 본질이 하나이며, 하나의 유기적인 몸과 같아서 하나의 지체가 훼손되면 전체가 손상되어버립니다. 그리고 또한 율법은 하나의 사슬과 같아서 그중 한 부분의 고리라도 끊어지면 전체가 끊어져버립니다. 계명 중 하나의 계명을 어기는 자는 원칙적으로 모든 계명을 다 무시하는 것이 되고, 결과적으로 점점 더 악의 구렁텅이로 빠져들게 되는 것입니다. 예수께서 말씀하신 것처럼 그러한 자는 죄의 종, 즉 죄의 노예가 되는 것입니다(요 8:34). 또한 바울이 이러한 자에 대해 표현하기를, "죄의 권세 아래 팔린 자"라고 합니다(롬 7:14). 그러므로 노예가 자신을 산 주인에게 속해 있는 것처럼 이러한 자는 죄에 완전히 종속되어 있습니다.

이러한 유기적 관점은 인간 삶의 특정 영역들에서 나타나는 죄들에도 적용됩니다. 개인적이고 개별적인 죄들이 있는가 하면, 공동체적이고 사회적인 죄들도 있으며, 특정한 가정이나 가족, 민족의 죄들도 있습니다. 사회의 각계각층, 그리고 각각의 직무와 직업은 그 자체로 고유한 도덕적 위험과 죄악을 동반합니다. 도시인들의 죄는 농촌 거주자들의 죄와 다르고, 농부들의 죄는 상인들의 죄와 다르며, 학자들의 죄는 무지한 자들의 죄와 다르고, 부자들의 죄는 가난한 자들의 죄와 다르며, 어린이들의 죄는 성인들의 죄와 다릅니다. 그러나 이러한 사실은 각 영역에서 발생하는 죄가 서로 연결되어 있음을 증명합니다. 통계학이 이를 확인해줍니다. 특정 범죄가 특정한 연령층이나, 특정한 세대나, 특정한 성별이나, 특정한 계층이나, 특정한 환경에서 일정한 주기적 규칙성을 띠고 나타난다는 것을 보여줍니다. 우리가 이러한 죄의 유기적 연관성을 우리의 제한된 시각으로 바라본다면, 그저 극히 일부분만을 볼 수 있을 뿐입니다. 그러나 만약 우리가 현상의 본질을 꿰뚫어 보고 인간의 마음속에 있는 죄의 뿌리를 추적할 수 있다면, 우리는 의심할 여지 없이 죄에는 통일성과 생각과 계획과 과정이 있음을 발견할 수 있습니다. 다시 말하면 죄 안에도 체계가 있음을 발견할 것입니다.

성경은 인류 속에 있는 죄를 그 기원과 발전과 완성의 측면에서 사탄의 나라(왕국)와 연관시키고 있습니다. 그렇게 함으로써 성경은 인류 속에 있는 죄의 일부분을 드러내고 있습니다. 사탄이 인간을 미혹하여 타락시킨 이후로(요 8:44), 사탄은 도덕적 의미에서 이 세상의 통치자이며 이 시대의 신이 되었습니다(요 16:11; 고후 4:4). 비록 사탄이 그리스도에 의해 정죄를 받아 쫓겨났고(요 12:31; 16:11) 주로 이방 세계에서 활동하고 있지만(행 26:18; 엡 2:2), 사탄은 여전히 외부에서 교회를 끊임없이 공격하고 있으며, 그러기에 교회는 사탄과 싸우기 위해 하나님의 완전한 전신 갑주를 입어야만 합니다(엡 6:11). 또한 사탄은 마지막 날이 가까워질수록 자신의 모든 권세를 규합하여 그리스도와 그분의 나라(왕국)를 향해 최후의 결정적인 공격을 시도할 것입니다(계 12장). 우리가 특정한 죄, 특정한 개인 또는 특정한 민족의 죄만 주목하지 말고 인류 안에서 죄의 나라(왕국) 전체를 성경의 빛 아래에서 바라볼 때 비로소 죄의 본질과 목적이 무엇인지를 파악할 수 있게 됩니다. 죄는 본질에 있어서 하나님에 대한 적개심을 의미하며 또한 그러한 죄는 세상에 대한 주권적인 지배를 목적으로 삼습니다. 가장 작은 죄라고 할지라도 그 작은 죄가 하나님의 법을 어긴다는 점에서 전체의 죄와 연결되어 있고, 하나님께 적개심을 드러내고 세상을 지배하고자 하는 궁극적 목적에 봉사하게 됩니다. 세상의 역사는 맹목적으로 작동하는 하나의 진화 과정이 아니라 위로부터 오는 영과 아래로부터 오는 영 사이에서, 그리스도와 적그리스도 사이에서, 하나님과 사탄 사이에서 벌어지는 한편의 거대한 드라마이며, 수 세기에 걸친 영적 투쟁입니다.

• • •

물론 이와 같은 죄에 대한 근본적인 고찰이 우선되어야 하겠습니다. 그렇지만 죄에 대한 이러한 고찰들이 우리를 편향되게 하여 죄의 다양한 차이점을 간과하도록 해서는 안 됩니다. 죄는 미덕과 마찬가지로 모두 하나로 결속되어 있는 것이며 나누어진 것이 아닙니다. 그러므로 누구든지 죄 가운데 하나를 범하면 본질에 있어서 모두를 범한 꼴이 되고 맙니다(야 2:10). 그렇지만 모든 죄가 그 정도와 심각성에 있어서 똑같지는 않습니다. 실수로 지은 죄와 고의로 지은 죄 사이에는 차이가 있습니다(민 15:27, 30). 무지로 인한 죄와 의식하여 고의로 저지른 죄 사이에도 차이가 있습니다(눅 12:47; 23:34; 행 3:17; 17:30). 첫 번째 돌판에 새겨진 계명을 어기는 죄와 두 번째 돌판에 새겨진 계명을 어기는 죄 사이에도 차이가 있습니다(마 22:37-38). 육체적인 죄와 영적인 죄, 인간적인 죄와 악마적인 죄 등도 서로 다릅니다. 하나의 율법 안에 여러 계명이 있고, 그 계명을 어기는 상황도 매우 다양하며, 의식과 의지에 있어서 동의하는 것의 정도에 따라 죄질에 차이가 있습니다. 따라서 모든 죄의 무게가 같을 수 없으며, 따라서 같은 처벌을 받지 않습니다. 순종이 제사보다 낫다(삼상 15:22)는 말씀처럼 도덕법을 어긴 죄들은 의식법을 어긴 죄들보다 죄의 무게는 더 무겁고 심각합니다. 가난 때문에 도둑질하는 자는 탐욕 때문에 도둑질하는 자보다 그 죄의 무게가 훨씬 가볍습니다(잠 6:30). 분노에도 경중의 차이가 있습니다(마 5:22). 또한 이미 결혼한 여자를 탐하고자 하는 마음을 품는 것만으로 이미 마음으로 간음을 저지른 것이라 할지라도, 그 욕망을 제어하지 못하고 실제로 간음을 저지른 것이 그 죄의 무게가 훨씬 더 무겁습니다(마 5:28).

우리가 죄들 사이의 이러한 경중의 차이를 무시한다면 성경과 현실에 심각하게 반하게 될 것입니다. 도덕적 관점에서 보았을 때 인간은 모두 동일한 죄성을 가지고 태어납니다. 인간들은 태어날 때부터 동일한 죄책을 지니고 있으며 동일한 부패에 물들어 있습니다. 그러나 그들 각자는 성장 과정이 서로 다릅니다. 신자들도 때로는 큰 죄에 빠지기 때문에 자기 자신 속에 있는 옛 자아와 끊임없이 싸워야 하며, 이 땅에서는 하나님에 대한 완전한 순종과 관련하여 아주 미미한 시작 정도만의 순종을 이루어낼 수 있습니다. 그리고 그리스도의 이름을 알지 못했거나, 그리스도를 믿지 않은 자들 가운데 불경건한 모든 충동에 자신을 내맡기고 죄를 물처럼 들이키는 자들이 있는가 하면, 시민적 품위와 높은 도덕적 삶으로 인해 그 인격이 매우 돋보이는 사람들도 많습니다. 그들은 때때로 그리스도인들에게조차 미덕의 본보기가 되기도 합니다. 모든 악의 씨앗은 인간의 마음속에 존재합니다. 그리고 우리가 자기 자신을 더 깊이 알면 알수록 우리의 본성이 하나님과 이웃을 미워하고 있고 어떠한 선행도 실천할 능력이 없으며 각양각색의 모든 악에 기울어져 있다고 진심으로 통렬하게 고백하지 않을 수 없습니다. 그렇다고 해서 이러한 악한 성향이 모든 사람에게서 똑같은 정도의 악행으로 이어지는 것은 아닙니다. 넓은 길을 걷는 사람들 모두가 똑같은 속도로 걸어가는 것이 아니며, 똑같은 정도로 멀리 나아가는 것도 아니기 때문입니다.

이러한 차이가 생기는 원인은 인간에게 있지 않고 하나님의 억제하시는 은혜에 있습니다. 모든 인간의 마음은 동일합니다. 언제 어디서나 모든 인간에게서 악한 생각과 욕망이 동일하게 발생합니다. 그 마음의 생각은 어릴 때부터 늘 악하기만 합니다. 만약 하나님께서 인간을 그 마음의 욕망대로 내버려두셨다면 이 세상은 지옥이 될 것이고 인간 사회와 역사는 존속하지 못하게 되었을 것입니다. 그러나 마치 땅속의 불꽃(용암)이 단단한 지각을 통해서 통제되고, 그리하여 가끔 특정한 장소에서 화산의 폭발로 인해 분출되는 것처럼 인간의 악한 생각과 욕망 역시 사회에 의해 여러 방면으로 억제되고 제한됩니다. 하나님은 인간을 홀로 내버려두지 않으시고 인간 속에 있는 사나운 야수성을 억누르셔서 인간을 향한 하나님의 계획을 유지하고 실행하십니다. 그분은 인간 안에 있는 본성적인 사랑과 쾌락에 대한 욕구, 그리고 종교와 도덕의식, 양심과 정의감, 이성과 의지를 보존하십니다. 또한 그분은 인간들을 가정과 사회와 국가 가운데 두시어 여론과 예절 의식, 노동에 대한 부담, 규율, 형벌 등을 통해 시민으로서의 품위 있는 삶을 살아갈 수 있도록 인간을 억제하시고, 강제하시며, 교육하십니다.

이처럼 여러 가지 강력한 영향을 통해 죄인 된 인간은 여전히 많은 선한 일을 행할 수 있는 능력을 얻게 됩니다. 하이델베르크 교리문답서 (Heidelberger Katechismus, *Catechesis Palatina*)가 인간이 선한 일을 행하기에는 전적으로 무능력하며 모든 악으로 기울어져 있다고 말했을 때, 여기서 "선한 일"은 도르트 신조(Dordtse Leerregels)가 항론파에 반대하는 조항들에서 분명히 적시했던 것처럼 구원에 이르게 하는 선한 일을 의미합니다.

인간은 자신의 본성에 있어 구원에 이르는 선을 행하는 일에서 전적으로 무능력합니다. 하나님께서 자신의 눈으로 인간의 마음을 꿰뚫어 보셨을 때, 인간은 내적으로나 영적으로 온전히 선한 일을 행할 수 없습니다. 또한 율법의 영적 의미와 문자적 의미에서, 율법의 모든 요구에 완전히 부합되며 그 율법의 약속에 따라서 영생과 천국의 축복을 받는 선한 일을 행할 수 있는 인간은 단 한 명도 존재하지 않습니다. 그러나 인간이 선한 일을 행하는 것에 무능하지만, 하나님은 일반은총을 통해서 인간이 많은 선한 일을 행할 수 있도록 해주십니다. 인간은 자신의 개인적인 삶에서 이성과 의지를 통해 자신의 악한 생각과 욕망을 억누르고 미덕을 실천할 수 있습니다. 인간은 가정생활에서 자신의 아내와 자녀와 부모와 형제자매를 사랑하며 그들을 위해 선을 추구할 수 있습니다. 사회에서도 인간은 정직하고 충실하게 자신의 소명을 수행하고 복지와 문명, 그리고 학문과 예술의 발전에 기여할 수 있습니다. 한마디로 하나님께서 자연 상태에 있는 죄 많은 인간을 자신의 모든 능력으로 감싸 안으셔서 이 땅에서 인간다운 삶을 영위할 수 있는 능력을 부여해주십니다.

그러나 이러한 모든 능력은 인간을 내적으로 새롭게 할 수 없으며, 때로는 불의(不義)를 억제하기에도 충분치 않을 때가 많습니다. 여기서 우리는 어느 사회에서나 발견되며 그 자체의 삶의 방식을 가지고 있는 범죄의 세계를 굳이 언급할 필요가 없습니다. 어쨌든 정복 전쟁, 식민지화, 종교 갈등과 인종 전쟁, 인민 폭동, 국가 전복, 스캔들 사건 등은 인간의 마음속에 얼마나 끔찍한 불의가 존재하는지를 보여줍니다. 문화가 세련되게 발전한다고 해서 불의를 제거하지 못합니다. 오히려 그러한 세련된 문화가 불의를 부끄러움 없이 행하도록 조장하는 경우가 많습니다. 겉으로 보기에 매우 고상한 행위조차도 더 깊이 살펴보면 종종 이기심과 지배욕이라는 온갖 악의에 찬 동기들로 행해지는 경우가 많습니다. 인간 마음의 사악함과 교활함을 이해하는 사람은 이 세상에 그렇게 수많은 악이 존재한다는 사실에 놀라지 않을 것입니다. 오히려 그는 이 세상에 여전히 그렇게도 많은 선이 발견된다는 사실로 인해 경탄하며, 이처럼 죄악으로 가득 찬 인간 세상에서 여전히 그렇게 많은 선한 일을 이루시는 하나님의 그 크신 지혜를 찬양할 것입니다. 우리가 진멸되지 않은 것은 주님의 인자하심과 긍휼하심이 무궁하시기 때문입니다(애 3:22). 밖으로 터져나오려고 하는 인간의 죄와 그러한 죄를 억제하며 인간의 생각과 행동을 자신의 계획을 이루는 데 선용하시려는 하나님의 은혜 사이에는 끊임없는 싸움이 있습니다.

• • •

이러한 하나님의 은혜는 아합왕이나(왕상 21:29), 니느웨 백성들(욘 3:5 이하)의 경우에서 보는 것처럼 인간을 겸손하게 만들 수 있습니다. 그러나 인간은 하나님의 은혜를 계속해서 거부할 수도 있습니다. 그리고 이러한 경우에 성경이 마음의 완악함이라고 묘사하는 끔찍한 현상이 나타나게 됩니다. 그 전형적인 예가 바로 이집트의 왕인 파라오입니다. 물론 성경에서 이러한 현상은 다른 인물들에게도 나타나지만, 그 완악함의 본질과 진행의 과정이 가장 뚜렷하게 나타나는 것이 파라오의 경우입니다. 파라오는 강력한 제국의 군주였고, 마음이 교만하여 하나님이 보이신 권능의 표적들 앞에서도 자신을 낮추려고 하지 않았습니다. 하나님의 권능을 드러내는 표적들이 차례대로 나타났으며, 기적적인 능력과 파괴력은 점점 더 커져만 갔습니다. 그러나 파라오는 이러한 표적들에 대항해 점점 더 완악해졌습니다. 잠시 굴복하려는 의지가 일어났다가도 점차 그 진실성을 잃어갔으며, 결국 파라오는 자신의 멸망을 향해 스스로 나아갔습니다.

파라오의 인격 안에서 우리 눈앞에 펼쳐지는 한편의 놀라운 영혼의 드라마는 신적인 관점과 인간적인 관점 모두에서 바라볼 수 있는 비극적인 이야기입니다. 어떤 구절에는 야웨께서 파라오의 마음을 완악하게 하셨다고 기록되어 있으며(출 4:21; 7:3; 9:12; 10:20, 27), 다른 구절에는 파라오가 자신의 마음을 완악하게 했다고 보도하고 있습니다(출 7:13, 22; 8:15, 19, 32; 9:34). 또 어떤 구절에서는 파라오의 마음이 완악해졌다고도 묘사됩니다(출 7:14; 9:7; 9:35). 이러한 완악함에는 신적인 작용과 인간적인 작용이 모두 역사하고 있습니다. 하나님의 은혜로운 사역은 점점 더 심판하시는 사역으로 바뀌어가고, 하나님에 대한 의도적인 적대감은 점점 더 하나님에 대한 인간의 저항으로 바뀌어갑니다. 성경은 다른 곳에서도 이러한 완악함을 동일한 방식으로 묘사합니다. 야웨께서 마음을 완악하게 하셨다는 기록(신 2:30; 수 11:20; 사 63:17)과 인간이 스스로 마음을 완악하게 했다는 기록(삼상 6:6; 역하 36:13; 시 95:8; 마 13:15; 행 19:9; 롬 11:7, 25)이 나타나고 있습니다. 신적 작용과 인간적 반작용 사이에는 상호작용과 다툼과 투쟁이 있으며, 이는 하나님의 신적인 계시와 분리될 수 없습니다. 신적 작용과 인간적 반작용 사이의 상호 관계는 일반은총에도 나타나지만, 특히 인간들 사이에서 심판과 구별을 일으키는 특징은 특별은혜(은총)에서 극명하게 드러납니다(요 1:5; 3:19; 9:39). 그리스도께서는 넘어지게도 하시고 일으키기도 하시는 분으로 세워지셨습니다(눅 2:34). 그리스도는 구원의 반석이시며, 부딪치며

걸려 넘어지게 하는 돌이십니다(마 21:44; 롬 9:32). 복음은 사람을 죽음으로도 인도하고 생명으로도 인도합니다(고후 2:16). 복음은 지혜롭고 슬기로운 자들에게는 감추어지고, 어린아이들에게는 드러납니다(마 11:25). 그리고 이 모든 일에서 하나님의 뜻이 드러남과 동시에 종교적이고 도덕적인 삶의 법칙 역시 드러나게 됩니다.

마음이 완악해지는 죄는 성령을 모독하는 죄에서 그 절정에 이르게 됩니다. 예수께서는 바리새인들과 심각한 논쟁을 하시면서 이렇게 말씀하신 적이 있습니다. 예수께서 한번은 눈이 멀고 언어장애가 있으며 귀신 들린 사람을 고치셨을 때, 무리가 크게 놀라서 다음과 같이 외쳤습니다. "이 사람은 다윗의 자손, 곧 하나님께서 조상들에게 약속하신 메시아가 아니냐?"

그러나 그리스도께 돌려진 이러한 경외는 바리새인들에게 오직 증오심과 적대감만을 불러일으켰을 뿐입니다. 그들은 예수께서 귀신을 쫓아낸 것에 대해서 다른 누구도 아닌 귀신들의 우두머리 바알세불의 힘을 빌린 것이라고 비방했습니다. 바리새인들은 예수를 하나님의 아들이자 성령의 능력으로 귀신을 쫓아내고 이 땅에 하나님 나라를 세우시는 메시아로 인정하기는커녕 오히려 그것과는 전혀 다른 정반대 입장을 취했습니다. 그들은 예수를 사탄의 하수인으로 간주했고 그분의 사역을 사악한 것으로 여겼습니다. 예수께서는 이러한 끔찍한 모독에 대해 자신의 존엄을 유지하셨습니다. 심지어 그들의 주장을 논박하시고 그들의 논리가 얼마나 비합리적인가를 지적하셨습니다. 그리고 끝으로 다음과 같은 엄중한 경고를 덧붙이셨습니다. "사람에 대한 모든 죄와 모독은 사하심을 얻되, 성령을 모독한 것은 사하심을 얻지 못하겠고, 또 누구든지…성령을 거역하면 이 세상과 오는 세상에서도 결코 사하심을 얻지 못하리라"(마 12:31-32).

이 말씀 자체와 그것이 나오는 문맥을 보면, 성령을 모독하는 죄는 죄의 시작이나 죄가 진행되는 중간에서가 아니라 그 끝에서 범해지는 것임을 분명히 알 수 있습니다. 이 죄는 하나님께서 계시하신 진리에 대한 의심이나 불신에 있지 않고 또한 성령을 거스르거나 슬프게 하는 데도 있지 않습니다. 이러한 죄들은 심지어 신자들조차 범할 수 있으며 실제로 종종 저질러지기도 합니다. 성령을 모독하는 죄는 하나님께서 풍성히 자신을 드러내시고 성령께서 강력히 조명의 빛을 비추심으로써 인간이 자신의 마음과 양심에서 신적 계시의 진리를 온전히 확신한 상태에서만 발생할 수 있습니다(히 6:4-8; 10:25-29; 12:15-17).

그리고 성령을 모독하는 죄는 사람이 객관적인 계시와 주관적인 조명이 가져다주는 모든 증거에도 불구하고, 그리고 진리를 진리로 인정하고 맛본 후에도 의식적으로 그리고 의도적으로 그 진리를 거짓이라 선언하며, 그리스도를 사탄의 도구라고 모독하는 데 있습니다. 성령을 모독하는 죄는 인간의 죄가 마침내 악마적 죄로 변질되는 것을 의미합니다. 이 죄는 의심이나 불신앙에 있지 않습니다. 오히려 그것은 의심이나 불신앙을 포함해서 모든 회개와 기도를 완전히 배제해버리는 죄입니다(요일 5:16). 이 죄는 의심과 불신앙, 회개와 기도를 완전히 넘어선 상태로서 성령을 성부와 성자의 영으로 믿고 인정한다고 할지라도 그 성령을 악마적인 사악함으로 모독하는 것입니다. 이러한 성령 모독죄가 완성될 때 그 악함은 극에 달해 모든 부끄러움을 내던져버리고, 모든 가면을 벗어버리며, 어떤 변명조차 거부하고, 순전히 악의에 차서 하나님의 진리와 은혜를 대적하는 것입니다. 따라서 예수께서 성령을 모독하는 죄에 대해 가르치시며 주신 경고는 매우 심각하고 엄중한 것입니다. 그러나 이 가르침에는 중요한 위로도 담겨 있습니다. 이는 만약 성령을 모독한 죄가 용서받지 못할 유일한 죄라면 그 외의 모든 죄는 아무리 크고 악랄한 죄라고 할지라도 용서받을 수 있음을 의미합니다. 그러한 죄들에 대한 용서는 인간의 속죄 행위로 인한 것이 아니라 전적으로 하나님 은혜의 풍성함으로 말미암은 것입니다.

죄가 오직 은혜에 의해서만 용서받을 수 있고 씻겨질 수 있다는 사실은 죄 자체가 형벌받아 마땅하다는 사실도 내포하고 있는 것입니다. 성경은 죄가 세상에 들어오기 전부터 이미 죽음의 형벌로서 경고되었음을 분명히 말하고 있습니다(창 2:17). 또한 성경은 죄에 대한 하나님의 심판을 계속해서 선포하고, 이러한 심판은 현재의 삶에서 시행되기도 하며(출 20:5), 마지막 심판의 날에 성취되기도 합니다(롬 2:5-10). 이는 하나님께서 모든 경건치 못함을 미워하시는 공의롭고 거룩하신 분이시기 때문입니다(욥 34:10; 시 5:5; 45:7). 하나님은 죄 있는 자를 결코 무죄하다고 여기지 않으시며(출 34:7; 민 14:18), 모든 불의를 그분의 진노(롬 1:18)와 저주(신 27:26; 갈 3:10), 화로써(나 1:2; 살전 4:6) 심판하시며, 각 사람에게 그의 행위대로 갚으실 것입니다(시 62:13; 욥 34:11; 잠 24:12; 렘 32:19; 겔 33:20; 마 16:27; 롬 2:6; 고후 5:10; 벧전 1:17; 계 22:12). 양심은 각 사람 안에서 악한 생각과 말과 행동을 정죄합니다. 이로 인해 양심은 종종 죄책감과 후회와 자책과 심판에 대한 두려움으로 사람을 괴롭힙니다. 모든 민족의 사법 제도 역시 죄는 형벌을 면할 수 없다는 가정 위에 세워진 것입니다.

그러나 인간의 마음은 이러한 엄격한 심판에 대해 항상 반발합니다. 왜냐하면 그 심판이 자신을 정죄한다고 느끼기 때문입니다. 학문과 철학은 종종 이러한 인간의 마음을 도와서, 그럴듯한 이유를 들어 선행에 대한 보상과 악행에 대한 처벌을 분리하려고 시도해왔습니다. 이러한 관점에 따르면 마치 예술이 예술 자체를 위한 행위이듯 선행은 또한 보상을 바라는 마음이 아니라 그 자체를 위하여 행해져야 하며, 악행도 처벌에 대한 두려움이 아니라 단지 그것이 악한 것이기에 피해야만 한다고 여깁니다. 이러한 관점에서는 미덕에 대한 보상도, 죄에 대한 처벌도 있을 수 없습니다. 죄에 따르는 유일한 처벌은 죄의 본성에 따라 자연법칙의 필연성으로 인해 초래되는 결과뿐입니다. 예를 들어 미덕을 행하는 사람이 자신의 마음에 평화를 얻는 것처럼 죄를 범한 사람은 죄책감과 불안, 그리고 두려움에 시달리게 되며, 때로는 음주나 방탕과 같은 여러 가지 죄를 범하는 경우 신체적 질병들로 인해 고통받는 것 외에 다른 형벌이 주어지는 것은 아닙니다.

현대에 들어와서 이처럼 타락하고 방황하는 마음의 철학이 진화론에 호소하여 지지를 얻었습니다. 진화론에 따르면 인간은 동물에서 비롯되었고, 본질에 있어서 항상 동물적인 존재로 남아 있으며, 동물적인 존재인 그대로 행동하는 것이 불가피합니다. 인간은 자유롭고 이성적이며 도덕적인 존재가 아니기 때문에 자신의 행동에 대해서 책임을 질 필요가 없고, 따라서 인간의 행동은 죄로 간주될 수 없습니다. 인간의 행동은 필연적인 것이며 인간은 그렇게 행동할 수밖에 없는 존재일 뿐입니다. 향긋한 향기를 뿜어내는 꽃들이 있는가 하면 또한 불쾌한 냄새를 풍기는 꽃들이 있는 것처럼, 그리고 온순한 동물이 있는가 하면 사나운 맹수가 있는 것처럼, 인간 가운데서도 사회에 유익이 되는 인간이 있는가 하면 사회를 해롭게 하는 인간도 있습니다. 사회는 스스로 보호하기 위해서 그처럼 사회를 해롭게 하는 개인을 제거하거나 격리할 수 있는 권한이 있지만, 이것은 형벌이 아닙니다. 어떠한 인간도 다른 동료 인간을 재판하거나 정죄할 권리가 없습니다. 범죄자들은 악행을 저지르는 사람이 아니라, 오히려 유전적 결함으로 고통받거나 사회 자체가 만들어낸 정신이상자들로 간주될 뿐입니다. 그리하여 이들은 사실 감옥이 아니라 병원이나 교정시설에서 치료받아야만 한다는 것입니다. 또한 그들은 인도적인 대우와 의학적이고 교육적인 치료를 받을 권리가 자신들에게 있다고 주장할 수 있습니다.

공정한 논지를 위해서 인정해야 할 점이 있습니다. 즉 이러한 새로운 형벌 이론이 과거에 극단으로 치달았던 다른 이론에 대한 반작용이라는 것입니다. 오늘날 사람들이 범죄자를 일종의 정신병자로 취급하는 반면, 과거에는 정신병자를 위시하여 다른 모든 불행한 사람들을 종종 범죄자로 취급했습니다. 그래서 그들을 처벌하고 극심한 고통을 가하기 위해 이성을 동원하여 온갖 고문 기구를 제작해 사용했습니다. 이러한 과거의 사태가 새로운 이론을 어느 정도 정당화할 수 있다고 하더라도 이러한 새로운 이론 자체를 옳다고 간주할 수는 없습니다. 이 새로운 이론은 이전의 이론만큼이나 편협합니다. 왜냐하면 새로운 이론은 죄의 심각성을 무시하고, 인간의 도덕적 자유를 빼앗아 인간을 기계로 격하시키며, 인간의 양심과 죄책감을 포함한 도덕적 본성을 부정하고, 근본적으로 권위와 정부와 사법권의 모든 기반을 훼손하기 때문입니다.

과학이 죄의 자연적인 필연성을 증명하기 위해 백방의 시도를 하는 것과 상관없이 양심이 아직 완전히 마비되지 않은 모든 인간은 선을 행해야 할 의무감을 느끼며 자신의 악행에 관해서 책임이 있음을 자각합니다. 물론 선을 행하는 유일한 동기나 가장 중요한 이유가 보상(상급)에 대한 희망이 되어서는 안 될 것이며 이와 마찬가지로 악을 피해야 하는 유일한 이유도 처벌에 대한 두려움이 되어서도 안 될 것입니다. 그러나 이러한 부차적인 동기들로 인해 선을 행하고 악을 피하는 사람이라고 할지라도, 그는 이러한 부차적인 동기들을 무시하고 자신의 욕망에 이끌리어 살아가는 사람보다 항상 더 나은 상태에 있습니다. 더군다나 단지 겉으로 드러나는 도덕적 의식 속에는 처음부터 미덕과 행복이, 그리고 죄와 형벌이 불가분의 관계로 연결되어 있습니다. 선을 참되게 진심으로 사랑하는 것, 즉 하나님과의 충만한 교제를 누리는 것은 인간이 내적으로나 외적으로나 하나님과의 교제 안에 온전히 통합되어 있음을 의미합니다. 반면에 죄는 그 궁극적인 성취에 있어서 인간의 육체와 영혼, 이 양자를 모두 타락시킵니다.

죄에 대해 하나님께서 정하신 형벌은 죽음입니다(창 2:7). 그러나 이러한 일시적이고 육체적인 죽음은 그 자체로 독립되어 있지 않고 여러 다른 형벌들로 이어지거나 아니면 다른 형벌들을 동반합니다.

인간이 죄를 짓자마자 그의 눈이 열렸고, 그는 자신의 벌거벗음을 부끄러워하게 되어 하나님의 얼굴을 뵙기가 두려워 숨게 되었습니다(창 3:7-8). 부끄러움과 두려움은 죄와 떼려야 뗄 수 없는 인간의 본성이 되었습니다. 그 이유는 죄로 인해 인간은 즉시 죄책감과 불결함을 느끼기 때문입니다.

형벌에 대한 의무로서의 죄책감과 도덕적 부패로서의 불결함은 인간이 타락하자마자 즉각적으로 나타나는 결과입니다. 그러나 이러한 자연적인 형벌 외에도 하나님은 여러 다양한 직접적인 형벌을 인간에게 더하셨습니다. 여자는 여성으로서, 그리고 어머니로서 고통을 받게 되었습니다. 그녀는 고통 가운데 자식을 낳을 것이며 여전히 남편을 사모하게 될 것입니다(창 3:16). 그리고 남자는 자신에게 맡겨진 의무, 곧 땅을 경작하고 손으로 행하는 일로 인해 형벌을 받게 됩니다(창 3:17-19). 물론 죄를 짓자마자 죽음이 즉시 찾아오지는 않았고, 죽음이 수백 년 동안까지 연기되었습니다. 그 이유는 하나님께서 인류를 향한 자신의 계획을 포기하지 않으셨기 때문입니다. 그러나 이제 인간에게 주어진 삶은 고통과 슬픔으로 점철된 삶, 곧 죽음을 준비하는 과정, 끊임없이 죽어가는 상태가 되고 말았습니다. 인간은 죄로 인해 단순히 죽을 존재가 아니라 죽어가는 존재가 되었습니다. 인간은 요람에서 무덤에 이르기까지 끊임없이 죽음을 향해 나아갑니다. 인간의 삶은 죽음과 싸우는 짧고 헛된 투쟁에 불과합니다.

이러한 사실은 성경이 인간 삶의 연약함, 덧없음, 허망함에 대해서 제기하는 수없이 많은 탄식에서 잘 나타나고 있습니다. 인간은 타락 이전에도 흙으로 만들어진 존재였습니다. 인간은 땅의 흙으로부터 육체를 형성했고, 따라서 흙으로부터 온 땅의 존재로서 생령이었습니다(고전 15:45, 47). 그러나 첫 인간의 삶은 하나님의 법을 지키는 도상에서 영혼에 의해 지배되고 영적으로 변화되며 영화롭게 되는 것이 예정되어 있었습니다. 그러나 이제는 인간의 범죄로 인해 하나님의 법이 다음과 같이 작용하게 되었습니다. "너는 흙이니, 흙으로 돌아갈 것이니라"(창 3:19).

죄로 인해 인간은 영적 존재가 아닌 육체적 존재가 되어버렸습니다. 이제 인간의 삶은 하나의 그림자와 같고 꿈과 같으며 밤의 경계와 같을 뿐입니다. 손 한 뼘의 길이, 한 걸음의 거리, 대양 위에서 솟아올랐다가 부서지는 파도, 비쳤다가 사라지는 한 줄기 빛, 피었다가 시드는 꽃과도 같은 존재가 되어버렸습니다. 인간의 삶은 사실상 온전하고 영광스러운 생명의 이름에 합당하지 않게 되어버렸습니다. 인생은 죄 안에서 끊임없는 죽음이고(요 8:21, 24), 죄와 허물 가운데 죽어가는 것이 되었습니다(엡 2:1).

이러한 설명은 내적으로 보았을 때 죄로 인해 타락하고 파괴되며 분열되고 해체된 인간의 삶을 묘사한 것입니다. 그리고 외적으로 보았을 때도 삶은 사방에서 계속해서 위협받고 있습니다. 죄를 범한 직후 인간은 낙원에서 쫓겨났습니다. 인간은 자신의 힘으로 다시 낙원으로 돌아갈 수 없게 되었습니다. 이는 인간이 생명에 대한 권리를 상실하여서 타락한 이후 인간에게는 평화와 안식의 장소가 더는 적합하지 않게 되었기 때문입니다. 그는 넓은 세상으로 나아가 이마에 땀을 흘리며 자신의 소명을 성실히 수행해야만 양식을 얻을 수 있게 되었습니다. 타락하지 않은 인간은 낙원에 머물러야 하고 복된 자들은 하늘을 거처로 삼습니다. 그러나 죄를 지었으며 구원을 받아야만 하는 인간은 땅을 거처로 삼습니다. 그리고 땅은 인간 타락의 결과에 참여하고, 그로 인해 저주를 받으며 함께 허무한 상태에 굴복하게 되었습니다(롬 8:20).

이처럼 내적 세계와 외적 세계는 서로 조화를 이룹니다. 인간과 그의 환경 사이에 조화가 있습니다. 우리가 사는 이 땅은 하늘도 아니고 지옥도 아닙니다. 이 땅은 하늘과 지옥의 두 세계 사이에 존재하고 있으며 두 세계의 요소를 모두 포함하고 있습니다. 우리는 인간의 죄와 삶의 재난 사이에 존재하는 연관성을 구체적으로 밝혀낼 수는 없습니다. 예수께서는 오히려 양자 사이의 연관성을 찾으려는 시도를 경고하셨습니다.

예수께서는 빌라도가 희생제물을 드리던 갈릴리 사람들을 학살하여 그들이 흘린 피가 그들의 제물을 물들였다는 이야기를 들으시고, 제물에 자신들의 피를 섞은 갈릴리 사람들이 다른 사람들보다 더 큰 죄인이 아니라고 말씀하셨습니다(눅 13:1-3). 또한 그분은 날 때부터 시각 장애인이었던 사람이 자신의 죄나 부모의 죄 때문에 형벌을 받은 것이 아니며, 그를 통해 하나님의 역사하심을 드러내게 하기 위함이라고 말씀하셨습니다(요 9:3). 따라서 누군가에게 닥친 재난이나 불행을 근거로 욥의 친구들처럼 그 사람에게 특별하고 개인적인 죄책이 있다고 단정해서는 안 됩니다.

그러나 성경 전체의 가르침에 따르면 타락한 인류와 타락한 땅 사이에는 분명히 깊은 연관성이 존재합니다. 이 둘은 서로 조화를 이루도록 창조되었고, 함께 허무한 상태에 굴복하게 되었으며, 둘 다 그리스도에 의해 함께 구속받았고, 언젠가 함께 회복되고 영화롭게 될 것입니다. 현재의 세상은 가장 좋은 세상도 가장 나쁜 세상도 아닙니다. 그러나 타락한 인간에게 있어서는 여전히 좋은 세상입니다. 이 세상은 스스로 가시와 엉겅퀴를 내며 인간을 노동으로 몰아넣고, 그로 인해 인간을 파멸로부터 지켜주며, 인간의 마음 깊은 곳에 꺼지지 않는 소망을 간직하게 해줍니다. 이 소망은 영원한 선과 영원한 행복에 대한 소망입니다. 비록 인간의 삶이 짧고 불안으로 가득 차 있다고 할지라도 이러한 소망이 인간에게 삶을 살아가게 해줍니다.

　모든 자연적인 생명은 결국 죽음으로 끝납니다. 아무리 강한 생명도 70년에서 80년 정도의 싸움을 견딜 수 있을 뿐입니다. 그리고 대부분은 훨씬 더 이른 시기에, 한창의 나이일 때, 청춘의 꽃이 피기도 전에, 또는 출생 직후나 심지어 출생 이전에 생명을 다하고 맙니다. 성경은 이러한 죽음을 하나님의 심판이자 죄에 대한 대가와 형벌로 설명합니다(창 2:17; 롬 5:12; 6:2; 고전 15:21; 약 1:15). 그리고 이러한 가르침은 인류 전체와 각 개인의 마음속에서 공감과 동의를 불러일으키고 있습니다.

　심지어 이른바 원시 부족들조차도 인간은 죽을 수밖에 없는 존재이며 따라서 인간의 불멸성에 관해서는 증명할 필요가 없지만 인간의 죽음에 관해서는 설명하고 증명해야만 한다고 생각했습니다. 그러므로 증명이 필요한 것은 인간의 불멸성이 아니라 죽음입니다. 그럼에도 과거와 현재의 많은 사람은 죽음이 외부의 힘에 의한 것이 아니라 생명의 내적인 해체의 과정으로서 완전히 자연적이고 필연적인 것이라고 주장해왔습니다. 그러므로 죽음 자체는 본질상 두려운 것이 아니며 인간이 죽음을 두렵게 느끼는 이유는 생명의 본능이 죽음에 저항하기 때문이라는 것입니다. 과학이 발전하고 승리를 거듭해 감에 따라 과학은 부자연스러운 죽음을 점점 더 감소시킬 것이고, 생명의 에너지가 쇠퇴하여 자연스럽게 죽음을 맞이하는 것을 죽음에 대한 규범으로 만들 것이라고 주장합니다. 그렇게 되면 사람들은 시들어가는 식물이나 생을 다한 동물처럼 평온하고 조용하게 죽음을 맞이할 것이라고 말합니다.

　하지만 이런 식으로 말하는 사람들과는 완전히 다른 견해를 가진 사람들도 있습니다. 과학자들 사이에서조차 죽음의 원인과 본질에 대해 전혀 의견이 일치하지 않습니다. 죽음을 생명의 자연적이고 필연적인 종말로 보는 견해가 있는가 하면 그 반대로 죽음을 삶보다 더 큰 수수께끼로 간주하는 사람들도 많습니다. 그들은 생명체가 본질에 있어서 자신의 내부적 특성에 의해 죽어야 할 이유가 전혀 없다고 단언합니다.

그들은 심지어 우주가 원래는 무한히 거대한 생명체였고 죽음은 나중에야 우주 속으로 들어온 것이며, 현재에도 죽지 않는 동물들이 존재한다고 말합니다. 이러한 이야기는 오늘날 영혼의 선재(先在. vóórbestaan)를 믿고, 죽음을 인간이 더 높은 차원의 삶으로 상승하기 위해 거쳐야만 하는 일종의 형태의 변화로—이는 마치 애벌레가 나비로 변신하는 것처럼—간주하는 사람들에게 공감을 얻고 있습니다.

우리가 과학을 통해 현상의 가장 깊고 궁극적인 원인에 도달할 수 없으며 생명과 죽음을 설명할 수도 없다는 점은 이미 상기에서 언급한 견해들의 대립 자체로 입증되고 있는 셈입니다. 생명이든 죽음이든 과학에서는 여전히 신비로 남아 있습니다. 과학이 생명과 죽음에 대해 어떤 설명을 시도하려고 하는 순간, 생명의 현실이나 죽음의 현실을 왜곡할 위험에 처하게 됩니다. 과학은 생명이 본래에 있어서 영원하다고 말하지만, 그렇게 되면 죽음이 어디서 왔는지에 대한 질문에 답변해야만 합니다. 그리하여 죽음을 단순한 형식의 변화로 설명하게 됩니다. 그렇지 않으면 죽음을 완전히 자연스러운 것으로 이해하려고 시도하게 되는데, 그때는 생명을 어떻게 이해해야 할지에 대해 전혀 갈피를 잡을 수 없게 되어 결국 생명의 불멸성을 부정할 수밖에 없습니다. 이 두 가지 경우 모두 과학은 죽음과 생명 사이의 경계선뿐만 아니라 죄와 거룩함 사이의 경계선도 지워버리고 맙니다.

죄의 삯이 사망이라는 고백은 과학으로 증명되지도 부정되지도 않습니다. 이 고백은 순전히 과학의 영역 밖에 있으며 과학의 능력을 초월하는 문제입니다. 또한 이 고백은 어떤 과학적인 증명도 필요로 하지 않습니다. 이 고백은 하나님 말씀의 증언에 근거하고 있으며, 사람들을 평생토록 종살이하게 만드는 죽음의 공포를 통해 매 순간 확인됩니다(히 2:15). 죽음의 필연성을 논증하고 그 정당성을 변호하려는 모든 주장에도 불구하고, 죽음은 여전히 자연스러운 것이 아닙니다. 죽음은 인간의 본질과 운명, 그리고 인간이 하나님의 형상을 따라 창조되었다는 사실과 관련해볼 때도 또한 부자연스러운 것입니다. 하나님과의 교제는 죽음과 양립할 수 없기 때문입니다. 하나님은 죽은 자들의 하나님이 아니라 산 자들의 하나님이십니다(마 22:32). 반면 타락한 인간에게 죽음은 매우 자연스러운 것입니다. 죄가 장성하면 사망을 **낳기**(baart) 때문입니다(약 1:15). 성경에서 죽음은 소멸과 동일시되지 않습니다. 마찬가지로 생명이 단순한 존재를 의미하는 것도 아닙니다. 생명은 기쁨이고 복락이며 풍성함을 의미하고, 죽음은 고통이고 가난이며 굶주림이고 불화이며 불행을 의미합니다. 죽음은 분열이며 본래 하나여야 할 것들이 갈라지는 것을 의미합니다. 하나님의 형상을 따라 창조된 인간은 하나님과의 교제 속에서 살아가야 하고, 하나님과의 교제 안에서 충만하며 영원하고 복된 삶을 누립니다. 그러나 그 교제가 끊어질 때 인간은 죽게 됩니다. 하나님과의 교제가 끊어지는 순간부터 죽음은 시작되고, 인간은 계속해서 죽음을 경험하게 됩니다. 그리하여 인간의 삶은 평화와 기쁨과 복락을 잃어버리고 죄 가운데서 죽어가는 존재가 되고 맙니다. 이러한 영적인 죽음, 즉 하나님과의 교제의 단절은 육체적인 죽음으로 이어지고 결국 영원한 죽음에서 절정에 도달하게 됩니다. 영혼과 육체가 분리될 때 인간의 운명은 결정되지만, 인간의 존재는 그것으로 끝나지 않습니다. 인간에게 한 번 죽는 것이 정한 이치이지만, 그 후에는 심판이 있습니다(히 9:27).

그러니 누가 그 심판 앞에 설 수 있겠습니까?

1. 죄는 인간의 외부적 요인(환경, 사회)에서 비롯되는 것입니까, 아니면 인간의 내면(의지, 본성)에서 기원하는 것입니까?

2. 죄를 진화론적인 인간 이해(동물적 본능의 잔재)로 설명하는 입장은 인간의 도덕적 책임을 온전히 설명할 수 있습니까?

3. 하나님이 전능하시고 선하신 주권자시라면, 왜 죄가 존재하도록 허용하셨을까요?

4. 하나님이 죄를 허용하시면서도 이를 통해 선을 이끄신다는 주장(롬 8:28)이 우리가 죄에 대해 책임을 져야 함과 어떻게 조화될 수 있을까요?

5. 하나님이 창조하신 이 세계에 악이 존재한다면 창조 자체는 선한 것입니까, 악한 것입니까?

6. 성령을 모독한 죄가 용서받을 수 없는 이유는 무엇입니까? 그리고 성령 모독죄에 대한 가르침이 우리에게 주는 위로는 무엇입니까?

7. 하나님께서 죄에 대해 정하신 형벌은 죽음입니다(창 2:7). 그러나 육체적 죽음은 독립적인 것이 아니라 여러 가지 다른 형벌을 수반하는데, 이는 어떤 것들입니까?

제14장

은혜언약

누가 하나님의 심판 앞에 설 수 있겠습니까? 시대와 장소를 불문하고 인류가 이 질문에 대해 제시해온 대답은 다음과 같습니다. 인간 자신이 있는 모습 그대로는 하나님 앞으로 나아갈 수 없다는 것이고, 하나님의 임재 속에 거할 수도 없다는 것입니다. 나는 내 마음을 깨끗하게 했고 내게 죄가 없다(잠 20:9)고 감히 말할 수 있는 사람은 아무도 없습니다. 인간은 누구나 다 스스로 죄악되고 더러움 가운데 있다고 느끼며, 다른 사람 앞에서나 자신의 내면에 있어서나 자신이 마땅히 되어야 할 존재가 아니라는 사실을 인정합니다. 완고한 죄인조차도 자신의 마음에 불안과 동요가 밀려드는 순간을 경험합니다. 자신의 의에 도취되어 스스로 의롭다고 여기는 사람들조차도 결국에는 하나님께서 자신의 부족한 점을 눈감아주시고 그 행위의 의도를 받아주시기를 바라곤 합니다.

물론 많은 사람이 이러한 진지한 생각을 머리에서 몰아내고, 마치 하나님은 계시지 않으시고 계명도 없는 것처럼 마음 편하게 살아가려고 노력합니다. 그들은 스스로 위로하기를 하나님은 계시지 않으시고(시 14:1), 설혹 하나님이 계신다고 할지라도 그분은 인간의 죄에 대해 관심이 없으시며, 악을 행하는 자도 그분의 눈에 선하게 보일 것이라고 말합니다(말 2:17). 또한 하나님은 악을 보지도 않으시고 기억하지도 않으신다고 확신하거나(시 10:11; 94:7), 하나님은 완전한 사랑이시므로 악을 찾지도 벌하지도 않으실 것이라 주장합니다(시 10:13). 그러나 성경은 이러한 모든 논리를 어리석은 것이라고 단언하며(시 14:1), 심지어 이러한 논리는 하나님의 거룩한 이름을 모독하는 짓이라고 선언합니다(시 10:13). 도덕적 율법의 요구를 옹호하며 도덕적 이상을 높은 곳에 두는 사람은 성경의 이러한 견해에 전적으로 동의할 것입니다. 하나님은 사랑이십니다. 그것은 확실한 사실입니다. 하지만 이 놀라운 고백은 하나님의 본질 속에 있는 사랑이 거룩한 사랑으로 이해되고 하나님의 사랑이 그분의 공의와 완전한 조화를 이루고 있다는 사실을 이해할 때만 비로소 온전히 그 의미를 드러낼 수 있습니다. 하나님의 공의가 먼저 확고하게 세워진 후에라야 비로소 하나님의 은혜가 자리할 수 있습니다.

게다가 세계의 전 역사는 하나님의 공의에 대해 부정할 수 없는 증거를 제공합니다. 하나님의 사랑을 우리에게 알려주는 그리스도 안에서의 특별한 계시를 우리는 세상에서 제거해버릴 수 없습니다. 왜냐하면 이러한 특별한 계시가 없어진다면, 일반계시와 그것이 가져오는 모든 은혜와 축복도 즉시 사라지기 때문입니다. 그러나 만약 잠시 잠깐이라도 그리스도 안에서 나타난 특별계시를 우리의 생각에서 제외한다면, 사랑의 하나님을 믿을 근거는 거의 남지 않게 됩니다. 세계의 역사가 우리에게 이해시키는 것이 무엇인지를 생각해본다면, 곧바로 하나님께서 그의 피조물과 갈등을 겪고 계신다는 사실을 알 수 있게 됩니다. 하나님과 그분의 세계 사이에는 불화, 거리감, 갈등이 존재합니다. 하나님은 인간에게 동의하지 않으시고 인간도 하나님에게 동의하지 않습니다. 그들은 각자 자신의 길을 가며, 모든 일에 있어서 서로 다른 생각과 의지를 갖고 있습니다. 하나님의 생각은 우리의 생각과 같지 않으며, 그분의 길은 우리의 길과 같지 않습니다(사 55:8).

따라서 세계의 역사는 곧 하나의 심판을 의미합니다. 어느 시인의 말처럼 세계의 역사가 곧 최후에 있을 심판은 아닙니다. 최후의 심판은 세상의 마지막 날에 가서야 이루어지기 때문입니다. 그리고 또한 세계의 역사가 단순히 심판으로만 이루어진 것도 아닙니다. 왜냐하면 이 땅은 여전히 하나님의 선한 은혜로 가득 차 있기 때문입니다(시 104:24). 그러나 세계의 역사는 여전히 심판이고, 심판으로 가득 차 있는 역사이며, 다툼과 갈등, 피와 눈물, 재앙과 심판의 역사입니다. 모세가 한때 이스라엘 백성이 광야에서 자신의 눈앞에서 하나둘씩 쓰러져 죽어가는 것을 목도하면서 다음과 같이 말했던 것처럼 우리는 주의 진노로 말미암아 소멸하며, 주의 분노로 말미암아 놀랍니다(시 90:7). 시편의 이 말씀은 곧 그러한 심판의 역사 위에 기록된 말씀입니다.

역사의 이러한 증언은 인류가 끊임없이 잃어버린 낙원을 찾고, 지속적인 행복을 추구하며, 자신을 억누르는 모든 악으로부터의 구원을 찾고 있다는 사실로부터 더욱 확증됩니다. 모든 사람 안에는 구원을 갈망하고 구원을 추구하는 욕구가 있으며, 이러한 갈망과 욕구는 특히 종교에서 명확히 드러납니다. 물론 구원의 개념을 넓게 보면 인간이 지상에서 수행하는 모든 노동 역시 구원의 영역에 포함될 수 있습니다. 인간이 자신의 손으로 삶의 필요를 채우기 위해 노력하고, 자연과 인간 세계에서 오는 다양한 적대적인 힘에 맞서 자신을 방어하려 애쓰며, 과학과 예술을 통해 온 세상을 정복하려고 노력할 때, 이러한 모든 노력은 결국 악에서 벗어나 선을 얻고자 하는 데 그 목적이 있습니다.

그러나 구원의 개념을 좁고 엄밀하게 규정하는 경우 구원은 인간의 노동에 적용되지 않습니다. 아무리 노동이 인간의 삶을 보다 편안하고 풍요롭게 만들 수 있다고 할지라도, 인류는 이러한 모든 진보와 문명이 인간의 가장 깊은 욕구들을 충족시켜주지 못하며, 또한 그들이 직면하는 가장 큰 위기에서 그들을 구원할 수 없다는 사실을 인식하고 있습니다. 구원은 종교적 개념이며 오직 종교의 영역에 속한 것입니다. 종교는 모든 문명보다 앞서며, 오늘날까지도 종교는 과학, 예술, 기술과 나란히 독립적인 위치를 유지해오고 있습니다. 그것은 인간의 노력이나 인간 노동의 화려한 성과로 대체되거나 보상될 수 없습니다. 종교는 인간의 매우 특별한 필요를 충족시키며, 타락 이후에도 항상 인간을 특별한 위기에서 구원해주는 역할을 합니다.

따라서 구원의 개념은 모든 종교에서 찾아볼 수 있습니다.

일부 사람들은 종교를 자연 종교, 도덕 종교, 구원의 종교로 분류하고 그중 구원의 종교를 종교 가운데 특별한 종류로 보아 다른 두 종교와 구별하기도 합니다. 그러나 이러한 분류는 여러 학자에 의해 정당하지 않은 것으로 논박되었습니다. 일반적인 의미에서 구원의 개념은 모든 종교에 내재하고 있고, 모든 민족의 종교는 구원의 종교가 되기를 원합니다. 구원이 요청되는 악에 대해서나, 구원이 성취되는 방법에 대해서나, 추구해야만 하는 최고의 선에 대해서나, 종교들 사이에는 의견의 차이가 있을 수 있습니다. 그러나 모든 종교는 악에서 벗어나서 최고의 선을 얻고자 하는 데 그 목적을 두고 있습니다. 종교에서 가장 중요한 질문은 언제나 "내가 어떻게 해야 구원을 얻을 수 있는가"입니다. 지속적인 행복과 영원한 평화, 그리고 완전한 복락은 단지 문명이나 문화의 발전을 통해 땅을 정복하고 다스리는 일만으로는 도저히 얻을 수 없으며, 오직 종교를 통해서만 추구할 수 있습니다. 종교에서 인간은 언제나 하나님을 찾습니다. 물론 죄악의 상태에 있는 인간은 하나님을 실제와 다르게 상상하며, 잘못된 의도와 방식, 그리고 잘못된 장소에서 하나님을 찾으려 합니다. 그럼에도 인간은 여전히 하나님을 찾으려 하며, 더듬거리면서라도 그분을 찾고자 노력합니다. 혹시라도 발견할 수 있을까 하여 그분을 찾으려고 합니다(행 17:27).

이처럼 온 인류에게 공통으로 나타나는 구원에 대한 갈망은 각 민족이 제멋대로 고안해낸 종교들 속에서 만족을 찾으려는 노력과 결부되어 있으며, 그 자체로 그리스도교에 있어서 매우 중요한 의미가 있습니다. 왜냐하면 이러한 구원에 대한 갈망은 하나님께서 직접 인류의 마음속에 불러일으키시고, 계속해서 생생하게 유지시키시기 때문입니다. 이렇게 하나님께서 인간의 마음에 구원에 대한 갈망을 불러일으키시는 것은 하나님께서 타락한 인류를 완전히 버리지 않으셨음을 나타내 보여줍니다. 이러한 구원에 대한 인간의 갈망은 인류가 길고 고통스러운 세상 여정을 살아가면서 노동하고 노력하게 만드는 뿌리 뽑을 수 없는 희망의 근거입니다. 또한 구원에 대한 인간의 갈망은 구원이 존재한다는 것과 사람들이 아무리 헛되이 구원을 찾는다고 할지라도 그 구원은 오직 하나님의 자비에 의해서만 주어질 수 있다는 사실에 대한 하나의 보증이며 예언입니다.

• • •

따라서 하나님의 은혜가 그리스도 안에서 예비한 구원을 올바르게 이해하고 더욱더 잘 평가하기 위해서는 특별계시의 영역 밖에서 인류가 악으로부터 벗어나 최고의 선을 얻으려고 시도했던 수고들을 잠시 살펴보는 것이 유익합니다. 그렇게 할 때 우리는 이러한 모든 노력이 지닌 크나큰 다양성과 동시에 탁월한 일관성에 깊은 인상을 받게 됩니다.

그러한 크나큰 다양성은 이미 모든 시대를 통해, 그리고 지금도 여전히 인류 가운데 존재하는 수많은 종교에서 드러납니다. 그리고 이러한 다양성은 민족과 언어의 다채로움을 훨씬 능가합니다. 마치 가시와 엉겅퀴가 땅에서 솟아나듯이 거짓 종교들은 인간 본성에서 자연스럽게 우후죽순처럼 자라납니다. 거짓 종교들의 숫자는 너무 많고 다양해서 그것들을 모두다 파악하기가 어렵고 만족스러운 분류조차 어렵습니다. 종교가 중심적인 자리를 차지하기 때문에 하나님과 세계의 관계, 자연과 정신의 관계, 자유와 필연성의 관계, 운명과 죄책의 관계, 역사와 진보의 관계, 존재와 변화의 관계를 어떻게 이해하느냐에 따라 종교는 다른 성격을 띠게 됩니다. 게다가 악이 명확히 존재한다고 보느냐, 아니면 악을 부정하느냐, 악을 독립된 실체로 보느냐, 아니면 문명의 발전 속에서 일시적으로 나타났다가 사라져 가는 순간으로 보느냐, 자연적인 것으로 보느냐, 아니면 도덕적인 것으로 보느냐, 감각적인 것으로 보느냐, 아니면 정신적인 것으로 보느냐에 따라서 구원의 개념은 변하며 이 구원을 추구하는 방향과 방법에도 변화가 생깁니다.

그럼에도 우리가 이 모든 종교의 본질을 깊이 탐구해보면, 이들 사이에 다양한 공통점과 유사점이 있음을 발견하게 됩니다. 우선 첫째로, 모든 종교는 하나님과 세계, 영적 존재들과 인간, 영혼과 육체, 만물의 기원과 본질과 궁극적인 목적에 대한 일련의 관념을 포함하고 있습니다. 각각의 종교는 하나의 교리, 세계관, 그리고 교의를 가지고 있습니다. 둘째로, 어떤 종교도 이러한 관념들이 단순히 이성적으로 받아들여지는 것에 만족하지 않고, 언제나 인간이 이러한 관념들을 통해 초자연적인 신성과 영적인 세계와 연결될 것을 요구하며, 그러한 영적 세계와의 교제 안으로 들어갈 것을 요구합니다. 종교는 결코 단지 교리나 교의가 아니라 항상 마음의 감동, 마음의 자세, 신적인 은혜를 누리는 것까지 포함합니다. 그러나 인간은 시대나 장소를 막론하고 이러한 신적인 은혜가 자연스럽게 자신에게 주어진 것이 아님을 알고 있습니다. 인간은 한편으로 자신의 영원한 행복과 영혼의 구원을 위해 이 은혜를 자신의 것으로 소유해야 함을 느끼며, 다른 한편으로는 자신의 죄로 인해 그 은혜가 자신에게 없다는 것과 그로 말미암아 하나님과의 교제가 자신에게서 끊어졌다는 것, 이 양자의 사실을 똑같이 심각하게 느낍니다.

이러한 종교적 행위는 다시 두 가지 종류로 구분할 수 있습니다. 첫 번째 종류는 예배라는 이름 아래 요약되는 행위들로서 주로 종교적 집회, 제사, 기도, 찬송 등으로 이루어져 있습니다. 그러나 종교는 이러한 직접적인 종교적 행위에만 국한되지 않습니다. 종교가 삶에서 중심적인 위치를 차지하며 인간 전체를 아우르기 때문에 종교는 인간의 삶 전체로 스며들며, 인간의 삶을 그 종교 자체와 일치시키려고 노력합니다. 각각의 종교는 도덕적 이상을 제시하며, 인간이 개인적이든, 가정적이든, 시민적이든, 사회적이든 삶에서 따라야 할 도덕 법칙을 선포합니다. 각각의 종교에는 관념과 감정뿐 아니라 행위도 포함되어 있으며, 이 행위는 부분적으로는 예배와 관련되어 있고, 부분적으로는 도덕적 삶과 관련되어 있으므로 종교는 제의적(cultisch) 차원과 윤리적(ethisch) 차원을 가지고 있습니다.

이러한 구성 요소들을 지니고 있지 않은 종교는 하나도 없습니다. 그러나 각각의 요소에 포함된 내용과 각각의 요소가 가지고 있는 내용 사이의 연관성, 그리고 각각의 요소에 부여된 가치는 종교마다 큰 차이가 있습니다. 바울은 이방 종교의 본질에 대해 사람들이 썩지 아니하는 하나님의 영광을 썩어질 사람과 금수의 형상으로 바꾸어버린 데 있다고 말합니다(롬 1:23). 이 말씀은 이방 종교의 근본적인 원리를 묘사하고 있으며, 어떤 종교에 관한 연구도 이 원리가 옳다는 사실을 뒤집을 수 없습니다.

그러나 이 원리는 다양한 방식으로 나타날 수 있습니다. 사도 바울은 이방인들이 하나님의 영광을 때로는 썩어 없어질 인간의 형상으로, 때로는 새의 형상으로, 때로는 네발 짐승이나 기어다니는 짐승의 형상으로 바꾸었다고 말합니다. 신성이 우주 전체나, 자연이나, 영혼이나 정신, 그리고 인간, 또는 동물과 동일시되는 정도에 따라서 종교적인 관념뿐만 아니라 종교적 감정과 행위도 변화하게 됩니다.

여기서 세 가지 주요 형태를 구분할 수 있습니다. 첫 번째 형태로 신성이 자연의 신비한 힘과 동일시될 때, 종교는 터무니없는 미신과 무서운 주술로 타락하게 됩니다. 이때 점쟁이와 주술사들이 등장해 인간에게 보이지 않는 신적 존재들의 변덕을 통제할 수 있는 능력을 제공하려고 합니다. 두 번째 형태는 신성이 인간적인 것과 동일시될 경우인데, 이때 종교는 더욱 더 인간적인 성격을 띠게 되지만, 쉽게 제의적 형식주의나 건조한 도덕주의로 전락할 위험이 있습니다. 그리고 세 번째 형태는 신성이 세계 이념이나 영혼이나 실체로 이해되는 경우인데, 이때 종교는 현상의 외형에서 벗어나 마음의 신비 속으로 침잠해 들어가게 되며, 금욕(절제)과 황홀경(영혼의 고양)을 통해 신성과의 교제를 추구하게 됩니다. 각각의 종교에서는 이러한 세 가지 주요 형태 중 어느 하나가 특별히 두드러지게 나타나지만, 그렇다고 해서 다른 두 가지 형태가 완전히 배제되지는 않습니다. 구원은 항상 지성과 지식, 의지와 행동, 혹은 마음과 감정을 수단으로 삼아 추구됩니다.

철학도 이에 동조합니다. 철학 역시 구원의 문제를 다루며, 이성과 감정을 모두 만족시키는 그러한 세계관을 항상 모색합니다. 사실 철학은 종교에서 비롯된 것으로 끊임없이 종교의 요소를 흡수하며, 많은 사람에게 일종의 종교로서도 기능합니다. 그러나 아무리 깊이 사색해도 철학은 종교의 근본적인 사상 이상으로 나아가지 못합니다. 철학이 자신만의 세계관에서 삶의 규범을 도출하려 할 때, 항상 이성적인 지식, 의지의 도덕적 행위, 또는 마음의 경험 속에서 구원의 길을 모색하려고 합니다. 특별계시 없이는 인간의 종교도, 사상가들의 철학도 하나님에 대한 올바른 지식을 가질수 없으며, 따라서 인간과 세계, 죄와 구원에 대해서도 올바른 지식을 가질수 없습니다. 종교와 철학은 모두 하나님을 찾으려 노력하고 더듬어 발견하려 하지만, 결국 하나님을 발견하지 못합니다.

• • •

따라서 일반계시에 특별계시가 덧붙여집니다. 하나님께서는 특별계시를 통해 스스로 은밀함에서 나오셔서 자신을 사람에게 드러내시고 친히 사람들 가운데 거처를 마련하십니다. 민족들이 자의적으로 생각해서 고안해낸 종교들은 이스라엘과 그리스도 안에서 주신 특별계시에 기초한 종교와 본질적인 차이가 있습니다. 전자의 경우 인간이 하나님을 찾으려고 하지만 항상 하나님에 대한 잘못된 표상을 형성하며, 따라서 인간은 죄의 본질과 구원의 길에 대한 올바른 통찰을 얻지 못합니다. 그러나 후자, 즉 성경의 종교는 언제나 하나님께서 인간을 찾으시고, 죄와 불결함 가운데 있는 인간의 모습을 깨닫게 해주시며, 동시에 하나님의 은혜와 자비를 드러냅니다. 전자의 경우에는 인간의 마음속 깊은 곳에서 "아, 하나님께서 하늘을 찢고 내려오셨으면 얼마나 좋을까!"라는 탄식이 올라오지만, 후자의 경우에는 하늘이 열리고 하나님께서 스스로 땅에 내려오십니다. 전자의 경우에는 인간이 지식을 축적하거나, 여러 종류의 종교적 계명을 지키거나, 세상에서 물러나 자신의 내면으로 숨어 들어감으로써 악으로부터의 구원과 하나님과의 교제를 얻으려고 노력합니다. 그러나 후자의 경우에는 인간의 모든 행위가 사라지고, 하나님께서 직접 행동하시며, 역사에 개입하시고, 그리스도를 통해 구원의 길을 여시며, 은혜의 능력을 통해 인간을 구원의 길로 인도하시고, 인간을 구원의 길에서 행하게 하십니다. 특별계시는 하나님 자신의 인도하심을 통해 인간의 마음속에 발생하는 질문들에 대해 하나님 스스로 말씀과 행동 안에서 답변하십니다.

인간의 타락 직후 우리는 하나님께서 인간에게 다가오시는 것을 보게 됩니다. 죄를 범한 인간은 범죄한 순간부터 수치와 두려움에 사로잡혀 창조주의 낯을 피해 동산의 울창한 나무들 사이에 몸을 숨겼습니다. 그러나 하나님께서는 인간을 잊지 않으시며 인간을 홀로 내버려두지 않으십니다. 하나님께서는 인간에게 오시고, 인간을 찾으시며, 인간과 더불어 말씀하시고, 인간을 다시 자신과의 교제 안으로 인도하십니다(창 3:7-15).

　　우리는 타락 직후 일어난 이러한 일이 세대에서 세대를 거쳐 역사 속에서 계속 일어나고 있음을 보게 됩니다. 구원의 전 역사(役事) 속에서 인간을 찾으시고 부르시며 말씀하시고 행동하시는 분은 오직 하나님뿐이십니다. 구원의 모든 역사는 하나님으로부터 시작되어 하나님께로 돌아갑니다. 하나님은 셋을 아벨 대신 세우시고(창 4:25), 노아에게 은혜를 베푸시며(창 6:8), 홍수의 심판에서 노아를 보호하십니다(창 6:12 이하). 하나님은 아브람을 부르시고 자신의 언약 안으로 인도하시며(창 12:1; 17:1), 이스라엘 백성을 자신의 전적인 은혜로 선택하십니다(신 4:20; 7:6-8). 때가 찼을 때 하나님께서는 자신의 독생자를 세상에 보내시며(갈 4:4), 지금 이 시대에 온 인류 가운데서 자신이 선택한 공동체를 모으시고, 그 공동체를 영원한 생명으로 인도하시며, 하늘의 유업을 위해 끝까지 보존하십니다(엡 1:10; 벧전 1:5). 창조와 섭리의 사역에서 그러하셨던 것처럼 재창조의 사역에서도 하나님은 알파와 오메가이시고, 처음과 마지막이시며, 시작과 끝이 되십니다(사 44:6; 계 22:13). 하나님은 이 외에 다른 분일 수 없습니다. 그리고 이보다 작은 분일 수 없습니다. 이는 만물이 그분에게서 나오고, 그분으로 말미암고, 그분에게로 돌아가기 때문입니다(롬 11:36).

　　하나님께서 구원의 사역에서 첫 번째가 되시는 것은 특별계시가 전적으로 하나님께로부터 온다는 점에서만 드러나는 것이 아니라, 하나님이 하시는 구원의 모든 사역이 영원한 구원의 계획에 기초하고 있다는 점에서도 분명하게 나타납니다. 우리는 창조와 섭리 전체가 하나님의 계획에서 비롯된다는 것을 이미 앞서 살펴보았습니다. 그런데 성경은 어쩌면 더 명확한 표현과 더 강력한 언어를 사용해 이러한 영원하고 변함없는 하나님의 계획이 재창조의 모든 사역의 기초가 되고 있음을 우리에게 가르치고 있습니다.

　　성경은 여러 곳에서 모든 것에 앞서 존재하시는 하나님의 계획에 대해 언급합니다(사 46:10). 이 계획은 모든 일을 성취하시고(엡 1:11), 특히 구원하시는 하나님의 사역을 중심 내용으로 삼고 있습니다(눅 7:30; 행 20:27; 히 6:17). 또한 이 계획은 하나님의 지혜에서만 비롯된 것이 아니라 하나님의 전능하신 뜻에서 나오는 것으로(엡 1:5, 11), 결코 깨질 수 없고(사 14:27; 46:10), 변함이 없으며(히 6:17), 영원히 지속됩니다(시 33:11; 잠 19:21). 계획 외에 다른 표현들도 이러한 사상을 더 분명히 표현해줍니다. 성경은 하나님의 계획에 대해서만 말하지 않고, 하나님께서 그리스도 안에서 사람들에게 드러내신 그분의 **기쁘신 뜻**도 언급하는데(눅 2:14), 하나님은 자신의 기쁘신 뜻에 따라 사람들을 자신의 자녀로 영접하시는 것을 기뻐하십니다(마 11:26; 엡 1:5, 9). 그리고 하나님의 선택하시는 사역에는 그분의 **뜻**이 있음을 말합니다(롬 9:11; 엡 1:9). 이 뜻은 그리스도 안에 정초되었으며(엡 3:11), 소명을 통해서 실현됩니다(롬 8:28). 또한 은혜로 말미암은 **선택**과 **예지**에 대해서 말하는데(롬 11:5), 이는 그리스도를 중심으로 삼으며(엡 1:4), 특정한 개인을 그 대상으로 하며(롬 8:29), 또한 그들의 구원을 그 목표로 한다고 가르칩니다(엡 1:4). 마지막으로, 하나님의 지혜를 선포함으로 말미암아 이루어지는 **예정**(고전 2:7)에 대해 말하며, 이것은 예수 그리스도를 통해 양자됨과 그리스도를 닮음과 영원한 생명에 이르게 됩니다(행 13:48; 롬 8:29; 엡 1:5).

성경의 모든 자료를 종합해보면, 하나님의 계획은 특히 세 가지 내용을 포함하고 있음을 알 수 있습니다.

첫째로, 하나님의 계획에는 선택이 포함되어 있습니다. 선택은 하나님의 은혜로운 뜻으로, 하나님께서 사랑 안에서 미리 아신 자들을 미리 정하셔서 자기 아들의 형상을 본받게 하셨음을 의미합니다(롬 8:29). 어떤 특정한 민족의 선택에 대해서도 말할 수 있습니다. 구약 시대에는 이스라엘만이 모든 민족 가운데서 야웨의 기업으로 선택되었습니다. 신약 시대에는 한 민족이 다른 민족보다 앞서서 복음을 접하게 되었습니다. 그러나 성경의 선택은 이러한 민족의 선택에서 멈추지 않습니다. 선택은 인류 가운데서 민족으로 나아가며, 민족 가운데서 개인으로 나아갑니다. 에서가 버려지고 야곱이 선택되었던 것처럼(롬 9:13), 하나님께서는 미리 아신 자들을 때가 되어 부르시고, 부르신 그들을 의롭다 하시며, 의롭다 하신 그들을 또한 영화롭게 하십니다(롬 8:30).

그러나 선택이 특정 인물을 대상으로 한다고 할지라도, 그 선택의 근거는 그 인물에게 있지 않고 오직 하나님의 은혜에만 놓여 있습니다. 주님께서는 자비를 베푸시고자 하시는 자에게 자비를 베푸시고, 긍휼을 베푸시고자 하시는 자에게 긍휼을 베푸십니다. 그러므로 이는 원하는 자에게 달린 것도 아니고, 달음박질하는 자에게 달린 것도 아니며, 오직 긍휼을 베푸시는 하나님께 달려 있습니다(롬 9:15-16). 믿음도 여기에 영향을 미치지 못합니다. 왜냐하면 믿음은 선택의 결과이자 열매이지, 선택의 조건이나 근거가 될 수 없기 때문입니다. 믿음은 하나님의 선물이며(엡 2:8), 믿는 자들은 세상이 창조되기 전부터 그리스도 안에서 선택받아 때가 되면 믿음에 이르고 그 믿음을 통해 거룩하고 흠 없는 존재로 하나님 앞에 서게 되도록 예정되었습니다(엡 1:4). 따라서 믿는 자들은 항상 하나님께서 영생에 이르도록 정하신 자들입니다(행 13:48). 하나님의 뜻은 우리에게 있어 모든 존재와 사건의 궁극적인 근거입니다. 그러므로 하나님의 기쁘신 뜻(선하신 뜻)이야말로 인간의 영원한 운명에 있어서 차이를 설명할 수 있는 가장 중요한 원인이라고 할 수 있습니다.

둘째로, 구원의 계획 속에는 하나님께서 자신의 택하신 자들에게 베풀고자 하시는 온전한 구원의 성취가 결정되어 있습니다. 구원의 계획에는 영원한 구원을 상속받을 사람들이 포함될 뿐만 아니라 그들에게 구원을 예비하실 중보자도 정해져 있습니다. 이런 의미에서 그리스도 자신이 하나님께서 선택하신 선택의 대상이라고 할 수 있습니다. 물론 그분이 선택을 받으셨다는 것은 그분이 교회의 구성원들처럼 죄와 비참함의 상태로부터 구원과 복락의 상태로 선택받았음을 의미하는 것은 아닙니다. 하지만 그리스도께서는 창조의 중보자로서 재창조의 중보자도 되시며, 자신의 고난과 죽음을 통해 재창조를 완전히 이루신다는 의미에서 그분은 선택의 대상이라고 할 수 있습니다. 따라서 그리스도는 주님의 종이며 하나님의 택하심을 받은 자라고 불립니다(사 42장 이하; 마 12:18). 그리스도는 중보자로서 성부께 순종하여 복종하시고(마 26:42; 요 4:34; 빌 2:8; 히 5:8), 성부께서 그분에게 맡기신 명령과 사명을 수행하십니다(사 53:10; 요 6:38-40; 10:18; 12:49; 17:4). 그리고 그분이 성취하신 사역의 보상으로서 자신의 영광과 자기 백성의 구원, 그리고 하늘과 땅의 가장 높은 권세를 받으십니다(시 2:8; 사 53:10; 요 17:4, 24; 빌 2:9).

창조와 섭리의 계획이 성자를 떠나서 이루어질 수 없는 것처럼 재창조의 계획 역시 성자를 떠나서 이루어질 수 없습니다. 에베소서 3:11에서 바울은 하나님의 영원한 뜻이 그리스도 안에서 세워졌다고 분명히 말하고 있습니다. 그리고 또한 바울은 때가 되어 믿음에 이르게 될 사람들도 창세 전에 그리스도 안에서 이미 선택되었다고 말하고 있습니다. 물론 이 말씀은 그리스도가 선택의 기초나 원인이 된다는 뜻이 아닙니다. 왜냐하면 앞서 살펴본 바대로 그리스도 자신도 성부께서 선택하신 선택의 대상이기 때문입니다. 따라서 창조와 섭리에서처럼 재창조에서도 그리스도가 기초나 원인으로 작용하지는 않습니다. 모든 것이 그러한 것처럼 하나님의 계획 또한 성부 안에 그 출발점과 기초가 놓여 있습니다. 그러나 창조와 섭리가 궁극적으로 성부로부터 성자를 통해 결정되고 현실이 되는 것처럼 구원의 계획 역시 성부가 성자 안에서, 성자와 함께 성취하시는 것입니다. 그리스도께서는 성부와 함께 자신을 구원의 중보자이자 교회의 머리로 임명하십니다. 여기서 우리는 선택이 특정 인물들을 대상으로 하지만, 모든 우연과 자의성을 배제한다는 사실을 알 수 있습니다. 선택의 목적이 몇몇 사람들을 단순히 구원하기 위해서 그들을 무작위로 선택해 개별적으로 내버려두는 것이 아니기 때문입니다. 오히려 하나님께서는 이러한 선택을 통해 중보자 그리스도를 교회의 머리로 세우시고 교회를 그리스도의 몸이 되게 하기를 원하십니다(고전 12:12, 27; 엡 1:22-23; 4:16). 교회 안에서 인류는 유기적인 의미에서 구원을 얻을 것이며, 새 하늘과 새 땅에서 세상은 회복될 것입니다.

따라서 셋째로, 하나님의 계획 안에는 그리스도께서 성취하신 구원의 효과와 적용이 포함되어 있습니다. 구원의 계획은 성부를 통해 성자 안에서 세워지는 것이지만, 또한 성령의 교제 안에서 확립되는 것입니다. 마치 창조가 섭리 안에서 성부로부터, 성자를 통해, 성령 안에서 이루어진 것처럼 재창조 또한 성령의 적용하시는 사역을 통해서만 이루어지는 것입니다. 요한복음 16:7, 사도행전 2:4, 17절에 따르면 성령께서는 그리스도를 통해 약속되시고 보내심을 받는 분이십니다(요 16:7; 행 2: 4, 17). 또한 성령께서는 그리스도를 증거하시고 그리스도로부터 모든 것을 받는 분이십니다(요 15:26; 16:13-14). 성령께서는 교회 안에서 중생을 이루시고(요 3:3), 믿음(고전 12:3)과 양자 됨과(롬 8:15), 새롭게 함(딛 3:5)과 구원의 날까지의 인침(엡 1:13; 4:30)을 이루는 분이십니다. 그리고 성령께서 이 모든 일을 행하고 성취하실 수 있는 이유는 그분이 성부와 성자와 함께 영원토록 살아 계시고 통치하시는 유일한 참 하나님이시기 때문입니다. 성부의 사랑과 성자의 은혜와 성령의 교제는 하나님의 백성을 위해 영원하고 변치 않는 하나님의 계획 안에 확고히 자리 잡고 있습니다.

이러한 하나님의 계획은 말로 다 할 수 없는 풍성한 위로를 담고 있습니다. 그러나 종종 그 계획은 전혀 다르게 이해되어 절망과 낙심의 원인이 되기도 합니다. 이런 이해를 하는 사람들은 다음과 같이 주장합니다. 모든 일이 영원 전부터 이미 결정되어 있다면 인간은 하나님의 자의적인 뜻에 놀아나는 장난감에 불과하다는 것입니다. 그리하여 사람이 아무리 노력해 덕을 세우는 삶을 살기 위해 힘쓴다고 할지라도, 만약 그 사람이 유기된 자라면 결국 멸망할 수밖에 없습니다. 반대로 사람이 죄 가운데 살며 극악한 불경건함과 부도덕함에 빠진다고 할지라도, 그 사람이 선택받은 자라면 결국 구원받는다는 것입니다. 이런 관점은 하나님의 계획이 인간의 자유와 책임을 전혀 인정하지 않으며, 그러므로 사람은 자기 마음대로 살아도 되고 죄를 짓더라도 선택된 사람이라면 하나님의 은혜가 더욱 풍성히 임할 것이라고 주장합니다.

하나님의 계획에 대한 신앙고백이 종종 이러한 방식으로 악용되었다는 사실은 충분히 동의할 수 있습니다. 이러한 악용은 아우구스티누스와 칼뱅 이후에 처음 나타나지 않았고 이미 예수와 사도들의 시대에도 존재했습니다. 예를 들어 바리새인과 율법학자들에 대해 기록하기를, 그들은 요한의 세례를 받지 않음으로써 세례를 통해 드러난 하나님의 계획을 자신들에게 적용하는 것을 거부했습니다. 그리하여 그들에게 회개로 이끄는 수단이 되어야만 했던 세례가 오히려 그들을 파멸시키는 도구가 되어버렸다고 말씀하고 있습니다(눅 7:30). 그리고 사도 바울 역시 선을 이루기 위해 악을 행하자는 자들의 주장은 비난받아 마땅하다고 하면서, 이러한 주장을 하는 자들은 정죄받아야만 한다고 책망했습니다(롬 3:8). 그리하여 바울은 감히 하나님을 비방(모독)하는 무지한 자들의 입을 손으로 틀어막았습니다

(롬 9:19-20). 왜냐하면 하나님의 계획은 결과뿐 아니라 모든 수단과 방법을 포함하고 있으며, 단순히 결과만을 결정하는 것이 아니라 원인도 포함하고 있기 때문입니다. 그리고 하나님의 경륜 속에 있는 원인과 결과 사이에 실제적인 삶에서의 연관성이 설정됩니다. 따라서 하나님의 계획은 인간의 이성적이고 도덕적인 본성을 파괴하지 않습니다. 오히려 역사 속에서 우리가 확인하는 것처럼 하나님의 계획은 인간의 이성적이고 도덕적인 본성을 창조하고 보증합니다.

이러한 신앙고백이 악용되는 것은 더욱더 심각한 문제가 아닐 수 없습니다. 왜냐하면 하나님의 계획은 성경에서 계시되고 선포되며, 따라서 우리가 그 실체를 부정하거나 완악한 마음으로 거역해서는 안 되기 때문입니다. 오히려 우리는 자신의 죄와 무능을 깨닫고 어린아이와 같은 믿음으로 하나님의 계획에 의지해야 하며, 모든 고난과 죽음 속에서도 하나님의 계획을 온 마음으로 확신하며 신뢰해야만 합니다. 만약 구원이 인간의 믿음과 선한 행위에 조금이라도 의존한다면, 구원은 영원히 인간에게서 멀어졌을 것입니다. 그러나 하나님의 계획은 구원이 처음부터 끝까지 하나님의 역사이며, 그 무엇보다도 탁월한 하나님의 사역이라는 사실을 우리에게 가르칩니다. 창조와 섭리와 마찬가지로 재창조 역시 궁극적으로 하나님의 사역입니다. 어떤 인간도 하나님의 모사(책사)가 된 적이 없으며, 하나님께 먼저 무언가를 드려 그것을 보상으로 돌려받을 자격이 있는 사람도 없습니다 (롬 11:34-35). 성부와 성자와 성령께서 함께 구원의 모든 사역을 계획하시고 확립하셨습니다. 그리고 삼위께서 그 사역을 실행하시고 완성해가십니다. 이 과정에서 인간이 할 수 있는 일은 아무것도 없습니다. 만물이 하나님에게서 나오고, 하나님을 통해 이루어지며, 하나님께로 돌아갑니다. 그러므로 우리의 영혼은 하나님의 계획 안에서 흔들리지 않는 확신으로 안식할 수 있습니다. 교회 안에서 인류를 회복하고 구원하는 것은 하나님의 뜻(의지), 즉 하나님의 영원하고 독립적이며 불변하는 뜻(의지)입니다.

하나님의 계획은 단지 지혜의 산물이 아니라 그분의 뜻(의지)의 산물입니다. 하나님의 계획이 영원 속에서만 머무는 그분의 생각이 아니라, 시간 속에서 이루어지는 전능한 능력이라는 사실을 이해한다면, 우리는 선택이 가져다주는 위로를 더욱 확신할 수 있습니다. 하나님의 모든 속성과 완전성도 마찬가지입니다. 그것들은 가만히 멈춰 있거나 침묵하거나 무기력한 속성들이 아니라, 생명과 활동으로 가득 찬 전능한 능력입니다. 각각의 속성 하나하나가 곧 하나님의 본질입니다. 하나님이 의로우시고 거룩하시다고 할 때, 이는 하나님이 그렇게 자신을 나타내시며 자신의 의를 이 세상, 즉 세계 역사의 흐름 속에서, 그리고 각 사람의 양심 안에서 드러내시고 유지하시는 것을 의미합니다. 하나님이 사랑이시라고 할 때, 이는 하나님께서 그리스도 안에서 우리를 기뻐하시고 우리를 생각하실 뿐 아니라 성령을 통해 그분의 사랑을 실제로 보여주시고 우리 마음에 그 사랑을 부어주신다는 것을 의미합니다. 하나님이 자신에 대해 우리의 아버지라고 부르실 때, 이는 그분이 우리를 거듭나게 하시고 자녀로 받아들이시며, 그분의 성령으로 우리의 영과 더불어 우리가 그분의 자녀임을 증언하신다는 사실을 포함합니다. 하나님이 자신을 은혜로우시고 자비로우신 분으로 알리실 때는 단순히 말씀으로만 그렇게 알리시는 것이 아니라, 우리의 죄를 실제로 용서하시고 모든 고통 가운데서 우리를 위로하심으로써 그와 같은 사실을 입증하는 것입니다. 마찬가지로 성경이 하나님의 계획에 대해 말할 때 그것은 하나님이 그 계획을 스스로 실행하시고 그 계획을 완전하게 이루신다는 것을 선포하는 것입니다. 구원의 계획은 영원 속에서의 하나님의 결정으로서 하나님의 사역이지만, 동시에 시간 속에서 구원의 사역을 이루는 원리이고 동력이며 보증이기도 합니다. 그러므로 세상과 인류, 그리고 우리 자신의 삶에서 어떤 일이 일어나더라도, 하나님의 지혜로운 계획은 영원히 흔들리지 않고 보존되며 언제나 유효합니다. 하나님의 높은 뜻은 결코 뒤집힐 수 없으며 세대에서 세대로 계속해서 이어집니다. 여기에 낙심과 절망을 가질 어떤 이유도 없습니다. 모든 것은 하나님의 지혜와 사랑 안에서 정하신 대로 분명하고 틀림없이 이루어집니다. 하나님의 전능하시고 은혜로운 뜻이 인류의 구원과 세계의 구원에 대한 보증입니다. 그러므로 혹독한 환난 속에서도 우리의 마음은 주님 안에서 평안을 누릴 것입니다.

• • •

인간이 타락하자마자 그러한 하나님의 구원 계획의 역사가 시작됩니다. 하나님께서는 전적으로 자신의 자유로운 뜻(의지) 가운데서 내려오셔서 인간을 찾아오시고 인간을 다시 자신에게로 돌아오도록 부르십니다. 물론 이 과정에서 인간에 대한 하나님의 질문과 심문이 일어나고 죄에 대한 판결과 형벌이 선언됩니다. 그러나 뱀과 여자와 남자에게 선포된 형벌은 형벌인 동시에 축복이며 보존의 수단이기도 합니다. 왜냐하면 최초의 모 약속(de moederbelofte), 즉 뱀과 뱀의 후손 그리고 여자와 여자의 후손에 대한 약속(창 3:14-15)에서 뱀은 미천한 존재로 격하되며, 뱀을 도구로 사용한 악한 세력이 심판받을 뿐만 아니라, 이제부터 뱀의 후손과 여자의 후손 사이에 적대감이 존재할 것이라는 말씀이 선포되고 있기 때문입니다. 이러한 적대감을 친히 조성하시고 확고하게 하신 분은 하나님이십니다. 그리고 이러한 적대와 투쟁은 결국 뱀의 후손이 여자의 후손의 발꿈치를 상하게 하고 여자의 후손이 뱀의 후손의 머리를 부수는 것으로 끝나게 될 것이라고 선언됩니다.

여자의 후손에 대한 약속, 즉 모(母) 약속에는 은혜언약의 선포와 제정이 포함되어 있습니다. 물론 여기에는 아직 언약(verbond)이라는 단어가 등장하고 있지는 않습니다. 이는 후에 노아나 아브라함의 시대에 인간이 자연과 동물, 그리고 서로 간의 다양한 갈등 속에서 실제 삶의 경험을 통해 협약과 언약의 필요성과 유용성을 배우게 되었을 때 비로소 사용될 수 있었던 것입니다. 그러나 창세기 3:15의 모 약속은 그 본질과 핵심에 있어서 은혜언약의 모든 내용을 이미 포함하고 있습니다. 인간은 범죄로 말미암아 하나님께 순종하는 것을 거부하고, 하나님과의 교제를 떠났으며, 그 대신에 사탄과의 교제를 추구해 사탄과 동맹을 맺었습니다. 그런데 하나님께서는 자신의 은혜로 이러한 인간과 사탄 사이의 동맹을 깨뜨리시고, 그들 간의 우정을 원수 사이의 적대감으로 바꾸시기 위해 오십니다. 하나님께서는 사탄에게 자기 자신을 내어주었던 여자의 후손을 자신의 전능하시고 은혜로우신 뜻(의지)을 따라 다시 자신의 편으로 돌아오게 하십니다. 그리고 여자의 후손이 많은 저항과 역경에도 불구하고 결국 뱀의 후손에게 완전한 승리를 얻을 것이라고 약속하십니다. 여기에는 어떤 조건도 어떤 불확실성도 없습니다. 하나님께서 친히 인간에게 다가오시고, 그분께서 친히 적대감을 만드시며, 그분께서 친히 싸움을 주도하시며, 그분께서 친히 승리를 약속하십니다. 인간은 단지 그 약속을 듣고 어린아이와 같은 믿음으로 그 약속을 받아들이는 것 외에 할 수 있는 일이 아무것도 없습니다. 약속과 믿음은 은혜언약의 핵심적인 내용입니다. 이 언약은 이제 인간과 더불어 인간을 위해 세워져 타락하고 방황하던 인간에게 다시 아버지의 집으로 돌아가는 길을 열어주며 영원한 복락(행복)으로 가는 문을 열어주는 역할을 합니다.

그러므로 인간이 타락 이전에 영생을 얻는 방식과 타락 이후에 영생을 얻는 방식에는 큰 차이가 있습니다. 타락 이전에는 "이를 행하라, 그러면 네가 살 것이다"라는 규칙이 적용되었습니다. 하나님의 명령에 대해 완전히 순종하는 길을 통해서 인간은 영생을 상속받아야만 했습니다. 그 길은 원래 선한 길이었으며, 인간이 끝까지 순종의 길을 걸었다면 틀림없이 천국의 복락에 이를 수 있었습니다. 하나님께서는 그 규칙을 깨뜨리지 않으셨으며 여전히 그 규칙을 고수하고 계십니다. 만약 하나님의 계명을 완전하게 지킬 수 있는 인간이 있다면, 그는 여전히 그 계명을 지킨 보상으로 인해 영생을 얻을 것입니다(레 18:5; 겔 20:11, 13; 마 19:16 이하; 롬 10:5; 갈 3:12).

그러나 인간 스스로 생명에 이르는 길을 불가능하게 만들었습니다. 인간은 더 이상 하나님의 율법을 지킬 수 없게 되었습니다. 이는 인간이 하나님과의 교제를 깨뜨리고, 하나님의 율법을 사랑하지 않으며, 오히려 그분의 율법을 미워하게 되었기 때문입니다(롬 8:7). 그리하여 이제 은혜언약은 인간에게 또 다른 길, 한층 더 안전한 길을 열어주었습니다. 은혜언약에서 인간은 더 이상 영생을 얻기 위해 어떤 일을 행할 필요가 없습니다. 은혜언약의 입구에 들어서자마자 인간은 영생을 얻으며, 어린아이와 같은 믿음으로 영생을 받아들인 후 그 믿음으로부터 선한 행위의 열매를 맺게 됩니다. 순서가 완전히 뒤바뀐 것입니다. 타락 이전에는 행위를 통해 영생에 이르렀지만, 타락 이후에는 은혜언약 안에서 먼저 영생을 얻고 그 영생으로부터 믿음의 열매로 선한 행위가 나오게 됩니다. 타락 이전에는 인간이 하나님을 향해 올라가 하나님과 온전한 교제를 이루어야 했지만, 타락 이후에는 하나님께서 인간에게 내려오시어 인간의 마음속에 자신의 거처를 마련하십니다. 타락 이전에는 노동의 날들이 안식일에 앞섰지만, 타락 이후에는 안식일이 한 주간의 첫 번째 날이며, 안식일로 인해 모든 날이 거룩하게 됩니다.

이제 하늘 성소로 인도하는 최종 목표를 향한 그토록 새롭고 살아 있으며 오류가 없는 확실한 길이 타락한 인간에게 주어졌습니다(히 10:20). 그리고 인간에게 그러한 길이 주어진 것은 전적으로 하나님의 은혜와 그분의 구원 계획 덕분입니다. 하나님의 구원 계획은 창세 전에 영원 속에 그 뿌리를 두고 있으며, 은혜언약은 타락 직후 인간에게 알려지고 인간과 함께 세

위졌습니다. 하나님의 구원 계획과 은혜언약, 이 둘은 서로 매우 긴밀하게 연관되어 있습니다. 양자의 관계는 너무나 긴밀하여서 하나가 서면 다른 하나도 서고, 하나가 무너지면 다른 하나도 무너집니다. 그러나 이 둘의 관계에 대해 다른 의견을 가진 사람들도 많이 있습니다. 그들은 은혜언약을 기반으로 삼아서 하나님의 구원 계획을 부인하고 반박합니다. 복음의 순수성을 내세워 선택 교리를 거부합니다. 하지만 그들은 그렇게 함으로써 실제로 은혜언약을 훼손하고 복음을 다시 새로운 율법으로 바꾸어버리는 우를 범하게 됩니다.

만일 은혜언약이 **선택**(verkiezing, *electio*)으로부터 분리된다면 그것은 더 이상 은혜언약일 수 없으며, 다시 하나의 행위언약(行爲言約, werkverbond, *foedus operum*)으로 되돌아가게 됩니다. 선택이란 사람이 잃어버렸고 결코 자신의 능력으로 다시 얻을 수 없는 구원을 하나님께서 값없이 은혜로 주시는 것을 의미하기 때문입니다. 그러나 그 구원이 순전한 은혜의 선물이 아니라 어떤 식으로든 인간의 행위에 좌우된다면, 은혜언약은 다시 행위언약으로 바뀌게 됩니다. 이 경우 사람은 영생에 참여하기 위해 먼저 어떤 조건을 충족시켜야만 합니다. 그렇게 되면 은혜와 행위는 여기서 서로 대립하며 완전히 상호 배타적인 관계가 되어버립니다. 만일 구원이 은혜로 말미암은 것이라면 더 이상 행위로 말미암은 것이 아닙니다. 그렇지 않다면 은혜는 더 이상 은혜일 수 없습니다. 그리고 만일 구원이 은혜로 된 것이면 행위로 말미암은 것이 아니며, 그렇지 않으면 은혜가 은혜일 수 없습니다(롬 11:6). 그리스도교 신앙은 독특한 특징을 가지고 있습니다. 그것은 곧 그리스도교가 구원의 종교이고 순전한 은혜이며 순수한 종교라는 것입니다. 그러나 그리스도교가 오직 하나님의 계획에서 비롯된 완전한 선물로 인정되고 유지될 때만 그러한 특징을 지닐 수 있습니다. 따라서 선택과 은혜언약은 대립하기는커녕 오히려 선택이 은혜언약의 기초이자 보증이며, 중심이

자 핵심입니다. 그러므로 선택과 은혜언약 사이의 밀접한 연관성을 유지하는 것은 대단히 중요합니다. 왜냐하면 양자 간의 연관성이 조금이라도 약해지면 구원의 성취와 적용에 대한 참다운 이해를 상실할 뿐 아니라, 신자들이 영적 생활의 실천에서 비롯되는 유일하고 확실한 위로를 잃어버리기 때문입니다.

은혜언약이 단순히 선택에만 한정시켜 이해되지 않고 구원 계획의 전체 맥락과 관련지어 이해될 때, 우리는 은혜언약과 선택의 관계를 더욱 풍성하게 파악할 수 있습니다. 선택은 구원 계획의 전체가 아니라 가장 첫째가는 근본적인 부분이기는 하지만, 그 일부에 불과합니다. 또한 하나님의 구원 계획에는 선택이 어떻게 실현될 것인지가 포함되어 있으며, 구원의 성취와 적용 전체도 포함되고 확정되어 있습니다. 선택은 그리스도 안에서 이루어졌으며, 하나님의 계획은 성부의 사역일 뿐만 아니라 성자와 성령의 사역이기도 합니다. 즉 삼위일체 전체가 이루시는 하나님의 사역입니다. 구원의 계획은 달리 말하면 그 자체가 하나의 언약입니다. 이 언약에서 삼위의 각각의 위격이 자신의 역할을 부여받고 자신의 사역을 수행합니다. 그리고 세대에서 세대로 이어지는 것은 영원하신 하나님 안에 확고히 자리 잡은 그 언약이 시간 속에서 이루어지고 드러나는 과정, 즉 그 언약의 실행과 그 흔적에 지나지 않습니다. 은혜언약은 영원의 존재 안에 고정되어 있으며, 시간이 흐르면서 점차 그 계획이 전개되어 가는 것 입니다. 하나님의 계획 안에서뿐만 아니라 역사 속에서도 삼위의 각 위격이 드러나게 됩니다. 성부는 구원의 근원이시고, 성자는 구원을 성취하시는 분이시며, 성령은 구원을 우리에게 적용하시는 분이십니다. 그러므로 성부, 성자, 성령의 사역이 시간 속에서 행해질 때, 영원의 토대를 시간 속에서 제거하거나 역사를 은혜롭고 전능한 하나님의 뜻에서 분리해버린다면, 곧바로 성부와 성자와 성령 각각의 위격의 사역을 올바르게 이해하지 못하는 사태가 발생하게 되고 말 것입니다.

• • •

그러나 시간이 영원 없이 존재할 수 없으며 역사가 하나님의 생각과 뜻에 가장 긴밀하게 연관되어 있다고 할지라도, 영원과 시간은 모든 면에서 동일한 것은 아닙니다. 이 둘 사이에는 다음과 같은 큰 차이가 존재합니다. 시간 속에서 전개되는 역사는 하나님의 영원한 생각이 계시되고 실현되는 자리라는 점입니다. 마찬가지로 구원의 계획과 은혜언약은 서로 분리될 수 없으며 분리되어서도 안 됩니다. 이 둘은 구체적으로 다른 점이 있습니다. 즉 구원 계획은 은혜언약에서 실현된다는 점에서 이 둘 사이에는 차이가 있습니다. 구원 계획만으로는 충분하지 않습니다. 구원 계획은 실행되어야만 합니다. 그리고 그 실행은 계획에 포함되어 있고, 계획 그 자체에서 비롯됩니다. 만일 계획이 시간 속에서 드러나서 실현되지 않는다면 그것은 하나님의 계획과 결정으로서의 성격을 상실하고 말 것입니다. 우리는 실제로도 이러한 사실을 목격할 수 있습니다. 은혜언약은 인간의 타락 직후 즉시 인간에게 알려지고 인간과 함께 세워졌으며, 그 이후 세대에서 세대로 이어지는 역사 속에서 계속되었습니다. 하나님의 계획과 결정 속에 존재하던 은혜언약이 세계 전체에 펼쳐지고 세월의 흐름 속에서 발전해갔습니다.

이제 우리는 은혜언약의 이러한 역사적 발전에 주목하면서 그 안에서 세 가지 독특한 특징을 발견할 수 있습니다.

첫째, 은혜언약의 첫 번째 특징은 은혜언약이 본질에 있어서 모든 장소와 모든 시대에 하나로 존재하지만, 다양한 경륜 가운데서 항상 새로운 형식으로 드러난다는 것입니다. 은혜언약은 본질에 있어서나 사실에 있어서 율법 이전이든, 율법 아래든, 그리고 율법 이후에든 하나의 언약입니다.

그것은 항상 은혜언약이며, 그 명칭이 은혜언약인 이유는 그 언약이 하나님의 은혜에서 비롯되고, 은혜를 내용으로 하며, 하나님의 은혜를 영화롭게 하는 것을 최종 목표로 삼고 있기 때문입니다.

이 언약이 맨 처음으로 알려졌을 때 원수가 하나님과 적대 관계를 맺게 되었고 하나님이 그 원수에 대항해서 전쟁을 시작하시며 승리를 약속하셨던 것처럼, 노아와 아브라함, 이스라엘, 그리고 신약의 교회로 이어지는 은혜언약의 다양한 경륜 속에서도 하나님은 시종일관 처음이며 마지막이 되십니다. 이 언약의 내용은 항상 약속이고 선물이며 은혜로 이루어져 있습니다. 시간이 지나면서 이 약속에 포함된 내용과 은혜가 함의하고 있는 풍부한 의미가 점점 더 분명하게 드러납니다. 그러나 이 모든 것은 이미 최초의 약속 안에 포함되어 있었습니다. 은혜언약을 구성하는 하나의 위대하고 포괄적인 약속은 "나는 너의 하나님이 되고, 너의 후손의 하나님이 될 것이다"(창 17:8)라는 것입니다. 여기에는 모든 구원의 획득과 적용, 그리스도와 그분의 모든 은혜, 성령과 그분의 모든 은사가 포함되어 있습니다. 창세기 3:15에 나오는 최초의 모 약속에서부터 고린도후서 13:13에 기록된 사도적인 축복의 말씀에 이르기까지 모든 것이 하나의 일직선상에 놓여 있습니다. 성부의 사랑과 성자의 은혜와 성령의 교통하심 속에 죄인을 위한 모든 구원이 포함되어 있습니다.

그러므로 우리는 이 약속이 조건적이지 않으며 가능한 한 확고하고 명확하다는 점에 주목해야만 합니다. 하나님께서는 우리가 무엇을 행하거나 어떤 조건을 충족해야만 우리의 하나님이 되시겠다고 말씀하지 않으십니다. 그 대신에 하나님께서는 그분이 친히 대적자인 원수를 세우실 것이고, 우리의 하나님이 되실 것이며, 그리스도 안에서 우리에게 모든 만물을 주실 것이라고 말씀하십니다. 은혜언약이 모든 시대를 통해 본질에 있어서 동일하게 유지될 수 있는 이유는 그것이 오직 하나님께만 의존해 있기 때문이며, 하나님은 변하지 않으시고 신실하신 분이시기 때문입니다. 타락 이전에 인간과 맺은 행위언약은 파기될 수 있었고 실제로 파기되었습니다. 이는 행위언약이 변하기 쉬운 인간에게 의존했기 때문입니다. 그러나 은혜 언약은 오직 하나님의 긍휼 속에 확고히 자리 잡고 있습니다. 인간은 신실 하지 못할 수 있지만, 하나님은 자신의 약속을 잊지 않으십니다. 그분은 자 신의 언약을 파기할 수 없으며 파기하지도 않으십니다. 하나님은 자신의 자유로운 의지 가운데 영원한 맹세와 더불어 언약을 유지하십니다. 하나님 의 이름과 존귀와 영광이 그 언약에 달려 있기 때문입니다. 하나님께서는 자신을 위해 자기 백성의 죄악을 없애시고 그들의 죄를 기억하지 않으십니 다(사 43:25; 48:9; 렘 14:7, 21). 그러므로 산들이 떠나가고 언덕들이 옮겨질지 라도 하나님의 인자하심은 우리를 떠나지 않을 것이며 그분의 화평의 언약 은 흔들리지 않을 것입니다. 이는 우리를 긍휼하게 여기시는 야웨께서 하 신 말씀입니다(사 54:10).

그러나 은혜언약이 본질에 있어 변하지 않는다고 할지라도 그 형식은 변화하며 다양한 경륜들 속에서 다른 형식으로 나타납니다. 홍수 이전의 시대에도 셋의 후손과 가인의 후손 사이에 분리가 있었습니다. 그러나 그 약속은 아직 특정 개인이나 혈통으로 제한되지 않았으며 모든 사람에게로 확장되었습니다. 이 시기에는 형식적인 분리가 이루어지지 않았으며, 일반 계시와 특별계시가 여전히 하나의 흐름 속에서 함께 있었습니다. 하지만 이런 상황 가운데서 약속이 사라질 위험이 생기자 홍수의 발생이 불가피해 졌고, 노아는 그 약속에 의지해 방주 속으로 들어갔습니다. 홍수 이후에도 한동안 그 약속은 여전히 보편적이었지만, 은혜언약이 계속 이어지는 일에 새로운 위협이 생기자 하나님은 더 이상 사람들을 멸망시키지 않으시고, 각 민족이 마음대로 하도록 내버려두셨으며, 아브라함을 약속의 담지자로 따로 구별하여 택하셨습니다. 그 이후 은혜언약은 족장들의 가정에서 성취되었는데, 그들은 믿음으로 말미암은 의의 인장이고 마음의 할례의 표징인 [육체의] 할례를 받음으로써 다른 민족과 구별되었습니다.

은혜언약은 시내산에서 아브라함의 후손인 이스라엘과 더불어 세워 졌습니다. 그러나 이스라엘이 하나의 민족으로서, 그리고 하나님의 거룩한 백성으로서 살아가야 했으므로 은혜언약은 민족주의적인 성격을 띠게 되었습니다. 그리고 그 언약은 율법, 즉 도덕법뿐만 아니라 시민법과 의식법까지도 그 백성을 그리스도께로 이끄는 초등교사로 사용했습니다. 그 약속은 율법보다 앞선 것이었고, 율법은 약속을 대체하기 위해 주어진 것이 아니라 약속에 더해져 그것을 더욱 발전시키는 것이며, 정해진 때에 그 약속이 성취될 수 있도록 준비시키기 위해 주어진 것이었습니다. 그리스도 안에서 그 약속은 성취되었고, 그림자는 실체로, 문자적 율법은 영적 의미로, 종살이는 자유로 바뀌었습니다. 그리하여 은혜언약은 모든 외적이고 민족적인 제약에서 해방되어 처음같이 다시 온 인류로 확장되었습니다. 그러나 은혜언약이 어떠한 형태나 형식으로 나타나든 그 본질적인 내용은 항상 동일합니다. 그것은 언제나 같은 복음이고(롬 1:2; 갈 3:8), 같은 그리스도이며(요 14:6; 행 4:12), 같은 믿음입니다(행 15:11; 롬 4:11; 히 11장). 그리고 같은 죄사함과 같은 영생의 은혜입니다(행 10:43; 롬 4:3). 신자들이 걸어가는 길에서 그들에게 비취는 빛은 다를 수 있지만, 그들이 걷는 길은 언제나 동일합니다.

둘째, 은혜언약의 두 번째 특징은 은혜언약이 모든 경륜의 역사 속에서 유기적인 성격을 띤다는 것입니다.

선택은 하나님께서 미리 아시는 특별하고 개별적인 사람들에게 초점을 맞추며, 그들은 때가 되어 부름을 받고 의롭다 함을 얻으며 영화롭게 됩니다. 그러나 그 사람들 사이의 관계에 대해서는 아무것도 언급하고 있지 않습니다. 그런데 성경은 한 걸음 더 나아가 우리에게 선택이 그리스도 안에서 이루어졌다고 말합니다(엡 1:4; 3:11). 따라서 그리스도께서 자기 교회의 머리로 나타나시고, 교회가 그리스도의 몸을 구성하는 방식으로 작용하도록 선택되었습니다. 이로 인해 선택받은 자들은 서로 분리되어 존재하는 것이 아니라 그리스도 안에서 하나가 되는 것입니다. 구약 시대에 이스라엘 백성이 하나님의 거룩한 백성이었던 것처럼 신약 시대의 교회도 선택받은 민족(족속)이고, 왕 같은 제사장이며, 거룩한 백성이고, 하나님의 소유된 백성입니다(벧전 2:9). 그리스도는 신랑이시며 교회는 그분의 신부입니다. 그분은 포도나무이고 교회는 그 가지들입니다. 그리스도께서는 모퉁잇돌이시며 교회는 살아 있는 돌들로서 하나님의 성전을 이루고 있습니다. 그리스도께서는 왕이시며 교회는 그분의 백성입니다. 그리스도와 그분의 교회 간의 이러한 연합은 너무나 밀접하여, 바울은 이 둘을 "그리스도"라는 이름으로 함께 묶어서 표현했습니다. 몸은 하나이지만 여러 지체가 있고 몸의 지체는 많으나 한 몸인 것처럼 그리스도도 그러하십니다(고전 12:12). 교회는 평화의 매는 줄로 성령이 하나 되게 하신 것을 힘써 지키는 하나의 교제이며 한 공동체입니다. "몸이 하나요 성령도 한 분이시니 이와 같이 너희가 부르심의 한 소망 안에서 부르심을 받았느니라. 주도 한 분이시오, 믿음도 하나요, 세례도 하나요, 하나님도 한 분이시니 곧 만유의 아버지시라. 만유 위에 계시고 만유를 통일하시고 만유 가운데 계시도다"(엡 4:3-6).

따라서 선택은 임의적이거나 우연적인 행위일 수 없습니다. 선택의 목적이 그리스도를 머리로 세우고 교회를 그분의 몸으로 이루기 위한 것이라면, 선택 자체가 하나의 유기적인 성격을 가지며 언약 개념을 이미 그 속에 내포하고 있다고 할 수 있습니다.

그러나 선택이 그리스도 안에서 이루어졌다는 증언 속에는 또 다른 의미가 내포되어 있습니다. 인류가 한 머리 아래에 유기적으로 통일되어 있다는 사실은 그리스도 안에서 처음 나타난 것이 아니라, 아담 안에서 이미 나타난 사실입니다. 바울은 아담을 "오실 이의 표상"이라고 분명히 말하며 (롬 5:14), 그리스도를 "마지막 아담"이라고 부릅니다(고전 15:45). 이로써 은혜언약은 행위언약의 기본 사상과 더불어 궤적을 따라 형성된 것으로 드러나고 있습니다. 은혜언약은 행위언약을 폐지하는 것이 아니라 오히려 그것을 성취하는 것입니다. 이는 믿음이 율법을 폐하지 않고 굳게 세우는 것과 같습니다(롬 3:21). 따라서 은혜언약과 행위언약은 한편으로는 매우 명확히 구분되지만, 다른 한편으로는 매우 깊이 연관되어 있습니다. 그 두 언약 사이의 큰 차이는 아담이 인류의 머리로서의 자격을 잃어버렸고 이제 그 자리는 그리스도로 대체되었다는 것에 있습니다. 그리스도는 첫 번째 인간인 아담이 저지른 죄와 아담이 수행해야만 했던 의무를 모두 완수하셨습니다. 그리스도께서는 도덕법이 우리에게 요구하는 모든 것을 우리를 위해 만족시키시고, 자신을 머리로 삼는 새로운 인류로서 자신의 모든 교회를 함께 모으십니다. 때가 차매 하늘에 있는 것이나 땅에 있는 모든 것을 하나님이 다시금 그리스도 안에서 하나로 모으십니다(엡 1:10).

따라서 이러한 모임은 오직 유기적인 방식으로만 이루어질 수 있습니다. 은혜언약 자체가 그리스도 안에서 유기적인 성격을 취하는 것처럼 은혜언약이 세워지고 지속적으로 유지되는 것도 유기적인 방식이어야만 합니다. 역사 속에서 이 언약이 단 한 사람의 개별적이고 독립적인 개인과 맺어진 적은 결코 없었고, 항상 한 사람과 그의 후손과 함께 맺어졌습니다. 아담, 노아, 아브라함, 이스라엘, 교회와 그 자손이 이에 해당합니다. 약속은 결코 한 사람의 신자만을 위해서 주어진 것이 아니며, 항상 그와 함께 그의 집과 가족에게도 적용되는 것입니다. 하나님께서는 인류에게서 무작위로 몇몇 사람을 뽑아내어 세상과 분리된 채로 그들을 모으시는 방식으로 은혜언약을 이루지 않으십니다. 그 대신 하나님은 은혜언약을 인류 안으로 가져와 세상의 한 요소로 만들어 그것이 악으로부터 보호되도록 역사 속에서 유지하셨습니다. 하나님은 창조자이시고, 보존자이시며, 만물의 통치자로서 이미 자신이 그어놓으신 궤적을 따라서 재창조자로서 일하십니다. 은혜는 자연과 다른 것이며 자연보다도 더 높은 것이지만, 자연과 연결되어 있고, 자연을 파괴하지 않으며, 오히려 자연을 회복시킵니다. 은혜는 자연적인 출생에 따라 유전되는 어떤 유산이 아니지만, 인류의 자연적인 관계 속에서 파헤쳐진 통로를 따라 흘러갑니다. 은혜언약은 단절적으로 이루어지지 않으며 가정과 성별과 민족들 가운데서 역사적이고 유기적인 방식으로 진행되어갑니다.

셋째, 여기에는 은혜언약의 세 번째이자 마지막 특성이 동반되는데 그것은 은혜언약이 인간의 이성적이고 도덕적인 본성을 온전히 존중하는 방식으로 실현된다는 점입니다. 은혜언약은 하나님의 계획에 근거하고 있는데, 이 점에 있어서 결코 소홀히 여겨질 수 없습니다. 은혜언약의 배후에는 하나님의 주권적이고 자유로운 뜻(의지)이 놓여 있습니다. 그 뜻은 자신의 신성한 능력과 더불어 인내하며 죄의 모든 폭력에 대한 하나님 나라의 승리를 보장합니다.

그러나 그 뜻은 인간 위에 강압적으로 내려오는 숙명이 아니라 하늘과 땅의 창조주이신 하나님의 뜻입니다. 하나님은 창조와 섭리 속에서 이루신 자신의 사역을 부인하실 수 없으시며, 그분이 합리적이고 도덕적인 존재로 창조하신 인간을 나무나 돌처럼 다루실 수 없습니다. 더 나아가 그 뜻은 자비롭고 선하신 아버지의 뜻입니다. 하나님은 결코 거친 힘으로 강요하지 않으시고 사랑의 영적 능력으로 우리의 모든 반항을 이기십니다. 하나님의 뜻은 맹목적이고 비합리적인 힘이 아니라, 지혜롭고 은혜로우며 사랑이 넘치는 자유롭고 전능한 뜻입니다. 따라서 그 뜻은 우리의 어두워진 이성과 죄악된 의지에 반해 역사합니다. 그래서 바울이 복음을 사람의 뜻을 **따라**(naar) 된 것이 아니라고 말할 수 있었던 것도 이 때문입니다. 복음은 타락한 인간의 어리석은 생각과 잘못된 욕망에 부합하지 않습니다(갈 1:11). 그러나 하나님의 뜻이 그와 같이 행해져야만 하는 이유는 그분이 우리를 모든 오류와 죄에서 구원하시고 우리의 이성적이고 도덕적인 본성을 온전하게 회복시키기를 원하시기 때문입니다.

이로부터 은혜언약이 사실상 요구나 조건을 알지 못하면서도 우리에게 명령의 형태로 나타나 믿음과 회개를 권고하고 있다는 점이 설명됩니다(막 1:15). 본질적으로 은혜언약은 순전한 은혜이고 모든 행위를 배제합니다. 그것은 자신이 요구하는 것을 자신에게 베풀며 자신이 명령하는 것을 자신에게 성취합니다. 복음은 순전히 기쁜 소식이고, 요구가 아니라 약속이며, 의무가 아니라 선물입니다. 그러나 그것이 약속과 선물로 우리 안에서 실현되게 하기 위해서는 우리의 본성과 조화를 이루도록 도덕적 권고의 성격을 띠게 됩니다. 복음은 우리를 강제하려 하지 않으며 다만 하나님이 우리에게 주시고자 하는 바를 우리가 자유롭게 자발적으로 믿음 안에서 받아들이기를 원합니다. 하나님의 뜻은 우리의 이성과 의지를 통해서만 실현됩니다. 그래서 어떤 사람이 자신이 받은 은혜로 말미암아 스스로 믿고 스스로 죄에서 돌이켜서 회심한다고 말하는 것이 타당합니다.

은혜언약이 이러한 방식으로, 즉 역사적이고 유기적인 방식으로 인류 안에 들어오기 때문에 이 땅에서 그것이 그 본질에 완전히 부합하는 형태로 나타날 수는 없습니다. 참된 신자들 안에도 여전히 "내 앞에서 행하여 완전하라" 또는 "내가 거룩하니 너희도 거룩하라"라는 언약의 요구에 부합하지 않는 점들이 많이 남아 있습니다. 그뿐만 아니라 우리 눈에 나타나는 모습으로는 은혜언약 안에 포함된 것처럼 보이나 실제로는 불신앙적이고 회개하지 않는 마음으로 인해 그 언약의 모든 영적 축복에서 제외된 사람들도 있을 수 있습니다. 이러한 상태는 현재만이 아니라 모든 시대에 걸쳐 있었습니다. 구약 시대에도 이스라엘에서 태어났다고 해서 모두가 참된 이스라엘은 아니었습니다(롬 9:6). 육체의 자녀가 아니라 약속의 자녀가 참된 자녀로 여겨졌습니다(롬 9:8; 2:29). 신약의 교회에서도 곡식 사이에 가라지가 섞여 있고, 포도나무에 나쁜 가지들이 있으며, 금 그릇뿐만 아니라 질그릇도 있습니다(마 3:12; 13:29; 요 15:2; 딤후 2:20). 또한 경건의 모양은 있으나 경건의 능력을 부인하는 자들도 있습니다(딤후 3:5).

본질과 외형 사이의 이러한 모순을 근거로 일부 사람들은 참된 신자들과만 맺어진 내적인 언약과 단지 외형적으로 신앙을 고백하는 사람들을 포함하는 외적인 언약을 구분하여 분리하고자 했습니다. 그러나 그러한 분리는 성경의 가르침과 일치하지 않습니다. 하나님께서 하나로 합치신 것을 사람이 나눌 수 없습니다. 우리는 본질과 외형이 서로 일치해야 한다는 요구를 결코 포기해서는 안 됩니다. 우리는 입으로의 고백과 마음으로의 믿음이 서로 일치하도록 해야만 합니다(롬 10:9). 그렇지만 두 개의 독립적인 언약이 존재하는 것이 아니라 하나의 은혜언약에 있어서 두 가지 측면이 있다고 할 수 있습니다. 하나는 우리에게만 보이는 측면이고 또 다른 하나는 오직 하나님께만 완전히 보이는 측면입니다. 우리는 인간의 마음을 판단할 수 없으며, 오직 인간의 외적으로 드러나는 행위를 기준으로 그 인간을 불완전하게 판단할 수 있을 뿐입니다. 겉으로 보기에 언약의 길을 걷는 자들은 사랑의 판단에 따라 우리에게 언약의 동료로 여겨지고 그렇게 대우받아야 합니다. 그러나 최종적으로 판단을 내리는 것은 우리가 아니라 하나님이십니다. 하나님은 우리의 마음(심장)을 아는 분이시며 우리의 기질(신장)을 감찰하는 분이십니다. 하나님께서는 외모로 사람을 취하지 아니하십니다. 사람은 외모를 보지만 주님은 마음을 보십니다(삼상 16:7).

그러므로 각 사람은 자신을 살펴야 합니다. 각자가 자신이 믿음 안에 있는지, 예수 그리스도께서 자기 안에 계신지를 시험해보아야만 합니다(고후 13:5).

1. 은혜언약이란 무엇인지 간략히 설명해봅시다.

2. 그리스도교를 제외한 여타 종교들은 왜 하나님의 은혜에 대한 참된 지식에 도달하지 못할까요?

3. 민족들이 자의적으로 고안한 종교와 이스라엘 및 그리스도 안에서 주어진 특별계시에 기초한 종교는 본질적으로 어떤 차이를 지니고 있습니까?

4. 인간이 자신이 의롭지 않다는 사실을 자각하면서 느끼게 되는 보편적인 불안에 대해 은혜언약은 어떤 방식으로 소망을 제시합니까?

5. 은혜언약이 오직 하나님의 은혜에만 의지하고 어떤 인간의 행위도 배제하는 이유가 무엇입니까?

하나님의 위대한 사역(상)
개혁파 신앙고백에 따른 그리스도교 신앙 해설

Copyright © 새물결플러스 2026

1쇄 발행 2026년 2월 23일

지은이   헤르만 바빙크
옮긴이   이동영
펴낸이   김요한
펴낸곳   새물결플러스

편 집   왕희광 노재현 이형일 나유영
디자인   황진주 김은경
마케팅   박성민
총 무   김명화 이성순
영 상   최정호
아카데미   차상희

홈페이지   www.holywaveplus.com
이메일   hwpbooks@hwpbooks.com
출판등록   2008년 8월 21일 제2008-24호
주 소   (우) 04114 서울시 마포구 신촌로28가길 29
전 화   02) 2652-3161
팩 스   02) 2652-3191

ISBN 979-11-6129-314-1 94230
     979-11-6129-313-4 94230(세트)

책값은 뒤표지에 있습니다.